JN433980

신개정판

21세기 뉴패러다임

글로벌 전략경영

- 이론과 사례 -

김 성 수 박사 지음

GLOBAL STRATEGIC MANAGEMENT

탑북스

머리말

21세기 뉴 패러다임 "글로벌 전략경영론(Global Strategic Management)"은 초판을 내 놓은 후 3년 만에 새롭게 신 개정 제2판을 출간하게 되었다.

세계적으로 21세기 뉴 패러다임 "글로벌 전략경영론"은 2010년대 이후부터 다시 각광을 받기 시작하였다. 뉴 패러다임 "글로벌 전략경영론"은 지구상의 경쟁기업들이 세계 시장을 선점하기 위하여 첫째, 세계 시장진입전략, 둘째, 최고의 제품경쟁전략, 셋째, 세계적 인재확보전략, 넷째, 세계적 브랜드 및 디자인 마케팅전략, 다섯째, 글로벌 다각화 전략, 여섯째, 글로벌 인터넷 비즈니스 및 IT전략 등 글로벌시대 세계화 경제환경변화에 대응하는 경영전략 등을 수립하고 활용하는 이론과 기법으로 체계화되었다. 특히 대륙별 국가들의 최고 기업들이 경쟁기업의 특수성을 고려하고, 세계적 시장과 고객을 점유하기 위하여, 전략적 경쟁 극복과 기업경영의 전술적 방안이라는 새로운 대응 전략과 정책을 수립하여 내놓고 있어 관심을 끌고 있다..

일찍이 미국 하버드대학교 경영대학원 조지 입(George S. Yip) 교수는 21세기 글로벌 경쟁에서 승리하기 위해 글로벌 경쟁 촉진요인을 제시하여 주목을 받고 있다.

첫째, 시장요인, 둘째, 비용요인, 셋째, 경쟁요인 등 크게 세 가지 기업의 전략그룹과 정부정책그룹을 더하여 전략경영으로 구축하여야 한다고 역설하고 있다. 즉, 21세기 뉴 패러다임의 글로벌 전략경영은 (1) 글로벌 시장전략, (2) 글로벌 비용전략, (3) 글로벌 경쟁촉진전략 등으로 대표되는 글로벌 촉진요인과 부수적으로 정책적, 전략적 대응전략을 담고 있어야 21세기 경쟁기업들이 전략경영을 성공시킬 수 있다고 하였다.

따라서 21세기 뉴 패러다임의 전략경영론은 21세기 세계적 경제환경변화에 대응하는 새로운 혁신적 기법과 전략들을 이용하여 경영성과 실현의 자극제로 나타나도록 하여 최고의 영업이익을 달성하고 기업성장을 이룩할 수 있어야 한다고 주장하고 있다.

앞으로 세계적 경쟁기업들은 글로벌 전략경영의 경쟁 축을 팀으로 구성하여, 별도의 조직으로 만들어 강력한 내부경영전략을 수행하는 세계적 기업으로 형성하여야 한다. 21세기 글로벌 경쟁력 최고의 기업은 "전략경영팀"을 별도로 구성하여 인재 중심의 별(Star)들의 경영전략을 수립하도록 해야 한다. 이 팀들이 수립한 경영전략들은 성공과 실패와 상관 없이 다양하게 전략경영 창고에 보관하여 세계적 정치, 사회, 경제 환경

변화에 대응하는 전략들을 경영자나 CEO들이 필요시에 선택하여 활용할 수 있도록 해야 한다

따라서 21세기 세계적 기업들은 "글로벌 전략경영박물관"을 만들어 세계적 정치경제환경 변화에 대응한 각종 경영전략들을 보관하여 필요시에 활용하는 글로벌 전략경영의 금고가 되어야 한다. 21세기 전략경영은 이렇게 기업성장의 바로메터가 되기 위해서 "글로벌 경영전략 전문가"들을 양성하고 선발하여 배치 해야 한다.

지금 세계적 최고기업을 가지고 있는 미국, 영국, 프랑스, 독일, 일본, 중국 등 세계적 기업들의 전략경영 팀들이 글로벌 전략경영으로 취급하고 있는 내용을 살펴보면 다음과 같다.

첫째, 글로벌 시장전략은 지구상의 전 세계 지역별로 유통망이 증가하면서, 글로벌 소비자가 증가하고, 글로벌 브랜드가 구축되며, 글로벌 광고개발이 변화하면서 매출액이 증가하도록 전략적 요소를 촉진하고 있다. 시장침투전략, 제품개발전략, 시장개발전략, 다각화 전략, 철수전략 등 글로벌 성장전략 수립과 글로벌 시장적 요인인 소비자의 공통적 욕구, 글로벌 고객의 존재여부, 글로벌 마케팅 요소, 기술혁신의 선도기업의 존재 등을 살펴보고 "전략경영의 자료"를 구축하고 있다.

둘째, 글로벌 비용전략은 규모의 경제를 위한 계속적인 노력으로 유연적 생산방식 전략경영으로 상쇄시키고, 끝이 없는 가속화된 기술혁신, 페더럴 익스프레스 생산능력과 저임금 노동력을 보유한 국제적 인구과잉 신흥공업국으로의 이동 등 글로벌 전략경영으로 초점을 맞추어가고 있다. 즉, (1) 글로벌 규모의 경제, (2) 글로벌 조달의 효율성, (3) 유리한 물류조건, (4) 제품개발 비용의 절감 등 글로벌화의 비용전략요인을 모두 활용하고 있다.

셋째, 글로벌 경쟁전략은 경쟁요인의 변화에 대응하는 전략경영으로 세계 무역량의 지속적 증가, 5대양 6대주가 주요 경쟁시장으로 변화하고 있으며, 해외기업의 인수합병, 국가간 상호의존성을 심화시키는 글로벌 네트워크를 구축하는 사례 등이 나타나고 있어 글로벌 전략경영 수립이 새롭게 변화되고 있다.

이와 함께 또 다른 글로벌 경제정책 대응전략은 정부의 정책적 요인의 대응변화로서 FTA 및 관세장벽의 축소, 비관세장벽의 감소, 경제 블록의 출현, 세계화의 힘이 되는 글로벌 정부 경제력과 환경변화에 신속히 대응하는 산업정책의 전략, 특히 미시경제 전략과 거시경제 전략을 통합하는 글로벌 국가경영정책과 전략의 대응이 세계화 기업들에게 반드시 신 글로벌 패턴 전략경영으로 수립되고 있다. 우리나라도 이에

대응하는 전략적 산업정책이 이룩되어야 한다.

따라서 글로벌화의 종합적 전략요인은 (1) 높은 수준의 수출과 수입 등 무역거래량의 증가, (2) 문화가 서로 다른 국가간의 다양한 경쟁자의 흡수, (3) 국가 간의 상호의존성 촉진, (4) 글로벌화의 경쟁자 심화, 문화차이 등에 대응하는 전략경영을 구축해야 있다.

21세기를 지나 22세기 까지 살아남고, 성장하기 위해서는 글로벌 전략경영을 어떻게 수립할 것인가? 어떠한 방법과 기법으로 밀어닥친 도전과 경쟁의 격화를 막아 낼 수 있으며? 어떠한 전략경영으로 이에 대응하는 조직과 인재, 경쟁시장의 경쟁품목으로? 어떠한 경영이념과 기업가정신으로 세계시장을 점유할 수 있을까? 등 이러한 문제의 해답을 찾는 것이 우리의 대책이며, 우리 전략경영의 숙제이다.

본서는 이런 고민과 문제들을 해결할 수 있는 기본적 열쇠가 되며, 다음과 같은 글로벌시대 전략경영이론과 사례들을 중심으로 제1장부터 제16장까지 구성하였다.

제1장은 전략경영의 개념과 틀로서 전략경영의 개념, 역사, 특징, 전략경영의 수단, 글로벌 성장전략 등을 검토하였다.

제2장은 글로벌 전략경영의 형태를 다루었다. 특히 대내외 환경의 전략적 형태, 글로벌 전략경영의 4가지 유형, 그리고 전략경영 수행의 전술방법 등을 제시하였다.

제3장은 글로벌화의 제 요인으로서 글로벌화의 시장적 요인, 글로벌화의 비용적 요인, 글로벌화의 경쟁적 요인 등을 취급하였다.

제4장은 글로벌 전략경영의 성공적 조건으로 글로벌 조직의 구축, 글로벌 시장선정 및 마케팅 구축, 글로벌 제품과 서비스의 차별화 우위의 요소, 가치사슬의 차별화 우위분석 등을 제시하고 사례 등을 제시하였다.

제5장은 전략경영의 10대 혁신기법 등을 기법 내용과 사례 등을 다루었다.

제6장은 글로벌시대 CEO의 전략경영 수행의 자질조건을 CEO의 5대 특성, CEO의 리더십, 글로벌시대 전략경영의 신 경영자상, CEO의 사회적책임론 등을 제시하였다.

제7장은 글로벌시대 전략경영의 리더십을 취급하였다. 글로벌 전략경영의 리더십이론, 카리스마적 리더십이론과 카리스마 리더의 행동유형 등을 다루었다.

제8장은 글로벌시대 조직 및 인적자원전략으로 글로벌 조직구조, 인간관계관리전략, 글로벌시대 인적자원관리전략, 즉 모집관리전략, 선발관리전략, 배치관리전략, 인사정보평가관리전략, 승진관리전략, 경력개발전략 등을 취급하였다.

제9장은 글로벌시대 제품시장전략으로 제품시장전략 프로세스, 제품차별화와 시장세분화전략, 시장점유율전략과 제품폐기전략, 제품수명주기전략, 마케팅 믹스전략 등을 취급하였다.

제10장은 글로벌시대 스포츠 마케팅전략으로 스포츠 마케팅전략의 수립과정, 스포츠마케팅의 핵심전략 등을 다루었다.

제11장은 글로벌시대 국제가격전략을 별도로 선정하였으며, 특히 국제가격의 탄력전략, 국제가격의 고·저가수준전략 등을 다루었다.

제12장은 글로벌시대 다각화 전략을 다각화 전략의 본질과 형태, 글로벌시대 컨글로머리트 등을 다루었다.

제13장은 글로벌시대 지속가능화 전략으로 국내외 환경변화와 지속가능화 전략, 현지화 전략의 선택, 글로벌시대 오성전략경영 등을 제시하였다.

제14장은 글로벌시대 포트폴리오전략으로, 포트폴리오의 이론적 배경, 포트폴리오 전략과 성공적 관리 등을 제시하였다.

제15장은 글로벌시대 인터넷 비즈니스전략으로 인터넷 비즈니스의 전략요소, 전략적 실행과 경쟁력분석, 인터넷 비즈니스의 성공전략 등을 제시하였으며, 전자상거래와 소비자관계 등을 취급하였다.

제16장은 글로벌시대 IT전략으로 인터넷 문화와 IT전략경영, 전략경영의 IT활용과 정보시스템의 경영혁신 등을 취급하였다.

따라서 본서는 이러한 글로벌시대 새로운 전략경영론을 수립하고, 기업경영전략에 활용할 수 있는 글로벌시대 전략경영 관리자를 양성하는 데 필독서이며, 다음과 같은 독자들이 읽어주기 바란다.

글로벌시대 전략경영론은 경영전략의 바이블이며, CEO부터 최고경영자, 중간관리자, 일반직원에 이르기까지 반드시 알고 활용해야 하는 경영인의 필독서이다.

첫째, 글로벌 경영을 하고 있는 최고경영자층, 중간관리자층, 하위관리자층, 기술자 등은 반드시 숙지해야 하며, 국내외적 경제환경 변화에 대응하는 전략경영을 수립할 줄 알아야 한다.

둘째, 미래의 CEO나 경영자, 관리자 등의 꿈을 가진 대학생, 사원, 관리자, 대학교수, 공기업의 관리자, 연수원 교강사들은 반드시 읽어야 하는 필독서이다.

셋째, 특히 본서는 글로벌 전략경영론에 대한 컨설팅과 교육, 훈련강의의 기초 교과서가 된다. 대학의 전략경영 또는 경영전략, 경영정책, 윤리경영, 기업과 사회 등의 교재로서 이론과 사례가 고루게 다루어 졌다. 특히 대학원의 글로벌 전략경영의 교재로서 활용하고 있으며, 전문경영대학원, 특수대학원에서 경영전략 등을 배우는 MBA코스의 학생들을 위한 필독서이다.

이번에 본서를 신개정하는 데 특히 주안점을 둔 것은 글로벌시대 전략경영의 대표적 강의로 미국 하버드 경영대학원(HBS)의 교재를 참고로 기본적 이론을 체계화하는데 노력하였으며, 선진국 대학의 "글로벌시대 전략경영론"도 참고로 하였다.

끝으로 본서가 신 개정판으로 출판하는 과정에서 도움을 주신 사단법인 기업경영종합연구원 기업문화연구센터 소장 고승희 교수, 인적자원관리연구센터 소장 민승기 경영학박사, 전략경영연구센터 소장 이상배 경영학박사 등과 (사)한국기업경영학회 학술자문위원 여러분, 연세대 경영대학 박영렬 교수님, 성균관대 경영대학 차동옥 교수님, 서울대 경영대학 박원우 교수님, 강원대 경영대학 안종태 교수님, 경희대 경영대학 김신 교수님 등과 사례 등 자료를 수집하는 데 도움을 준 전 A.T. Kearney와 Booz&co.에 근무했던 전략경영의 전문가 김민혁 컨설턴트, 서울대학교 대학원 박사과정과 사법연수원 등을 수료한 김대혁 변호사, (사)한국기업경영종합연구원 수석연구원 조한제 경영학박사, 컨설팅 담당과 세종교육원 송용호 실장에게도 감사를 드린다. 그리고 출판과 영업을 열심히 하시는 도서출판 탑북스 김광식 사장님, 저서의 가치를 높이기 위해 열심히 노력해 주신 이신정 편집주간님, 편집부 담당자 여러분에게 감사드린다.

2015년 8월 1일
(사) 한국기업경영종합연구원
대표/원장 **김 성 수**

차 례

제1장 전략경영의 개념과 틀

제2장 글로벌 전략경영의 형태

제3장 글로벌화의 제 요인

제4장 글로벌 전략경영의 성공적 조건

제6장 글로벌시대 CEO의 전략경영 자질조건

제7장 글로벌 전략경영 CEO의 리더십

제8장 글로벌시대 조직 및 인적자원전략

제9장 글로벌시대 제품시장전략

제10장 글로벌시대 스포츠 마케팅 전략

제11장 글로벌시대 국제가격전략

제12장 글로벌시대 다각화 전략

제13장 글로벌시대 지속가능화 전략

제14장 글로벌시대 포트폴리오 전략

제15장 글로벌시대 인터넷 비즈니스전략

제16장 글로벌시대 IT 전략

부 록

찾아보기

제 1 장
전략경영의 개념과 틀

제1장 전략경영의 개념과 틀

제1절 전략경영의 개념과 유래

1. 전략의 개념과 발전과정

1) 전략(戰略)의 의미

전략(strategy)이란 군사용어로서 전술(tactics)과 대립되는 말이다. 다시 말해서 국지적·단기적 내지 소단위적 전투와 관련되는 방안인 전술에 대해 전략은 전쟁수행이라는 대국적 입장에서 보다 장기적이며 대단위적인 전쟁수행과 관련된 용어이다. 따라서 전략이란 패배와 후퇴가 아니라 승리와 성공을 위해서 목표와 계획을 수립하는 과정을 말한다.

전략이란 1940년대 게임이론에서 탄생되었으며, 전략경영(Strategic Management)이란 개념은 수많은 경쟁적인 조건 위에 경영활동을 성공으로 이끄는 확률로서 승리를 획득하기 위해 사용되는 통계학적인 일련의 법칙을 말한다. 그러나 전략의 개념에 대한 논문들은 1964년에 처음으로 발표되기 시작하였다. 이때 나타난 전략이란 "기업의 경영목적을 달성하기 위한 포괄적인 수단으로서 기업의 외부 및 내부의 환경변화에 대응하여 전체적 경영활동을 계획적이고 능동적으로 적응시키기 위한 결정방식"을 의미하는데, 장단기에 걸쳐 기업이 당면하고 있는 과제를 체계적으로 개선하여 대책을 마련하는 방안이라고 할 수 있다. 따라서 전략경영에 대한 중요한 명제는 다음과 같이 제기되고 있다.

첫째, 전략은 전략수립(strategic formulation)과 전략실행(strategic implementation)이라는 두 가지의 중요한 상호 관련된 과업들을 포함한다.

둘째, 기업에서 전략수립을 위해서 (1) 국내외 산업환경으로부터 나오는 기회와 위협, (2) 기업의 강점과 약점, (3) 주요 전략실행자들의 개인적 가치들, (4) 기업에 대한 보다 넓은 사회적 기대 등 전략수립의 고려요소를 가지고 있어야 한다.

전략수립의 4대 고려요소

제1요소 :	기업의 강점과 약점	⇒ 기업내부 요소 등(경쟁력)
제2요소 :	환경변화와 대응	⇒ 기업외부 요소들(기회와 위협)
제3요소 :	전략실행자의 개인적 가치	⇒ CEO, 관리자, 종업원
제4요소 :	사회의 기대, 성과	⇒ 경영성과(매출액, 수익, 주가)

전략의 개념

첫째, 개인의 의사결정이 긴밀하게 결합, 통일되는 의미
둘쩨, 조직목적으로 설정된 장기적 목표를 달성하는 수단
셋째, 기업의 경쟁영역에 대한 선택-성장, 다각화, 철수 등의 실행
넷째, 경쟁우위를 성취하기 위한 외부 기회와 위협, 내부강점, 내부약점 등의 대응, 대안제시하는 것
다섯째, 기업 이해관계자에게 주는 경제적, 비경제적 공헌의 실행

2) 전략경영 개념의 학설적 정의

(1) 드럭커(Drucker, Peter. F.)

전략이란 국내외 경제환경, 산업환경, 기업환경에 대응하는 위험과 위협으로부터 방어하여 전술적 승리를 가져오기 위한 장단기의 계획의 수립의 한 방법이다. 전략이란 경쟁자에 비해서 어떻게 경쟁우위를 차지할 것인가의 문제를 찾는 전략경영이다.

(2) 앤소프(Ansoff, H. I.)

전략경영이란 장래 혹은 장기에 걸쳐 기업이 당면하고 있는 예상할 수 있는 중요한 기회, 리스크, 문제해결 등의 과제에 대하여 대처할 수 있는 것을 의미한다, 전략경영은 ① 전략적 의사결정(strategic decision)이며, ② 관리적 의사결정

(administrative decision)이고, ③ 업무적 의사결정(operative decision)이다.

(3) 챈들러(Chandler, Jr, A. D.)

전략경영이란 기업의 장·단기적인 목표의 결정과 그 목표를 달성하기 위한 경영행동을 결정하고, 경영자원을 배분하는 전략계획이다.

(4) 엔드류즈(Andrews, K.)

전략경영이란 기업의 목표와 그 목표를 달성하기 위한 여러 가지 경영계획이나 경영정책을 의미한다. 그리고 기업의 사업참여 분야와 성격을 결정하는 중요한 경영계획과정이다.

(5) 캐논(Cannon, J. T.)

전략경영이란 기업목적을 달성하기 위해서 경쟁상 요청되는 방향, 즉 목적, 계획, 방침 등을 수행하는 행위의 결정이라고 한다.

(6) 김성수(金聖壽)

전략경영이란 기업목표를 달성하기 위한 경영관리의 구체적 계획이며, 기업이 내, 외부 환경변화에 대응하는 경영정책과 계획이다. 따라서 기업환경의 변화에 기업전체로서의 대응하기 위하여 경영구조를 혁신하며, 경쟁력의 성과를 시현하는 경영정책이다.

(7) 포터(Porter, M)

전략경영이란 기업의 경영활동들을 결합하여 독특하고 가치 있는 전략적 지위(strategic position)를 창출해 내는 것을 의미한다. 전략적 지위는 세 가지가 있는데, 기업의 가치를 수행하는 것, 기업의 가치활동을 구성하는 것, 고객을 세분화하여 서로 다른 방식으로 접근하는 것이다.

표 1-1. 전략경영에 대한 학설적 정의

학자	전략경영의 정의
Henry, H. W.	전략경영이란 사전에 설정한 기업목적 · 목표달성이 기대되는 광범위한 행동계획.
Luck, & Prell	전략경영이란 기업의 경쟁환경 가운데서 기회나 유리성을 최대한 이용하여, 경쟁기업을 능가하기 위한 기업자원의 배분계획.
Cannon, J. T.	전략경영이란 기업목적을 달성하기 위하여 경쟁상 요청되는 방향(목적 · 계획 · 방침)을 정하는 행위의 결정.
Porter, M	전략경영이란 전략적 지위를 창출해 내는 시스템이다. 그것은 부단히 변화하는 환경 가운데서 소기의 계획을 수행하여, 가치의 수행, 가치활동의 구성, 고객세분화 등의 전략적 계획수립과정.
Ansoff, H .I.	① 전략경영이란 장래 · 장기에 걸쳐 기업이 당면하고 있는 예상할 수 있는 중요한 기회, 리스크, 문제해결 과제 등을 체계적으로 대처하는 것. ② 전략경영은 전략적 의사결정(strategic decision)이며 관리적 의사결정(administrative decision)이고, 업무적 의사결정(operative decision)임.
金聖壽	전략경영이란 기업목표를 달성하기 위한 경영관리의 구체적인 계획이며 기업이 내 · 외부의 환경변화에 대응하기 위한 경영정책과 계획이다. 따라서 기업환경의 변화에 기업 전체로서 대응하기 위하여 경영구조를 혁신하며 경쟁력의 성과를 시현하는 경영행동개선의 전략.
Chandler, Jr. A. D.	전략경영이란 기업의 장기적인 목표의 결정과 그 목표를 달성하기 위한 행동을 결정하고 경영자원을 배분하는 것.
Andrews, K.	전략경영이란 기업의 목표와 그 목표를 달성하기 위한 여러 가지 경영계획이나 정책을 의미한다. 그리고 기업의 사업참여 분야와 성격을 결정하는 중요한 것.
Ohmae, K.	전략경영이란 경쟁자에 비해서 경쟁우위를 가질 것인가 하는 문제이다. 전략경영이란 효율적인 방법으로 경쟁자에 비해서 경쟁우위를 상승시키는 노력.

자료: 저자정리

3) 전략경영의 시대적 발전과정

21세기에는 전략(strategy)이란 용어를 기업경영에서 필수적 용어로 사용하고 있다. 그 어원을 보면, 희랍어의 "Strategos", 즉 '장군의 기술'(the art of the general)에서 유래하였다. 이 용어의 사용은 B.C. 400년까지 거슬러 올라갈 수 있으나, 18세기 후반까지의 문헌에는 별로 크게 나타나고 있지 않았다. 따라서 나폴

레옹 시대 이전까지에는 전략이란 개념은 적을 무찌르기 위해 군사력을 지휘하는 기술과 이론을 의미하였으나, 나폴레옹 시대에 이르러서는 군사적인 승리뿐만 아니라 정치적 · 경제적인 전략까지도 포함시키는 사회과학적 용어로 발전하였다. 현재에서는 전략이란 개념이 경영학에 도입되어 본격적으로 사용되기는 제2차 세계대전 종전 이후부터라고 할 수가 있는데, 그것은 게임이론(game theory)의 발전이 크게 자극을 준 데서 연유한다.

그러나 전략경영의 역사는 경영사(經營史)와 같이 한다.

물론 경영학의 태동은 독일을 중심으로 한 유럽에서 이루어졌지만, 오늘날 경영학이 전 세계적으로 파급되어 경영학의 시대가 온 것은 미국이다.

따라서 전략경영의 분야를 미국의 경영사를 중심으로 살펴보고자 한다.

▶ 생산관리시대

1900년대 테일러(Frederic Taylor)의 과학적 관리법의 등장이다. 과학적관리법은 노동능률을 좌우하는 작업량, 작업속도, 작업동작, 작업방법 등을 과학적으로 분석하여 공장관리 및 작업관리 체계를 확립시켰으며, 기업에는 이를 통하여 종전의 전근대적인 주먹구구식 경영을 탈피하고 생산성 향상에 기여하게 되었다. 이 과학적관리법은 경영관리에 커다란 변혁을 가져왔으며, 이를 기점으로 대량생산 체계가 이룩되었다.

그의 대표적 사례가 (1) 헨리 포드(Henry Ford)에 의한 대량생산체제의 '포드시스템'(Ford System)이라 불리는 것이다. 이 체계는 테일러가 분석방법으로 의존했던 '시간연구'(Time Study) '동작연구'(Motion Study)에서 진일보했으며, 자동차를 생산하는 데 '켄베이어 시스템'(Conveyor System)에 의한 생산성을 극대화하는 데 큰 기여를 하였다.

▶ 인적자원관리시대

테일러 시스템에서 포드시스템으로 전개되는 과학적 관리체계는 기술적 접근방법에 일선 노동자의 능률을 향상시키는 데 초점을 두었다.

그 결과 인간을 기계의 노예로 전략시켜 감정을 가진 동물로서의 인간의 심리적, 사회적 측면을 경시하였다. 이러한 관리방식의 한계는 2가지 측면으로부터 도전을 받게 되었다.

첫째는 노동조합의 대두이다. 노동력 부족과 함께 전후에 민주화 사조가 형성되어 노동자의 인격을 중시하는 새로운 관리제도의 개발이 요청되었다.

노동조합의 생성은 1870-80년대에 기능별, 부문별로 결성되었지만 1910년까지는 과학적 관리제도에 눌려 제대로 그 기능을 다하지 못했었다.

둘째는 전후의 민주화 제도이다. 1917년 미국 윌슨 대통령의 민족자결주의에 영향을 받아 과거 영국, 프랑스, 네덜란드 등에 의해 지배되던 식민지 등이 독립을 쟁취하게 되자, 노동자들이 그 동안 기계의 노예역할에서 해방되어 자신의 인권을 회복하고자 노동자라는 인간을 인격적으로 대우하기를 원했다. 제2차 세계대전이 끝나자, 인적자원의 중요성이 산업화에 크게 대두되기 시작하였다. 특히 노동자의 인간적 대우와 새로운 인간관계의 측면에서 '호손실험' (Hawthorne Experiments)으로 유명한 메이요(Elton Mayo)와 레슬리스버거(F. J. Roethlisberger) 등 그 일파의 '인간관계론'(Human Relations Management)의 등장이다. 그 뒤로 리피트(R. Lippit)와 화이트(R.K.White)의 '리더십 유형 실험', 맥그리거(D. McGregor)의 'XY이론' 그리고 매슬로우(A. H. Maslow)의 '동기부여와 개성'(Motivation and Personality) 등이 있다.

▶ 전략경영시대

1970년대 2차에 걸친 석유파동은 심각한 경기침체를 몰고 왔다. 이러한 석유위기와 같이 예기치 못한 환경변화가 기업경영의 중요한 요소로 부각하면서 이에 대응하는 전략경영의 수립방법이 경영학에 도입되었다.

이러한 변화에 대응하는 전략적 측면의 중요성을 강조한 것은 산업조직론에 바탕을 둔 전략계획(strategic planning)과 경쟁전략(competitive strategy)으로서 마이클 포터(M, Porter)가 대표적 학자로 등장하였다.

이러한 포터식의 전략론은 1980년대 초에 절정에 달하였으며, 그의 『경쟁전략』(Porter, 1980), 『경쟁우위』(Porter, 1985)가 경영정책 및 전략론의 기본 교과서로 자리 잡으면서 전략적 경영이 본격화되었다.

특히, 앨프레드 챈들러(A,D. Chandler)의 『전략과 구조』(strategy and structure)를 효시로 하여 이고르 앤소프(H, I. Ansoff)의 『기업전략』(corporate strategy)과 케네디 앤드류(Kenneth Andrews)의 『기업전략의 본질』(the concept of corporate strategy) 등의 저서들은 바로 기업환경과의 관계에서 보다 합리적인 대응태세를 모색하는 전략계획의 이론적 체계를 수립하는 뿌리가 되었다.

▶ 신 패러다임의 전략경영

최근에 전략계획은 전략경영(strategy management)이라는 새로운 패러다임으로 발전해 나가고 있다.

전략경영이란 조직의 기업가적 임무, 조직의 혁신과 성장, 그리고 조직운영의 전략적 형태 등을 바로메터로 삼고 있다.

21세기 전략경영의 새로운 패러다임은 첫째, 과거에 제외시켰던 사회・정치・문화, 심리적 변수들이 채택된 전략을 실천에 옮기면서 제반 경제환경과 연계시키는 전략적 수립이 대두되고 있다. 둘째는 "조직은 전략을 뒤 따른다"는 챈드러의 가설에 따라 경영내부의 모든 능력, 즉 인적자원, 물적자원, 각종 업무활동의 시스템, 조직의 에너지 가능성, 판매시장, 디자인 등 경영성과를 현실적으로 실현할 수 있는 전략적 계획을 모든 변수로 삼는다.

셋째는 전략에 결부된 환경의 변화와 복잡성을 해결하기 위하여 전략 자체의 탄력적 변화까지도 포괄하는 전략계획을 수립하는 프로세스기법이 활용된다.

표 1-2. 전략경영의 역사적 변화

구분 \ 시대	1960년대~ 70년대 초반	1970년대~ 80년대 중반	1980년대 후반~ 90년대 초반	1990년대 후반~ 21세기 현재
대표적 학자	앤소프 앤드류즈	포터, 챈드러	하멜, 챈드러 Prahalad	하버드 경영대학원 전략경영 학파
전략의 주제	장단기 전략계획	경쟁분석, 산업구조, 업종	경쟁우위, 성과창출 및 유지	구조개혁과 합병, M&A, 물적・인적, 시장, 경쟁대응 전략 수립
개념 및 기법	투자계획수립, 시장예측 및 시장점유율 분석	산업 내 위치와 구조분석 업종별 경쟁분석 생산성 분석	경쟁우위 창출 요인분석, 동태적 기법, 환경대응 전략 수립	세계화, 복합화, 환경대응분석 윤리경영, 지속가능, 문화대응기법, CSR. 전략경영 수립
조직의 특성	재무관리, 원가우위, 종합기획실 설립, 경쟁조사분석	수익성 비교 우위사업으로 전환, 사양산업-성장산업 변화 비교 생산성 향상조직	인적자원관리 우선, 리엔지니어링, 전략적 제휴, 합병실시	기업윤리, 기업문화 대응, 지식경영, 환경・지식정보화, 조직으로 정비, 지속가능경영 CSR.

자료: 저자 제공.

이러한 현실적 요구에 따라 새롭게 등장하는 전략경영은 6가지로 과제로 구성된다.

(1) **목적수립** : Goal Formulation
(2) **환경수립** : Environmental Analysis(국내외적)
(3) **전략수립** : Strategy Formulation
(4) **전략평가** : Strategy Evaluation
(5) **전략실천** : Strategy Implementation
(6) **전략적 통제** : (Strategic Control)

이러한 전략과정의 6가지 영역은 전략의 수립활동, 전략의 선택, 그리고 전략활동의 평가를 이루는 근간으로 반드시 수용되는 과정이다.

4) 전략경영과 경영전술의 차이

전략이란 전쟁수행상의 계략을 뜻하는 것으로서 그 본질은 어디까지나 인간의 지혜에서 유래됨은 물론이다. 따라서 힘으로 승리를 획득하는 것이 아니라 지혜로 승리를 얻어 목적을 달성하려는 것이다. 전략이란 그런 의미에서 장기적이며 대국적인 전쟁승리정책의 뜻으로 이해된다. 이에 대하여 전술은 국지적이며 단기적인 뜻으로 이해된다.

즉, 전략은 시간적 · 공간적으로 한정되지 않는 전쟁의 대국면과 관계가 있고, 전술은 시간적 · 공간적으로 한정된 전투의 국지면과 관계가 있다. 다시 말하면 "전략은 장군의 사고이자 참모의 일이며, 대국적인 전쟁계획이자 여러 개의 전투를 전쟁목적에 총합 · 작전하게 되는 것"이라 할 수 있다. 그러므로 "전략은 전군(全軍)을 한눈에 관망할 수 있는 전선의 배후에서 검토되는 데" 반해, "전술은 전선 지휘관의 명령이자 적진에서 행해지는 국지적인 전투의 방법"이다. 다시 말하면 "전술은 전쟁 수단적"이지만 "전략은 전쟁목적적인 것"이며, "전략의 지도원리는 전 병력의 총합인 점"에 있다.

이와 같은 전략과 전술이 경영관리에 응용된 것이 전략경영이며 전술경영이다.

오늘날의 기업은 지식정보화, 기술혁신, 국제화 · 세계화 등 경제적 환경 아래 경영활동을 수행하는 것이므로, 이에 대처하여 이겨나가려면 단기적인 실용적 정책, 즉 경영전술(management tactics)만으로는 안 된다. 왜냐하면 이러한 환경 하에서는 사전에 경영의 구조변혁을 예상하여 환경적 요인의 예측을 고려한 장기경영계획을 중심으로 활동을 전개해 나갈 체제를 확립해 나가지 않으면 안 되기 때문이다. 이와 같이 전체적으로 통합적이고, 장기적이고, 미지적인 장래 경영계획의 기본이 되는 것을 전략경영(management of strategy)이라고 한다. 따라서 전략경영은 그 자체가 바로 목적이 되어서는 안 되며, 기업의 목표달성에 요청되는 행동을 직접 유발시키는 것이어야 될 것이다.

이러한 의미에서 전략경영과 경영전술은 그 성격이 각각 다르다. 즉, 전략경영의 성격은 통합적이며 체계적인 지시적 행동결정인 데 대하여, 경영전술은 국지적이며 단기적인 행동결정인 것이다. 바꾸어 말하면 경영전술은 부분적이며, 또 단기적이고 비교적 소단위의 경영문제와 관련되는 방안을 의미하는 데 경영의 특정부문, 예를 들면 생산 및 마케팅, 인력, 기술연구 및 개발에 한정된 것에 반하여, 전략경영은 전체적 입장에서 보다 장기적이며 대단위적인 경영문제와 관련되는 방안을 의미한다. 따라서 두 개념에 존재하는 가장 큰 차이는 경영문제의 범위(scope)와 그 유효성이 인정될 만한 시간이라고 할 수 있다. 다시 말하면 그 경영문제의 범위가 크고, 시간적으로 긴 행동결정은 전략경영인 것이다(〈표 1-3〉 참조).

표 1-3. 전략경영과 경영전술의 차이점

비교항목	전략경영	경영전술
대상관점	전사적으로 본다	기능적으로 본다
공간적	대국적(global)	국지적(local)
시간적	장기적(long range)	단기적(short range)
주체자	최고경영층	중간경영층 · 하위경영층
주관적 가치	경영자의 주관적 가치 큼	경영자의 주관적 가치 작음
성 격	비구조적	구조적 · 반복적
선택범위	크다	작다
규칙성	규칙성이 없다	규칙성이 있다
불확실성	크다	작다
필요정보	대단히 많다	비교적 적다
평 가	좀 어렵다	쉽다

주: 저자가 작성한 것임.

2. Global의 21세기적 정의

글로벌 전략이 최근 크게 영향을 미치면서 '글로벌'(Global) 혹은 '글로벌화'(Globalization)란 용어가 크게 사용되고 있다. 이들 용어는 흔히 국제화 전략의 특정형태를 지칭하기 위해 사용되는 것이 아니고 '국제화'란 단어를 대신해 사용되고 있다. 이에 대한 한 가지 이유는 '국제화'라는 용어가 단순히 국내와 국외 사업 간의 차이를 나타내는 진부한 의미가 되어 버림에 따라 대부분의 사람들이 국제화 전략이란 말보다 Global전략이라는 말을 선호하고 있기 때문이다.

이처럼 '글로벌'(Global)이란 용어의 사용이 21세기에 확대됨에 따라 국제화 전략의 한 형태로서의 의미보다 오늘날 세계전략경영을 표현하고자 할 때 글로벌 전략이란 용어를 사용한다.

본서에서는 '세계화'(worldwide)란 용어는 다분히 중립적 개념으로 사용될 것이고, '국제화'(international)는 본국 이외의 지역에서 사업을 하는 것과 관련된 모든 것을 의미한다. 따라서 글로벌 전략(Global Strategy)은 다국가전략(Multilocal Strategy)에 대응되는 용어로서 통합된 세계 전체를 대상으로 하는 다국적사업을 관리하는 전략을 의미한다. 세계시장에서의 경쟁우위를 확보하기 위해서는 각국의 영업을 통합 관리하는 글로벌 전략이 필요하게 된다.

[그림 1-1] 글로벌화 용어의 정의

〈용어의 정의〉

용어	정의
Globalization (글로벌화)	· The process by which the world's economy is transformed from a set of national markets into a set of markets that operate without regard to national boundaries〈국가 장벽 없이 시장활동을 위한 세계경제의 통용과정〉
Global Industry (글로벌 산업)	· An industry in which the strategic position of competitors in major geographic markets are fundamentally affected by their overall global positions〈세계적으로 주요시장에서 전략적 위치를 차지하는 산업〉
Global Company (글로벌 기업)	· A company that is able to plan, operate, and coordinate their activities on a worldwide basis in pursuing both international and global opportunities〈국제적 · 글로벌 기회를 추구하는 세계적 사업을 하는 기업〉

자료: J. Fraser(1997), "What's New about Globalization?," *The McKinsey Quarterly*.

글로벌 전략은 세계적 시장참여, 세계적 제품경쟁, 세계적 마케팅 활동 등 세계적 경영에 대응하는 경쟁상태를 비교우위에서 성공하는 전략경영을 의미한다.

세계적 사업(worldwide business)이란 적어도 하나 이상의 대륙에서 중요한 경영활동을 갖고 있는 사업을 말하며, 여기에서는 대륙이 아니더라도 복수의 국가들에서 생산과 판매를 하는 사업으로 정의된다.

3. Global 전략의 틀

1) 국제화 전략의 개발

하나의 사업이 해외시장으로 확대될 때 사업의 핵심전략을 국제화할 필요가 있다. 핵심전략을 국제화하는 데 있어 가장 중요한 문제는 지리적인 측면에서 '목표시장'을 선정하는 것이다. 목표시장의 선정은 국내사업에서보다 국제사업에서 더욱 중요성을 띤다. 국내사업의 경우 한 국가 내에서 시장을 확대하고자 할 때 지리적 시장선정과 관련하여 검토할 문제들이 많다. 예를 들어 시장의 매력도와 잠재적 경쟁을 측정하는 문제나 시장요구에의 대응방법, 여러 지역간의 사업조정방법 등을 개발하는 문제 등이 고려되어야 한다. 소매나 서비스 사업에 있어서도 입지선정과 관련하여 지리적 시장선정문제가 대단히 중요하다.

그러나 대부분의 경우 신규 국제시장을 선정할 때에는 국내시장 내에서 신규시장을 선정할 때보다 훨씬 어려운 문제들을 다루게 된다. 예를 들어 수입관세, 쿼터, 외국인 소유지분제한 등의 무역장벽과 법률, 언어, 소비자 기호 및 행동의 국가간 차이 등이 고려되어야 한다.

국제화 전략에서 다루는 또 다른 주요 과제는 외국소비자의 욕구, 선호도, 문화, 언어환경 등을 고려하여 제품과 프로그램을 어떻게 현지에 적응시킬 것인가 하는 것이다. 이는 결국 현지 국가별로 서로 다른 전략과 접근방법을 택하게 하는 결과를 낳는다. 그러나 이러한 국가간 전략의 차이는 글로벌한 관점에서 볼 때 생산원가, 품질, 소비자 선호도, 경쟁수단 등에서 불리한 결과를 초래할 수 있다.

우리나라 기업의 브랜드 가치순위는 삼성이 세계순위 2위, 현대 49위, LG 98위, SK 114위, 기아차 261위로 평가받고 있다.

표 1-4. 글로벌 기업의 브랜드 가치 순위 (2015, 현재)

순위	전략브랜드가치	순위	전략브랜드가치
1	애플	15	BMW
2	삼성	16	텔레콤
3	구글	49	현대
4	MS	98	LG
5	버라이즌	114	SK
6	AT & T	184	신한금융
7	아마존	261	기아차
8	GE	289	KT
9	차이나모바일	344	KB금융그룹
10	월마트	351	CJ
11	코카콜라	370	롯데
12	IBM	394	한국전력
13	도요타	452	한국가스공사
14	Wells Fargo	467	GS

자료: 브랜드 파인낸스, 2015 글로벌 500연례보고서, 2015.

국제화 전략경영의 성공적 순위 중에서 세계 브랜드 가치순위와 부자순위는 그 중요도를 높이 평가하고 있다.

먼저 세계 브랜드 가치순위는 1위가 애플, 2위 삼성, 3위 구글, 4위 MS, 5위 버라이즌, 6위 AT&T, 7위 아마존, 8위 GE 등으로 나타나고 있다. 그러나 다음 포브스가 선정한 "세계 부자순위"는 1위 빌게이트, 재산규모 760억달러, 2위 카르로스 슬림(멕시코) 720억 달러, 3위 아마치오 오르테가(스페인)가 640억 달러, 4위 워런 버핏(미국) 582억 달러, 5위 제리 엘리스(미국) 480억 달러 등으로 평가되었다.

우리나라 삼성그룹 이건희 회장은 세계 부자순위 116위에 재산규모 113억 달러로 평가되었다.

표 1-5. 포보스 선정 "세계 부자순위" Top 10 -2014 포보스 선정 세계 부호-

부자명	기업	재산규모	국적
1. 빌 게이츠	MS	760억 달러	미국
2. 카르로스 슬림	아메리카 모빌	720억 달러	멕시코
3. 아마치오 오르테가	인디텍스	640억 달러	스페인
4. 워런 버핏	버크셔 해서웨이	582억 달러	미국
5. 제리 엘리스	오라클	480억 달러	미국
6. 촬스코크	코크 인터스트리즈	400억 달러	미국
7. 데이비드 코크	코크 인더스트리즈	400억 달러	미국
8. 셀던아델슨	라스베이거스 센즈	380억 달러	미국
9. 크리스티 웰튼	웰마트	367억 달러	미국
10. 짐 웰튼	웰마트	347억 달러	미국

자료 : 포브스선정 세계부자순위 Top 10.

2) 글로벌 전략의 틀

세계시장에서의 경쟁우위를 확보하기 위하여 글로벌 기업은 각국의 영업을 통합 관리하는 글로벌 전략부서가 필요하게 된다.

[그림 1-2, 1-3]은 글로벌 전략을 분석하고 개발하는 데 활용할 수 있는 기본구조를 보여준다. 그림에서 산업 글로벌화 촉진요인들은 산업의 여건 또는 사업의 규모경제성 등에 의해 외부적으로 결정된다고 할 수 있으며, 글로벌 전략수단은 세계경영을 위하여 선택 가능한 전략대안들을 의미한다. 산업 글로벌화 촉진요인들로 인하여 글로벌 전략을 수행하는 기업에 혜택이 제공되며, 동 혜택을 실제로 얻기 위해서는 글로벌화 촉진요인 및 현사업의 전략적 위치나 자원을 고려하여 이에 적합한 글로벌 전략수단(예 : 글로벌 표준제품의 판매)을 활용하게 된다.

수립된 글로벌 전략을 실천할 수 있는 조직의 능력 또한 혜택을 얼마나 얻을 수 있는가를 결정한다. 더욱이 이러한 능력은 글로벌 전략의 수준에 영향을 미치게 되며, 반대로 글로벌 전략의 기대수준은 조직구조 및 조직관리방식에 영향을 준다.

이러한 변수들 간의 관계를 설명하는 또 다른 방법은 [그림 1-2]의 '글로벌 삼각형'(globalization triangle)이다. [그림 1-3]에 나타나 있듯이 산업 글로벌화 촉진요인들, 글로벌 전략수단들, 글로벌 전략을 실천하는 조직의 능력들은 글로벌 혜택을 창출하는 데 공통적으로 작용한다.

[그림 1-2] 글로벌 삼각형

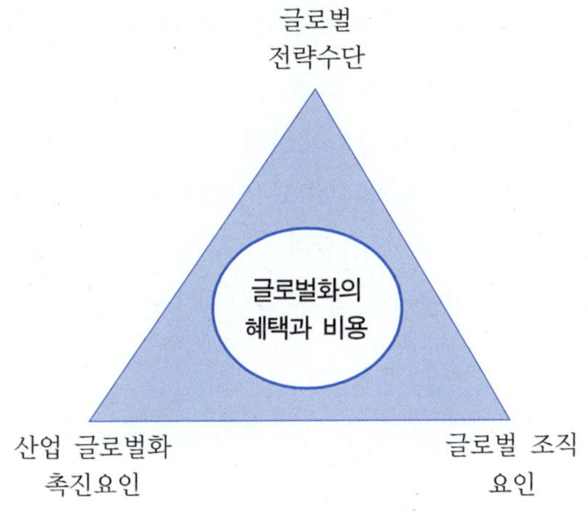

[그림 1-3] 글로벌 전략의 틀

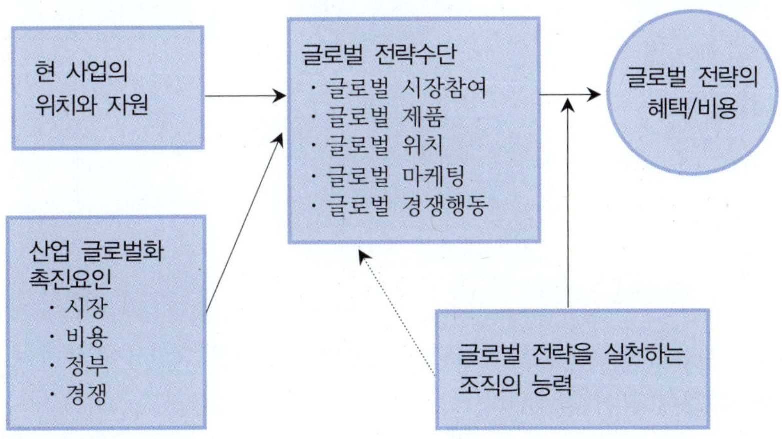

4. 글로벌 촉진요인과 전략적 이슈

글로벌화를 촉진하는 요인은 자본주의 시장경제 체제하에서 ① 시장요인, ② 비용요인, ③ 경쟁요인 등 크게 3가지 그룹으로 분류 가능한데, 이들 요인이 글로벌 전략의 필요성을 결정하는 주요 산업요인이 된다. 또한 이들 3 그룹의 요인들은 글로벌화의 잠재성에 영향을 미치는 주요 산업환경 요소가 되기도 한다.

다른 분류방법도 가능하겠지만 이상과 같은 분류는 글로벌화의 원천을 구별하여 경영자들로 하여금 손쉽게 글로벌화 현상을 다룰 수 있게 하는 장점이 있다.

[그림 1-4] 글로벌화의 동인

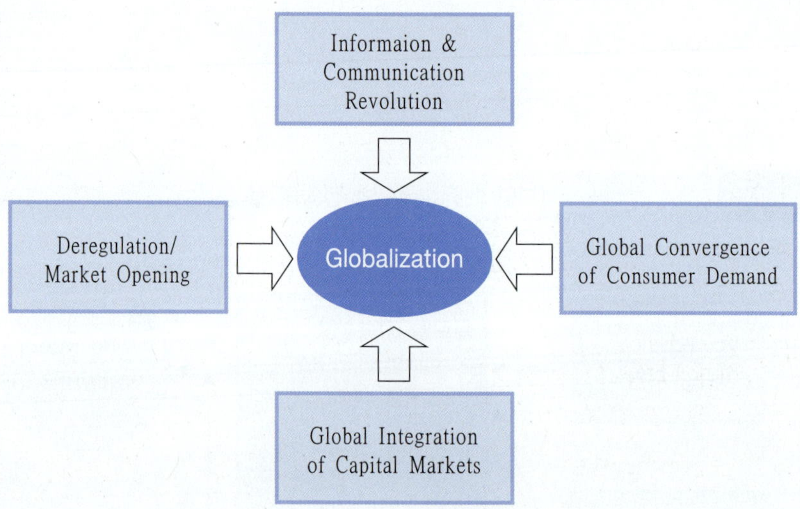

[그림 1-5]에서 볼 수 있는 것처럼 개별산업은 이러한 요인들에 의하여 글로벌 잠재력의 수준이 각기 결정된다.

글로벌화의 시장요인은 소비자행동, 유통채널구조, 마케팅의 특성에 따라 달라질 수 있으며, 비용요인은 사업의 경제적 특성에 의해 영향 받는다. 최종적으로 정부와의 협력이 필요하다. 경쟁요인은 경쟁자의 행동에 따라 달라진다.

[그림 1-5] 산업 글로벌화 촉진 요인

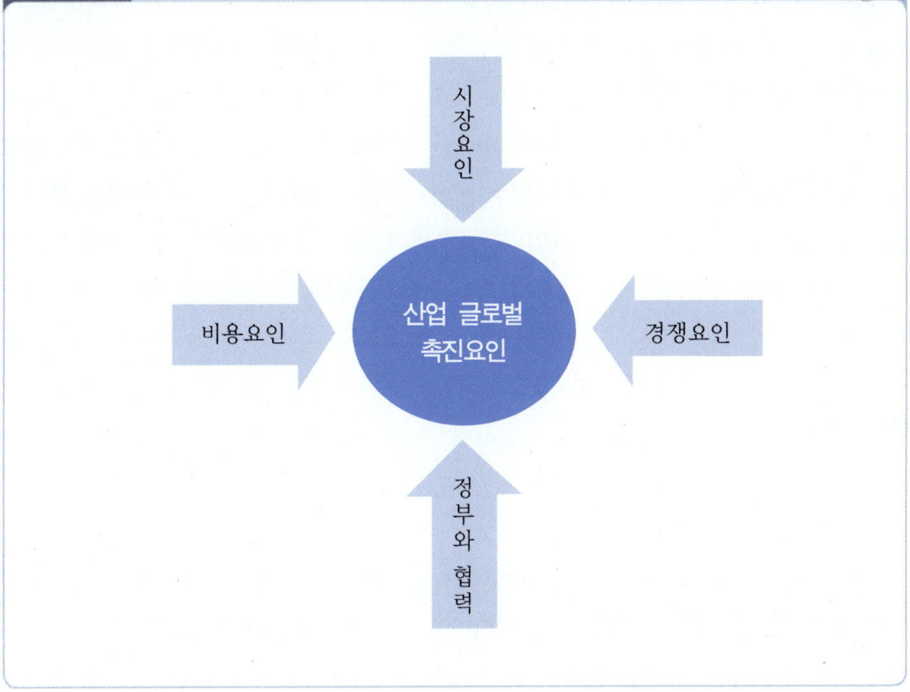

이러한 세 그룹의 요인들은 각각 개별산업의 특성에 따라 그 영향력이 서로 다르며, 동시에 시간의 흐름에 따라 변화할 수 있다. 따라서 산업들 사이에 글로벌 잠재력이 서로 다르게 되며, 이러한 잠재력 또한 변한다. 이렇게 산업의 글로벌 잠재력을 증가시키는 공통적인 변화요인들이 경영자로 하여금 글로벌 전략을 수행하게 하는 자극제가 된다.

1) 글로벌화 촉진요인의 변화

글로벌화 촉진요인의 변화는 ① 시장요인의 변화, ② 비용요인의 변화, ③ 경쟁요인의 변화 등 3개와 정부와 협력으로 구분한다.

(1) 시장요인의 변화

시장요인의 변화의 변화는 국가 간 1인당소득(GDP)의 격차가 좁혀진다. 그 사례가 일본이 미국을 추월하고, 홍콩이 뉴질랜드를 추월하는 현상과 지난 2010년대를 지나면서, 중국의 소득의 변화는 시장요인을 변화게 하는 요인으로 작용한다. 또한 생활패턴과 소비자 기호가 국가 간 수렴된다. 그 사례로 파리의 맥도널드 햄버거와 미국의 페리어(Perrier)음료 애용 등을 지적할 수 있다. 그리고 국제여행의 증가로 인하여 글로벌 소비자가 증가한다. 글로벌 소비자로서 행동하기 시작하는 단체들이 나타난다. 글로벌 또는 지역별로 유통망이 증가한다. 그 사례로 유럽의 가장 큰 수퍼마켓 체인점 중 하나인 프랑스의 카지노(Casino)사, 네덜란드의 아홀드(Ahold)사 및 영국의 아질(Argyll) 그룹 등 3사는 구매와 마케팅 부문에서 서로 협력하는 협정을 체결하였다. 글로벌 브랜드가 구축된다. 그 사례로 코카콜라, 리바이스, 루이뷔통 등 글로벌 브랜드의 구축은 시장점유를 확대한다. 마지막으로 글로벌 광고개발이 이루어진다. 그 사례로 사치 앤드 사치(Saatchi & Saatchi)사의 브리티시 항공사 광고제작은 경영성과를 최대로 하는 시장요인을 초래하였다.

(2) 비용요인의 변화

글로벌 촉진요인 중 비용요인의 변화는 ① 규모의 경제를 위한 계속적인 노력으로 유연 생산방식으로 일부 상쇄된다. ② 기술혁신의 가속화가 이룩된다. ③ 운송수단이 발달되어 페더럴 익스프레스(Federal Express)사와 같은 이용사례가 증가한다. ④ 생산능력과 저임금 노동력을 보유한 신흥공업국이 출현된다. 그 사례로 대만, 태국, 중국 등을 대표적으로 꼽을 수 있다.

(3) 경쟁요인의 변화

경쟁요인의 변화는 ① 세계 무역량의 지속적 증가와 많은 국가가 점차 주요 경쟁시장으로 변했다. 그 사례로 일본시장이 가장 중요한 시장으로 등장하며, 해외기업에 의한 인수·합병이 증가하였다. 2011년부터 글로벌 경쟁을 시도하는 새로운 경쟁자들이 등장하였다. 그 사례로 현대자동차와 삼성전자산업에서의 기업들이 경쟁요인으로 변화가 나타났다.

그리고 특정산업에 있어서 국가간 상호의존성을 심화시키는 글로벌 네트워크를 구축한다. 그 사례는 삼성전자산업, 현대자동차, 포스코 등에서 나타나고 있다. 많은 기업들이 점차 글로벌 차원에서 생산기지를 결정한다. 그 사례로 스탠리 워크(Stanley Works)라는 전통적 미국회사도 생산기지를 해외로 이전하였다. 유니덴(Uniden)이라는 일본의 통신장비 제조업체는 일본 내에 제품생산 공장시설이 전혀 없다. 글로벌 경쟁전략은 많은 자료를 필요로 한다([그림 1-6]).

[그림 1-6] 경쟁전략의 자료

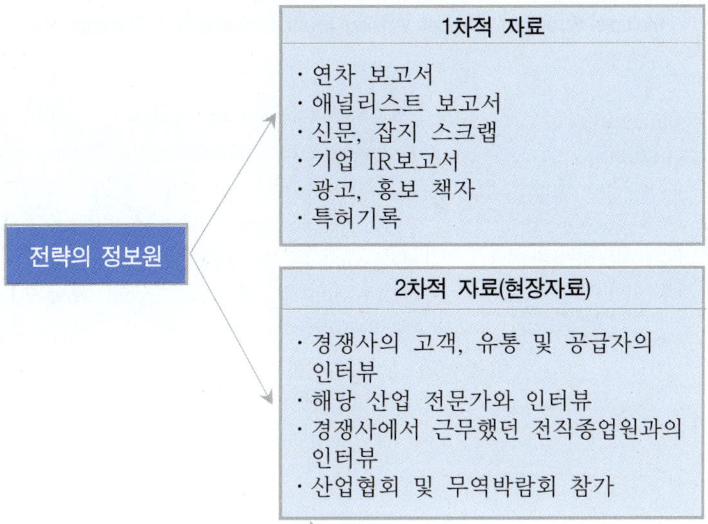

기타 요인으로는 ① 정보와 통신혁명 등으로 인해 PC와 팩스, 이메일 등의 이용이 증가하고, ② 금융시장의 글로벌화로 여러 국가 증권거래소에 주식상장이 크게 나타났다. ③ 국제여행 관련 서비스의 향상으로 콩코드 여객기 및 국제 호텔 체인이 성장하였다.

2) 글로벌화의 주요 전략적 이슈

글로벌화는 새로운 사업기회의 창출, 새로운 경쟁자의 출현 등 사업환경 등과 같은 이슈에 대한 전략적 판단이 요구된다.

① 어떤 제품, 어떤 국가, 어떤 고객을 대상으로 사업을 할 것인가?
② 산업성장의 어느 단계에서 경쟁할 것인가?
③ 수출, 직접투자, 전략적 제휴 등 어떤 해외시장 진출방식을 택할 것인가?
④ 특정사업에 집중투자를 할 것인가, 지분소유를 어느 정도 확보할 것인가, 아니면 철수할 것인가?
⑤ 투자의 타이밍과 진행순서는 어떻게 할 것인가?
⑥ 위험을 어떻게 관리할 것인가? 등을 전략적 이슈로 판단하여야 한다.

[그림 1-7] 글로벌화에 따른 주요 전략적 이슈

Multiple Strategic Choices Arising From Globalization Discontinuity

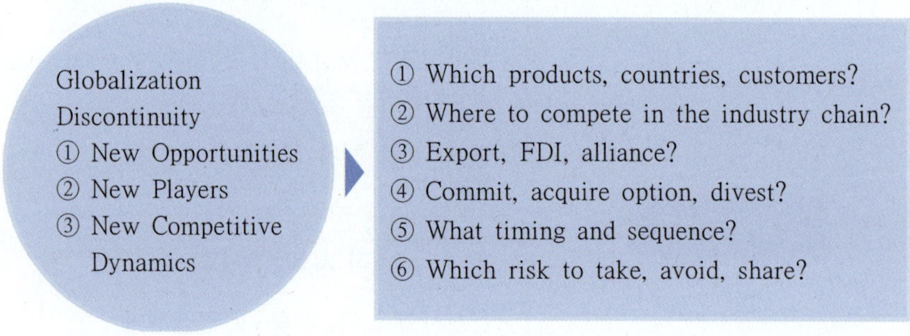

제2절 글로벌 전략경영의 특징

1. 글로벌 전략의 수립

글로벌 전략은 다음과 같은 체계적인 과정을 통해 수립할 수 있다.

첫째, 각 사업의 글로벌화 수준 및 가능성의 평가
둘째, 진출대상 국가 및 시장의 선정
셋째, 시장진입방법 및 투자방식의 결정
넷째, 기업활동의 세계적 배치와 조정에 대한 결정
다섯째, 글로벌 전략을 뒷받침하는 조직체제의 구축
여섯째, 기업의 가치극대화 창출 ([그림 1-8] 참조).

[그림 1-8] 가치혁신의 극대화

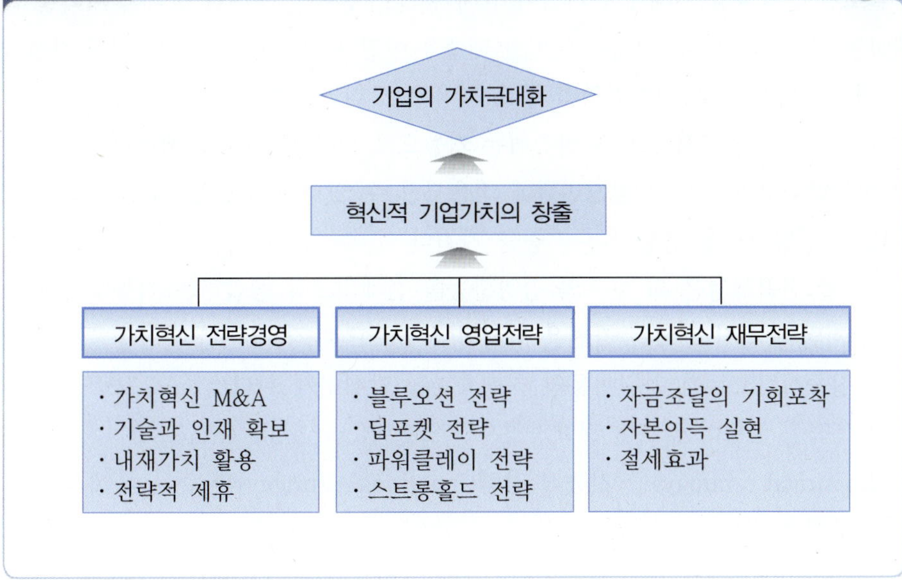

2. 글로벌 전략의 특징

글로벌 전략경영은 주로 세계화 기업환경의 변화문제이며, 세계경제환경의 변화에 대응하는 자국기업의 전략 등을 적응시켜 세계로 진출시킬 제품, 시장구조의 결정을 한다. 글로벌 전략경영의 개념은 자사의 '경영목적'을 달성하는 포괄적 수단이다. 따라서 글로벌 전략경영의 특징은 다음과 같다.

첫째, 세계화 경영목표달성의 수단이 된다.

글로벌 전략경영은 세계화 경영목표를 달성하기 위한 포괄적인 수단이며, 자국회사 경영목표와는 구별된다. 그러나 양자는 밀접한 상호관계가 있으며, 글로벌 전략의 결정을 통해서 세계화 경영목표달성의 가능성이 평가된다.

둘째, 환경적응의 기능을 가지고 있다.

글로벌 전략경영은 환경적응의 기능을 가지고 있다. 주로 기업의 외부환경변화에의 적응에 한정하여 제품·시장전략을 지적하고 있으나, 기업의 내부환경, 예를 들면 수익성의 저하, 조업도의 하락, 과잉인력 등도 글로벌 경영전략의 대상이 된다.

셋째, 전략적 기회를 발견하는 기능을 가진다.

글로벌 전략경영은 세계화 기업이 장래 당면할 전략적 문제나 전략적 기회를 발견하는 기능을 가진다. 기업이 어떠한 제품을 어떤 시장에 판매할 것인가를 결정하는 제품-시장전략을 전략경영의 주요 내용으로 취급하고, 그것은 기업이 당면한 전략적 문제나 전략적 기회를 발견하는 기능으로 보아 그 문제를 해결하거나 기회를 이용함으로써 기업의 환경변화에 적응시킬 수 있다고 주장하였다.

넷째, 경영활동을 종합하는 기능을 가진다.

글로벌 전략경영은 각 부문의 경영활동을 전체적으로 종합하는 기능을 가지고 있다. 기업이 가지고 있는 자원은 한정되어 있으므로 각 부문의 활동을 특정방향으로 집중시킴으로써 자원이용의 최대효과를 달성하게 한다.

그 목적을 위하여 글로벌 전략경영은 기업전략(corporate strategy) → 사업부전략(devisional strategy) → 기능적 전략(functional strategy)과 같은 체계적인 전략을 갖게 된다.

[그림 1-9] 글로벌화에 따른 주요 전략적 이슈

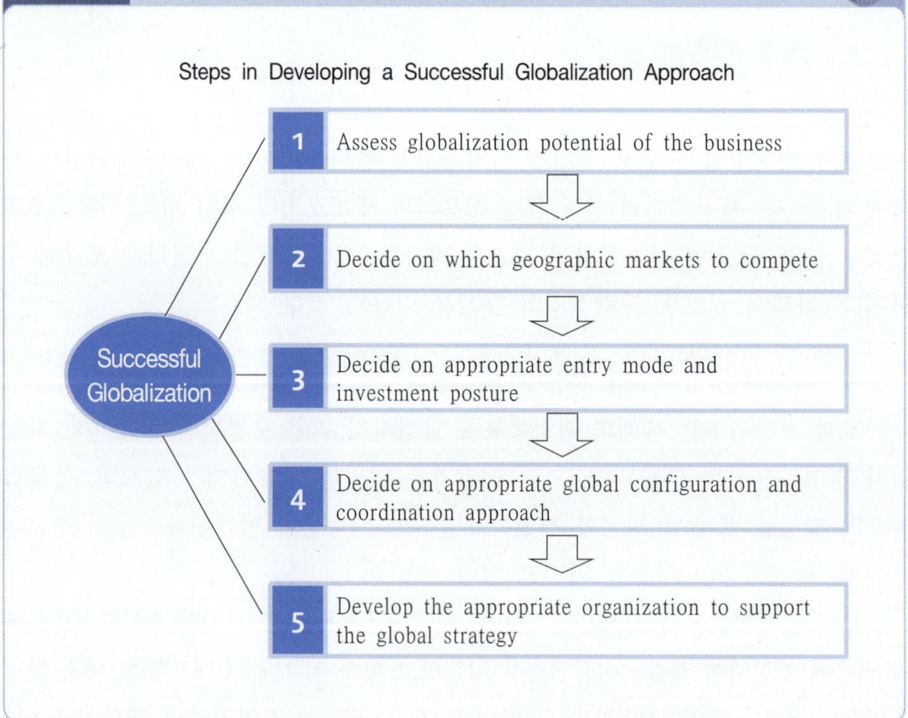

다섯째, 정보수집을 효율화하기 위한 결정 룰이 있다.

글로벌 전략경영은 정보수집을 효율화하기 위한 세계적 네트워크의 결정룰(rule)이 있다. 결정 룰은 선택 룰이면서 정보 룰이며, 전략결정에 의하여 세계적 정보수집 활동 등 특정방향으로 효율화를 촉진하게 된다.

3. 전략경영의 형성과정 -분석과정의 의미-

글로벌 기업전략의 형성(global business strategy formation)이란 세계적 기업의 전략적 경영계획에 있어서 기업목적과 전략경영을 결정하기 위한 분석과정을 의미한다. 그 과정은 대체로 다음과 같은 경로로 형성된다.

1) 세계화 기업의 목적

기업의 과거실적과 경영자의 신념과 비전을 토대로 점진적 기업목적을 설정한다. 이 기업목적은 복수목적 중의 우선순위와 각 목적의 하한 목적치와 상한 목적치를 선정한다. 세계화 기업의 목적은 과거실적을 토대로 장래 장·단기에 예측되는 수요추정을 통해 결정된다.

2) 세계화 기업의 내부평가

세계화 기업의 내부평가(internal appraisal)가 행해진다. 이것은 설정된 기업목적을 달성하기 위해 먼저 시장침투, 제품개발이나 시장개발 등의 확대전략을 검토하고 현재의 제품시장분야에 기업목적이 어느 정도까지 달성될 수 있는가를 검토하는 과정이다. 이 과정은 처음 단계에서 잠정적으로 설정한 기업목적은 기업의 능력과 성장기회가 명백해지기 때문에 필요에 따라서는 기업목적을 수정해야 한다.

3) 세계화 기업의 외부평가

설정된 기업목적이 확대전략만으로 달성되지 못할 때에는 세계화 기업의 외부평가(external appraisal)를 해야 된다. 외부평가의 목적은 현재 제품시장분야 외곽에 있는 성장기회(성장계획의 대상이 되는 산업 또는 하위산업)를 탐색하여 평가하고, 필요에 따라서는 다시 기업목적을 수정하는 데 있다.

세계화 기업의 외부평가 최종단계는 확대전략을 취할 것인가, 혹은 다각화 전략을 취할 것인가, 아니면 양자를 다 같이 추구할 것인가를 결정해야 된다. 만일 다각화 전략을 결정한 경우에는 수직다각화로 할 것인가, 수평다각화를 할 것인가 등 몇 가지 다각화 계획의 선택과 그에 이용될 자원배분이 결정되어야 한다.

4) 세계화 기업의 조직구조 결정

세계화 기업의 조직구조의 결정이라는 분석과정을 겪어야 한다. 왜냐하면 조직구조를 현재상태로 두고 다각화할 것인가, 아니면 조직구조를 변경하여 다각화할 것인가의 여하에 따라 다각화의 시너지(synergy) 효과에 큰 차이가 있기 때문이다. 또한 외부평가의 결과, 바람직한 다각화의 기회가 없는 것이 명백해지면 기업목적은 다시 수정되어야 한다.

5) 세계화 기업의 전략경영 선택

세계화 기업의 전략경영 선택은 글로벌 기업의 확대에 따라 달성해야 할 기업목적과 그에 이용될 자원배분이 결정되면서 글로벌 전략경영이 선택되는 것이다. 이를 도시하면 다음 [그림 1-10]과 같다.

[그림 1-10] 글로벌 전략경영 형성과정과 글로벌 전략의 선택

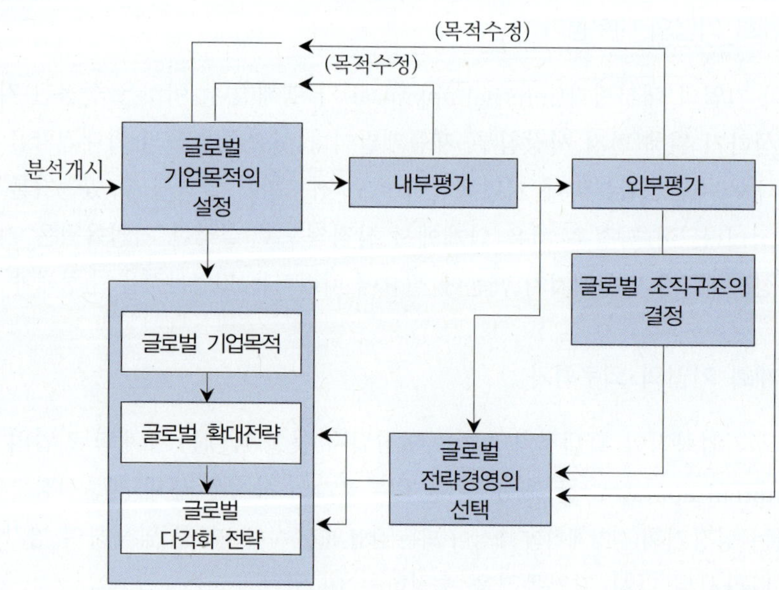

제3절 글로벌 전략경영의 선택

1. 글로벌 성장전략 선택

전략경영의 내용분류도 학자마다 달라서 약간씩 차이가 있는데, 글로벌 성장벡터기준에 따른 글로벌 성장전략을 선택하면 〈표 1-6〉과 같이 네 가지와 철수전략 등을 지적하고 있다.

표 1-6. 글로벌 전략경영의 내용

시장(충족수요) \ 제품	기존제품	신 제 품
현 시 장	(1) 시장침투	(2) 제품개발
신 시 장	(3) 시장개발	(4) 다 각 화

글로벌 전략경영의 선택은 ① 시장침투전략, ② 제품개발전략, ③ 기장개발전략, ④ 다각화 전략, ⑤ 철수전략 등으로 검토해야 한다.

1) 시장침투전략(market penetration strategy)

기존제품을 전제로 현재시장에서 시장점유율을 확대함으로써 매출액을 신장시켜 나아가 이익증대를 도모하고자 하는 전략을 말한다. 신시장의 침투나 기존시장의 침투를 통한 확대 등은 자기회사제품의 시장점유율을 높이는 것으로 전략경영의 제1요소가 된다.

2) 제품개발전략(product development strategy)

기업이 이미 개척해 놓은 기존시장에 새로 공급할 신제품을 개발함으로써 성장하려는 전략을 말한다. 기술개발을 통한 신종상품(star products)의 개발은 기업의 새로운 이미지 확대뿐만 아니라 경쟁적 비교우위의 선점을 통한 이익확대에 기본이 된다. 전략경영의 제2요소가 된다.

3) 시장개발전략(market development strategy)

기존제품을 전제로 새로운 시장을 개척함으로써 성장을 도모하려는 전략이다. 시장개발전략은 신시장 개발이나 기존시장을 신제품으로 새로 확대하는 전략을 의미한다. 따라서 시장개발은 자사의 제품이 가격이나 품질면에서 우수하여 스스로 시장확대가 이루어지도록 하는 것이다. 따라서 시장개발전략은 전략경영의 제3요소가 된다.

4) 다각화 전략(diversification strategy)

신시장을 전제로 이를 개발함으로써 성장을 꾀하려는 전략이다.

다각화 전략은 ① 시장의 다각화, ② 제품의 다각화, ③ 업종의 다각화, ④ 품질의 다각화, ⑤ 가격의 다각화 등 전략경영의 제4요소로서 대형화된 종합상사나 그룹계열사 등이 신종의 전략경영으로 제시하고 있다.

5) 철수전략(withdrawal strategy)

세계화 기업의 철수전략은 기업제품의 라이프 사이클(product life cycle)이 말기에 이르렀거나, 특정 전략품목의 수익성이 매우 낮아 손익분기점 이하로 떨어질 것이 거의 확실한 경우 판매 또는 제조로부터 철수하는 전략을 말한다.

철수의 형태로는 ① 전면적 폐지, ② 개별회사로 분리, ③ 영업양도, ④ 타사와의 합병 등이 선택된다. 다만, 철수에 수반되는 모든 문제, 예를 들면 제품공급이라는 사회적인 변화의 수행, 조직의 인원배치, 전환 등의 문제를 충분히 고려할 필요가 있다.

이러한 전략경영의 내용은 전략을 구조혁신과 관련되는 기능으로 보고 분류한 것이다. 따라서 이것을 제품시장구조의 선택에 의해 기업성장을 도모하는 성장전략이라고 하며 다른 한편으로는 특정제품이나 시장분야에 있어서 경쟁업자에 대한 차별적 우위성을 확보함으로써 시장점유율의 확대・유지를 도모하여 기업목표를 달성하려는 경쟁전략이라고 한다.

이때의 경쟁전략에는 생산전략, 비용절감전략, 마케팅 전략(시장세분화 전략, 판매경로전략, 판매점전략), 관리전략, 연구개발전략 등이 포함된다.

2. 글로벌 전략경영의 선택적 수단

글로벌 전략경영은 다차원적이어서 전략을 수립하기 위해 여러 분야에서의 선택을 필요로 한다. 어떤 분야에서는 글로벌한 관점과 개별 국가적 관점의 양 극단 사이에서 선택이 필요한 경우도 있다. 글로벌 전략을 수립하고 실행하는 선택적 수단은 다음과 같이 크게 5가지 분야로 나누어 볼 수 있다.

1) 글로벌 시장참여

글로벌 시장참여(global market participation)는 사업을 행하는 대상국가의 선정과 특히 대상국가의 시장점유율 면에서 활동수준(시장개척, 시장확장 등)을 결정하는 문제와 관련된다.

2) 글로벌 제품 및 서비스

글로벌 제품 및 서비스(global product/services)는 세계시장을 대상으로 사업을 함에 있어 여러 국가들에 동일한 제품을 공급할지 또는 각기 차별화된 제품을 제공할 것인지를 결정하는 문제와 어떤 서비스를 어떻게 제공할지 관련된다.

3) 글로벌 부가가치 활동의 입지

부가가치활동의 입지(location of value adding activities)는 연구개발부터 A/S까지 기업전체 부가가치 사슬(value chain) 상에 위치한 각각의 기업활동을 어느 국가에 위치시킬 것인가의 의사결정 문제와 관련된다.

4) 글로벌 마케팅

글로벌 마케팅(global marketing)은 세계시장을 상대로 사업을 하는데 있어 서로 다른 국가에서 가격, 브랜드, 광고 및 기타 마케팅 요소를 어느 정도 표준화해야 하는지의 문제와 관련된다.

5) 글로벌 경쟁활동

글로벌 경쟁활동(global competitive moves)은 세계시장을 상대로 사업을 하는데 있어 개별국가에서의 경쟁적 행동을 어느 정도 글로벌 경쟁전략의 일부분으로 다루어야 하는지의 문제와 관련된다.

다국가전략은 개별 현지국에서의 경쟁우위, 판매, 이익을 극대화함으로써 사업성과의 극대화를 추구하는 전략인 반면, 글로벌 전략은 현지국별 사업의 공유(sharing) 및 통합(integration)을 통해 사업성과의 극대화를 추구하는 전략이다. 물론 두 전략의 중간적 위치도 가능하다. 완전히 글로벌화된 전략을 추구하는 기업은 글로벌 시장참여, 글로벌 제품 및 서비스, 글로벌 활동입지, 글로벌 마케팅, 글로벌 경쟁활동 등 5가지 글로벌 전략수단을 최대한 활용할 것이다. 그러나 물론 모든 기업이 이러한 전략을 추구해야 하는 것은 아니다.

3. 글로벌 전략경영의 21세기적 장점

글로벌 전략경영의 21세기적 활용을 통하여 다음에 열거하는 4가지 장점 중 하나, 또는 그 이상을 확보할 수 있어야 한다.

〈표 1-7〉은 각각의 글로벌 전략수단들을 활용하는 기업이 어떠한 장점이 있는지에 대하여 정리하고 있다.

표 1-7. 글로벌 전략경영의 21세기적 장점

글로벌 전략수단	장점			
	비용 절감	품질 향상	소비자 선호도 제고	경쟁 능력 증대
글로벌 시장참여	· 규모의 경제	· 세련된 소비자 및 강력한 경쟁자에 노출	· 범세계적 이동 가능성, 서비스 제공, 인지도	· 초기 진입의 유리, 공격 및 반격 가능 지역
글로벌 제품	· 제품개발 중복 회피 · 조달 · 생산 · 재고 비용 감소	· 제품개발 및 관리자원을 집중화 · 세계적으로 동일한 제품을 구매하여 사용 가능	· 세계 어느 곳에서나 소비자가 구매 가능 · 낮은 시장점유율 상쇄	· 저가격 침투전략의 기반 조성

글로벌 전략수단	장 점			
	비용 절감	품질 향상	소비자 선호도 제고	경쟁 능력 증대
글로벌 활동 입지	· 활동의 중복을 피함 · 규모의 경제활용 · 국가간 요소비용 차이 활용 · 부분집중을 통하여 환율변동이나 현지 정부에 대한 유연성 제고	· 노력 집중 · 지속적 품질관리		· 현지 여건에 관계없이 지속적 원가 우위 달성 · 경쟁우위 기반을 유연하게 전화 가능
글로벌 마케팅	· 마케팅 프로그램의 설계 및 실행 비용 절감	· 인재 및 자원을 집중화 · 창조적 아이디어 활용	· 다른 국가에 같은 마케팅 프로그램을 활용함으로써 마케팅 메시지 강화	
글로벌 경쟁 활동				· 어느 국가에도 자원을 집중 투입할 수 있음 · 공격과 방어에 대한 전략적 선택의 다양화

1) 비용절감

통합된 글로벌 전략경영은 다각도에서 생산원가를 절감시킬 수 있는데, 그 이유를 보면 다음과 같다.

(1) 규모의 경제

2개국 이상에서 이루어지는 생산 또는 기타 경영활동을 통합함으로써 규모의 경제를 달성할 수 있다. 예를 들어 소니(Sony)사의 경우, 세계시장에 공급하는 CDP(Compact disk player)의 생산을 인도의 테레호테(Terre Haute)와 오스트리아의 짤츠버그(Salzberg)에 집중시킴으로서 규모의 경제효과를 실현하고자 하였다.

(2) 생산요소비용의 절감

생산 또는 여타 경영활동을 저임금국가로 이전함으로써 생산요소비용을 절감시킬 수 있다. 이는 최근에 급증하고 있는 미국기업의 해외생산에 있어 주요한 동기가 되고 있다. 예로서 미국기업들은 멕시코의 마키라도라(미국측 접경지대)에서 멕시코의 노동력을 이용하여 많은 제조공장을 운영하고 있다.

(3) 집중생산(focused production)

이는 다양한 현지적응제품을 생산하지 않고, 그 숫자를 줄여 소수의 글로벌한 제품만을 생산하는 것을 의미한다. 한 공장에서 생산되는 제품의 수가 줄어듬에 따라 단위당 생산비가 절감될 수 있다. 즉, 제품의 숫자를 줄임으로써 작업착수(setup), 정지시간(downtime), 초과재고 등과 관련된 비용을 절감하게 된다.

(4) 유연성(flexibilty)

일정시점에서 주어진 시간에 가장 낮은 비용으로 생산이 가능할 수 있도록 생산지역을 글로벌하게 조정함으로써 생산의 유연성을 증대시킬 수 있다. 다우케미컬사는 화학제품을 생산하는데 비용을 극소화시키기 위해 이러한 접근방법을 이용하였다. 그리고 이를 위하여 환율, 세율, 운송비, 노동비 등에 있어 여러 국가간의 차이를 감안, 계획기간 동안 기간별, 지역별 생산량의 최적조합을 도출할 수 있는 선형(linear) 프로그램 모델을 개발하였다.

(5) 협상력의 재고

생산입지를 언제든지 다른 국가로 이동할 수 있다는 사실은 해당 공급업자, 노동자, 현지국 정부에 대한 기업의 협상력을 크게 향상시킨다. 실제로 유럽국가의 노동조합은 한때, 1992년 EC통합이 기업들에게 마음대로 생산기지를 이전시킬 수 있게끔 허용한 것이 아닌가하고 우려하고 있었다. 이러한 통합된 생산전략은 노동조합에 대한 기업의 협상력을 향상시킬 수 있기 때문이다. 협상력의 제고는 21세기 새로운 전략경영으로 대두되고 있다.

2) 제품의 질 향상

다국가전략에서와 같이 많은 종류의 제품과 프로그램을 제공하는 것보다 소수의 제품과 프로그램에 집중하는 것이 제품과 프로그램 양자의 질을 높일 수 있게 한다. 이러한 글로벌 집중전략이 바로 일본 자동차산업이 성공할 수 있었던 요인 중 하나이다.

도요타의 경우 전체 판매대수가 GM사의 절반밖에 미치지 못한다는 점을 감안하더라도 GM보다 훨씬 적은 수의 모델을 세계시장에 내놓았다. GM은 자동차 개발비를 여러 분야에 걸쳐 분산시켜 사용한 반면, 도요타는 소수의 모델을 향상시키는 데 집중시켜 왔다. 예를 들어 도요타 캠리(camry)는 세계시장을 겨냥한 기본 모델을 미국시장 출시용으로 개조한 것으로 중형 승용차시장에서 최고의 인기를 누리고 있다.

반면 GM의 폰티악 피에로(Pontiac Fiero)는 1980년초 출시 초기에는 소형 스포츠자동차 부문에서 인기종목 중 하나였으나, 1980년대 중반 불과 몇 년만에 지상에서 사라지고 말았다. 전문가들은 GM이 조그마한 문제를 해결하는 데 연구개발비를 적정하게 투자하지 못한 점이 문제라고 지적하고 있다.

3) 소비자 선호도 제고

세계 어느 시장에서도 구입할 수 있고, 서비스도 가능하며 글로벌한 인지도가 있는 제품이라면 소비자에게 강화작용(reinforecement)을 일으켜 선호도를 제고시킨다. 청량음료나 패스트푸드 등이 이러한 전략의 혜택을 입은 대표적인 제품이다. 신용카드와 같은 금융 서비스업도 국내 및 세계여행과 관련하여 글로벌한 서비스가 제공되어야 한다. 소비재뿐만 아니라 산업재의 경우도 이러한 전략을 활용할 수 있다. 다국적 고객에게 표준화된 제품을 전 세계적으로 공급할 수 있는 기업의 경우 글로벌 전략의 혜택을 향유할 수 있으며, 컴퓨터 회사가 그 좋은 예가 된다.

4) 경쟁능력의 증대

글로벌 전략은 경쟁자들에 대해 보다 많은 공격과 반격의 기회를 제공한다. 예를 들어 미국의 의료기기 생산업체인 벡톤 디킨슨(Becton Dickinson)사는 일회용 주사기 제품시장에서 일본기업이 경쟁자로 부각되는 것을 막기 위해 일본의 기존 주력시장인 홍콩, 싱가포르, 필리핀 시장에 진출하여 일본의 추가적인 시장침투를 막으려 하였다.

4. 글로벌 전략경영의 21세기적 선택

가장 성공적인 글로벌 전략경영이 되려면 글로벌화 정도가 너무 지나치지 않으면서도 부족하지 않게 조화를 이루는 것이다. 즉, 전략의 글로벌화 수준이 산업의 글로벌 잠재력(globalization potential)과 조화를 잘 이루는 것이 이상적이다. 글로벌 잠재력이 낮은 산업에 속해 있는 사업은 글로벌화의 정도가 낮은 전략을 채택해야 하는 반면, 글로벌 잠재력이 많은 산업에 속한 사업은 보다 글로벌한 전략을 추구해야 한다.

만약 그 산업이 갖고 있는 글로벌 잠재력보다 낮은 수준에서 글로벌 전략을 실행한다면, 그 사업은 글로벌 전략적 불이익(global strategic disadvantage)을 감수하여야 한다. 예컨대 제품표준화를 통한 원가절감과 같은 잠재적 글로벌 이익을 상실하게 된다.

반대로 산업이 갖고 있는 글로벌 잠재력보다 높은 수준의 글로벌 전략을 실행한다면 그 사업은 다국가 전략적 불이익(national strategic disadvantage)을 감수하여야 한다. 즉, 제품이나 프로그램을 현지에서 요구하는 만큼 개량화하지 않는다면 이에 따른 불이익이 있게 된다.

일선 경영자들은 체계화된 증거를 제시할 수는 없지만, 종종 다음 두 가지 점을 지적하곤 한다. 하나는 글로벌화가 지나쳐서 문제점을 초래하기 보다 글로벌화가 부족해서 고전하는 사업이 더 많다는 점이고, 다른 하나는 기업들이 최근에 글로벌화 수준을 높이는데 초점을 두는 경향이 많다는 점이다.

따라서 21세기의 글로벌 전략경영의 선택은 필수적이며 성장동력의 표본이 됨을 인식해야 한다.

제 2 장

글로벌 전략경영의 형태

제2장 글로벌 전략경영의 형태

제1절 전략경영의 21세기적 형태

글로벌시대 기업의 환경조건변화에 대응하여 효과적인 블루오션 전략경영을 수립하기 위해서는 어떠한 형태의 글로벌 전략경영을 수립할 것인가의 문제는 매우 중요하다. 따라서 효과적인 21세기적 글로벌 전략경영을 수립하여 실시하는 데는 여러 가지 형태의 글로벌 전략을 적절히 분류하여 정리해볼 필요가 있다. 물론 전략경영을 한정된 자원에 의하여 수립하는 것은 경영전략을 수행한다는 점에서는 매우 신중해야 한다. 특히 실천적인 관점에서 가장 많이 사용되는 측면에서 전략경영을 수립해야 하기 때문이다.

1. 기본적 전략경영 : 주 전략

기본적 전략경영(master strategic management)이란 주 전략이라고도 하며 글로벌시대 기업환경 조건의 변화에 대응하여 기업의 이념적인 사업목적, 구체적인 경영목표 및 경영정책을 전면적으로 수립하고, 또한 동시에 기업의 경영이념 및 생산목표에 따라 인적 판매목표를 수립하여 전략태세를 확립하고 기본적인 경영구조를 개선하여 장래 업무집행활동의 효율화를 도모하는 등 극히 중요한 전략이다. 즉, 글로벌시대의 중심이 되는 전략경영이다.

2. 순수전략경영 : 단일전략

순수전략경영(pure strategic management)이란 특정한 목표를 달성하기 위한 수단으로서 순수하게 한 가지 전략만을 수립하는 경우의 명칭이다. 예로서 경쟁기업의 가격전략에 대항 또는 보복하기 위하여 특수한 방법으로 고객에 대한 서비스를 개선하는 경우, 또는 시장점유율을 확대하기 위하여 지방영업소를 증설·강화하는 경우 등 가격전략, 시장확대전략, 광고전략 등을 지적할 수 있다.

3. 혼합전략경영 : 복합전략

혼합전략경영(mixed strategic management)이란 특정한 목표를 달성하기 위한 수단으로써 전술한 순수전략을 여러 가지로 조합하여 복합전략을 강구하는 경우이다. 예로써 고객에 대한 서비스 향상이라는 순수전략을 강구하고 아직 예정된 매출액 증대를 실현시키지 못하였을 때, 판매촉진의 요소, 광고선전의 강화, 판매원의 교육훈련, 체인점 지원, 판매경로의 개척 및 기타 전략 등을 조합하여 한층 강력한 전략경영을 수립하는 경우이다.

4. 전사적 전략경영 : 전반적 전략

전사적 전략경영(corporate strategic business)이란 전반적 전략이라고도 하며 본사 수뇌부의 CEO가 기업 전체의 시야에서 책정하는 글로벌 전략경영이다. 이와 같은 전반적 전략은 모든 국내외의 사업부 내지 부문영역에 총체적으로 적용되는 것이며, 모든 부문적 전략을 총괄하고 또한 통제한다는 의미에서 전반적 전략경영을 수립하게 되는 것이다.

5. 부문적 전략경영 : 사업부 전략

부문적 전략경영(part strategic management)이란 사업부 전략 또는 종속전략경영이라고도 한다. 이는 사업부장 내지 부문관리자의 책임권한 아래 책정되는 전략이며, 본사 수뇌부가 책정한 전사적 전략에 대해 반대하는 모순당착적(矛盾撞着的)으로 수립되어서는 안 된다. 전사적 전략경영은 부문적 전략의 기준이 되는 것으로서 부문적 전략에 대해 주 전략의 위치에 있으며, 이에 대해 부문적 전략은 종속적 내지 부 전략의 위치에 놓이는 것이다.

제2절 대내외 환경변화에 대응한 전략경영 형태

1. 대외적 전략경영

대외적 전략경영(external strategic management)이란 기업외부의 환경변화에 대응하여 강구하는 모든 전략을 말한다. 예로써 시장에 출현한 성장기회에 대응하여 실시하는 설비투자전략과 같은 것이 있다.

2. 대내적 전략경영

대내적 전략경영(internal strategic management)이란 경쟁기업, 정부, 고객, 지역사회 등과 같이 기업외부의 대상과 관련되어 있는 것이 아니고, 기업 내의 시설, 조직, 인적자원, 시장, 재무 등 제반적인 경영문제와 관련되는 전략이다. 예로써 공장이나 영업소의 증설확장에 따라 인적 조직구조를 개편하기 위한 조직변경전략, 자금조달전략, 고객유치전략 등과 같은 것이다.

3. 대내외적 통합전략경영

대내외적 통합전략(both management strategy)이란 기업외부와 기업내부의 어느 범주에 속하는 것인지 명확히 구별하기 곤란한 환경조건의 변화, 또는 그 양편에 다 같이 속하는 글로벌 환경조건의 변화에 대응하여 강구되는 통합적 글로벌 전략수립방법이다. 예로써 해외시장 개척전략, 해외제품 및 서비스 전략 등과 같은 기업외부와 기업내부의 양편에 관련되는 글로벌 환경조건의 변화에 대응하여 강구되는 세계화 통합전략경영 같은 것이다.

4. 적극적 전략경영

적극적 전략경영(break through management strategy)이란 시장에 출현하는 매출액 증대의 기회를 정확하게 포착하여 기업이익의 극대화를 도모한다는 것으로서, 현재수준의 지출이나 이익으로부터 상당한 변화를 야기시키는 현상타개적인 전략, 경쟁기업에 대하여 공격적인 성격을 가지는 전략경영 수립형태로써 공격적 전략경영이라고도 한다.

5. 중용적 전략경영

중용적 전략경영(modest gain strategic management)이란 제품수요의 감퇴나 기업 간 경쟁의 격화 등으로 매출액의 감소가 불가피한 상황에서 기업이익을 종전과 같이 확보하고자 하는 현상유지형 전략경영을 말하는 것이다. 혁신적인 적극적 전략에 비하면 낮은 수준의 판매와 이익을 목적으로 하는 현상유지형 전략수립형태인 것이다.

6. 소극적 전략경영

소극적 전략경영(hold the line strategy management)이란 어떤 이유로 인하여 매출액의 대폭적인 감소가 예상되는 경우, 또는 경기침체의 상황에서 기업이익의 감소가 예상되는 경우, 보다 적은 범위 내에서 손해를 막아보자는 수지적자 개선형 전략을 의미하는 것이다.

소극적 전략경영은 우선 손해와 적자를 막고, 현위기의 상황에서 더 이상 부도나 적자를 발생시키지 말고, 막아보자는 전략경영의 수립형태이다.

제3절 글로벌 전략경영의 4가지 유형

1. 글로벌 마케팅 전략

글로벌 마케팅 전략(global marketing strategy)은 세계화 · 국제화의 환경조건에 대응하여 기업의 유통자원을 배분하고 최대효율의 글로벌 마케팅 활동을 수행하기 위하여 강구되는 전략경영이다. 이러한 글로벌 마케팅 전략은 장기 마케팅 목표를 달성하기 위한 마케팅 정책에 의존하면서 기업의 글로벌 마케팅 전략태세를 확립하기 위하여 실시되는 것으로, 이는 ① 시장조사전략, ② 제품개발전략, ③ 판매가격전략, ④ 판로개척전략, ⑤ 판매촉진전략 등 글로벌 마케팅믹스 전략(global marketing mix strategy)을 주된 내용으로 한다.

2. 글로벌 생산전략

글로벌 생산전략(global product strategy)은 세계화 · 국제화 환경조건의 변화에 대응하여 기업의 생산자원을 세계각국으로 배분하며 최대효율의 생산활동을 수행하기 위하여 강구되는 세계화 전략경영이다. 이러한 글로벌 생산전략은 기본적으로는 ① 세계적 연구개발전략, ② 최적의 국제적 공장입지전략, ③ 최적의 공장설비전략, ④ 세계적 자재관리전략, ⑤ 작업환경전략 등을 포괄한다. 또 이러한 글로벌 생산전략은 대체로 기업내부에 있어서 생산전략태세의 수립, 기업에서 국제적 회사자산의 매수 내지 글로벌 회사와의 합병에 의하여 추진된다.

3. 글로벌 구매전략

글로벌 구매전략(global buying strategy)은 국제적 제품품질 · 제품수량 · 제품납기 내지 생산완료 기한 및 제조원가와 같은 국제적 생산조건 및 구매처 · 구매경로 및 구매가격과 같은 글로벌 시장조건의 변화에 대응하면서 구매시장의 국제적 동향, 국제적 경쟁기업동향, 국제적 물가변동 등을 감안하여 기업의 글로벌 구매정책을 탄력적으로 적용하는 것이다.

이는 구매자재 · 설비 · 에너지 · 서비스 등의 품종 · 품질 · 수량 · 일정 · 구매처업자 · 경로 · 가격 등을 국제표준화하여 글로벌 전략적 구매의사결정을 하는 것이다. 따라서 이러한 글로벌 구매전략은 ① 구매품종전략, ② 구매수량전략, ③ 구매일정전략, ④ 구매처선택전략, ⑤ 구매가격전략 등을 포함하고 있다.

4. 글로벌 재무전략

글로벌 재무전략(global financial strategy)은 광의에 있어서는 기업의 국제적 재정상태와 경영성적을 개선시키기 위한 세계화 전략인데 이것은 ① 국제적 자본조달전략, ② 국제적 자본운용전략, ③ 국제적 자본유치전략, ④ 국제적 이익처분전략 등을 글로벌화한다. 이러한 광의의 글로벌 재무전략은 글로벌 마케팅 전략 · 생산전략 · 구매전략 · 설비투자전략 · 맨파워(manpower)전략 및 기타의 중요한 글로벌 전략과 적정한 관계에서 수립된다.

이에 대하여 협의의 글로벌 재무전략은 기업자본을 적정하게 조달하고 또 실질적으로 유치하기 위한 전략으로 한정되며, ① 모기업과 외국 자기업과의 자본구성 시정, ② 필요이익률의 설정, ③ 출자자 보상의 확보라는 세 가지 중요한 문제에 관한 전략적 의사결정에 의하여 결정되는 것이다.

제4절 국제경쟁력의 전략경영 형태

1. 자원배분기준의 전략형태

자원배분을 기준으로 하는 전략형태에는 ① 화폐자원의 배분전략, ② 물적자원의 배분전략, ③ 인적자원의 배분전략 등 세 부분으로 구분된다.

그리고 제품 대 시장의 결합관계를 기준으로 하는 전략형태에는 앤소프(Ansoff, H.I.)가 지적한 전략으로 시장침투전략, 시장개발전략, 제품개발전략, 제품다각화 전략 등으로 구분된다.

전략의 주체 대 객체 형태에는 상관관계에 의한 분류형태로서 전략경영을 수립하는 국내외의 상관관계에 의한 전략으로써 국내전략경영(personal country strategy)과 국제전략경영(international business strategy) 등으로 수립된다.

2. 국제경쟁력의 전략경영 형태 - 기업이 생존하고 성장하기 위한 전략

우리나라와 같이 국제경제 환경에 신속한 대응이 요청되는 국가에서 기업이 살아남고 성장하기 위해서는 국제경제 환경에 대응하는 전략의 장단기적 수립이 필수적이다. 특히 국제경쟁력 강화를 기본전략으로 책정하고 있는 국가에서는 그에 대응하는 기업의 전략경영이 특화되어 수립되어야 한다. 여기에서 제시하는 10가지 유형의 전략경영은 국제경쟁력 제고를 위하여 세계적 수준의 기업으로 성장하기 위하여 필요한 전략들이다(〈표 2-1〉 참조).

표 2-1. 글로벌시대 국제경쟁력 지향의 전략경영

	전략경영형태	내 용
1	수출지향 전략	세계화 · 국제화를 위한 수출중심의 전략
2	성장산업유관 전략	지식정보화시대에 대응한 성장산업, 선택전략
3	기술혁신 전략	신기술, 첨단기술개발, 사이버 혁신 기술전략
4	자기자본충실 전략	타인자본의존율 배제, 자기자본비율 확대전략
5	고품질 · 고가격 생산전략	고품질, 고가격형의 세계제일의 상품생산전략
6	원가절감 전략	원자재절약, 인건비절약, 원가의 3요소 절감 전략, 관리비절약 등
7	쇠퇴업종 탈출 전략	사양산업, 쇠퇴기품목 등 제거와 새로운 성장 전환산업의 선택전략
8	봉사판매 전략	서비스전략, A/S전략, 고객만족전략, 고객감동전략
9	생산성 향상 전략	설비현대화, 기술혁신, 노사협력, 경영합리화 등 4개의 요소를 조화시킨 총생산성 향상전략
10	인적자원개발 전략	인재채용, 인재개발 등 지식경영, 지식정보화시대에 적합한 인간가치존중의 인적자원개발 전략

주 : ① 글로벌시대의 국제경쟁력에 대응하는 전략은 21세기 세계 초우량기업을 목표로 하는 기업에서는 반드시 수립해야 하는 글로벌 전략경영이다.
② 해당하는 전략경영 형태를 선택하여 현재 단기(1년), 중기(2~3년), 장기(4~5년)를 구분하여 전략을 수립하여야 한다.

제5절 전략경영 수행의 전술방법

1. 글로벌 전략의 전술

1) 집중공격전술(集中攻擊戰術)

전략경영의 목표를 한 번에 해결하여 후난(後難)의 우(優)를 없애는 전략적 전술로써 전술의 요인들을 집중적으로 투입하여 전략목표를 성공적으로 달성시킨다는 방법이다. 집중공격전술은 적의 가장 핵심부를 공격함으로써 전체를 승리로 이끈다는 단기전술이다. 신 고객을 선점하여 전체대상의 전략을 역전시키는 핵심전술이다.

2) 지구전술(持久戰術)

전략의 목표를 성공적으로 달성시키기 위하여 정면으로 싸우지 않고 시일을 연장시켜 상대를 지치도록 하는 전술로써 급격한 변화를 피하고 점진적인 시간의 연장과 변화를 택하는 방법이다. 이때 상대의 전략을 파악하며, 새로운 전술을 구상하는 시간적인 여유를 갖고 상대방의 힘을 약화시키며 전술을 장기간 지속시키는 전술을 의미한다.

3) 각개격파전술(各個擊破戰術)

전략의 목표를 부분을 통하여 전체를 장악하는 전술로써 전략적 요소들을 하나씩 격파하여 전체의 목표를 달성하는 방법이다. 이 전술은 전체 프로그램이 용납되지 않을 경우 가장 중요한 전략요인들을 순서대로 장악하여 목표를 달성시키는 방법으로 전략경영을 수립하고 실행하는 경영자와 관리자의 능력이 고도로 필요한 전술이다.

4) 내부공작전술(內部工作戰術) : 스파이전술

상대편의 전략을 파악, 이를 분쇄하기 위하여 상대의 진영 내에 자기회사의 동조자를 마련하여 내부공작으로 상대를 타도하는 전술방법이다. 이것은 일명 산업스파이 전술로써 세계 유수한 첨단기술 업체들이 이 내부공작전술(스파이전술) 방법으로 경쟁회사를 타도하는 전술방법이다.

5) 실적쟁취전술(實績爭取戰術)

실적전략의 목표를 성공적으로 달성시키는 방법으로 전술계획 실시 시초에 신속하고 급속하게 실적을 올려두어 시장점유율을 쟁취하는 전술이다. 전술실시 초기에 일부실적을 올려두면서 선도를 잡고 경영활동에 들어가면 나머지 부분에 대한 저항은 적게 받게 되어 전략은 성공적으로 달성될 수 있다. 이때 전략적 요인들이 각 부분별로 최대의 활동을 전개해야 함을 명심해야 한다.

2. 글로벌 전략의 공동행동전술

1) 공동보조전술(共同步調戰術)

전략의 목표를 성공적으로 달성시키고 상대편의 경쟁자를 이기기 위해서는 동종업종, 동일업무의 집중형태 전술로써 일종의 카르텔(cartel)같은 조직을 통하여 공동의 변화를 일으키게 된다. 그러나 카르텔과 같은 기업집중식이 아니고 경쟁사의 대표 몇 사람이 공동하여 경영전술의 변화를 가져오게 하는 방법이다.

2) 인재활용능력전술(人材活用能力戰術)

처음에는 전략경영에 비교적 소극적인 이사진이나 관리자들도 참가시켜 그들에게 전략수행에 중요한 직책 내지 역할을 하게 함으로써, 그들을 적극적인 협력자로 만들어 공동의 목표를 행하여 전진시켜 성공시키는 전술이다. 이때 공동 동맹자의 인간관계, 사기, 전략의 중요성을 인식시킴으로써 전략의 효과를 발휘할 수 있도록 하는 인재활용능력전술이다.

3) 호혜주의전술(互惠主義戰術)

전략의 목표를 성공적으로 달성하기 위해서는 서로 편익을 도와줌으로써 공동행동을 취하자는 데 있다. 경쟁관계에 있는 회사와의 필요한 협력체제로 서로의 이익을 갖도록 하면서 호혜적 방법을 강구하고 전략목표달성을 성공시키는 전술이다.

3. 글로벌 전략의 방위전술

1) 신념전술(信念戰術)

전략의 요인들을 달성하기 위하여 남의 아이디어나 비판을 무시하고 오직 CEO나 지도자의 신념대로 관철하여 업무를 처리하는 방법이다. 신념전술은 경영자의 가치관과 경영이념을 확고히 하여 경영목표달성에 성공하는 전술이다.

2) 화제전술(話題戰術)

커뮤니케이션 전략을 성공적으로 수행하기 위해서 자기에게 불리한 결과가 될 화제진행에 대해서는 상대의 주의력을 산만하게 하여 문제의식을 혼란시키는 전술이다.

현대 산업사회에서는 이 커뮤니케이션을 통한 고객창조의 기틀을 마련한 사례가 빈번히 나타나고 있음을 본다. 시장창출과 고객창출의 시작은 커뮤니케이션을 통한 화제전환전술이 기초가 되어 전략을 성공시키는 전술이다.

3) 보복전술(報復戰術)

경쟁기업들이 자기의 시장점유율을 확대시키기 위해서 상품PR, 세일즈맨 등을 선두주자로 내세워 상대편의 공격에 대하여 자기편에서도 이를 역습보복하는 전술로서 공정하지 못한 전술방법이다.

그러나 기업이 생존하기 위해서는 보복당한 경쟁회사에 역습하여 일타를 가하는 경영전술도 기업경영에서 많이 사용하는 방법 중의 하나이다.

4) 분할통치전술(分割統治戰術)

독과점기업에서 마케팅 쉐어의 분할권 문제로 치열한 경쟁을 펼치기도 한다. 물론 시장점유율이 소비자나 고객 등에 의해서 결정되기 때문에 큰 고객 확보를 위한 유리한 전략을 병행시키는 방법이다.

특히 하나의 전략경영을 성공적으로 이끌기 위하여 팀워크와 협력으로 전술을 이해시키는 방법이다. 여러 가지 전략요소들을 분할통치하여 성공시키는 전술로써 부분담당자들은 제1의 전문가들이 되어야 한다.

4. 글로벌 전략의 타이밍 전술

1) 적기전술(適期戰術)

전략의 목적달성을 위해서는 정세가 유리한 때를 놓치지 말고 신속한 조치를 취해야 한다는 전술이다. 즉, 속담에 “쇠는 달았을 때 쳐라”(strike while iron is hot.)라는 말이 있다. 이는 기회를 놓치지 말라는 뜻이다. 이 전술은 JIT(just in time)기법으로 발전하여 경영혁신을 일으킨 전술이다.

2) 정세판단전술(情勢判斷戰術)

언제나 일이 되어가는 형편을 잘 판단해야 한다. 좋지 못한 사태가 언제까지나 계속되는 것은 아니기 때문에 정세판단을 올바르게 하여 호기가 올 때 대응하는 전술이다. 이 정세판단은 정치·경제적 여건의 변화에 능동적으로 대처해야 한다.

3) 냉각기전술(冷却期戰術)

속담에 '시간은 위대한 의사'라는 말이 있듯이 냉각기간을 두면 문제해결이 용이하거나 문제가 자연히 해결되기도 하는 전술이다. 특히 노사분규가 발생하였을 때 서로의 냉각기를 두어 산업평화적으로 해결하는 전술이다.

5. 글로벌 전략의 교섭전술

1) 교섭전술(交涉戰術)

임금교섭이나 단체교섭 등과 같은 노사간의 교섭을 할 때 처음부터 양보한다는 것은 전략상 매우 불리하다. 따라서 최초에는 자기에게 유리한 요구를 하고 때로는 논쟁도 하면서 상대편의 지략과 전술을 검토·분석하면서 공동의 이익을 통하여 자기쪽에 유리하도록 하는 전술이다.

2) 자료제시전술(資料提示戰術)

상대편의 심리를 잘 파악하여 문제해결을 가능하게 하기 위해서 때로는 자기의 욕구를 솔직하게 모두 드러내어 상대편에게 그 진실함을 설득시키는 것이다. 예를 들어 자기가 보유하고 있던 숨겨논 중요한 카드(card) 등의 자료를 상대편에게 보여 납득시키는 전술이다.

3) 허점기습전술(虛點奇襲戰術)

상대편이 예기하지 못한 행동으로 갑자기 습격하여 상대편의 허를 쳐서 교섭을 유리하게 전개하는 전술이다.

앤더슨(Anderson, R. C.)에 의하면 이러한 "전술은 매니지먼트의 기술을 적용하는 데 관련되는 것이며, 기업의 인적·물적 자원을 계획이나 조직을 통하여 총체화하여 기업전력으로 생성할 때 경영성과가 생기는 것"이라고 하였다. 전술은 외부를 향하여 확대 및 다각화 전략을 적용해 가는 경우에 크게 성공할 수 있다.

사례 1// 글로벌시대 손자병법의 전략적 응용

미국과 영국, 독일, 프랑스 등 경영대학 교과과정 또는 MBA과정의 하나로 글로벌시대 전략경영의 사례로 손자병법을 전략경영의 기법으로 응용하고 있어 이곳에서 소개하고자 한다.

"경쟁자(적)를 알고 자신(나)의 기업에 대한 경쟁력을 알면, 백번 싸워도 승리할 수 있다는 전략"이다.

"知彼知己 百戰不殆"(지피지기 백전불태)

적을 알고 나를 알면 백번 싸워도 위태롭지 아니하다.

〈손자병법(孫子兵法)〉

1. 손자병법의 유래

[손자병법 중 전기(田忌)의 경마(競馬)]

(1) 2천년 전, 중국 제(齊)나라에는 전기(田忌)라 불리 우는 장군이 있었다. 그는 제나라의 공자(公子)들과 기사경주(騎射競走)로 돈내기 시합을 즐기곤 하였다. 그러나 그는 번번이 시합에 져서 돈을 잃고 있었다(기사경주란 4마리의 말이 끄는 수레를 1조(組)로 하여 3조의 수레가 각각 한번 씩 달리기를 하여 그 중에 가장 많이 이기는 자가 승리하는 게임이다).

(2) 어느 날 제왕(齊王)은 전기장군에게 말하였다. 최근에 좋은 말을 샀다고 하니 우리 다시 한번 견주어 보세 ─ 이에 전기장군은 자신의 말이 훌륭하다고 하지만 제왕의 말에 미치지 못함을 알고 있었다. 지난번의 경주에도 졌으나, 제왕의 재촉에는 다른 도리가 없었다. 경주의 날이 왔다.

(3) 이때 '손빈'이라는 식객이 전기장군이 번번이 패배하는 딱한 사정을 알고 패한 이유를 가르쳐 준다.

"장군의 3조의 말을 각각 비교해 보니, 3조의 말들은 속력에 있어서 각각 등급이 다르오. 그런데 제왕이 좋은 말을 출전시킬 때에는 전기장군도 좋은 말로 경쟁하려고 하니 지는 것이 당연한 이치가 아니오. 경기방법을 근본적으로 바꾸도록 하시요."

(4) 어떤 방식으로 경기방법을 바꾸는가?

"3조의 수레를 3등급(상 · 중 · 하)으로 나누어 출전시키는데, 상대방이 상등수레를 출전시킬 때에는 전기장군은 가장 낮은 하등수레를 내보내고, 상대방이 중등수레를 출전시킬 때에는 전기장군은 가장 우수한 상등수레로 대결시키시오. 그리고 상대방이 하등수레를 출전시킬 때에는 전기장군은 중등수레로 경주시키면, 결국 장국은 2 : 1로 승리하게 될 것이요."

(5) 이러한 '손자병법 중 전기의 경마'에서 유래된 '손빈의 경마전략'은 우리 경영자, 관리자들에게 글로벌 경쟁시대 전략경영(strategy management in the age of global competition)으로 응용할 수 있다.

2. 손자병법의 전략

손자는 "전략(戰略)이란, 생존(生存)에 관한 중요한 역할을 하는 것으로써 삶과 죽음의 문제이기도 하며, 안전과 존망에 영향을 미치는 것이다. 어떠한 경우라도 경쟁전략을 소홀히 여겨서는 안 된다." — **손자병법**

- 전략(戰略)이란 -

- ㅇ 생존에 관한 역할
- ㅇ 삶과 죽음의 문제
- ㅇ 안전과 존망의 영향

[승리의 네 가지 요인]

손자(후에 손빈은 손자로 알려짐)는 전기의 말이 경쟁자에 비해 절대적인 열세임에도 불구하고 경주를 승리로 장식하였다. 그 이유는 무엇일까?

① 기사경주에는 아주 단순하며 구체적 경쟁목표가 있었다

- 경기방법에 맞추어(3회 걸친 경기) 승리할 수 있는 목표를 수립하였다.

② 경쟁자(적)의 모든 전략적 기법을 파악하고 있었다.

- 경쟁자(적)를 이해하고, 경쟁자의 경주방법 등 모든 전법을 사전에 파악하고 있었다.

③ 경쟁자와 자신의 경영자원(전기의 말)에 대한 객관적인 전략적 평가를 하고 있었다.

- 자신의 강점과 상대자의 약점을 평가하고 있었다.

④ 단순한 전략이지만 전문가의 의사결정에 따라 효과적으로 수행한 점이다.
- 전문가인 손자의 전략이 경쟁자에게는 노출되지 않았고, 효과적인 전략수행이 좌우되도록 의사결정에 따른 점이다.

이상과 같이 승리의 요인은 ① 구체적 목표설정, ② 경쟁자의 전략파악과 이해, ③ 자신과 경쟁자의 경영자원의 객관적 평가, ④ 의사결정과 효과적 전략 수행 등이 이룩되었기 때문이다.

3. 손자병법 전략의 5가지 필수요소

본래 손자병법 전략에는 다음과 같은 다섯 가지 필수요소가 있다.

道 · 天 · 地 · 將 · 法

① **道 → 길을 안다** : 국민과 지도자가 같은 목표를 가지고 노력하는 길이 성공한다.
현대적 의미 : 기업의 목표와 비전 제시 그리고 방향을 안다.

② **天 → 하늘을 안다** : 군사전략에서 낮과 밤, 날씨의 변화 등을 알고 있다.
현대적 의미 : 기술혁신, 시장개방 등 기업외부환경의 변화에 대응하는 기법을 안다.

③ **地 → 땅을 안다** : 지형의 험준한 산악, 협곡과 계곡, 산과 강의 위치 등을 알고 있다.
현대적 기업 환경 : 산업구조적 특성, 경쟁의 성격 등을 알고 있다.

④ **將 → 장군(지도자)의 능력을 안다** : 지도자의 능력, 자질, 지혜, 신의 등을 알고 있다.
현대적 기업 : 최고경영자(CEO)의 자질과 능력, 리더십 등을 안다.

⑤ **法 → 제도, 법을 안다** : 군대의 편성과 명령, 지휘체계 확립 등을 알고 있다.
현대적 기업 : 조직구조와 관리 프로세스 체계화, 관리방법, 제도 등을 알고 있다.

손자병법 전략은 위와 같은 손자의 전략, 다섯 가지 필수요소에서 생성되었다. 손자병법전략의 "이승병법(二乘兵法)사상"은 〈표 2-2〉와 같다.

현대적 기업의 전략경영으로 유추해석의 의미는 각자의 해석과 이론정립에 맡기며, 독자의 독립적인 해석과 설명에 자유를 준다. 즉, 본대로, 느낀대로, 생각한대로 독자의 지식으로 만드는 것이다.

단, **손자병법의 글로벌 전략경영의 기본원칙은**

① 기업의 목표와 비전제시,

② 국내외 환경변화에 대응하는 전략경영 수립,

③ 산업구조 고도화의 경쟁력 강화,
④ 최고경영자의 자질과 조건,
⑤ 조직구조의 개혁과 관리시스템의 혁명 등으로 결론지을 수 있다.

이상과 같이 손자병법 전략은 21세기 글로벌시대 전략경영으로 활용하여 많은 영향과 성과를 시현하고 있다.

4. 이승병법 사상

이승병법 사상은 약 2500여년전 중국 춘추전국시대 손무(손자)가 저술한 손자병법의 토대가 되었다.

일본의 소프트뱅크의 창업자 손정의 회장이 이 손자병법을 실제로 인용하여 이승병법을 회사의 전략경영으로 이용하여 성공한 사례로 유명하다.

〈표 2-2〉 이승병법(二乘兵法)사상

二乘兵法	내 용
一流攻守群 (일류공수군)	제1인자가 되려는 자는 공격과 수비에 균형을 이루어 무리를 지어 싸운다. 주류에서 압도적 1위가 가능한 사업을 택한다. 다각도로 치고 나가며, 위험은 피하고, 멀티 브랜드전략을 쓴다.
道天地將法 (도천지장법)	道 : 방침, 天: 시기, 地: 상황, 將 : 지휘관, 法: 조직형태 승리하려면 올바른 뜻, 적절한 타이밍, 지리적 이점, 충성스러운 장수, 효율적 시스템을 갖춰야 한다.
智信仁勇嚴 (지신인용엄)	智 : 지모, 信 : 신의, 仁: 인의, 勇 : 용기, 嚴 : 위엄 장수는 지혜, 신의, 인애, 용기, 엄격함을 지녀야 한다. 퇴각하는 것도 용기요, 때론 악마같은 상사가 되어야 한다.
頂情略七鬪 (전정략칠투)	정상에 이르려면 정보를 모아 전략을 짜고 7할의 승산이 있다고 생각되면 실행에 옮겨라.
風林火山海 (풍림화산해)	재빠르게, 조용히, 철저하게, 흔들림 없이, 바다처럼, 모든 것을 삼켜버려야 전투는 비로서 끝이 난다.

주 : 二乘兵法사상은 손자병법에서 나옴.

〈 손자병법의 2가지 기본적 전제 〉

첫째, 싸우지 않고 이긴다.
둘째, 승산이 없는 싸움은 하지 않는다.

이 두 가지 전제하에 서서 "약한 것으로 강한 것에게 이기는 전략, 전술을 추구하는 〈손자〉이다. 그것을 좀 더 상세하게 설명하면 다음과 같다.

1. 승리를 거두는 열쇠는 우선 첫째로 "상대방을 알고 나를 알아야 한다"[知彼知己]는 것이다(〈모공편〉). 피아간의 전력을 분석 검토한 다음 승산이 있으면 싸우고, 승산이 없으면, 싸우지 말아야 한다. 승산이 없으면서 함부로 도전하는 것은 우책(愚策)이다. 따라서 싸우지 않고 이기는 것은 최선책이다.

2. 전쟁을 할 때에는 "남을 조종하되 남에게 조종 받으면 안된다"[致人而不致於人] (〈허실편〉). 즉 주도권을 탈취하지 않으면 안된다. 상대방의 작전에 말려들지 아니하면서, 상대방을 아군의 전략으로 말려들도록 한다. 그러기 위해서는 상대방의 병력을 분산시키어 수세에 몰리도록 하고, 그런 연후에 "실(實)한 것을 피하고 허(虛)한 것을 공격해야 한다."[避實而擊虛]는 마음가짐이 있지 않으면 안된다.
   승산이 없는 싸움은 애초부터 하지 말아야 한다. 경쟁에서 이길 자신이 없으면 도전하지 말아라.

3. 적의 무방비한 곳을 공격하고 적의 뜻하지 못한 것을 노력야 한다.[攻其無備出其無意] (〈시계편〉) 즉, 상대방의 의표를 찌르는 것도 승리를 거두는 중요한 조건이 된다. 전쟁은 궤도이다. 궤도(詭道)란 속임수다. 따라서 적군으로 하여금 방심을 하도록 유인하고 적군의 눈을 속이는 작전을 전개하여야 한다.

4. 전쟁은 "정공법으로 대치하고 기계(奇計)로서 승리 한다".[以正合 以奇勝](〈병세편〉)
   '정(正)'은 정공법이고, '기(寄)'는 기습공격이다. 이 두 가지 작전을 짜맞추어 임기응변으로 운용해 가면서 싸우지 않으면 안된다. 그러기 위해서는 '급하면 돌아가라'는 '우직지계[迂直之計] 등도 활용할 일이다.(〈군쟁편〉)

5. 수세로 돌아섰을 때는 꾹 참으면서 가만히 있고, 공격으로 나갈 때는 단숨에 쳐부술 일이다. 즉, 그 행동이 빠를 때에는 바람과 같고, 느릴 때에는 수풀과 같게 [其疾如風 其徐如林] (〈군쟁편〉) '처음에는 처녀처럼, 나중에는 달리는 토끼처럼[始如處女 後如脫兎](〈구지편〉) 싸우지 않으면 안된다.

6. 병력과 조직에 따라 전투법을 바꾼다. 즉, 10배의 병력이라면 포위하고, 5배의 병력이라면 공격하며, 2배의 병력이라면 분단하고, 호각의 병력이라면, 용감히 싸우며 열세의 병력이라면 퇴각하고, 승산이없으면 싸우지 말아야 한다(〈병세편〉). 병력을 무시하고, 도전을 하면, 적군의 먹이가 될 뿐이다. 도망쳤다가 전력을 기른다면 다시 다음의 기회를 엿볼 수 있다.

7. 군대 조직의 형태는 물의 향상과 같다.[병형상수](〈허실편〉) 이상적인 전투법은 물의 상태에서 배울 필요가 있다. 즉, 병력의 분산과 집중에 신경을 쓰면서

계속 적군의 정황에 따라 변화하지 않으면 안된다. 경직된 사고방식은 반드시 패배한다.

이처럼 〈손자〉는 합리적인 사고방식을 쌓아나감으로써 전쟁에 내재하는 법칙성을 이끌어 내는 데 성공하고 있다. 더구나 그 사고방식은 어디까지나 유연하여 그 어디에도 무리가 없다. 2천 5백년이 흐른 현대에도 그대로 응용할 수 있는 것들 뿐이다.

〈손자〉가 2천5백년 동안 계속해서 전략론으로 중요하게 된 비밀은 이런 점에서 찾을 수 있다.

사례 2// 글로벌시대 전략실행의 절차와 블루오션전략

글로벌시대 전략실행은 참여, 신뢰, 자발적 협조를 중심으로 단지 태도나 행동에 그치는 것이 아니다. 전략은 유형의 자산이다. 사람들이 신뢰를 갖고 있으면, 다른 사람의 의도와 행동에 대한 믿음을 높여준다. 그들에게 참여의식이 있으면, 회사의 이익을 위해 개인적 이익을 기꺼이 포기한다.

블루오션 전략을 21세기적으로 고찰하면서 그것을 성공적으로 실행한 어느 회사에게나 물어보면, 그 기업 CEO들은 이 유형자산이 그들의 성공에 얼마나 중요한지를 인식할 것이다.

반대로, 21세기 블루오션 전략 실행에 실패한 회사의 CEO들은 이 자산의 부족이 실패의 원인이라고 지적할 것이다. 이들 기업은 구성원들의 신뢰와 참여의식 부족으로 인해 전략적 전환을 성공적으로 지휘하지 못한 데서 나타난 것이다.

21세기 경영은 참여의식, 신뢰, 자발적 협조가 중요한 요소이며 기업에게 전략 실행의 속도와 질, 일관성을 두드러지게 하여 저비용으로 빠른 전략적 전환을 집행할 수 있게 도와준다. 회사들이 힘들게 고민하는 문제는 어떻게 조직 내 깊숙이 참여의식과 신뢰, 자발적 협력을 만들어내느냐는 것이다.

21세기 전략실행의 절차는 전략 수립과 실행의 분리가 대부분 기업들의 특징이지만 또한 속도가 느리고 의심이 가는 실행과 기껏해야 기계적 완수에 불과한 것이 특징이기도 하다. 물론, 힘과 돈의 전통적 인센티브(당근과 채찍)가 도움은 된다. 그러나 결과 중심의 개인적 이익을 뛰어넘는 인간의 행동을 유발하기에는 역부족이다. 확실한 방법으로 행동을 모니터링할 수 없는 한, 의도적 태만과 태업의 여지는 항상 존재한다. 공정한 절차를 실시하면 이 딜레마를 극복할 수 있어야 한다.

21세기 전략경영은 공정한 절차의 원칙을 바탕으로 전략 체계화 과정을 구성함으로써, 처음 전략을 만들 때부터 전략 실행화를 구축할 수 있다.

공정한 절차를 실시하면, 사람들은 비록 그 전략에 호의적이지 않거나 가능성이 없다고 판단할지라도 전략적으로 무엇이 옳은가를 생각하여 그 전략을 지지하게 되는 경향이 있다. 사람들은 타협과 희생이 강력한 기업을 만드는 데 필요하다는 것을 깨닫는다.

CEO들은 장기적인 회사의 이익을 위해 단기적인 개인적 희생의 필요성을 받아들인다. 그러나 이런 수용은 공정한 절차가 존재하는 지의 여부에 달려 있다.

부품 아웃소싱을 위해 조인트 벤처 파트너와 업무 제휴를 하거나 영업팀을 재구축하거나, 제조 공정을 전환하거나 또는 한국의 스마트폰을 유럽으로 이전하는 등 기업이 블루오션 전략을 실행하는 것은 성공을 위한 21세기적 미래전략이 된다는 것이다.

〈사례 분석의 접근법〉

사례에는 아래 네 가지의 상황이 반복적으로 일어난다.

- 문제
- 의사결정
- 평가
- 규칙

가끔 이러한 분류에 불만을 표시하는 사람들이 있다. 그들은 "사례에는 다수의 상황이 묘사되며, 그것을 네 가지로 축소시키는 것은 잘못이다."라고 주장한다. 물론 사례에서 발견되는 상황이 위의 네 가지 뿐만은 아니지만, 여러 가지 사례 상황들이 위의 네 가지 범주 중 하나에 속하며, 그때 상황이 어떤 범주에 속하는지를 아는 것은 분석을 체계화하는 데 도움이 될 수 있다. 이 방법을 사용해 보고 도움이 되는지 스스로 판단해 보길 바란다. 사례를 다루는 본인의 방법에 여기 제시된 방법의 일부를 통합하여도 좋다. 사례 상황을 유형별로 나눈 접근법의 가장 큰 가치는 여러분이 사례 연구를 생각하는 방법에 대해 생각하게 해 준다는 점이다. 제시된 사례를 분석하여 전략을 찾아라.

사례 3// 해외 현지화로 800만대 판매 달성… 스마트카 · 고급차 개발 박차

현대차그룹은 2000년대 중반부터 해외 현지생산에 적극 나섰다. 그 결과 1999년 207만대에 불과했던 현대 · 기아차의 판매량은 2004년 300만대, 2008년 400만대, 2010년 500만대 고지를 차례로 밟았다. 지난해는 목표(786만대)를 14만대나 초과한 800만대를 판매했다.

현대 · 기아차의 히트작인 아반떼(1,000만대), 쏘나타(700만대), 투싼(400만대), 스포티지(300만대). 쏘렌토(200만대)는 전세계 소비자들의 사랑을 받았다.

세계 금융위기 직후인 2009년 현대차는 미국 시장에서 소비자가 차를 구입한 후 1년 이내 실직하면, 현대차가 차를 되사주는 '바이백(buyback)' 프로그램을 실시했다. 이 프로그램은 언제 해고통보를 받을지 모르는 직장인들에게 큰 호응을 얻었고, 지금까지 기업 마케팅의 모범사례로 회자되고 있다.

정 회장은 올 1월 "다양한 친환경차와 현지 전략차 출시와 더불어 세계 최고의 품질 경쟁력을 확보해 고객과 시장의 요구에 대응하는 것이 중요하다"고 강조했다. 그는 오는 2018년까지 총 81조원을 투자해 '포스트 800만대' 시대를 준비하는 것은 물론 스마트카 등 미래형 자동차 개발과 핵심 부품 기술 확보에 주력한다는 전략도 밝혔다.

이런 현대차 그룹에도 고민은 있다. 지금까지 성장은 주로 중 · 소형 차종을 중심으로 이뤄졌다. 글로벌 자동차업계에서 진정한 강자가 되려면 고급 · 대형차로 무게중심을 이동해야 한다. 현대 · 기아차도 이런 점을 의식해 에쿠스, 제네시스, K9 등 고급세단을 선보이고 있다.

영국 파이낸셜타임스(FT)는 "현대차그룹이 과거 10년 동안 소형 · 고효율 · 가격 전략으로 빠른 성장을 거뒀다"면서 "'제네시스' 같은 차종을 내놓는 것은 글로벌 고급차 시장에서 새로운 전략을 시험하는 계기가 될 것"이라고 했다.

제 3 장

글로벌화의 제 요인

제3장 글로벌화의 제 요인

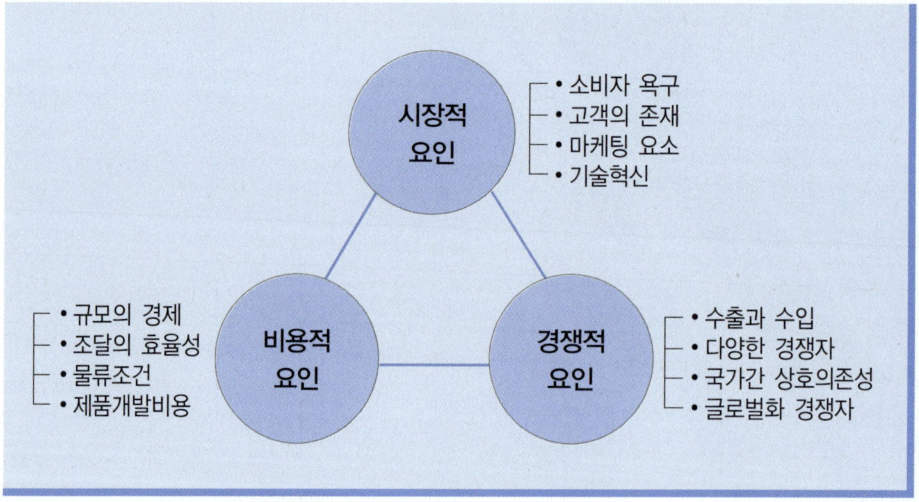

제1절 글로벌화의 시장적 요인

글로벌화의 시장적 요인들은 ① 소비자의 공통적 욕구, ② 글로벌 고객의 존재, ③ 글로벌 마케팅 요소, ④ 기술혁신의 선도기업 등에 의하여 결정된다. 이러한 글로벌화 시장요인들은 글로벌 전략수단의 채택 및 운용에 영향을 미치는 요인들이다.

1. 소비자의 욕구

소비자의 욕구는 서로 다른 국가에 살고 있는 고객들이 한 산업 내에 있는 제품이나 서비스의 범위 내에서 동일한 욕구를 가지는 정도를 나타내 준다. 실제로 다양한 요소들이 서로 다른 국가에 있는 소비자들의 공통적 욕구에 영향을 줄 것이다.

예를 들면 경제발전, 기후, 물리적 환경 그리고 문화면에서의 국가 간 차이가 어떤 제품이나 서비스 측면에 대한 여러 나라 소비자들의 요구 패턴에 영향을 미칠 수 있다. 또한 그러한 국가들이 제품수명주기에서 같은 단계에 있는가 하는 것도 소비자들의 국가 간 요구 패턴이 얼마나 비슷한가를 설명해주는 주요 변수가 될 수 있다.

소비자의 공통적 욕구는 기업들의 글로벌 시장참여, 글로벌 제품 및 서비스 제공, 그리고 글로벌 경쟁대책 등의 글로벌 전략수단을 사용할 수 있는 기회를 제공한다. 즉, 전 세계적으로 공통된 소비자 욕구가 있을 때는 기업들이 적은 종류의 제품만으로도 여러 시장에 진출할 수 있다.

만약 훌륭한 CEO라면 국가 간의 더욱 많은 소비자 욕구의 공통점을 찾을 수 있을 것이다. 이에 따라 기업들은 더욱 다양한 전략들을 추구할 수 있게 될 것이다. 몇몇 기업들은 이미 소비자 욕구의 공통성을 찾아냈으며, 그 초점에 맞추어 마케팅활동을 해왔다. 예를 들어 삼성은 핸드폰 등을 소비자욕구에 맞게 개발함으로써 소비자 욕구의 공통성을 충족시키는 작업을 훌륭히 수행해냈는데, 이를 위해 경쟁기업 내의 기존규격을 뛰어 넘어 새로운 특허경쟁까지 하면서까지 진행한 성공사례이다.

2. 글로벌 고객의 존재

글로벌 고객(global customers)이란 세계 여러 곳에서 사용하기 위해 집중화되거나 조정된 방식에 의하여 구매하는 고객을 의미한다. 이러한 고객들은 꼭 집중화된 방식은 아니더라도 공급자들을 중앙집권적으로 선택한다. 그러한 점에서 글로벌 고객들은 국제고객(international customers), 외국고객(foreign customers), 그리고 지역고객(local customers) 등과 구별할 수 있다. 다른 형태의 고객과 비교해서 글로벌 고객들은 해외시장에서 물건을 구매한다는 면에서 더욱 국제화된 구매 패턴을 보이며, 동시에 글로벌 본부를 통해서 집중화된 구매를 한다는 점에서 더욱 글로벌화된 구매특성을 보인다.

구입된 물건을 얼마나 많은 나라에서 소비 또는 이용하는가를 중심으로, 이러한 글로벌 고객은 ① 단일국가형 글로벌 고객과 ② 다국가형 글로벌 고객으로 대별할 수 있다. 단일국가형 글로벌 고객은 부품이나 물건의 공급자들을 전 세계적으로 구하지만, 일단 구매된 제품이나 서비스는 한 나라 내에서만 사용한다. 국가방위 담당자들이 좋은 예가 될 것이다.

반면 다국가형 글로벌 고객은 전 세계에 걸쳐 공급자를 구하고, 구매된 제품이나 서비스도 여러 나라에서 사용한다. 이러한 예는 세계보건기구(WHO: World Health Organization)의 의약품 구매와 사용, 그리고 몇몇 자동차회사에서도 찾아볼 수 있다.

글로벌 고객의 존재는 기업들에게 글로벌 시장참여, 글로벌 제품과 서비스 제공, 글로벌 활동입지선정, 그리고 글로벌 마케팅에 대한 기회를 제공한다. 경우에 따라 비록 글로벌 고객들이 중앙집중적으로 구매하지 않더라도, 글로벌 고객의 존재는 공급업자들로 하여금 글로벌 표준제품을 개발하도록 유도한다.

[그림 3-1] 고객의 형태

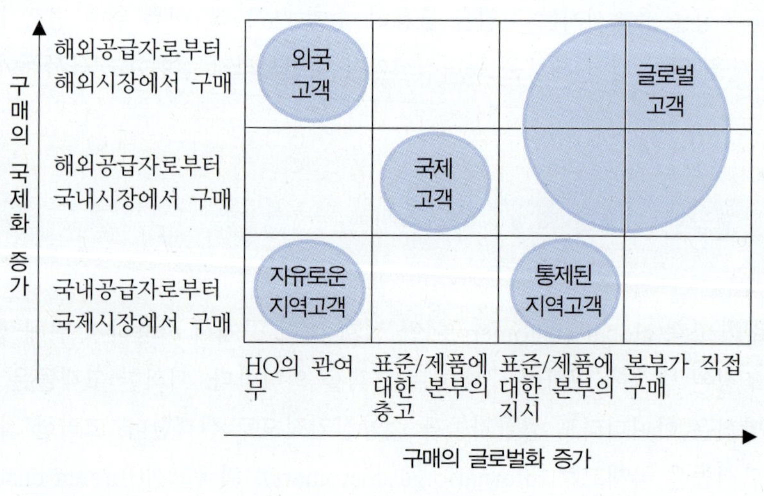

미국의 대표적 통신회사인 AT&T가 사업영역을 적극적으로 글로벌화하고 있는 것은 그 회사의 주요 고객들이 이미 글로벌화된 사업을 영위하고 있다는 점 때문일 것이다. 만약 AT&T가 고객들의 글로벌 욕구를 충족시키지 못하면, 최신 음성 및 데이터 통신 서비스 부문에서 주요 라이벌로 등장하고 있는 일본의 NEC, 독일의 지멘스(Siemens), 또는 IBM사에게 글로벌 고객들을 빼앗길 것이다.

3. 글로벌 마케팅 요소

구매결정의 속성상 상표, 광고 등과 같은 마케팅 요소는 지역시장을 위한 별도의 수정 없이도 범세계적으로 적용할 수 있는 경우가 많다. 이에 따라 상표나 광고와 같은 마케팅 요소는 국가 간에 이전가능하게 된다. 이러한 이전가능한 마케팅(transferrable marketing) 요소는 기업들의 글로벌 시장참여를 더욱 쉽게 해 준다. 즉, 그러한 사업은 신규 국가진입을 위해서 국가별로 새로운 마케팅 방법을 개발할 필요가 없게 된다. 글로벌 사업을 위하여 상표와 광고 캠페인을 글로벌 사업에 맞게 새로 개발함으로써 마케팅 요소들을 더욱 이전 가능하게 만든다.

예컨대 엑슨(Exxon)은 기존의 에소(Esso)를 비롯한 여러 다른 상표들을 대체하기 위하여 전 세계시장을 대상으로 광범위한 조사활동을 벌여 독특하면서도 쉽게 발음할 수 있는 새 상표를 결정하였다, 이러한 엑슨사의 사례는 전 세계시장에서 동일한 공통의 상표를 이용한다는 것이 얼마나 중요한가를 잘 나타내 주고 있다.

국제 마케팅 분야에서 무리 없이 받아들여지는 원칙 중 하나는 국가별로 시장환경이 다르기 때문에 여러 가지 마케팅 활동은 국가사정에 맞추어 수정되어야 한다는 점일 것이다. 예를 들면 광고는 지역에서 개발되어 지역고객의 요구에 맞출 수 있도록 제작되어야 한다. 그러나 요즈음에는 많은 기업들이 동일하거나 일부만 바꾼 마케팅으로 세계시장에서 성공하고 있다. 이러한 이전가능한 마케팅 요소야말로 글로벌 기업이 경쟁기업에 대하여 전략우위를 확보하게 해주는 확실한 근거가 되고 있다.

예컨대 치약시장에서 콜게이트(Colgate-Palmolive)사는 브랜드, 포장, 그리고 광고에 대한 글로벌 접근의 성공적인 적용을 통해 시장점유율면에서 선두자리를 지킬 수 있었으나, 유니레버(Unilever)사와 비캄(Beecham)사와 같은 라이벌들은 각각의 시장에 서로 다른 접근방법과 노력으로 진출함으로써 뒤떨어질 수밖에 없었다. 특히 한국의 삼성이나 LG는 해외에서 동일한 상표를 이용함으로써 국제화의 시장을 점유하는데 성공할 수 있었다.

종합적으로 살펴볼 때, 글로벌 마케팅은 현재 활용되고 있는 것에 비하면 훨씬 더 적용가능성이 크며, 해외여행 증가 등 전 세계적인 글로벌화 추세를 감안할 때 앞으로 그 효과가 더욱 커질 것으로 예상된다.

4. 기술혁신의 선도기업

제품이나 공정상의 기술혁신은 하나 또는 소수의 선도기업에서만 발생하는 경향이 있다. 이러한 혁신의 집중화는 혁신적인 경쟁자나 까다로운 고객의 요구가 특정 국가나 기업에 몰려 있기 때문이다. 이 경우 혁신의 원천에 쉽게 접근하기 위하여 글로벌 경쟁자들은 특정의 선도기업시장에 진입하는 것이 중요하게 된다.

고객들은 한 기업이 한 국가에서 어떠한 시장위치에 있는가를 기준으로 그 기업제품의 전반적 품질을 측정하려는 경향이 있다. 예컨대 삼성과 현대는 '한국시장에서의 선도 브랜드'라는 광고를 통해 해외시장에서 자기제품을 홍보한다. 따라서 선도기업이란 가장 중요한 제품이나 공정혁신이 일어나는 기업으로 쉽게 시장점유율을 가질 수 있다.

대다수의 산업에는 핵심적 글로벌 경쟁자들의 주요 활동근거가 되고, 또한 많은 기술혁신이 발생하는 국가들을 찾기 마련이다. 예를 들면 일본은 전자제품, 독일은 산업제어장비, 그리고 미국은 소프트웨어 부분에서 앞서가는 국가이다. 이러한 산업에서 글로벌화 시장을 선도하겠다는 야망을 갖고 있는 기업들에게는 해외국가에 진출하는 것이 매우 유리하다. 대다수의 산업에서 앞서가는 국가들은 미국, 일본, 독일, 영국과 같은 주요 선진국들이다.

제2절 글로벌화의 비용적 요인

글로벌화의 비용적 요인은 ① 글로벌 규모의 경제, ② 글로벌 조달의 효율성, ③ 유리한 물류조건, ④ 높은 제품개발비용 등은 개별사업의 경제적 특성에 의해

결정된다. 글로벌화의 비용요인들은 특히 글로벌 시장참여, 글로벌 제품제공, 그리고 글로벌 활동 입지선정전략 등의 글로벌 전략수단의 구성과 이용에 영향을 주게 된다.

1. 글로벌 규모의 경제

국가단위시장들이 충분히 크지 않아 기업들이 국가별로 최적규모를 달성할 수 없을 때, 글로벌 규모의 경제가 중요한 경쟁요소가 된다. 즉, 기업들이 제품을 표준화하고 특정 가치활동에만 집중하면서 다수의 시장에 참여함으로써 주어진 입지에서의 생산 및 활동 규모를 확대할 수 있게 된다. 그러나 주어진 한 입지에서 규모를 확대하는 것은 경직성과 작업중단 위험성 등의 사업위험요인을 동시에 수반한다.

예를 들어 전자산업의 경제성에 대해 많은 변화가 진행되고 있다. 회로판의 가격이 떨어짐에 따라 비용면에서의 경쟁우위는 부품을 가장 싸게 생산할 수 있는 기업에게 돌아간다. 따라서 규모는 기업에게 주요한 전략적 자산이 되고 있다. 특히, 삼성반도체는 규모의 경제에 의해 특징지어지는 전자산업에서 전 세계적인 사업진출의 필요성을 강하게 느끼게 되었다. 이에 따라, 삼성반도체는 획기적으로 글로벌 사업을 확장시켰는데, 이 과정에서 세계 반도체 제조회사와의 비교우위 경쟁에서 이길 수 있었다.

실제로 기업들이 사업을 국제화 또는 글로벌화시키는 것은 글로벌 규모의 경제를 달성한다기보다 사업활동을 여러 제품이나 비즈니스에 걸쳐 영위함으로써 기대되는 글로벌 범위의 경제를 확보하고자 하는 것으로 파악할 수 있다.

글로벌 규모의 경제는 신규기업의 진입위협을 낮추어주는 것으로 알려져 있는데, 특히 국가단위 잠재진입자들에게는 글로벌 규모의 경제가 주요한 진입장벽 중 하나가 된다. 글로벌 규모의 경제가 요구되는 상황에서 기업들이 한 국가시장에만 진출해서는 요구되는 사업규모를 확보한다는 것이 거의 어렵게 된다. 따라서 다국적사업 기반이 없는 기업들에게는 그러한 사업에 신규로 진출한다는 것이 거의 불가능하게 된다.

2. 글로벌 조달의 효율성

부품공급을 위한 국제적 시장에서 글로벌 조달의 효율성을 높이기 위하여 기업들은 집중화된 구매를 원한다. 예를 들어 많은 합작회사들이 생산의 주요 원료들을 구매하고 제조설비간의 글로벌 조정을 통해 효율적으로 수행하고 있다. 이와 같은 합리적 원재료 구매는 기업의 저가우위를 강화시킨다. 한편 효율적인 부품조달의 진입위협과 경쟁에 대한 효과는 글로벌 규모의 경제가 진입위협과 경쟁에 미친 것과 비슷한 패턴을 보인다.

3. 유리한 물류조건

판매가 가격 중에서 운송비가 차지하는 비중이 낮으면 낮을수록 기업들은 부담없이 생산시설을 집중화할 수 있다. 기타 유리한 물류요소들로는 품질내구성(nonperishability), 시간상의 여유, 저장장소의 근거리화 등을 들 수 있다. 낮은 수송비는 생산의 집중화를 가능하게 한다. 그리고 단순한 제품의 형태차이도 운송비상 커다란 격차를 가져올 수 있다.

예를 들어 중국에서의 시간당 노동임금은 일본의 10분의 1밖에 안 된다. 따라서 생산시설 재배치를 한 후 글로벌 시장의 물류비용을 줄일 수 있다. 이에 따라 저급품은 중국에서 생산되어 아시아시장에 수출되고, 고급품은 일본에서 생산되어 미국으로 수출되었다. 이러한 생산시설의 재배치와 조정에 의해 일본기업은 획기적으로 생산비용을 줄일 수 있게 되었다.

일반적으로 국가별 원가차이는 외국으로부터의 진입위협을 크게 한다. 일본과 한국, 홍콩, 대만, 그리고 싱가포르 등 '네 마리 호랑이'(Four Tigers)는 이러한 국가별 원가차이를 이용하여 많은 산업에서 성공적으로 세계시장에 진입한 예로 받아들여지고 있다. 태국을 비롯한 다른 동남아시아 국가들도 노동집약적 산업에서 비슷한 진입 패턴을 보여 주고 있다.

4. 높은 제품개발 비용

개별국가시장의 크기에 비해 월등히 높은 제품개발비용도 산업 글로벌화의 주요요인 중 하나이다. 네덜란드계 다국적기업인 필립스사는 통신산업에서의 기술발전이 동 기업의 기술개발비용을 몇 배 이상 증대시켰다고 추정한다.

특히 1980년대 디지털 교환시스템이 처음으로 도입되면서 개발비용은 10억 달러로 증가되었고 기술수명은 8～12년이 되었다. 필립스는 디지털 통신시스템 개발비용 10억 달러를 회수하기 위해 적어도 전 세계시장 매출액의 약 8%가 요구된다고 산정하였다. 그러나 유럽에서 가장 큰 단일시장인 독일시장 전체도 세계시장 매출의 8%를 차지할 수는 없었다.

관리자들은 다수의 국가단위제품을 개발하기보다 소수의 글로벌 또는 지역적인 제품을 개발함으로써 높은 제품개발비용 부담을 줄일 수 있다. 그러나 글로벌 제품을 개발하기 위한 프로세스는 전체 프로세스를 지연시킬 정도로 길어서는 안 될 것이다. 자동차산업의 특징은 긴 제품개발기간과 높은 제품개발비용이다. 제품개발비용이 높아지는 주요 이유 중 하나는 여러 국가에서 제품개발노력을 중복하고 있기 때문이다.

제3절 글로벌화의 경쟁적 요인

글로벌화의 경쟁적 요인들은 ① 높은 수준의 수출입, ② 서로 다른 국가의 다양한 경쟁자, ③ 국가 간의 상호의존성, ④ 글로벌화된 경쟁자 등으로 나타나며, 산업의 글로벌화 잠재력을 높일 뿐만 아니라 기업들의 글로벌 전략수단에 의한 대응의 필요성을 증대시킨다.

1. 높은 수준의 수출과 수입

가장 기본적인 글로벌화의 경쟁적 요인은 완제품, 중간재 및 서비스의 수출과 수입물량의 증가이다. 국가 간에 교역량이 많으면 많을수록 서로 다른 국가에 있는 경쟁자들 간의 경쟁관계가 치열해진다. 이에 따라 기업들은 글로벌 전략이 더욱 필요하게 된다. 더욱이 신규기업 진입위협은 높은 수준의 무역관계로서 기업 간 경쟁의 본질을 바꾸기도 한다.

2. 서로 다른 국가의 다양한 경쟁자

산업 글로벌화 잠재력에 영향을 주는 또 다른 경쟁요인은 서로 다른 국가들로부터 주요 경쟁자들이 나타나는 정도이다. 서로 다른 대륙으로부터의 경쟁자들 사이에서 글로벌 경쟁은 더욱 심해지는데, 이것은 그들의 사업배경이 서로 다르고 그에 따라 사업목적과 사업방식 또한 차이가 나기 때문이다.

3. 국가 간의 상호의존성

기업이 글로벌 전략을 추구함으로써 국가들 간에 경쟁적인 상호의존성이 생길 수 있다. 이러한 효과는 기업 내 업무활동의 국가 간 분담에 따라 나타날 수 있다. 예를 들면 하나의 사업이 한국과 일본시장 모두에 서비스를 제공하기 위하여 중국에 있는 공장을 사용할 수 있다. 따라서 일본에서의 시장점유확대는 중국공장에서의 생산량에 영향을 줄 수 있으며, 자연히 생산비용에 영향을 주고, 결국 한국의 시장점유율에도 영향을 줄 것이다.

이와 같이 기업 내에서 상호의존적인 국가들이 있을 때 한 나라 시장에서 한 기업이 차지한 시장점유율은 동 기업의 전반적인 비용구조에 영향을 주고, 결국 그 기업의 다른 국가 시장점유율에도 변화가 오게 된다. 또한 그러한 상호의존성은 기업으로 하여금 서로 다른 국가시장에서 경쟁자들에게 대한 공격을 상호보조(cross subsidize)할 수 있게 만든다.

국가들 간의 상호의존성은 신규사업자의 진입을 더욱 어렵게 한다. 기존사업자는 상호의존적인 시장관계를 보호하기 위해 신규진입에 대해 더욱 심하게 방어할 것이 예상되기 때문이다. 한 지역자회사의 시장점유율을 유지하는 것은 이전보다 두배 이상 중요해진다. 왜냐하면 한 시장에서의 점유율 상실은 다른 국가시장에 위치한 다른 자회사들의 경쟁입지 또한 어렵게 만들기 때문이다.

4. 글로벌화의 경쟁자

기업들의 글로벌 전략추구는 글로벌 시장참여, 글로벌 제품과 서비스, 글로벌 활동배치, 글로벌 마케팅, 그리고 글로벌 경쟁활동 등 다양한 글로벌 전략수단을 탄력적으로 사용하는 정도까지 진전되고 있다. 한 사업에서 경쟁자들이 산업 글로벌화 잠재력을 실현하기 위해 처음으로 글로벌 전략을 사용할 때, 그 기업은 경쟁자들을 먼저 공격하거나 아니면 최소한 경쟁자의 행동에 대응하여야 한다.

이러한 경쟁활동들은 표준화된 제품을 최초로 도입하거나 통일된 마케팅 프로그램을 처음 사용함으로써 사업확장을 도모하는 경우를 포함한다. 글로벌 전략을 추구하는 경쟁자들은 일반적으로 해당 산업 전체가 글로벌화되는 것을 촉진한다. 예를 들면 글로벌하게 표준화된 제품을 공급하거나 글로벌하게 통일된 마케팅을 사용하는 경쟁자들은 고객들로 하여금 글로벌 제품 및 글로벌 마케팅을 수용하도록 영향을 미칠 것이다.

글로벌화된 기존 경쟁자들은 경쟁의 지리적인 범위를 확대시킴으로써 산업 내 경쟁을 증대시키고 있다. 글로벌하게 통합된 경쟁자들 간의 경쟁은 단지 한 국가 내에서 1 : 1의 전투가 아니라 글로벌 시스템간의 전면적인 전쟁으로 발전하고 있다. 예컨대 전자제품 산업의 일종인 가전제품시장에서는 일단 한 기업이 분명히 글로벌화되어 다른 경쟁자의 시장에 적극적으로 진출을 시작했을 때, 다른 경쟁기업들도 더욱 경쟁적인 입장에서 경쟁자의 행동 하나하나에 관심을 가지게 되었다.

사례 1// 왜 국제화가 필요한가 – 글로벌화 · 국제화는 21세기의 생존전략

국제화를 하지 않고는 21세기에 살아 남을 수 없다. 세계는 이미 개방의 시대로 가고 있고, 우리나라도 21세기 거의 모든 업종이 개방된다. 또한 우리는 수출을 안 하면 살아 남을 수 없는 구조로 되어 있다. 국제화라고 하면 국내의 국제화는 물론이고, 선진국으로 나가야 할 국제화도 있고, 후진국으로 나가야 할 국제화도 있다. 이것을 모두 합하여 글로벌화로 보자.

국가적으로도 국제적으로도 이젠 기회가 없다. 시간이 없다! 우리도 해외시장으로 더 진출해야겠지만 선진국의 기업과 제품들이 앞으로 몇 년 내에 우리나라에 모두 들어온다. 결국 국내시장에서는 물론 국제시장에서도 세계의 일류 상품, 일류 회사들과 맞붙어 경쟁해야 한다.

말로만 국제화를 언급하다 보니 심각하게 느껴지지 않을지 모르지만 국제화의 넓이와 깊이를 전자를 예로 들어보면 소니, 마쓰시타, 필립스, GE와 같은 거대

기업과 우리가 일 대 일로 경쟁해야 한다는 의미다.

국제화하여 세계 일류가 되어 버리면 우리들의 평소 노력으로도 이익은 3배, 5배로 커지게 되어 있다. 1등만 하면, 바로 반도체 메모리 부문에서 우리가 직접 경험하고 있는 것 아닌가.

국제화시대에 앞장서자. 국제화 물결에서 뒤처지면 자멸한다. 20세기 중반까지 승승장구하던 소련이 몰락한 것은 바로 국제화 경쟁에서 졌기 때문이다. 소련이 안 먹고 안 쓰고 갖은 노력을 다하여 세계 최강의 군사력을 갖추었을 때는 이미 폭력지배 시대가 끝나고 국제화시대가 열린 다음이었다. 시대에 뒤떨어지면 자멸한다는 좋은 예를 보여주는 역사의 교훈이다.

❑ 문 닫고는 살 수 없다

이 세상에 독불장군이란 없다. 인간은 혼자 살 수 없다. 어떤 민족이든 혼자 살 수는 없다. 국제화함으로써 그 나라의 장점, 민족의 장점, 지형의 장점을 우리나라 민족과 삼성의 장점과 합해서, 1석 5조 아닌 1석 10조가, 하나 더하기 하나는 열이 아니라 천, 만이 되는 결과를 가져올 수 있다.

우리만 문을 꽁꽁 닫고 집안에 있을 수가 없다. 우리는 국제화하지 않으면 안된다. 우리만이 아니라 전 인류가 국제화하지 않으면 안된다. 누구나 해야 한다. 국제화라는 개념은 우리 위주로 보면, 우리 시장 하나 개방해줌으로 해서 적어도 지금 지구상에 있는 100개 이상의 중상층 국가의 시장을 얻어 오는 것이다.

❑ 세계를 무대로 글로벌화 하라

이웃 일본의 경우 서구문명이 밀려오던 18세기와 19세기에 문을 열고 외국문물을 과감히 받아들였다. 명치유신(1868년)은 말하자면 국제화의 용단이라 할 수 있다. 그 당시 명치정부는 세계각국과 어깨를 나란히 하기 위해 우선 문호를 개방하고 외국의 문물을 적극 받아들였다. 이같은 시책으로 많은 유학생들을 해외로 보냈으며, 서양의 새로운 기술을 과감히 도입하면서 한편으로는 개화에 대한 국민계몽운동도 대대적으로 펼쳤다.

그 결과로 100년 뒤에 일본은 세계 열강의 하나로 커졌다. 반대로 고집스럽게 개국을 거부해오던 조선왕조는 일본의 식민지로 전락하고 말았다. 오늘날 어떤 선진국도 홀로 인공위성이나 전투기를 만들 수 있는 나라는 없다. 세상은 이미 피할 수 없는 상호의존의 국제화시대로 접어들었다.

지금 바깥 세상의 변화를 알아야 한다. 한국, 삼성이 과거 특히 10년간 세상이 얼마나 많이 변하고, 국제화가 어느 정도 진척되어 있고, 국제화에 얼마나 뒤져 있는지, 경쟁이 얼마나 치열한지를 전혀 못 느끼고 있다. '국내에서는 그래도 최고다' 하는 발상에서 잠을 못 깨고 있는 것은 아닌가, 그렇다면 그것이야말로 대단히 위험천만한 발상이다. 앞으로 우리 삼성에서는 국내에서 최고라는 말 자체를 없애버려야 한다. 이제부터는 국내 경쟁이 아니라 세계를 무대로 하는 글로벌화에 눈을 돌리지 않으면 안된다.

〈자료: 삼성신경영 참조〉

제4장

글로벌 전략경영의 성공적 조건

제4장 글로벌 전략경영의 성공적 조건

제1절 글로벌 조직의 구축

글로벌 조직의 요인들은 글로벌 산업의 동인, 글로벌 업종의 동인, 글로벌 전략 수단과 함께 글로벌 전략경영 모델의 중요한 부분을 차지한다.

이 조직요인들은 글로벌 전략경영의 수립뿐만 아니라 수립된 전략의 효과적인 실행에도 큰 영향을 미친다. 여기에서는 조직구조, 경영관리과정, 인력과 문화 등의 조직요인들이 글로벌 전략과 이의 실행에 어떻게 영향을 미치는가에 초점을 맞추고자 한다. 여기 이러한 조직요인들을 심층적으로 분석하고 글로벌 조직을 어떻게 구축할 수 있는가에 대해 설명하고자 한다.

1. 글로벌 조직의 변화

글로벌 조직에서 중요한 문제는 국제경영활동을 어떻게 통합하고 동시에 각 시장에 필요한 자율성을 어떻게 부여할 수 있느냐 하는 것이다.

자(子)회사의 입장에서는 현지 환경에 적응하기 위해서 자율권을 요구할 것이다. 그러나 전체 기업차원에서는 글로벌 전략을 보다 잘 실행하기 위해 어느 정도의 통합을 필요로 한다. 따라서 글로벌 조직은 시행착오를 통해 경험을 얻으면서 통합과 자율을 점차적으로 달성할 필요가 있다. 한 나라에서 다른 나라로 이러한 경험과 지식을 이전할 수 있다는 것은 다국적기업에게 중요한 우위원천을 제공한다. 실제로 오늘날 많은 기업들은 현지에서 유연성(flexibility)과 적응성(responsiveness)

을 갖춘 글로벌하게 통합된 조직을 구축하기 위해 많은 노력을 하고 있다. 그러나 이 문제에 대해 지금까지 어떤 기업도 완벽한 해결을 얻지 못했다. 하지만 많은 기업들은 나름대로 성공적인 글로벌 조직을 구축할 수 있었다.

글로벌시대 글로벌 조직으로의 변화는 기업경쟁력을 변화시키는 원동력으로 반드시 실현되어야 한다. 그래야 성장한다.

글로벌 조직은 글로벌 전략이 수립되고 실행되는 수단이라고 할 수 있다. 따라서 조직의 특성에 따라 전략이 달라질 수 있다. 이것은 특히 글로벌 전략을 수립할 때 상이한 국가출신의 관리자들 사이에 거의 접촉이 없고, 국가 간에 인적 혹은 정보교환이 거의 없는 고도의 자율적 국가별 활동단위를 가진 조직은 글로벌 전략을 실행하기는 고사하고, 글로벌 전략을 수립하기도 어려울 것이다.

전체적으로 조화 있는 글로벌 전략경영을 수립하고 실행할 수 있는 기업조직을 만드는 것은 쉬운 일이 아니다. 경영관리자들이 업무를 성격상 비슷한 사업단위들로 나누고 조직을 글로벌 전략에서 요구되는 대로 맞추어 나갈 때 가능할 것이다. 성공적인 글로벌 조직을 구축하기 위해 관리자들이 ① 글로벌 조직을 인식해야 하고, ② 조직전략요소를 실행하는 능력이 있어야 한다.

한 사례로 어떤 제조업자는 그의 기업이 글로벌해야만 생존할 수 있다고 믿게 되었다. 그래서 관리자들에게 글로벌화로의 변화를 선포하였고 조직은 글로벌화를 꾀하였다. 그러나 그 기업은 급속한 글로벌화로 기업의 능력범위를 초과하는 것으로 여러 문제에 직면하게 되었다. 그 기업의 관리층은 글로벌 전략의 한 부분으로 남미를 주요시장으로 선정하고 브라질에서 영업활동을 시작하였다.

그러나 사업책임자로 임명된 관리자들은 미국 이외의 지역에 대해서는 경험이 없었고 결과적으로 그 기업은 브라질 시장에서 적자를 경험하였다. 상급관리자가 이 문제를 정밀히 분석한 결과 그들이 찾아낸 것은 글로벌화하는데 지역환경의 변화에 기존의 조직이 변화하지 않았다는 결론을 발견하였던 것이다.

글로벌시대 조직구조의 변화와 혁신은 기업 내의 많은 변화를 수반한다. 어떠한 경우에든 경영의사결정 과정과 더불어 조직구조의 변화를 위한 혁신 준비작업이 필요하다.

2. 글로벌 조직의 권한집중

글로벌 전략을 개발하고 수행하기 위한 가장 효율적인 방법은 권한을 집중시키는 것이다. 즉, 전 세계에 퍼져 있는 동일 사업단위들로 하여금 동일한 글로벌 최고경영자(global sector head)에게 보고하도록 하는 것이다. 그러나 놀랍게도 이렇게 하는 기업은 거의 찾아 볼 수 없다. 대신 대부분의 기업들은 권한의 주요 라인이 사업단위에 의해서 보다 국가단위에 의해서 운영되는 강력한 국가별 조직(country based)에 집착하고 있다.

글로벌 조직구축은 조직의 개별요소들을 글로벌 전략화하고 수행할 수 있는 기업능력을 향상시켜야 한다(〈표 4-1〉 참조). 하버드대학교 조지 입 교수는 다음 4가지 사항을 지적하고 있다.

표 4-1. 글로벌 범위별 조직특성

글로벌 범위	조직구조	경영관리과정	인 력	문 화
글로벌 기업	· 집중화된 글로벌 권한 · 국내-국제 사업부 간의 구별 없음 · 지리적, 기능별 사업단위 보다 제품별 사업단위 강조	· 광범위한 조정 과정 · 기술의 글로벌 공유 · 글로벌 전략 정보 시스템 · 글로벌 전략적 계획, 예산, 편성, 성과평가, 보상	· 다국가경력 인재 · 본국 및 제3국 출신의 외국인 · 광범위한 해외 여행 가능의 인재	· 글로벌 동질성 · 상호의존성
다지역 기업	· 분산된 국가별 권한 · 국내-국제 사업부 간의 구별 없음 · 제품 사업별, 기능별 단위 보다 지리적 사업단위 강조	· 본사로부터의 기술이전 · 국가별 정보 시스템 · 국가별 전략적 계획, 예산편성, 성과 평가, 보상	· 해외 파송 관리자 · 현지인의 현지사업경영 · 제한된 해외 여행	· 다국적 동질성 · 자율성
수출기반 기업	· 집중화된 본국 통제 · 국내-국제 사업부간 구분 명확 · 기능별 조직 강조	· 조정보다는 지시 · 본사로의 일방적인 정보 흐름 · 기술이전이 미미함 · 판매목표 집중	· 본국인이 현지 마케팅 자회사 운영	· 본국문화 강조

자료: George S. Yip(1992), *Total Global Strategy*, Prentice-Hall. Inc.,

첫째, 조직구조는 상하 부서간의 통일된 보고체계를 구성해야 한다.

둘째, 경영관리과정은 사업의 실행계획과 예산편성과 같은 활동으로 구성한다.

셋째, 인적 요인은 CEO로부터 중간관리자 종업원에 이르기까지 모두 포함시켜야 한다.

넷째, 문화는 기업 내 행위지침이 되는 경영이념과 가치, 다국적 동질성과 본국문화를 강조시켜야 한다.

이러한 각각의 조직요소는 직접적으로 서로 영향을 미치고 글로벌 전략의 수립에도 영향을 미친다. 어떤 전략을 실행하는 데 있어 범하기 쉬운 실수는 이들 요인들 중의 하나 혹은 그 이상, 특히 문화와 같은 무형적인 요인을 무시하는 것이다. 또 조직 한 부문의 장애는 글로벌하게 사고하고 행동하는 능력을 마비시킬 수 있다. [그림 4-1]은 중요 조직차원들과 각 차원별로 중요 구성요소를 보여 주고 있다.

각 조직요인과 요소는 5가지 글로벌 수단의 사용에 중요한 영향을 미친다. 예를 들면 집중화된 권한은 글로벌한 시장참여를 가능케 한다. 집중화된 권한은 글로벌 제품의 개발을 도와주며, 글로벌 마케팅과 글로벌 경쟁전략수립도 용이하게 해 준다.

[그림 4-1] 글로벌 조직의 요소

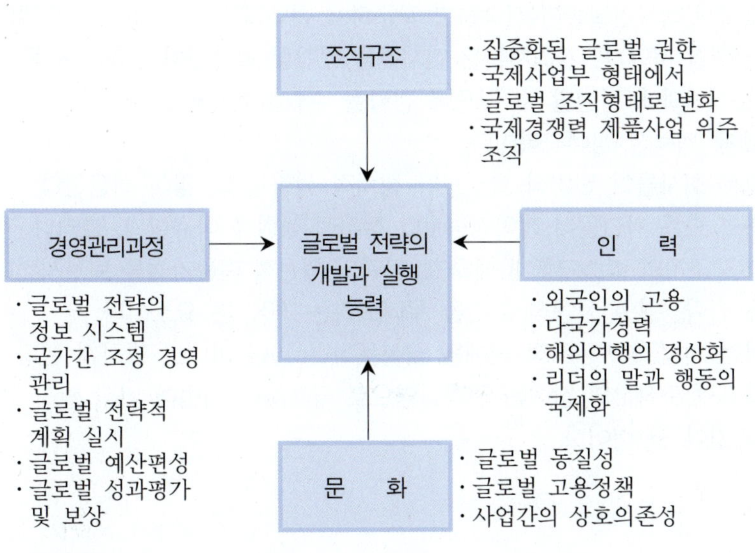

자료: Yip Loewe, Yoshino(1998)에서 인용

글로벌 비즈니스에 적합한 경영관리 필수조건은 복수지역 혹은 수출위주조직에 맞는 경영관리요건과 크게 다르다. 글로벌 비즈니스는 무엇보다도 집중화된 글로벌 권한을 필요로 한다. 그러나 복수지역 위주의 비즈니스는 각국 현지시장에 적응하기 위해 자율적인 의사결정을 보장하는 분산된 국가별 권한체제가 적당하다.

마지막으로 수출에 기반을 둔 비즈니스는 세계적 사업의 관점보다 본국의 관점을 강조하는 집중화된 권한이 요구된다. [그림 4-1]은 지리적 사업형태에 따른 바람직한 조직특성을 요약한 것이다.

사례 1// 조직상의 장애를 극복하라

전략실행에는 4가지 조직상의 장애극복이 존재한다.

첫째, 인지적 장애의 극복이다.

이는 종업원이 전략적 이동의 필요성을 인식하지 못하는 것이다. 성장전략은 수익성있는 미래성장으로 향하는 길이며, 수익성 있는 미래전략을 위하여 조직을 올바로 운영하고, 인재를 적재적소에 배치해야 한다.

둘째, 제한된 자원의 장애를 극복하는 일이다. 전략변화를 실행하기 위해서 실행에 더 많은 자원이 필요하다. 그러나 전문가적 요소의 필요전략은 수많은 기업에서 자원의 감소와 절감효과가 기업을 살리는 경우를 볼 수 있다.

셋째, 동기부여 장애의 극복이다.

조직내 핵심인물들이 신속하고 꾸준하게 현 상황을 돌파할 수 있도록 동기를 부여할 것인가? 관리자들은 긴시간을 기다릴 필요없이 조직상의 동기부여를 조직성과에 실현할 수 있도록 전략을 수립해야 한다.

넷째, 정치적 장애극복이다.

많은 회사들이 전략적 요소보다 정치적 성향을 더 많이 이용한다.

거의 모든 기업들이 전략경영보다 정치적 성향을 이용한다. 그러나 정치적 성향은 조직의 리스크를 초래하고, 전략의 혁신적 전문가들을 퇴보시킨다. 이것은 전략경영의 성공적 조건을 무너뜨리는 가장 큰 요소이다.

이런 기업들이 정치적 정애를 극복못하면 10년 이내로 망하게 된다.

따라서 조직상의 장애는 전략경영으로 극복하는 기법이 가장 빨리 성장하는 기업이 될 것이다.

[그림 4-2] 전략실행의 4가지 장애극복 - 글로벌 전략경영의 장애극복 -

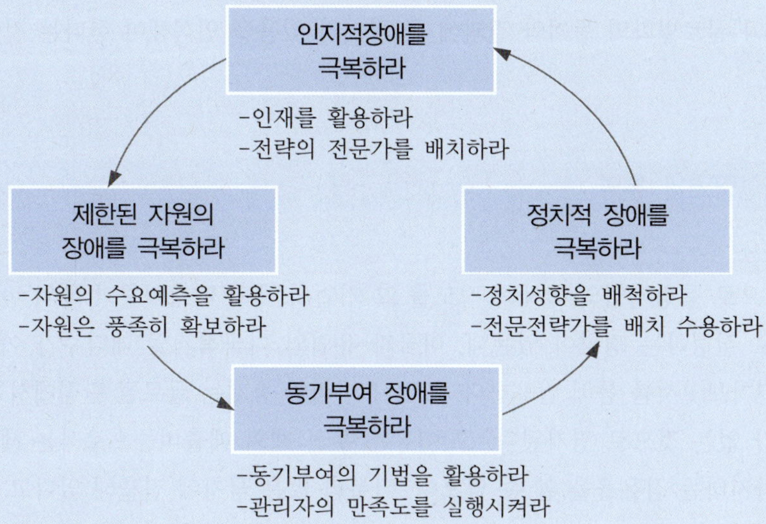

제2절 글로벌 시장선정 및 마케팅 구축

1. 글로벌 시장선정 및 확대

글로벌 경영전략적 관점에서 해외시장을 확대시키는 방법이 주요 고려사항이 되기 때문에 그 기법을 먼저 소개한다. 글로벌 기업은 해외시장을 선정함에 있어 특정국가만 고려하는 편협된 시각에서 벗어나 그 시장에 글로벌 전략의 구도에 차지하는 위상과 영향을 고려한 시장전략이 필요하다.

기업이 국제화하는 데 있어서 다국적화와 글로벌화를 구별할 필요가 있다. ① 다국적화라 함은 기업의 시장영역을 지리적으로 확장하는 것을 의미하나, ② 글로벌화 또는 세계화라 함은 기업의 경영활동을 범세계적으로 통합하는 글로벌 전략 구도 하에 시장영역을 선정 또는 확대하는 것을 의미한다.

이러한 구분은 해외생산, 합작투자 등의 문제뿐만 아니라 해외시장에서의 시장목표결정 등에도 명확하게 이루어져야 한다. 물론 국제화 관련 의사결정에는 다국적화 및 글로벌화 관련 요인들이 복합적으로 작용하는 것이 사실이지만, 중요한 것은 다국적화와 글로벌화의 동기와 결과에 큰 차이가 있음을 인식해야 한다는 것이다.

2. 글로벌 시장참여의 유형

일반적으로 특정기업의 국제화 정도를 그 기업의 해외 매출비중과 해외 판매국가의 수로 결정하는 경향이 있는데, 미국과 유럽의 다국적기업 대다수가 이러한 통계를 연차보고서를 통해 발표한다. 그러나 이러한 통계는 글로벌 관점에서 보면 별 의미가 없는 것으로 평가된다. 그 이유는 우선 해외 매출비중으로서는 세계시장에서 차지하는 점유율을 알 수 없으며, 아무리 많은 국가에 진출해 있다고 해도 주요 시장, 즉 미국, 일본, 독일 시장에서의 위상이 떨어지면 글로벌 전략에서 그 기업의 국제화 정도를 정확하게 나타낼 수 없기 때문이다.

진정한 의미에서, 즉 글로벌화 의미에서 국제화 정도를 측정하기 위해서는 그 기업의 ① 세계시장 점유율, ② 국제시장의 지리적 균형, ③ 주요 전략시장에서의 위상 등을 고려해야 한다.

예를 들면 유럽 최대 보험회사인 알리안츠 베어지허룽스(Allianz Versicherungs)사는 독일 모국에서 뿐만 아니라 미국, 유럽, 아시아에서 선도적 기업이 되기 위해 공격적인 세계전략을 추구하고 있다. 동사는 기업인수를 통해 유럽시장에서 선도기업으로 부상하였고, 미국에서 1990년 파이어맨스 펀드(Fireman's Fund), 한국에서 제일알리안츠 보험회사를 인수, 운영하는 등 기업인수로 통합하여, 규모의 확대전략을 추구한 사례가 있다.

3. 글로벌 마케팅 구축

글로벌 마케팅은 글로벌 전략수단의 중요한 구성요소이다. 글로벌 마케팅의 마케팅 믹스 요소들은 세계적으로 동일하거나 유사한 방식과 내용을 가진다. 포춘지가 매년 선정한 500대 기업의 글로벌 마케팅 구축은 전 세계를 무대로 활동하는 많은 기업들이 여러 나라에서 똑같거나 유사한 광고와 상표를 사용하는 것으로 나타나 있다.

날이 갈수록 다국적기업들은 더 많은 글로벌 마케팅 개념을 활용하고 있고 또한 그로부터 대단한 성공을 거두어 왔다. 네슬레(Nestl)사는 모든 나라에서 여러 제품에 같은 상표를 사용하여 성공하였고, 코카콜라(Coca-Cola)사는 세계 어느 나라에서나 같은 광고 테마를 사용함으로써 크게 효과를 보았다. 제록스(Xerox)사는 세계적으로 일관된 리스 정책(leasing policies)을 사용함으로써 성공을 거두어 왔다.

표 4-2. 다국적기업의 성공사례

회 사	성공요인
네슬러	모든 국가에서 여러 제품에 동일한 상표 사용
코카콜라	세계 어느 나라에서나 같은 광고 테마 사용
제록스	세계적으로 일관된 리스정책 사용

주: 필자 정리

하지만 글로벌 마케팅은 마케팅 과정을 표준화하는 것을 말하는 것이 아니다. 다국적기업들이 각국 자회사들의 시장조사와 마케팅 계획수립을 표준화하는 것은 단지 마케팅 관리기법을 전수하고 마케팅 관리기능의 수준을 높이는 효과적인 방법일 뿐이다.

제품설계, 제품의 포지셔닝(positioning), 상표, 포장, 가격정책, 광고전략, 촉진과 유통 등 마케팅 믹스(Marketing mix)의 모든 요소가 글로벌화의 대상이다. 또한 글로벌 마케팅 구축은 다른 글로벌 전략수단들도 그렇듯이 탄력적일 수 있다. 마케팅 믹스의 요소들 중 어떤 것들은 보다 더 글로벌하게 할 수 있고, 다른 부분은 그렇게 하지 않을 수도 있는 것이다.

예를 들어 '글로벌'한 포장 디자인의 경우, 모든 나라들에서 동일한 로고와 그림을 사용하면서 몇몇 나라들에서는 다른 배경색을 사용할 수도 있다. 따라서 전체적인 마케팅 전반 혹은 개별적 마케팅 요소의 글로벌화는 그 내용면에서 다양한 모습을 지닐 수 있다.

4. 글로벌 마케팅 구축의 장점

글로벌 마케팅에 있어 전통적인 견해는 다국적기업들은 마케팅 내용보다 과정을 표준화하는 것이 현명하다는 것이었다.

그렇지만 전 세계를 무대로 하는 기업들은 마케팅의 내용을 글로벌하게 표준화함으로써 큰 효과를 얻을 수 있다. 여타의 글로벌 전략수단들과 마찬가지로 글로벌 마케팅은 글로벌화의 두 가지 주요한 장점들은 ① 비용절감, ② 고객만족도 제고 등으로 경쟁력을 강화시킨다.

1) 비용절감

글로벌 마케팅에서 비용절감은 인력과 원자재의 효율적 활용에서 비롯된다. 글로벌 마케팅을 구축하면 여러 나라들의 복잡한 마케팅 부서들을 통합함으로써 인건비를 줄일 수 있다. 또한 중복되는 활동을 제거함으로써 각 나라의 경영자들이 중복투자하는 데 시간을 낭비하지 않게 한다. 프로모션 전략의 글로벌화를 통해 광고제작비(통상 총 광고예산의 10% 내외), 판촉물과 포장지 제작비 등의 자재비용을 줄일 수 있다.

위성 텔레비전, 다국 동시방송 프로그램, 국제적인 학술지 등의 글로벌하면서도 지역적인 미디어가 그 서비스 범위를 확대하고 있으므로 이런 매체들을 통해 국제적인 캠페인을 벌임으로써 추가적인 원가절감을 달성할 수 있다.

2) 고객만족도의 제고

글로벌 마케팅은 '세계적인 제품'이라는 인식을 심어줌으로써 고객의 만족도를 강화시킨다. 개인적으로서든 조직의 구성원으로서든 수많은 제품과 서비스의 구매자들은 여행하고, 이동하며, 여러 나라의 매체에 노출되게 마련이다. 그러므로 통일된 마케팅 메시지는 그것이 상표, 포장, 광고, 그 어느 것을 통해 전달되든지 제품이나 서비스에 대한 그들의 인식과 지식 그리고 태도를 강화시킨다. 자기가 살고 있는 곳에서 멀리 떨어진 곳에서 글로벌한 제품을 선전하는 광고판(북경의 코카콜라 광고판 같은 것)을 본 적이 있는 사람이라면 누구든 그런 경험이 주는 강화효과를 느낄 것이다.

제3절 글로벌 제품과 서비스의 차별화

1. 글로벌 제품의 차별화

글로벌 제품과 서비스를 제공하는 것은 글로벌 전략경영수단을 구성한다. 글로벌하게 표준화된 제품, 즉 글로벌 제품은 글로벌 전략과 일반적으로 동일시되고 있다. 그러나 전 세계에 걸쳐서 똑같은, 완전 표준화된 글로벌 제품의 개념은 커다란 혼란을 유발시키는 문제가 된다. 그러한 제품은 성공하기 어려우며, 다국적 식품기업의 꿈이라 할 수 있는 '차별화된 식품'과 같은 것이라야 크게 성공한다.

글로벌 제품의 장점은 제품의 주변부나 다른 부분을 현지화하면서, 핵심제품 또는 차별화함으로써 얻어질 수 있다. 예를 들면 소니사의 전자제품은 상이한 국가별 전기표준 부분을 제외하고 대부분 차별화되고 있다.

자동차산업은 기업 간 그리고 기업 내 모델라인 사이의 범세계적 차별화에 대한 좋은 예를 제공하고 있다. 예를 들어 볼보(Volvo)와 혼다(Honda)는 범세계적으로 매우 차별화된 제품을 판매하고 있다. 한편 GM(General Motors)은 북미와 유럽 제품 간에 지금까지 공통점이 거의 없었지만 현재는 이것도 바뀌고 있다. 한국의 현대-기아 자동차는 현지화 전략에 적응하는 제품차별화에 맞추고 있다.

표 4-3. 자동차의 차별화 전략 성공요인

회사	차별화 전략 성공
볼보와 혼다	범세계적 차별화 제품 판매전략(가격, 제품 등)
GM	북미와 유럽제품간 상이한 공통점 변화
현대-기아	현지화 전략적응→AS 철저전략→품질·가격적응

주: 필자 정리

제품의 디자인과 개발방법의 개선, 특히 연결식 개발단계보다 중복적 개발단계를 사용함으로써 도요타와 일본 자동차기업들은 제품을 시장에 소개하는 데 걸리는 시간을 대폭 단축할 수 있었다. 또한 JIT(Just In Time)재고관리를 포함한 유연 생산방식으로 도요타는 개발과정을 통해 쏟아져 나오는 상당수의 모델을 효율적으로 생산하였다. 따라서 도요타는 제품차별화와 생산의 집중으로 인한 글로벌 이익과 제품확산으로부터의 현지화 이익이라는 두 가지 장점을 향유하게 되었다.

2. 서비스의 현지화

서비스 산업의 상징, 맥도널드는 레스토랑 디자인, 서비스 방식, 주요 메뉴 항목 등 핵심항목에 있어 거의 변동이 없지만, 프랑스에서는 술을, 영국에서는 돼지고기를 제공하는 것과 같은 주변적 현지화를 통한 차별화 전략을 구축하고 있다. 모스크바와 중국에 식당을 연 맥도널드는 종업원의 미소에 이르기까지 동일한 서비스를 유지하기 위해서 노력하고 있으며, 자국문화를 전략화하고 있다.

몇몇 일본기업들은 특히 자신들의 표준화된 제품을 각 나라에서 차별화하여 받아들이게 하는 데 매우 성공적이었다. 이러한 것은 일본기업이 국제시장에 처음으로 진출할 때 각국에 상이한 모델을 제공할 능력이 없었거나 또는 한 나라 내에서도 여러 모델을 제공할 능력이 없었기 때문에 일어난 경우들이다. 그들이 성공한 것은 고객이 진실로 원하는 서비스의 성격을 파악하고, 그것을 토대로 고객들이 다른 기호를 포기할 정도로 ① 좋은 서비스, ② 낮은 가격, ③ 높은 품질의 모델 등을 제공하였기 때문이다.

3. 글로벌 제품과 서비스의 3가지 장점

글로벌화로부터 얻을 수 있는 3가지 종류의 장점이란 ① 비용절감, ② 품질향상, ③ 고객만족도의 개선 등이다. 한편 이러한 각각의 편익은 글로벌 제품 혹은 서비스의 표준화에 적용될 수 있다.

1) 비용절감

비용절감은 제품차별화의 가장 일반적인 동기이다. 이러한 비용절감에는 개발, 구매, 생산, 제조비용 등이 포함된다. 제품개발비용은 제품차별화의 글로벌 촉진요인으로 작용한다. 개발비용이 기대되는 수익에 비해서 높을수록 많은 수의 현지

제품보다 소수의 글로벌 혹은 지역적인 제품을 개발할 필요가 더욱 크다. 여기에서는 기술개발비용과 시장개발비용을 구별하는 것이 중요하다. 시장개발비용보다 기술개발비용이 제품차별화의 촉진요인으로 작용한다(사례 1).

2) 제품품질의 향상

비용상의 절감효과보다 뚜렷하지는 않지만 제품표준화는 잠재적으로 제품의 품질을 향상시킬 수 있다. 차별화를 통해 전 세계적으로 제품 수를 감소시킴으로써 재무자원과 경영자원을 소수의 제품에 집중시킬 수 있기 때문이다.

면도기, 커피 제조기, 그리고 그 밖의 다른 내구성 소비재를 생산하는 독일 브라운[Braun : 현재 질레트(Gillette)의 자회사]사는 제품 수를 제한함으로써 매우 높은 명성을 유지한다. 이러한 브라운사의 집중화 전략은 제품 간에 적용되었을 뿐만 아니라 국가 간에도 역시 적용된다. 브라운사는 현지기호에 맞게 제품적응을 시도하지 않았지만, 독특하면서 글로벌한 디자인과 스타일을 일관성 있게 유지하고 있다.

3) 소비자만족의 향상

일반적으로 제품차별화는 현지욕구에 맞게 적응하지 못함으로써 소비자의 선호를 감소시킬 수 있지만, 경우에 따라서는 실제 소비자만족을 증가시킬 수도 있다. 예컨대 소비재와 서비스 상품의 경우 차별화되는 제품은 본국에서 뿐만 아니라 외국에서도 구매할 수 있는 가능성 때문에 소비자의 선호를 강화시킬 수 있다. 청량음료, 패스트푸드, 담배, 캔디와 같이 본국과 외국에서 빈번하게 소비되는 제품은 이러한 영향을 가장 많이 받는다. 코카콜라, 맥도널드, 필립모리스, 네슬레사가 글로벌하게 차별화된 제품으로부터 대부분의 이익을 창출한다는 것은 놀라운 일이 아니다.

반면 세제 혹은 바닥 왁스와 같이 해외에서 거의 구매하지 않는 제품은 글로벌한 차별화가 소비자의 선호를 증대시키지 못한다. 그러나 여행과 관련된 소비자 서비스, 예를 들어 신용 카드, 여행자수표, 여객항공, 자동차대여 등과 같은 것은 가능한 표준화할 필요가 있다. 아메리칸 익스프레스와 같은 기업은 다른 기업이 방심할 때 차별화로 성공한 대표적 기업이다.

사례 2// 현대차 기업의 비용절감

현대자동차그룹이 글로벌기업으로 '비용과의 전쟁'을 선언했다. 내수침체와 원화강세, 유가 및 원자재가 상승에 따른 경영위기 상황을 타개하기 위해 강도 높은 자구책 마련에 들어간 것이다. 특히 그동안 어려울 때마다 일시적으로 '허리띠를 졸라매는' 식의 단기 처방에서 벗어나 근본적이고 영구적인 원가절감 방안을 마련키 위해 조직까지 개편하고 차량설계 변경과 신소재 개발 등에 역량을 결집시키고 있다.

2007년 3월 25일 현대차는 차량 설계 및 제작에 소요되는 비용을 획기적으로 줄이기 위해서는 연구개발 단계에서부터 초기비용을 절감하는 게 중요하다고 판단, 연구소를 중심으로 업무 개선작업에 들어갔다. 이에 따라 현대 · 기아차 연구개발의 산실인 경기 화성 남양연구소의 모든 작업과정을 원점에서 재검토하고 있다.

연구소 측은 이를 위해 상품 관련 부서는 물론 협력부품업체까지 참여하는 대규모 원가절감 태스크포스팀(TFT)을 구성했다. 특히 시급하지 않은 일부 신차 개발 프로젝트까지 연기시킨 채 원가절감 방안을 모색하고 있어 이번 '비용절감' 노력의 강도를 짐작케 하고 있다. 이현순 현대 · 기아차 연구개발총괄본부장(사장)은 "설계 합리화 부분을 집중적으로 들여다보고 있으며 값싸고 무게는 덜 나가는 신소재 개발도 진행 중"이라고 말했다.

2006년 1250억여원의 영업적자를 낸 기아차도 관련 조직을 신설하는 등 비용 감축에 발벗고 나섰다. 사장실 직속으로 TCI(Technical Cost Innovation)추진 사무국을 발족시키고 연구개발을 비롯한 각 사업부서의 인력들을 배치시켜 낭비요인을 제거토록 한 것. 이와 별도로 기아차 임원(현대 · 기아차 총괄본부 소속 제외)들은 2006년 대규모 적자에 책임을 지고 자발적으로 급여 20%를 반납키로 했다.

현대차그룹은 이와 함께 글로벌 부품 소싱을 확대, 단가가 낮고 품질이 우수한 중국과 인도산 부품 및 재료 구입 비중을 늘려나갈 것으로 알려졌다. 또 수익성을 개선하기 위해 그랜저와 쏘나타를 만드는 아산공장을 그랜저 전용 생산공장으로 만들고 쏘나타는 울산에서, 울산에 생산하는 소형차 클릭은 인도에서 만드는 라인 구조 조정 작업도 추진 중이다.

현대차는 내수침체와 파업, 도요타 등 해외 경쟁업체의 공세강화로 2006년 영업이익(1조2344억원)이 2000년(1조3130억원) 이후 최저치로 떨어지고 영업이익률(4.5%)도 5%를 밑돌아 수익성을 끌어올리기 위한 특단의 대책 마련이 절실한 상태다.

업계 관계자는 "현대차는 '마른 걸레도 다시 짠다'는 도요타식 원가절감 수준에서 한걸음 더 나아가 설계 개선과 신기술 개발에 올인하고 있다"며 "자동차업계에서 비용절감을 위한 원가절감은 이제 생존과 직결되는 문제"라고 말했다.

신차 설계 작업 합리화	비용절감 위한 태스크포스팀 가동	생산라인 재배치
▸값싸고 가벼운 신소재 개발 ▸급하지 않은 신차 개발 프로젝트 연기	▸현대·기아차 남양연구소에 대규모 원가절감팀 신설 ▸기아차 사장실 직속으로 비용절감 추진사무국 발족	▸아산공장 그랜저 전용 생산 공장화(쏘나타 울산에서 생산) ▸클릭 국내 생산 중단, 인도 공장에서 생산

〈자료: 한국경제, 2007. 3. 26〉

제4절 차별화 우위의 요소 : 가치사슬

1. 차별화의 정의

차별화 우위(differentiation advatage)는 소비자에게 독특한 가치를 제공하여 줌으로써 차별화에 소요된 비용 이상으로 높은 가격 프리미엄을 얻는 것을 말한다. 기업들이 소비자들에게 차별화된 제품이나 서비스를 제공할 수 있는 가능성에서는 제한이 없다. 또한 글로벌 기업들은 저마다 특성이 서로 다르기 때문에 제품 차별화의 기회는 모든 기업들에게 각각 다를 수 있다.

글로벌 차별화의 기회를 분석하는 데 있어서 우리는 ① 유형(tangible)의 차별화, ② 무형(intangible)의 차별화로 나누어 분석할 수 있다. 전자인 유형의 차별화란 크기, 모양, 중량, 색상, 디자인, 기술적인 면에서 소비자의 기호에 따라서 우리가 눈으로 관찰할 수 있는 제품이나 서비스의 특성을 말한다. 이러한 유형의 차별화는 성능, 일치성, 속도, 안전도와 같은 면으로 측정할 수 있다. 후자인 무형의 차별화란 소비자가 제품이나 서비스에 대하여 느끼는 사회적이고 감정적이며 심리적인 차이를 말한다. 일례로 사회적 지위를 과시하고 싶은 욕망, 자신의 개성을 나타내고 싶은 욕구 등이 개인별로 차이가 있기 때문에, 무형의 차별화는 구체적인 제품의 특성보다는 전반적으로 그 제품을 공급하는 글로벌 기업이 갖는 이미지에 의해서 생겨난다. 이같이 제품의 이미지에 의한 차별화는 소비자가 정확하게 구매하는 제품의 품질을 판매할 수 없을 경우, 예를 들어 화장품이나 교육 또는 의료 서비스와 같은 제품을 구매할 경우, 더 중요하게 작용한다.

2. 제품의 특성과 포지셔닝

글로벌 기업의 제품차별화 기회는 근본적으로 그 제품이 갖고 있는 특성에 의해 좌우된다. 보통제품인 시멘트, 벽돌, 철강, 메모리형 반도체는 차별화가 어렵다. 왜냐하면 이러한 제품은 차별화할 수 있는 여지가 별로 없기 때문이다. 그러나 자동차나 비행기와 같이 아주 복잡한 제품 또는 여행 서비스와 같이 복잡한 개인의 선호를 맞추어야 하는 서비스는 제품차별화의 가능성이 훨씬 많다. 이와 같이 제품이나 서비스를 차별화할 수 있는 가능성은 그 제품이나 서비스의 물리적인 특성에 의존한다.

글로벌 기업들은 소비자에게 제공되는 방법면에서도 차별화를 이루고 있다. 즉, 빠른 서비스, 표준화된 품질, 깨끗한 실내공간의 유지 등으로 소비자들에게 깊은 인상을 주고 있다. 따라서 우리가 앞으로 차별화 전략을 논할 때 단순한 제품측면에서의 차별화뿐만 아니라 기업과 고객 간의 관계에서 기업이 고객의 수요를 어떻게 충족시킬 것인가 하는 방법에서 더 근본적인 차별화 전략이 나올 수 있다는 것을 명심해야 한다.

따라서 성공적인 차별화 전략의 근본은 소비자의 수요의 특성을 이해하는 데 있다. 마케팅에서는 오래 전부터 이 같은 제품의 특성과 선호를 파악하는 기법을 개발하여 왔다. 예를 들어, 다차원척도법(multidimensional scaling)으로 소비자가 느끼는 여러 가지 제품의 유사성과 차이점을 제품이 갖고 있는 주요 특성을 축으로 하여 2차원 또는 3차원 공간에 나타낸 것이다. 예를 들면, 가격과 맛의 2가지 특성, 가격과 품질, 가격과 서비스 등이 바로 그것이다.

사례 3// 삼성전자 차별화 전략 → '셀' 생산방식 도입

"우리는 일정 기간 숙련된 생산직 여사원에 대해서도 전문 자격증을 딴 기사와 마찬가지로 '엔지니어'라고 부른다. 그만큼 1인당 생산성이 높은 인력이라는 뜻입니다."

삼성전자의 주력 휴대폰 생산기지인 경북 구미 공장 관계자는 "몇 년 전 컨베이어 라인에서 8~9명이 달라붙어 하던 일을 이젠 2~3명의 여직원이 담당하는 경우가 많다"며 이렇게 말했다. 자동화와 공정혁신을 진행하는 동시에 생산직원들도 라인의 흐름을 꿰뚫게 하는 등 업무 전문성을 높여가고 있다는 것이다.

삼성전자 정보통신 부문 S 부장은 "휴대폰 사업이 2006년의 부진을 털고 2007년 1분기 30% 이상의 영업이익 성장을 이룬 데에는 구미공장의 이런 혁신작업이 적지 않은 힘이 됐다"고 말했다.

❖ 탄력적인 생산구조 정착 = 구미공장은 2007년에 들어서도 생산성 향상을 위한 라인 재배치 작업을 계속 진행하고 있다. 일(一)자 컨베이어 벨트 방식이었던 30여 개 생산 라인에 변화를 준 것이 대표적이다.

이 가운데 일부를 1인(人) 셀(cell), 2인 셀, 3인 셀 등 다양한 방식으로 재편했다. 주문량에 따라 그에 가장 효과적인 생산체제로 제품을 만들기 위한 노력이다. 예를 들어 소량 생산 모델의 경우 한두사람의 작업자가 달라붙는 1~2인 셀에서 조립을 끝내, 컨베이어 라인 가동에 따른 불필요한 구동준비 시간과 비용을 줄인다는 것이다.

1분기 판매가 늘어난 중저가(中低價) 모델은 외주업체에 조립을 맡겨 생산비를 절감하고 있다. 또 기존 컨베이어 라인도 근무조가 교대하면서 생기는 시간정체 등을 없애면서 생산성을 높이고 있다. 이에 따라 구미공장은 2005년 250대 정도였던 1인당 하루 생산 대수를 올해는 500대 이상으로 늘린다는 목표다.

❖ 옛 영화(榮華) 이뤄낼까 = 삼성전자 정보통신 부문은 2007년 1분기 이런 생산성 향상 노력과 동남아 · 중국 등 중저가시장 공략정책에 힘입어 6000억원의 영업이익을 올렸다.

1분기 세계 시장점유율 13.8%를 기록, 작년 말 10% 포인트 가까이 벌어졌던 2위 모토로라와의 점유율 차이를 4.2% 포인트까지 줄였다. 2006년 부진을 털어버리는 동시에 삼성전자 내 각 사업부문 가운데 가장 두드러진 성과를 낸 것이다.

전문가들은 그러나 2분기에는 1분기보다 마케팅 비용이 증가할 것으로 예상되는 만큼 본격 경쟁은 이제부터라고 전망하고 있다.

대신증권 김강오 연구원은 "삼성전자가 2007년 1분기엔 중저가시장 공략과 공정혁신 노력 등의 결과로 괄목할 만한 성과를 거뒀지만, 2분기부터는 보다 치열한 경쟁국면을 맞게 될 것"이라고 말했다.

삼성전자 정보통신부문 영업이익 (단위 : 억원, 자료: 삼성전자)

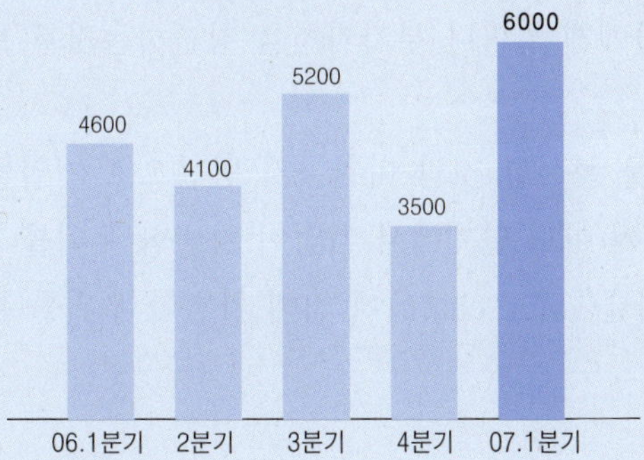

삼성전자가 '애니콜 신화'로 대변되는 옛 영화를 되찾을지는 좀 더 두고 봐야 한다는 것이다.

CJ투자증권 송명섭 애널리스트는 "휴대폰 성수기인 하반기를 앞두고 모토로라 등 전 세계 상위권 업체 간 마케팅 전쟁이 벌어질 것"이라며 "다만 삼성전자에서 이런 활동의 근간이 되는 유연한 제품공급 체계와 지속적 원가절감 노력이 뒤따르고 있는 것은 주목할만한 요인"이라고 말했다.

....

✓ 키워드

셀(cell) 생산방식

한 사람의 작업자가 처음 공정에서 마지막 공정까지를 전부 담당해 완제품을 만들어내는 생산방식을 말한다. 수십 명의 작업자가 컨베이어 라인에 붙어 자기에게 할당된 특정 공정만을 처리하는 식으로 완제품을 만들어내는 기존 컨베이어형 생산 체제와 차별화된 방식이다.

3. 가치사슬의 차별화 우위분석

1) 가치사슬 : Value Chain

가치사슬이란 미국 맥킨지(Mckinsey)컨설팅사가 개발한 기업시스템(business system)을 마이클 포터(Michael Porter)가 1985년에 비용구조를 분석한 틀로서 발전시킨 것이다. 포터에 따르면 가치사슬 기법은 기업의 전반적인 생산활동을 ① 주활동부분, ② 보조활동부분으로 나누어 기업의 구매 및 재고관리부터 시작하여 물류생산과정, 판매, 애프터서비스 단계에 이르기까지 각각의 부문에서 비용이 얼마나 들고, 소비자들에게 얼마나 부가가치를 창출하는지를 보다 정교하게 분석하는 것을 의미한다.

우리는 비용우위를 분석한 것과 마찬가지 방법으로 기업들의 생산활동을 단계별로 나누어 봄으로써 어느 단계에서 기업이 차별화 우위를 가질 수 있는지 알 수 있다. 이러한 가치사슬(value chain)에 의해 차별화 우위를 분석하는 과정은 다음과 같다.

첫째, 기업과 소비자들을 연결하는 가치사슬의 구성요소를 파악한다.

둘째, 각 활동에서 독특한 차별화 우위를 낼 수 있는 요인들을 찾아낸다.

셋째, 기업들이 자신에게 가장 유리한 차별화 우위를 제공해 주는 변수들을 선택한다. 특히 차별화 변수를 선택할 때, 각 생산활동에서 독창성의 원동력이 될 수 있는 개별활동을 조사하고 경쟁자가 제공하는 제품에 비해 자신이 독창성을 확보할 수 있는 변수들을 파악할 필요가 있다.

가치사슬에 의한 차별화 변수를 선택할 때는 다음 세 가지 사항을 주의깊게 고려해야 할 것이다.

① 어떻게 경쟁기업보다 낮은 비용으로 또한 어떻게 경쟁기업에 비해 높은 수준의 차별화를 취할 수 있을 것인가를 고려해야 한다.

② 우리는 차별화 우위를 갖기 위하여 각 생산활동 간의 연관관계를 살펴볼 필요가 있다. 예를 들어, 제품의 품질을 향상시키기 위해서는 생산활동뿐만이 아니라 투입요소, 품질 테스트와 애프터서비스 등에 이르기까지 모든 단계의 관계를 살펴보아야 한다.

③ 이런 차별화 우위가 과연 얼마나 오래 지속될 수 있는가를 고려해야 한다. 가능하면 경쟁자가 자신의 경쟁우위를 쉽게 모방할 수 없는 차별화 우위를 찾는 것이 중요하다.

2) 가치사슬 적용의 예

가치사슬을 통해서 차별화 전략을 분석해 보기로 하자. [그림 4-3]은 어느 성공한 기업의 생산활동을 여러 단계의 가치사슬로 나누어 본 것이다. 먼저 기업의 하부구조를 보면 종업원의 창의성을 높이기 위해 대학 캠퍼스와 같은 환경을 조성하고 있다. 이 회사는 실제로 자신의 본사를 '캠퍼스'라고 부르고 있다.

정말 대학과 같이 연구중심적이고 자유로운 환경에서 사람들이 일하고 있는 것이다. 이는 이 회사가 계속 차별화 우위를 유지하기 위해서는 창의력을 가진 엔지니어들이 필요하고 직원들의 독창성을 북돋아 주기 위해서 자유로운 환경을 제공할 필요성이 있기 때문이다.

[그림 4-3] 가치사슬의 차별화 전략분석

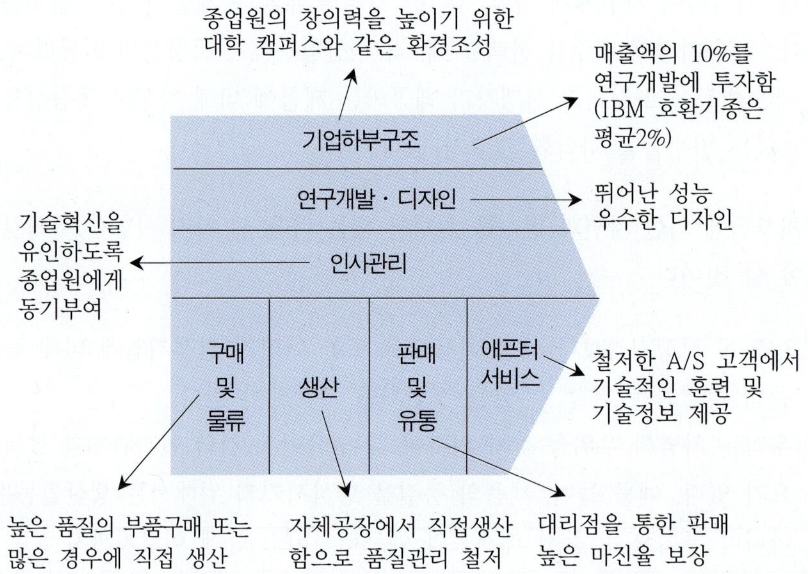

또한 이 회사는 연구개발비로 총매출액의 10% 정도를 쓰고 있다. 이 회사는 글로벌 시스템 전략을 취하고 있으므로 모든 주요 부품, 운영 시스템, 마이크로프로세서, 마우스, 모니터, 프린터를 자체적으로 개발하고 디자인해야 하기 때문에, 다른 경쟁회사의 호환기종 기업들이 평균적으로 매출의 2%를 R&D에 지출하는 것에 비해 훨씬 높은 수준의 R&D비용을 부담하고 있다. 그리고 인사관리차원에서도 차별화 우위를 유지하기 위해 새로운 아이디어를 내는 종업원에게 그 실용성과는 관계없이 포상하는 제도를 가지고 있다.

주요 부품구매 및 물류, 생산, 판매 및 유통, 애프터서비스 등에서도 차별화 전략으로 비용을 절감하고 수익을 향상시키는 요소가 창출되었다.

글로벌 전략경영의 성공적 조건으로 가치사슬에 의한 차별화 전략은 21세기 글로벌화의 경영수단으로 이용하는 전략분석도구로 매우 바람직하다고 생각한다.

우리기업들도 가치사슬의 특성을 고려하여 차별화 우위전략을 실행하도록 해야 한다. 그러기 위해서는 다음과 같이 해야 한다.

[그림 4-4] 현대자동차 글로벌 전략의 성공요인

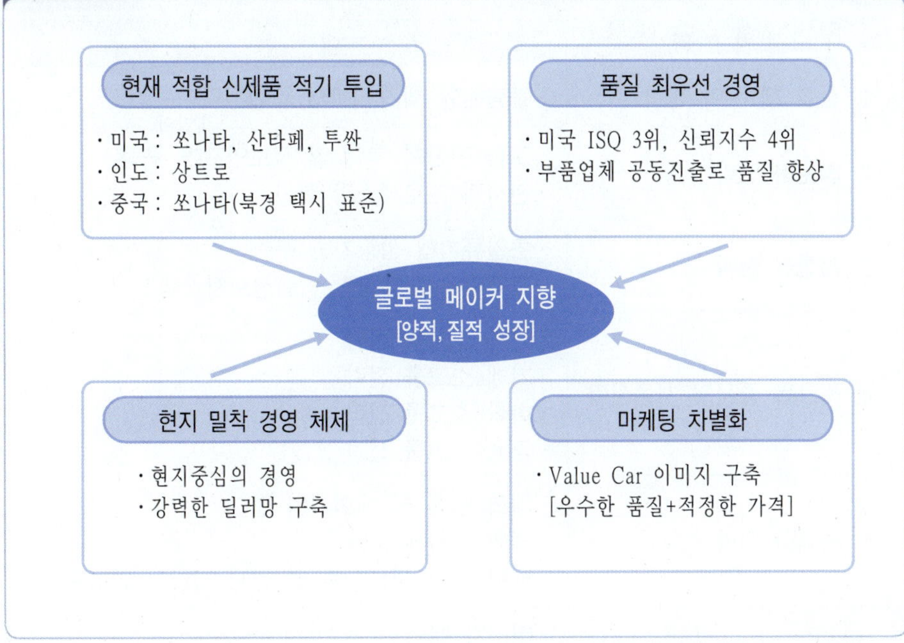

첫째, 기업하부구조는 대학 캠퍼스 같은 환경을 조성한다. —종업원의 창의력을 높이기 위한 구상을 한다.

둘째, 연구개발은 뛰어난 성능을 유지하는데 초점을 맞춘다.

셋째, 인사관리는 기술혁신을 유인하도록 종업원의 동기부여에 집중한다.

넷째, 구매·물류, 생산, 판매 및 유통, 애프터서비스 등은 최고의 전략적 가치를 창출하도록 한다.

사례 4// 삼성의 글로벌 혁신전략

전략경영	내 용
1. 품질 제1주의 전략	· 불량원인 제거, PPM 품질전략
2. 정보화 전략	· 그룹 전산의 통합 및 정보인프라 구축 · 전사적 프로세스의 혁신
3. 복합화 전략	· 초일류기업 성장기반 구축 · 고객요구에 대응한 종합정보시스템
4. 소그룹 중심의 자율전략	· 전자 소그룹 전략 · 기계 소그룹 전략 · 화학 소그룹 전략 · 금융 소그룹 전략
5. 국제화 전략	· 해외 진출 및 해외기업 인수 · 해외 본사제 도입 · 해외 복합 생산단지 및 현지 지향적 인력관리
6. 핵심사업 집중육성 전략	· 버리자 전략 · 선택과 집중 전략
7. 다각적 인재육성 전략	· S급 인재 발굴의 지속화
8. 사회환원 전략	· 사회공헌 의지, 노력

〈자료: 한국경영사학회(2005), 경영사학, 제20집, 제38호(통권 제38호), 11. 참조A〉

사례 5// MS(빌 게이츠) 전략경영

성공 전략	내 용
1. 인재 발굴 전략	· 우수한 인재를 발굴하여 같이 일함 · 직원을 종업원이 아닌 연구원 · 기술 · 사업 · 관리를 이해하는 인재 채용
2. 창조적 인력과 기술 관리 전략	· 기능별 전문가를 팀에 중복참여 - 팀의 전략 · 기술인력 지원, 경력체계와 직능별 제도 확립 · 직능별 승진제도, 적재적소 배치
3. 제품 표준화의 경쟁력 확보전략	· 표준을 만든다 - 제품의 표준화 · 시장표준화로 대량체제 구축 · 독점적 계약 체결 · 새로운 시장진입을 위한 연극 실시
4. 제품개발과 출시전략	· 제품개발과 출시 동시화 - 매일 오류수정 · 새로운 버전의 제품 개발 · 공통의 언어 실시 - 반복 테스트 · 수치 데이터 사용
5. 학습조직 구축전략	· 과거의 성공과 실패의 프로젝트로 계속학습 실시 · 벤치마킹 기법 - 업무개선, 피드백 추진 · 경쟁시장, 제품을 자료로 매일 학습 구축 · 경쟁제품 부분은 연계 및 정보공유, 합병 · 제휴 학습

〈자료: 김성수(2007), 성공한 창업자의 기업가정신, 삼영사〉

사례 6// MS(빌 게이츠) 성공경영 조건(10가지)

구분	성 공 경 영 성공신념- 경영에 마술 같은 비법은 없다. -10가지조건 구비
1.	업종을 신중히 선택하라 : 성장산업, 사양산업 구분 정확히 하고, 매출증가, 고객선호, 이익창출, 브랜드 등 창조하라.
2.	조심스럽게 고용하고, 해고시키는 데 철저히 분석하고 주저하지마라. 인재와 천재를 구분하고, 언제나 능력을 창조하도록 하라.
3.	생산적인 환경을 조성하라. - 국내외 생산환경을 검토하라. 생산성, 효율성, 경제성을 갖는 생산적 환경을 조성하라.
4.	성공의 개념을 정의하라. 이익, 사회가치, 지속가능, 사회공헌, 정치적 배려 등을 생각하라 .
5.	훌륭한 경영자가 되려면 사람을 좋아하고 대화에 능숙해야 한다. 인간존중, 소통과 배려, 존경, 사회공헌, 인간관계 최우선하라.
6.	직원들이 사장보다 더 일을 잘할 수 있도록 발전시켜라. 평생교육을 통해 교육, 훈련, 새로운 시대의 전략, 기법 등을 습득시켜라. 아이디어, 기업이미지에서 사장을 압도하라.
7.	윤리를 확립하라. → 윤리경영의 경쟁력, 투명경영은 영원하다. 윤리경영을 통한 경영성과를 갖도록 하라, 윤리경영을 통한 존경받는 기업을 만들라.
8.	프로젝트를 질적으로 수행하라. → 진단, 전략을 수립하라. 장 · 단기 로드맵을 작성하라. 컨설팅을 주어라.
9.	똑같은 결정을 두 번 내리지 마라. 전략, 정책, 기법 등 의사결정에 신중하고, 한번의 의사결정에 성공하도록 훈련시켜라.
10.	직원들에게 누구를 기쁘게 할지를 알게 하라. 구성원들에게 이해관계자의 기쁨을 알게 하라. 우리가 속한 기업은 우리, 지역, 국가, 세계를 기쁘게 하는 원동력임을 알게 하라.

주 : 필자 정리.

제 5 장

전략경영의 10대 혁신기법

제5장 전략경영의 10대 혁신기법

제1절 리스트럭처링 : Restructuring

- 수익성을 높이기 위해 비용을 절감하는 혁신기법 -

1. 리스트럭처링의 정의와 방법

리스트럭처링(restructuring)이란 21세기부터 글로벌(Global) 경쟁이 심화되면서 기업이 조직, 전략, 정책, 계획, 경영관리 시스템 등을 새로운 환경에 적응하도록 하는 세계적 전략경영기법을 의미한다.

리스트럭처링의 가장 근본적인 목적은 '수익성'을 높이는 것이다. 수익성을 높이기 위해서 "비용을 절감하는 방법"을 대표적으로 활용한다.

리스트럭처링의 방법은 다음과 같다.

첫째, 경쟁력이 없는 공장 등의 폐쇄와 유휴생산시설을 줄인다.

둘째, 고비용 품목과 서비스의 자체 조달을 중단하고 외주에 의존하는 경영관리를 실시, 비용절감과 불필요한 인원감축으로 경영상의 효율을 높인다. 그러나 이 과정에서 노사화합을 이루도록 한다.

셋째, 경쟁우위를 갖지 못하는 사업부문을 매각처리, 또는 부문을 정리하고 본업에 주력하거나 비관련사업으로 다각화한다.

넷째, 조직구조개편을 실시하고 조직을 단순화하여 임원진을 대폭 감소시킨다.

표 5-1. 리스트럭처링의 전략방법

전략	문제점	리스트럭처링의 전략
제1전략	• 경쟁력없는 공장	-폐쇄전략 -유휴생산시설 축소전략
제2전략	• 고비용품목 • 서비스의 자체조달 중단 • 외주의존경영관리	-비용절감전략 -인원감축전략 -경영상의 효율증대 전략
제3전략	• 비경쟁부문 사업부문 정리 • 비관련사업 분석	-비경쟁사업부문 매각처리 전략 -부문정리, 본업에 주력 비관련사업다각화 전략
제4전략	• 조직구조의 문제점 • 과다 임원진 포진	-조직구조 개편전략 -조직단순화전략 -임원진 대폭감소전략

2. 리스트럭처링의 전략

다각화 전략의 유형으로써 리스트럭처링 전략은 가치창출을 의미한다. 리스트럭처링 전략은 첫째, 무능한 경영자에 의하여 방만하게 경영되어 왔던 기업을 인수하여 그 경영자를 교체한다.

둘째, 기업의 핵심역량과 관련이 없는 사업분야를 정리 · 매각하며, 기업의 사업영역을 재조정한다. 가치창출이 안 되는 업종, 사업, 재산 등은 가차 없이 처리하거나 정리한다.

리스트럭처링 전략이 새로운 가치를 창조할 수 있는 것은 그 기업이 갖고 있는 잠재력을 파악하여 새롭게 실현할 수 있는 성장기업으로 성공시키는 데 있다. 더욱이 가치창출로 재무구조개선을 반드시 이룩해야 한다.

3. 리스트럭처링의 실행과정

1) 리스트럭처링의 주력사업 활성화

주력사업 활성화 모델이란, 본업의 경쟁력과 성장력을 평가하여, 이를 주력사업으로 하기 위해 주력사업의 경쟁력 강화에 필요한 신기술을 도입하거나, 더 나아가 신규사업을 개발하고, 기존사업을 선별하여 육성·통폐합·축소·철수하는 모델이다.

2) 제2의 주력사업 – 성장사업 확보

제1의 주력사업 이외의 성장사업에 신규 진입함으로써 제2의 주력사업을 만들고, 제2의 주력사업은 제1의 주력사업, 주변사업, 지원사업과 기술이나 마케팅 차원의 융합을 실현시키는 모델을 의미한다. 이를 통해 제2의 성장사업을 확보할 뿐만 아니라 기존사업과의 연계관계를 통해 기존사업의 경쟁력을 제고시킬 수 있는 것이다.

[그림 5-1] 리스트럭처링 유형

비즈니스 리스트럭처링	포커스	난이도	핵심 성공요인	기간
조직, 비용 리스트럭처링	·비용절감 ·가시적 효과	저	·추진력 ·속도	3~6 개월
시장, 제품, 사업 리스트럭처링	·자금활용 원활화 ·효율성	중	·시장점유율 확대 ·핵심역량 강화	6~12 개월
조직, 경영혁신 리스트럭처링	·기업가치창출 ·신비즈니스 모델	고	·협력유도 ·산업비전 ·산업정책 및 제도개선 ·효율적 경제 가치사슬	12~24 개월

3) 리스트럭처링의 실행과정

리스트럭처링의 실행과정은 다음과 같은 5가지 단계를 거쳐 이루어질 수 있다([그림 5-2] 참조).

[그림 5-2] 글로벌화의 동인

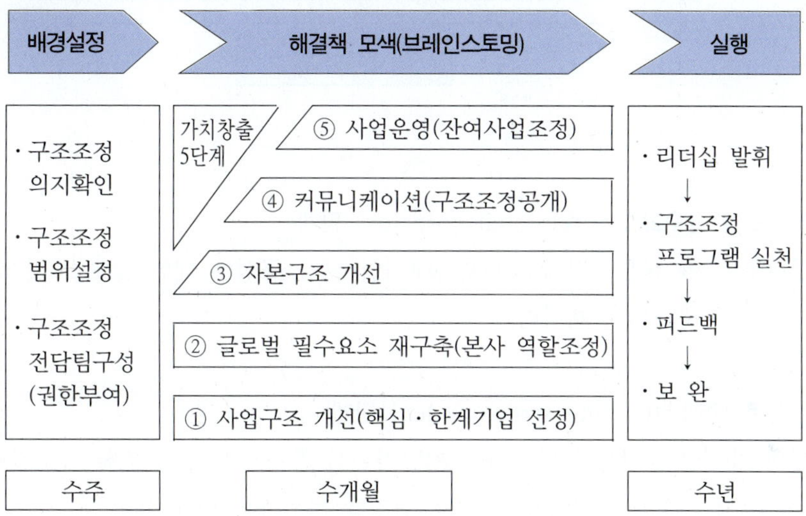

(1) 사업구조개선(portfolio leg) 단계

사업구조개선이란, 리스트럭처링을 통해 기업이 경쟁력을 강화하고, 비전을 달성할 수 있도록 전사적인 차원에서 미래의 사업구조를 근본적으로 재구축하는 것이다. 따라서 어떤 사업을 할 것인가, 혹은 가장 경쟁력 있는 사업분야가 무엇인지를 선정하고, 나머지는 정리하는 단계이다.

사업매력도가 높고 내부역량이 낮은 사업은 매각하여야 하며, 매력도가 높고 내부역량도 높은 사업은 인수를 하며, 사업매력도와 내부역량 모두 낮은 사업은 과감히 정리해야 한다. 사업매력도는 낮은데, 역량이 높은 사업은 상황에 따라 매각 또는 인수한다.

[그림 5-3] 사업구조조정의 기준

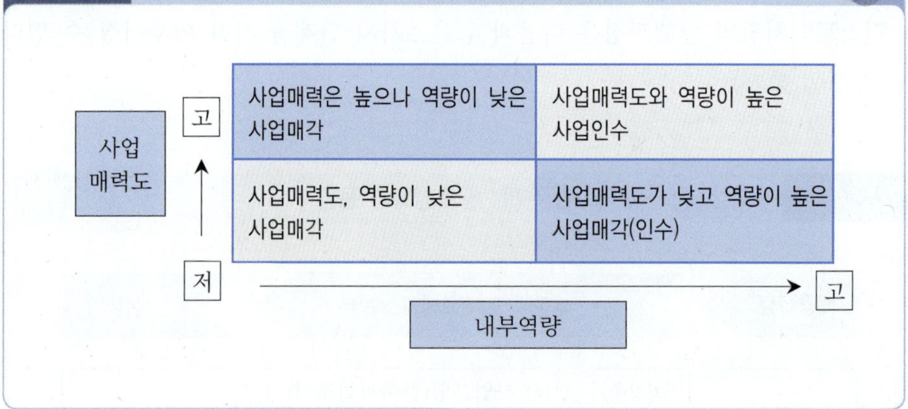

(2) **글로벌 필수요소 구축**(global core leg) **단계**

사업단위가 완전히 조정되고 나면, 대기업 본사 구성에 대한 글로벌 필수요소 조정작업을 수행하는 단계이다.

(3) **자본구조개선**(capital structure leg) **단계**

기업의 최저 자본비용을 달성하여 기업가치를 증가시킬 수 있도록 과도한 부채비율, 상호 빚보증을 개선하는 등 자본구조를 개선하는 단계이다.

(4) **의사소통**(communication leg) **단계**

구조조정을 하고 있다는 사실과 그 내용을 시장에 정확히 알리는 단계로서, 이러한 과정을 통해 기업가치를 정확히 시장에 반영할 수 있으며, 기업경영의 투명성도 제고시키는 단계이다.

(5) **사업운영 단계**(operating leg)

초일류기업을 벤치마킹함으로써 전략적 이슈와 사업운영 목표를 수립하는 단계이다.

4) 리스트럭처링의 수행방법

리스트럭처링의 수행방법은 다음과 같다([그림 5-4] 참조).

[그림 5-4] 리스트럭처링 수행방법

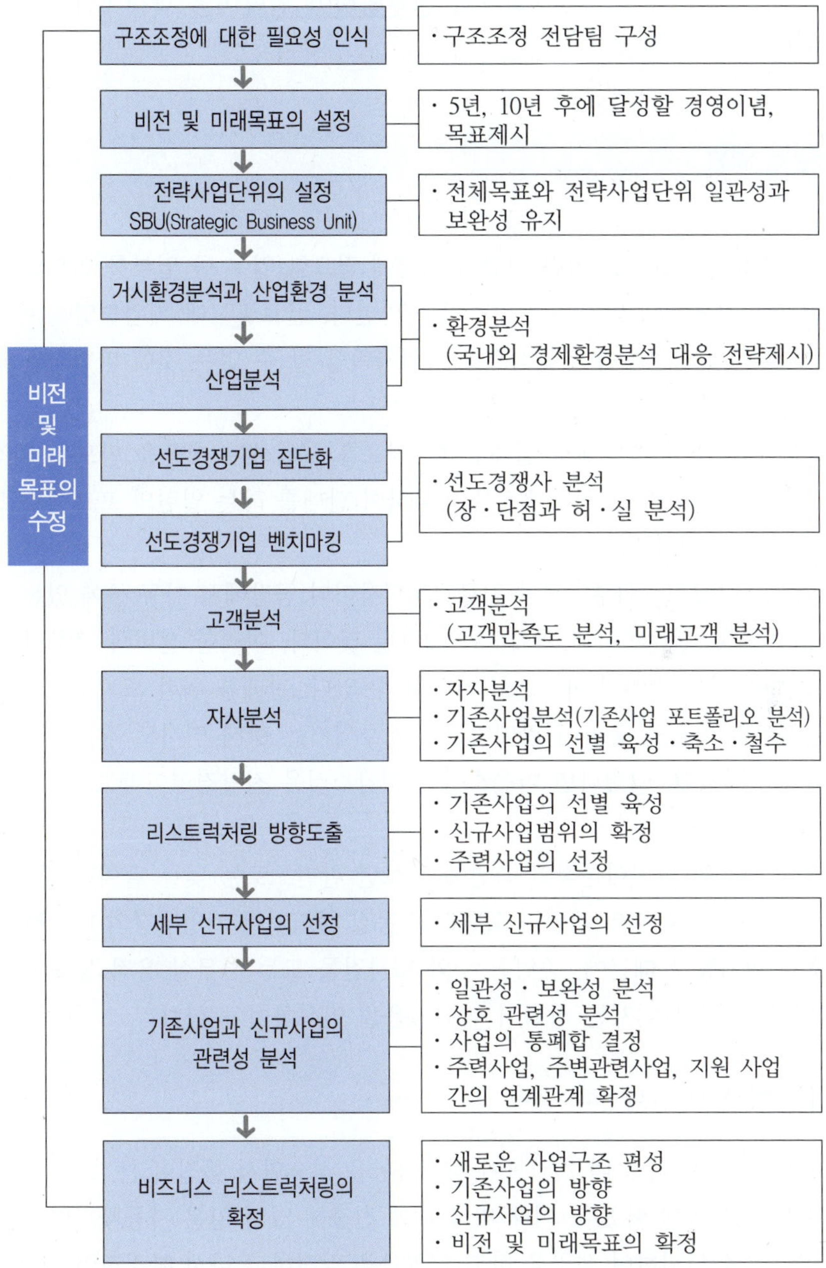

제2절 아웃소싱 : Outsourcing

- 외부의 전문업체에 위탁하는 혁신기법 -

1. 아웃소싱의 개념

아웃소싱(Outsourcing)이란 기업이 경영에 필요한 업무 중 일부를 외부의 전문업체에 장기적으로 위탁하는 전략경영을 말한다. 글로벌시대 기업경영을 수행함에 있어 모든 경영분야를 단독적으로 자급자족을 할 수 없는 것이 다변화된 현대사회의 실태인 것이다.

광의의 아웃소싱 측면에서 살펴볼 때 원료를 구입하여 제품을 만드는 과정과 이를 판매하기 위하여 도·소매점을 이용하여 판매를 하는 일련의 프로세스 모델에서 발생된 것이라 할 수 있다.

즉, 원료를 만드는 외부업체가 원료전문회사이며 공장에서 가동 중에 있는 기계설비 또한 외부 전문회사에 의뢰하여 제작된 것이다. 이러한 설비의 고장시 수리를 의뢰하는 일도 광의의 아웃소싱이라 할 수 있다. 판매를 위한 도·소매점 역시 외부업체이며 이들을 통하여 판매업무가 이루어지는 형태 역시도 광의의 아웃소싱이라 할 수 있다. 그렇다면 아웃소싱은 새삼스러운 전략경영이라고 할 수 없는 것이 아닌가?

이러한 생각은 과거이론적인 측면에서 보면 한편으로는 맞는 말이라 할 수 있다. 지금까지는 대다수의 기업이 외형적인 몸집 불리기가 기업성장의 대표적인 참모습으로 여겨왔기 때문에, 종업원 수와 회사건물 또는 사무실 용적 등을 늘리려고 하였다. 그러나 이제는 상황이 바뀌었음을 인식하여야 한다.

그 [사례]를 보면 다음과 같다.

① 1980년대 말 미국 내 기업들이 장기불황을 겪으면서 몸집이 큰 것에 대해 큰 부담을 느끼게 되었다. 이때 미국 내에 진출해 있던 일본 자동차기업들은 아웃소싱을 도입하여 성공을 하고 있었음을 발견하고 나서 본격적인 아웃소싱을 도입하였다.

② 21세기에 접어 들어서면서 경쟁력 회복을 하는데 아웃소싱이 지대한 공헌을 할 것으로 평가하여 아웃소싱 바람은 군사훈련에도 도입되고, 그 열기는 이제 미국과 일본, 영국 등 전 세계적으로 거세게 번지고 있다.

③ 지금 기업들은 몸집을 늘려 체질을 개선하고자 노력하고 있다. 이러한 경제 환경은 각자의 기업이 가지고 있는 역량을 핵심부문에 집중하여 나름대로의 강점을 경쟁력으로 키우며 우량기업으로 거듭 태어나야 한다는 강한 메시지를 담고 있다.

④ 따라서 "아웃소싱은 핵심부문 이외의 나머지 부수적인 업무는 전문업체에 맡김으로써 기업의 경쟁력을 제고시키고 기업을 성장시키는 경영기법"이라고 정의할 수 있다.

2. 아웃소싱의 유사 용어

아웃소싱과 유사하게 혼용되어 쓰이고 있는 용어들은 흔히 외주, 하청, 도급, 업무대행, 컨설팅, 인력파견 등이 있다. 아웃소싱이 외부조달 또는 외부위탁 등의 광범위한 내용을 포괄하고 있기 때문에 넓은 의미로 보면 유사용어들 모두 아웃소싱의 한 형태라고 볼 수 있다. 유사용어들이 어떤 개념인지를 살펴보기로 한다.

1) 하 청

하청이란 도급으로 일을 맡는 것을 말하는데(청부), 업무의 일부, 즉 부품이나 기능, 부문 등을 외부기업에 위탁하는 것이다.

2) 업무대행

업무수탁자가 위탁자의 이름으로 업무의 운영만을 맡는 개념이다. 업무대행기간 동안 이익금에 대한 배분이 이루어진다.

3) 외 주

외부발주 또는 외부주문의 뜻으로 물건을 주문하는 것을 말하며 주로 부품, 반제품, 원자재 등을 외주하는 것이 보통이다.

4) 컨설팅

컨설팅이란 업무기획, 진단, 설계, 지도, 상담 등을 하여 경영을 개선시켜 주는 것으로 실제 운영에는 관여하지 않는다는 특징이 있다.

5) 근로자파견

근로자파견법에 의하여 행하여지며 파견사업주가 근로자를 고용한 후 사용사업주와의 계약에 의하여 근로자를 파견근무케 하는 형태를 말한다. 파견근로자는 사용사업주의 지휘명령을 받으며 근무한다.

이상에서 살펴본 바와 같이 아웃소싱과 유사한 용어들의 차이점을 보면 조금씩 개념을 달리하고 있는 것은 사실이다. 그러나 그 목적과 효과면에서 보면 차이점보다는 공통점이 훨씬 많기 때문에 아웃소싱 개념을 광의로 본다면 모두가 아웃소싱의 한 방법들이라고 할 수 있다.

따라서 앞으로는 별도의 설명이 없는 경우에는 아웃소싱의 넓은 의미로 보아 유사용어 모두를 아웃소싱으로 해석하고자 한다.

3. 아웃소싱의 필요성과 전략적 효과

1) 필요성

21세기는 경쟁력이 어느 때보다 강조되는 시대이다. AIIB(아시아 인프라 투자은행)라는 금융질서가 죽의 장막이라 일컬어졌던 중국에서 주도하면서 세계의 금융의 문을 열어 놓고 말았다. 우리나라 기업들이 과거에는 질적 성장보다는 외형적인 몸집 불리기에만 혈안이 되었었다. 주력해야 할 사업을 도외시한 채 비관련 분야에 지나친 다각화만 신경을 집중한 탓에 어느 한 분야에서도 세계 최고의 기술이나 제품을 만들어내지 못하는 것이 현실이다.

이처럼 우리나라 기업들이 문어발식 기업확장에만 신경을 쓰고 전문화는 뒷전으로 하고 있는 동안 세계는 이미 새로운 경쟁논리로 무장을 하고 있었다. 그러나 지금부터 미래는 인터넷 통신과 같은 사이버 산업들이 시간과 공간을 초월하여 지역적 거리감을 모두 없애고 각 기업과 심지어 각 가정에 이르기까지 세계를 하나로 묶어 주는 정보통신의 발달로 우리들만의 경쟁시장이 아닌 글로벌화된 경쟁시대임을 실감케 해주게 될 것이다.

기업활동의 세계는 바야흐로 글로벌화가 되어 무한경쟁시대를 맞이하면서 삼성, 현대, LG, SK 등 경쟁력에 대한 준비를 향상시켜 세계화를 맞이하게 되었고, 한미간 FTA는 우리에게 많은 교훈을 남겨주었다. 즉, 기업의 군살을 빼고 몸집을 줄여 체질을 개선하고 주력부문 이외의 업무는 전문기관에 아웃소싱을 하여 경쟁력을 높여나가야 한다는 것이다.

2) 전략적 효과

(1) 경쟁력 향상

기업 내 자원을 핵심역량에 집중하고 비효율적인 부문의 업무나 고비용 부문의 업무는 외부화한다. 이렇게 함으로써 주력부문 업무는 더욱 전문화되고 전문화는 품질의 향상으로 연결되어 경쟁회사에 비해 우수한 품질과 가격으로 우위에 서게 되어 경쟁력을 높여준다.

(2) 위기대처능력 발휘

아웃소싱은 기업의 몸집을 날씬하게 유지해준다. 날씬한 조직은 유연성이 있기 때문에 매출이 둔화되고 저성장기를 맞이하더라도 갑작스런 구조조정 등의 혼란을 경험할 필요가 없다.

(3) 가치창출

아웃소싱은 전문화된 외부기업에 업무의 일부를 위탁하게 됨으로 전문화된 업무의 질을 제공받을 수 있다. 이는 업무가치의 창출로 나타난다.

(4) 비용절감

기업이 자체적으로 모든 업무를 해결하려 할 때는 많은 노력과 비용이 낭비된다. 외부전문업체에 아웃소싱함으로써 경비를 절감할 수 있다.

4. 아웃소싱의 추진

아웃소싱의 필요성과 전략적 효과 등을 살펴본 결과 아웃소싱을 도입하여야겠다는 확신이 생겼다고 하여 무조건 도입을 하였다가는 자칫 실패하기 쉽다. 단순하게 생각하기에는 아웃소싱에는 많은 위험과 문제점들이 산재해 있다.

아웃소싱을 도입하기 전에 우리 회사의 핵심역량이 무엇인가에 대한 정확한 판단이 선행되었을 때 아웃소싱 전략은 절반쯤 성공한 것이나 다름없다고 하여도 지나치지 않는다. 여기에서의 핵심역량이란 과거로부터 우리 회사를 이끌어온 원동력이나 혹은 앞으로 축적하거나 전환하여 우리 회사를 성장시키는데 견인차 역할을 할 수 있는 힘 등을 말한다.

1) 아웃소싱 추진시 유의사항

아웃소싱을 성공적으로 추진하기 위해서는 다음과 같은 사항에 유의해야 된다.

① 아웃소싱의 도입목적을 분명히 해야 한다.
② 아웃소싱의 필요성을 구체적으로 느껴야 한다.
③ 아웃소싱의 대상분야를 사전에 결정해야 한다.
④ 아웃소싱 공급업체 선정에 신중해야 한다.
⑤ 업무감시 평가 시스템을 만들어야 한다.
⑥ 비용절감도 중요하지만 가치창출에 더 큰 비중을 두어야 한다.
⑦ 우리 회사의 핵심역량을 끝까지 사수하여야 한다.

2) 아웃소싱과 시대적 사명

우리나라는 1998년 7월 1일부터 근로자파견법이 본격적으로 발효되면서 2000년대 공기업은 물론 일반 기업체에서는 그동안 불법 또는 비합법적인 방법으로 외부 용역회사에 의뢰하여 관리해 오던 부분들이 적법하게 운영되는 계기가 되었다. 이러한 상황에서 FTA라는 새로운 환경을 맞이하면서 우리 주변에서 대량 실업자를 쉽게 찾아볼 수 있게 되었으며, 기업은 정규직원의 정예화 전략을 수립하고 임시직 또는 용역직의 수요가 늘게 되었다.

수요는 공급을 낳는다는 말이 있듯이 아웃소싱은 수요를 충족키 위하여 급속도로 확대되었는데, 전문성이나 축적된 노하우도 없는 견실치 못한 공급업체들도 많이 생성되었음은 말할 나위도 없다. 21세기의 전략경영은 아웃소싱 시장을 정비하여 우리나라의 기업경쟁력을 높이는 데에 한 몫을 해야 한다고 생각된다.

3) 아웃소싱의 사례

(1) 외국의 사례

미국의 아웃소싱회사인 EDS사는 고객의 정보시스템을 구축, 관리해 주는 회사인데 GM사를 포함해서 전 세계 8천개 이상의 회사와 정부기관을 대상으로 일하고 있다. 미국기업 90% 이상이 아웃소싱을 도입하고 있다고 전해지고 있다.

일본의 경우 이미 1996년 초에 아웃소싱 관련 업체 수가 26만개에 이르고 종사자도 3백87만명이나 된다고 보도된 바 있었으며, 아웃소싱 분야도 정보시스템이 주류였으나 최근에는 총무, 인사, 경리, 교육, 복리후생, 영업, 경영, 제조, 재고관리, 물류, 신제품개발, 법무 등 여러 분야로 확대되고 있다.

특히, 앞으로 TV 방송업체는 연속극, 코메디, 오락, 뉴스매체 등은 아웃소싱으로 이루어져 대형건물이 필요없다는 이론도 제기되고 있다.

(2) 우리나라의 사례

우리나라 기업들은 21세기에 들어와 조금씩 인식되기 시작하였으며 주로 외주가공을 많이 하는 기업들이 효과면에서 일찍 중요성을 느끼는 경향이 있다. 일부 기업은 아웃소싱의 개념도 모른채 외주관리를 하여 왔다. 그러나 전략경영차원에서 아웃소싱에 접근하고 관리하지 않으면 안 되게 되었다.

식품업체인 제일제당이 1996년 화장품사업에 참여하였는데, 제품생산은 모두 외부 전문공급업체에게 맡기고 제일제당은 관리와 영업만을 담당하면서 상표관리와 광고 선전을 한 것밖에는 없다. 이러한 사례는 의류업체들도 상당히 많다. 앞으로 아웃소싱은 전략경영의 한 부분으로 자리매김하고 있다.

제3절 전략적 제휴 : Strategic Alliance

- 경쟁관계에 있는 기업 끼리 일시적 협조관계를 갖는 전략기법-

1. 전략적 제휴의 개념

전략적 제휴(strategic alliance)는 경쟁관계에 있는 기업이 일부 사업 또는 기능별 활동분야에서 경쟁기업과 일시적인 협조관계를 갖는 것을 의미한다.

전략적 제휴의 근본적 원리는 상호성(reciprocity)에 있다. 즉, 파트너 끼리 상호이익을 위하여 경영자원을 공유, 교환, 통합하는 조직적 접근을 의미한다.

표 5-2. 삼성-소니 제휴현황

제휴 내용
메모리스틱(2001년 8월) 소니의 차세대 메모리카드 채택 삼성 플래시메모리, 소니공급
리눅스(2003년 7월) CE 리눅스 포럼 공동 구성 리눅스 기반 디지털 가전·휴대폰 개발
LCD(2003년 10월) 7세대 LCD 합작설립 LCD 생산품 공동 사용
블루레이 디스크(2004년 4월) 차세대 DVD레코더 기술표준공유
DLNA(2004년 6월) 디지털홈 표준기술 공유 미디어콘텐츠 공유
CORAL(2004년 10월) 디지털 저작권 호환 사용 위한 Coral 컨소시엄 구성
특허(2004년 11월) 반도체 디지털 가전 등 2만여 개 특허 공동사용

따라서 기업구조상으로 보면 전략적 제휴는 항상 제휴회사와의 어느 정도 수평적 또는 수직적 통합을 가져온다. 이러한 전략적 제휴 중에서 긴밀한 기업간 제휴는 합작투자, 상호주식보유를 통한 제휴관계이며, 보통 제휴는 라이센스 협정, 상호 마케팅 협정 등이 있다.

2. 전략적 제휴의 목적

기업 간의 전략적 제휴는 1980년대와 1990년대를 통하여 두드러지게 증가하였다. 전략적 제휴가 가장 활발히 이루어지는 산업은 ① 컴퓨터와 통신 등 정보통신산업, ② 생명공학산업(biotechnology), ③ 신소재산업, ④ 자동차, ⑤ 항공, ⑥ 화학, ⑦ 중전기산업 등이다.

이러한 전략적 제휴산업의 목적은 ① 시장진입, ② 상호보완적 기술의 활용, ③ 신규기술개발에 필요한 시간과 자본을 줄이려는 제휴 등이다. 지금 세계적 기업들은 단독으로 사업을 하기보다는 전략적 제휴를 선호하는데, 그 동기를 살펴보면 첫째, 자원과 위험의 공유, 둘째, 신제품개발과 시장진입의 속도 단축, 셋째, 산업표준의 선택, 넷째, 유연성 확보 등으로 나타나고 있다.

3. 전략적 제휴의 유형

전략적 제휴는 상당히 다양하다. 전략적 제휴에서 가장 단순하고 단기적 성격이 높은 제휴의 형태는 연구, 개발 컨소시엄 또는 기술제휴이다. 그에 반해 합작투자는 기업들의 지분참여도가 높고 제휴당사자간의 관여(commitment)하는 정도가 높은 제휴의 형태이다. 특히 기능별 또는 업무별 제휴는 연구개발 컨소시움(R&D consortium), 기술제휴 라이센스(technology licensing), 생산 라이센스(production license), 제품스왑(product swap) 등이다.

이러한 전략적 제휴에서 성공하기 위해서는 좋은 제휴 파트너를 선정하는 것이 가장 큰 문제이다. 가장 좋은 제휴는 파트너를 선정하는데 중요한 기준으로 양립성(compatibility), 능력(capability), 몰입성(commitment)의 3C를 강조하였다. 이와 같은 3C가 존재하면 파트너들은 서로 성공할 확률이 높다는 것이다.

[그림 5-5] 삼성전자 소니 '제휴' 기대효과 -특허공유-

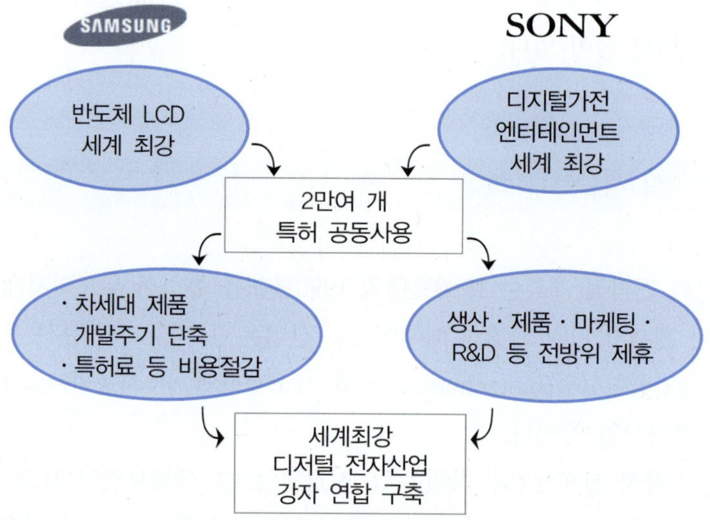

사례 1// 포스코의 전략적 제휴

❑ 포스코 '제휴 철망' 무얼 막고 싶은 걸까

세계 최대 철강회사인 아르셀로미탈의 적대적 인수 · 합병(M&A)위협에 시달리고 있는 포스코가 국내외에 걸쳐 촘촘한 그물을 연상시키는 우호세력 네트워크를 짜나가고 있다. 지난해 하반기 이후 한 달이 멀다 하고 전략적 제휴 소식을 쏟아내고 있는 것이다. 이런 행보는 당장 눈앞에 닥친 적대적 M&A 위협에서 벗어나기 위한 목적이 가장 크다. 하지만 일관제철소 사업에 뛰어든 국내 2위 철강사 현대제철을 견제하려는 목적도 있다는 관측도 있다. 철강 관련업체를 '포스코 동맹'으로 묶어두겠다는 더 큰 전략이 바탕에 깔려 있다는 뜻이다.

❑ 쏟아지는 전략적 제휴

포스코는 2006년 9월 스테인리스 가공업체인 대한전선에 연간 15만t의 스테인리스를 위탁 가공하기로 한 것을 시작으로 국내 연관업체와 제휴를 본격화하고 있다.

2007년 2월에는 대한전선의 냉연사업분사법인인 대한에스티 지분 19.9%도 인수했다.

또 같은 달 강관(鋼管) 전문업체인 세아제강과 전략적 제휴를 체결했다. 포스코가 세아제강 지분 10.1%를 180억원에 인수하고, 세아제강도 그에 상응하는 포스코 주식을 취득하기로 합의한 것이다. 두 회사는 미국 US스틸과 합작으로 9300만 달러를 투자, 송유관으로 쓰이는 고급 API강관 생산공장을 미국에 건설하는 방안에도 합의했다.

2007년 4월에는 계열사인 포항강판이 동국제강의 냉연(冷延) 계열사인 유니온스틸과 지분 9.8%씩을 서로 맞교환했다. 동국제강은 양사 주식 차액에 해당하는 280억원 어치의 포스코 주식을 장내에서 사들이기로 했다.

사례 : 포스코의 전략적 제휴 및 우호세력 확보 상황

제휴 상대방		내 용
국내	대한전선	-포스코로부터 연간 15만t 규모의 스테인리스 위탁가공(2006년 9월) -대한전선의 스테인리스 냉연사업 분사 법인인 대한에스티 지분 19.9% 인수(2007년 12월)
국내	세아제강	-포스코 세아제강 지분 10.1% 인수. 세아제강 이에 상응한 금액의 포스코 주식 취득(2007년 2월) -포스코(35%) · 세아제강(30%) · US스틸(35%) 합작 투자로 미국에 API강관 공장 건설키로(2007년 4월)
국내	우리은행 · 농협	-포스코 지분 1%가량 추가 매입 검토(2007년 4월) - 2006년에도 두 은행이 1%가량 포스코 주식 매입
국내	동국제강	-동국제강 계열사 유니온스틸과 포스코 계열사 포항강판상호 9.8%씩 지분 교환. 동국제강은 차액에 해당하는 만큼 포스코 주식 매입(2007년 4월)
국내	현대중공업	-계열사 현대미포조선이 포스코 지분 1% 매입. 포스코는 이에 상응하는 만큼 현대미포조선 보유 현대중공업 주식 1.9% 매입(2007년 4월)
해외	신일철	-포스코 주식 2% 추가 매입하고 포스코는 동일 금액의 신일철 주식 취득 예정. 신일철 보유 포스코 주식 총 5%로 확대(2006년 10월)
해외	미쓰비시상사	-포스코 지분 0.5%를 추가 매입. 1.4%로 확대(2007년 1월)
해외	태국 타이녹스	-포스코 타이녹스 지분 15% 인수
해외	바오산(寶山) 철강	-바오산강철 측 "적대적 인수 · 합병 방어 위해 포스코 · 신일철 · 바오산강철 간 주식 상호 보유"제안(2006년 12월)

포스코는 고객사인 현대중공업과도 제휴관계를 맺었다. 현대중공업 계열사인 현대미포조선이 포스코 지분 1%를 사들이고, 대신 포스코도 이 회사가 보유하고 있는 현대중공업 주식 1.9%를 매입하기로 한 것이다.

포스코는 이같은 합종연횡을 통해 스테인리스 · 강관 · 냉연 철강 관련분야와 수요산업인 조선업 등에 걸쳐 적잖은 우군을 확보하는 데 성공했다. 또 이들이 포스코 주식을 사들이는 과정에서 자연스럽게 포스코 우호지분이 늘어나는 효과도 보고 있다. 실제로 지난해 거래은행인 우리은행과 농협이 사들인 포스코 지분을 포함, 포스코 전체 우호지분은 4~5%가량 늘었다.

업계에서는 이런 전략적 제휴 러시에 대해 현대제철을 염두에 둔 것이라는 분석이 많다. 포스코와 전략적 제휴를 맺은 한 철강업체 관계자는 "포스코가 현대제철 당진제철소 완공 후 전개될 국내 철강 양강(兩强)시대에 대비해, '포스코 동맹'을 만들겠다는 구상으로 보인다"며 "그동안 국내 유일 고로(高爐)업체로 군림하는 데 익숙했던 포스코로서는 이례적인 행보"라고 말했다.

❑ 해외 네트워크도 강화

전통적인 제휴처인 일본 신일철(新日鐵)은 2006년 10월 포스코 주식을 2%로 추가 매입하기로 했다. 포스코 역시 같은 금액의 신일철 주식을 사들이기로 했다. 공룡 철강사인 아르셀로미탈의 적대적 M&A시도를 차단하기 위한 조치였다. 신일철은 실제 2007년 포스코 주식을 추가 매입, 총 지분 5%로 포스코 1대 주주가 됐다. 반면 현대제철은 일본 2대 철강사인 JFE와 가깝다. 일본 미쓰비시 상사도 지난 1월 포스코 지분 0.5%를 사들여, 전체 지분을 1.4%로 확대했다.

포스코는 또 중국 최대 철강업체인 바오산(寶山)강철과 맺을 자본제휴에 대해서도 기대를 걸고 있다. 셰치화(謝企華) 전 바오산강철 회장은 지난해 12월 일본 방문 당시, "바오산강철의 해외 상장이 이뤄지면, 포스코와 신일철과 주식 상호 보유가 가능할 것"이라고 밝힌 바 있다.

포스코 관계자는 "아르셀로미탈의 적대적 M&A 위협과 국내 철강산업의 상황 등을 감안해 전략적 제휴 범위를 계속 확대해 나갈 것"이라고 말했다.

....

✔ 키워드

냉연강판

핫코일을 상온에서 표면 처리하고 정밀 기계 등으로 더 얇게 눌러 표면이 미려한 강판.

〈자료: 최유식 기자 finder@chosun.com〉

제4절 기업인수합병 : M & A

- 절실히 필요한 두 기업이 合하여 하나의 기업으로 새롭게 탄생하는 전략기법 -

1. M & A의 정의

기업인수합병(M&A : Merger & Acquisition)이란 두 기업이 서로의 도움을 너무나 절실히 필요로 하고 있기 때문에 두 기업이 합하여 하나의 기업으로 새롭게 탄생하는 것이다. 즉, 제휴의 필요성이 너무 크고 장기적인 몰입의 필요성이 있을 때 인수합병을 통하여 결합하는 가장 강한 형태의 제휴관계로 볼 수 있다. 합병에는 ① 흡수합병, ② 신설합병, ③ 역합병, ④ 삼각합병 등이 있다.

우리나라는 IMF 이후 기업의 구조조정과 은행개혁을 통하여 기업인수합병의 사례가 많았다.

먼저 인수대상 기업의 가치를 판매자보다 구매자가 높게 평가하지 않으면 기업인수합병이 나타나지 않는다는 사실이다. 즉, 구매자가 판매자보다 그 인수대상기업이 가진 자산을 통해서 더 많은 수익을 올릴 수 있다는 판단이 있지 않고서는 이와 같은 기업인수합병이 일어날 수 없다. 인수합병의 목적을 이해하기 위하여는 구매자가 판매자보다 더 높은 가치를 창출할 수 있는 이유를 밝혀야 한다.

1) 흡수합병

〈흡수합병〉

E기업(소멸기업)		F기업(존속기업)		G기업(합병기업)	
A_E	L_E	A_F	L_F	A_{E+F}	L_{E+F}
	C_E		C_F		C_{E+F}

A_E, L_E, C_E : 소멸기업인 E기업의 자산 · 부채 · 자본
A_F, L_F, C_F : 존속기업인 F기업의 자산 · 부채 · 자본
A_{E+F}, L_{E+F}, C_{E+F} : 합병기업인 G기업의 자산 · 부채 · 자본

2) 신설합병

〈신설합병〉

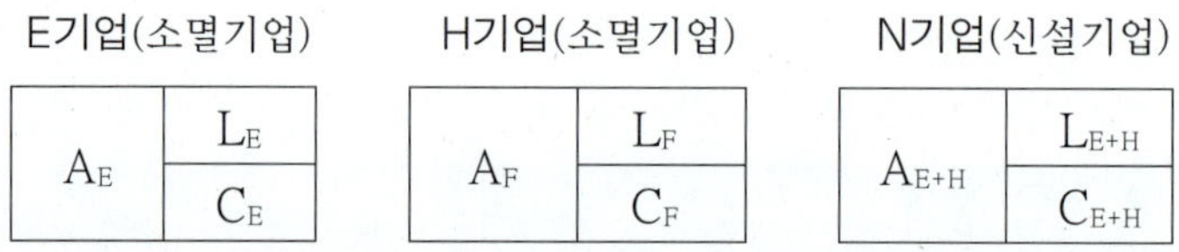

A_E, L_E, C_E : 소멸기업인 E기업의 자산 · 부채 · 자본
A_H, L_H, C_H : 소멸기업인 H기업의 자산 · 부채 · 자본
A_{E+H}, L_{E+H}, C_{E+H} : 신설기업인 N기업의 자산 · 부채 · 자본

3) 역합병

보통의 정상적인 합병(forward merger)은 인수기업이 존속기업이 되고 피인수 대상기업이 소멸기업으로 합병되는 경우가 대부분이나 역합병은 인수기업이 소멸하고 피인수 대상기업이 존속기업으로 남는 형태의 합병을 말하며 역합병(Reverse merger) 또는 영어로 Reverse Take Over(RTO)라고 한다.

〈역합병의 절차〉

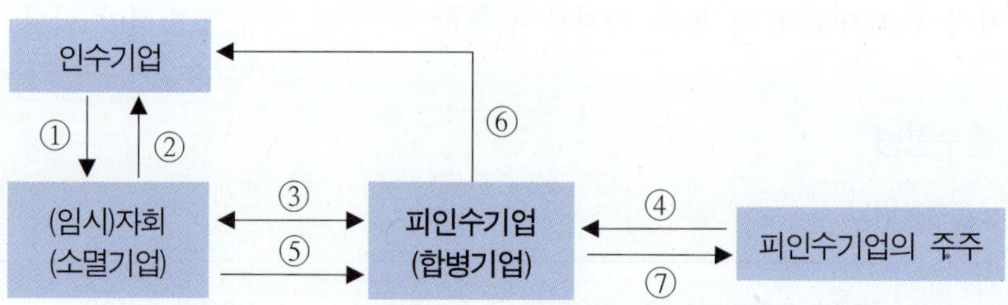

〈보기〉
① 10억 원의 자본금을 출자해(임시)자회사 설립
② 인수기업이 자회사의 주식을 소유
③ 합병계약서 작성
④ 피인수기업의 합병 승인
⑤ 자회사가 피인수기업으로 흡수 합병
⑥ 주식을 발행하여 지급
⑦ 피인수기업의 기존주주는 대금을 받고 합병기업의 주식을 포기

앞의 그림에서 설명하는 바와 같이 역합병의 절차는 우선 인수기업이 사전에 피인수기업과 M&A에 대한 기본적 의사결정을 마친 후 현금 10억원을 출자(가정)해 임시로 자회사를 설립하고 자회사의 주식을 소유한다. 그리고 자회사는 피인수기업과 합병계약서를 작성하고, 피인수기업은 이사회와 주주총회에서 합병에 관한 승인을 받는다. 그리고 피인수기업으로 흡수되면서 소멸한다.

4) 삼각합병

삼각합병(triangular merger)은 모회사의 자회사가 제3의 회사와 합병하는 형태로 이를 통해 모회사가 실제로 제3의 회사에 대한 경영권을 획득하고 지배하는 합병이다.

이러한 삼각합병은 전진형 삼각합병과 후진형 삼각합병으로 구분할 수 있다.

(1) 전진형 삼각합병

전진형 삼각합병(forward triangular merger)은 모회사가 합병을 위해서 자회사를 설립한 후 모회사는 자회사의 주식을 소유하고 있으면서 이러한 자회사에 제3의 회사(피합병회사)를 흡수 합병시키는 것이다. 이에 따라 모회사는 자회사(존속회사)를 통해서 간접적으로 제3의 회사의 자산과 영업을 획득하게 되고, 제3의 회사 주주들은 자회사의 주식을 교부 받음으로써 모회사의 주주로는 되지 않는다. 이러한 전통적인 삼각합병과는 달리 미국에서는 자회사가 소유하던 모회사의 주식을 교부 받음으로써 모회사와 제3의 회사간의 합병과 동일한 결과가 되는 경우도 많다.

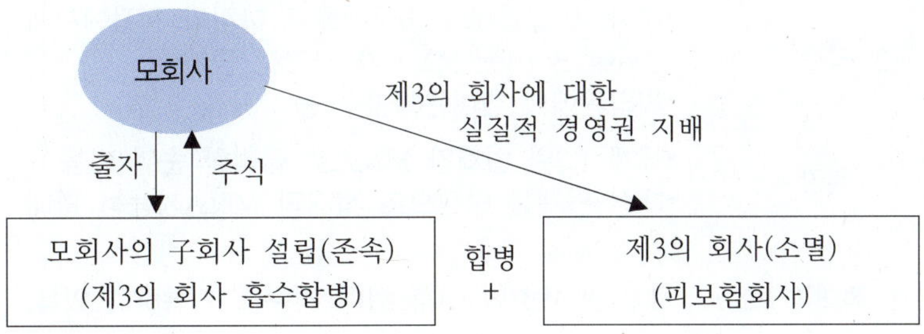

(2) 후진형 삼각합병

후진형 삼각합병(reverse triangular merger)은 모회사가 제3의 회사와의 합병을 목적으로 자회사를 설립하고, 그 자회사가 제3의 회사에 합병되어 소멸하고 제3의 회사가 합병 후에 존속하는 형태를 말한다.

이때 모회사가 소유한 자회사의 주식은 자회사와 제3의 회사의 합병에 의해서 제3의 회사의 주식으로 전환되어 결과적으로 제3의 회사는 모회사의 자회사로 된다.

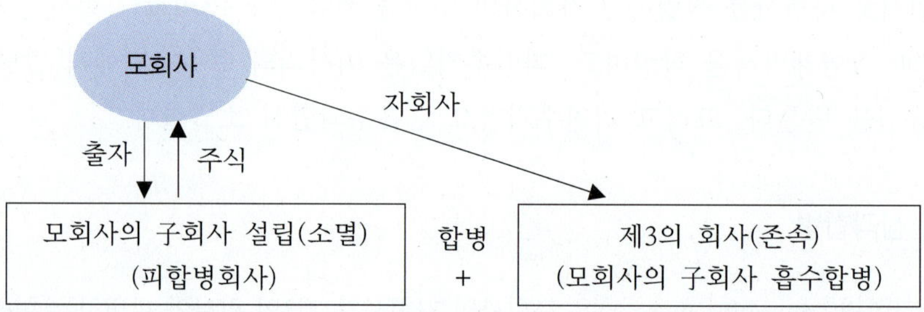

사례 2// 글로벌 M&A의 시장동향

구분	항목	내용
지역별 구분	1. 미국	•80년대말 M&A붐을 능가하고 있음. •Sprint의 Nextel 인수, P&G의 질레트 인수 등
	2. 유럽	•2005년 전세계 M&A시장의 33.6%를 차지 •거래건수는 5983건에 거래금액 5674억 달러
	3. 아시아	•중국을 중심으로 급성장하고 있음. •미국, 유럽에 이어 세계 3대 시장을 형성하고 있음.
산업별 구분	1. 자동차	•중국 해외 Cross Border M&A 등을 통해 세계 4위 자동차 생산국 •유럽업체의 한국 및 중국자동차회사 인수 •상하이차의 쌍용차 인수, 르노의 삼성차 인수 등
	2. 금융	•미국, 유럽업체의 중국진출로 아시아 시장에서의 Cross Border M&A가 급격히 증가함. •씨티은행의 한미은행인수 등
	3. 철강	•세계 1,2위 업체간 M&A로 급격한 순위 변동 •대형 업체를 중심으로 적대적 M&A가능성 확대
유형별 구분	1. 적대적 M&A	•2006년 1997년 이후 최대 건수를 기록하고 있음.
	2. LBO	•LBO를 통한 M&A역시 계속 성장세를 보이고 있으며 특히 아시아 시장을 중심으로 성장하고 있음.
	3. Cross Border	•지역별로는 미국과 유럽에서 활발히 이루어지고 있음. •산업별로는 자동차, 금융, 철강 분야 모두에서 활발히 이루어짐.

사례 3// 전략적 제휴 : 외국 기업들은 어떻게 하고 있나

외국에서는 이미 몇 년 전부터 같은 업종의 기업들이 서로 협력하는 사례가 늘고 있다.

일본 기업들은 디스플레이와 반도체 부문을 중심으로 2000년대 초부터 협력을 강화하고 있다. 연구개발(R&D)의 효율성을 높이고 한국, 대만과의 경쟁에 함께 대응하기 위해서다.

플라스마 디스플레이 패널(PDP)진영에서는 2003년 마쓰시타와 히타치, NEC 등이 공동 출자해 R&D 회사인 '차세대 PDP 개발센터(APDC)'를 만들었다.

액정표시장치(LCD) 생산업체들은 2004년부터 차세대 디스플레이 개발사업인 '퓨처 비전 프로젝트'를 진행하고 있다. 기술 노하우를 고수하기 위해 외자(外資)계 기업은 이 프로젝트에서 배제됐다. 삼성과 합작회사를 세운 소니도 참가시키지 않았다.

반도체 부문에서도 협력이 활발하다. 일본 유일의 D램 생산업체인 엘피다 메모리와 비메모리 전문업체 르네사스는 일본의 반도체 기업들이 합작 설립한 회사다.

자동차 업계에서는 국경을 넘어선 협력이 추진되고 있다.

2005년 9월 독일 프랑크푸르트 모터쇼에서 당시 미국의 릭 왜거너 GM회장과 독일의 디터 체체 다임러크라이슬러 회장, 헬무트 판케 BMW그룹 회장은 하이브리드 차량 개발을 위해 협력한다고 발표했다.

엔진과 전기모터를 함께 쓰는 하이브리드 기술에서 앞서가는 일본 도요타를 따라잡기 위해서였다. 고급차 시장의 '영원한 라이벌'인 벤츠와 BMW가 손을 잡은 것은 이례적인 일로 평가된다.

아우디, 폴크스바겐, 포르셰 등 독일계 3사도 하이브리드 스포츠 유틸리티차량(SUV)을 공동 개발하기로 합의한 바 있다.

2. M&A의 목적

인수합병의 목적은 첫째, 시장지배력 확대, 둘째, 신속한 시장진입, 셋째, 규모의 경제와 범위의 경제적 활용, 넷째, 성숙산업으로의 진입, 다섯째, 해외시장진출, 여섯째, 리스트럭처링 등에 있다.

이러한 인수합병은 기업에게 새로운 전략을 추구하도록 도와줄 뿐만 아니라 새로운 핵심역량에 대하여 배울 수 있는 기회도 제공한다.

기업인수합병은 기업이 갖지 못한 경영자원을 피인수기업으로부터 획득하는 방법이다. 기업이 인수합병에서 실패하는 이유는 인수합병으로 발생할 수 있는 시너지를 과대평가하거나, 순조로운 통합에 실패하였기 때문이다.

3. M&A의 전략적 방향

기업인수합병의 전략적 방향은 두 기업이 합하여 하나의 기업을 창출하는데 반드시 흑자기업으로 탄생되어야 한다는 것이다. 어느 한 기업이 갖지 못한 경영자원, 즉 자금, 시장, 기술, 인력, 원료 등을 보유하게 됨으로써 경쟁기업 및 초우량기업을 만드는 전략적 방향이 강구되어야 한다.

사례 4// 항공사의 자본제휴 : 아시아나 – ANA <전일본항공> "함께 날자"

아시아나항공과 일본 민간항공사인 전일본항공(ANA)이 자본제휴를 통해 협력 강화에 나섰다.

강주안 아시아나항공 사장과 야마모토 미네오(山元峯生) ANA사장은 30일 서울 강서구 메이필드호텔에서 주식을 상호 교차 보유하는 내용을 골자로 한 자본제휴 조인식을 가졌다.

이번 자본제휴에 따라 양측은 각각 1200만 달러씩 상대 회사의 주식을 장내 매수하게 된다.

세계 3대 항공사 동맹 중 하나인 '스타얼라이언스'에 소속돼 있는 양사는 2월부터 18개 한일 구간 여객 노선을 주 154편으로 공동 운항하고 있으며 7월 1일부터 ANA의 도쿄~호놀룰루 구간에 대한 공동운항도 시작하기로 했다.

또 김포~일본 하네다~중국 홍차오(紅僑)의 '트라이앵글 노선'공동 판매를 추진하고 중장기 사업목표도 공유할 방침이다.

운항지원 및 공항서비스 분야의 협력도 강화해 함께 취항하고 있는 19개 공항에서 업무를 공유하고 해외 공항에서 정비부품 공유 및 비정상 상황시 상호지원을 약속했다.

항공유 공동구매 및 관련 정보도 교환하며 기내 서비스, 객실 승무원 훈련도 교류하기로 했다.

항공업계에서는 양사의 이 같은 제휴에 대해 운항과 정비, 육상서비스 등 항공사업의 모든 분야에 걸쳐 긴밀한 관계를 유지해 비용을 절감하고 서비스 품질을 높이기 위한 전략으로 분석했다.

특히 19개 공항에서의 공동조업과 정비부품 공유, 항공유 공동구매를 통해 양사의 영향력이 커질 것으로 보인다.

아시아나항공 강 사장은 "양사가 단순한 제휴 관계에서 한 걸음 더 나아간 자본제휴 관계를 맺게 돼 상호 발전과 고객 서비스 증진에 큰 힘이 될 것"이라고 말했다.

사례 5// 전략적 제휴: 경쟁업체끼리 제휴

삼성-LG 손잡고 日-대만 LCD 깬다

각국과 치열한 경제전쟁을 벌이고 있는 한국의 대표기업들이 선진국의 견제와 후발 주자의 추격을 뿌리치기 위해 '연합 전선'을 펴기 시작했다. 국내외에서 한치의 양보도 없이 싸워 '제 살 깎아 먹기'라는 비판을 받기도 했던 국내 기업들이 특허를 공유하고 공동 연구개발(R&D)에 나서거나, 해외 사업을 따내기 위해 '적과의 동침'도 마다하지 않은 사례가 늘고 있다.

액정표시장치(LCD) 세계 1, 2위 업체인 삼성전자와 LG필립스LCD, 플라스마디스플레이패널(PDP) 세계 1, 3위인 LG전자와 삼성SDI 등 4개 회사 대표 및 디스플레이 업계 관계자들은 2007년 5월 14일 서울 서초구 반포동 메리어트호텔에서 '디스플레이산업협회'창립총회를 열었다.

이들은 각 사의 특허 등 지식재산권의 공유, 디스플레이 패널 등의 표준화를 위한 협의체 운영, 공동 R&D 추진 등 8대 협력과제에 합의했다.

또 TV 생산업체인 삼성전자와 LG전자는 2007년 하반기(7~12월)부터 필요할 때 상대 기업의 LCD, PDP 패널을 사기로 했다. 한쪽은 재고가 남고 다른 쪽은 부족한 상황이 와도 고집했던 '상대의 패널은 사지 않는다'는 기존 관행을 깨기로 한 것이다.

이로써 2006년 기준 세계 LCD 시장의 36.3%, PDP 시장의 52.7%를 아우르는 세계 최대 규모의 '디스플레이 연합군'이 탄생하게 됐다.

초대 디스플레이산업협회장으로 선출된 삼성전자 LCD총괄사장은 "일본의 시장 선점과 중국의 추격에서 한국의 디스플레이 산업계를 지키기 위해 업계의 협력이 필수적"이라고 말했다.

과거 한국 기업들은 해외 업체와는 활발하게 제휴하면서도 국내 업체끼리는 종종 갈등을 빚었다. LG전자와 삼성전자 간의 미국 디지털 TV 특허료 분쟁이 대표적 사례다.

특히 한국의 디스플레이 업체들은 각각 소속 그룹 안에서 패널부터 TV완제품까지 생산하는 비효율적인 시스템을 고수해 왔다.

이런 상황을 바꾼 것은 외국 기업들의 치열한 공세와 수익성 악화였다.

경제회복에 힘입어 일본의 샤프는 LCD, 마쓰시타는 PDP 부문에 막대한 투자를 하고 있고, 대만 기업들도 일본 업체와 특허를 공유하는 방법으로 한국을 압박하고 있다.

이 사이에 끼인 한국 기업들이 '국내 합종연횡'으로 난국을 타개하기 위해 나선 것이다.

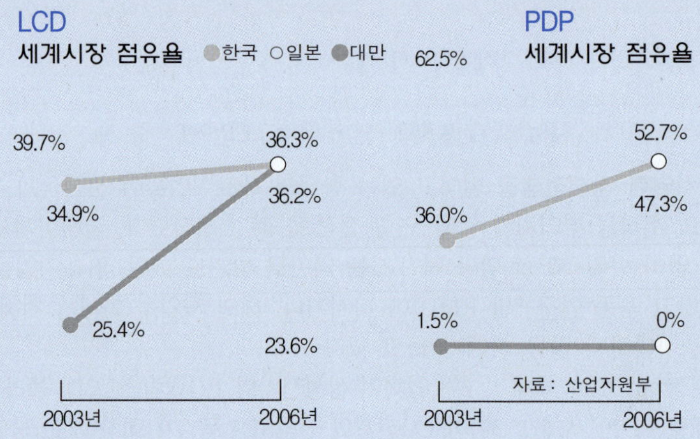

자료 : 산업자원부

4대 디스플레이업체 8대 협력과제

① 상생협력 협의체 구성
② 산업공동 로드맵 수립
③ 공동 연구개발(R&D) 수행
④ 특허협력 등 지식재산권 공유
⑤ 디스플레이 패널 상호구매
⑥ 표준화 추진
⑦ 장비·재료 공동 성능평가
⑧ 수직 계열화 타파

제 5 절 리엔지니어링 : Reengineering

- 기존의 업무방식을 근본적으로 재 고려하여 시스템 전체를 새롭게 구축하는 혁신기법 -

1. 리엔지니어링의 정의

최근 미국을 중심으로 세계적 초우량기업들이 리엔지니어링(reengineering)을 통해 이상적인 기업으로 탈바꿈하고 있다. 이상적 기업(virtual corporation)이란 "매우 유연하고 융통성이 있는 기업"을 말하는데 이러한 기업은 조직 자체가 매우 합리적이고 단순화되어 있다.

예를 들어 기존의 모든 업무를 재편성하여 시스템 전체를 재구축하는 것으로서, 모든 프로세서를 컴퓨터화하여 인간과 컴퓨터의 장점을 통합하여 운영하는 것이다.

리엔지니어링(reengineering)이란 한마디로 요약하면 '기존의 업무방식을 근본적으로 재 고려하여 시스템 전체를 새롭게 구축하는 것'으로 프로세스(process)를 근본단위로 하며, 업무 · 조직 · 기업문화까지의 전 부문에 대하여 성취도를 대폭적으로 증가시키는 경영혁신방법을 말하다.

즉, 기존의 인원삭감, 한 부서 또는 한 부문의 개편 · 개선으로 합리화하는 리스트럭처링(restructuring)과는 달리 '무의 개념'에서 출발하여 전사적 입장에서 프로세스를 근본적으로 재설계하여 개혁을 단행함으로써 불필요한 요소를 제거하는 것을 말한다.

2. 리엔지니어링의 목표

리엔지니어링의 목표는 시간단축, 비용감소, 하청업체관리, 간접비 감축, 문제점의 해결, 조정업무 및 고객서비스 등에 있다.

1) 시간단축기법

시테크의 일종으로써 시간단축은 사이클 타임 단축으로 프로세스의 시작부터 끝날 때까지의 비용시간을 단축하는 기법이다. 최종적으로 고객에게 프로세스의 산출물이 전달될 때까지의 시간을 단축하는 것이다. 이것은 시간은 돈이라는 개념 속에 종업원에게 드는 비용을 초당 환산하여 시간낭비에 대한 경각심을 높이는데도 그 효과가 있어, 시테크(time tech), 시간경영론으로까지 확대되는 새로운 경영혁신기법이다.

2) 하청업체 관리기법

하청업체의 효율적 관리를 중요시하는 기법이다. 하청업체를 적극 육성함으로써 하청업체의 품질 · 속도 · JIT(Just in Time)를 통한 공기조달의 적정화를 유도하고 있다. 하청업체의 경영합리화를 위한 자금, 인력, 기술 등까지 관심을 갖고 관리하는 방법이며 심지어 경영컨설팅까지 하면서, 가격 · 품질 등에서 경쟁력을 갖도록 하는 경영혁신기법이다.

3) 간접비의 감축기법

기업경영환경이 어려워짐에 따라 간접비의 감축이 경영혁신의 주요목표가 되고 있다. 원가구성항목을 관찰하여 재료비, 인건비, 기타경비 가운데 간접비 명목을 감축 내지 축소하고 직접인원, 직접경비로 대체하는 기법이다. 일종의 원가절감기법으로 생산성을 부단히 늘린다는 경영혁신기법이다. 그러나 여기에서 주의할 것은 간접비는 원가에만 관련되지 않고 제조공정에도 관련이 되며 기계적으로 원가를 삭감한다고 경쟁력이 향상되는 것은 아니다.

4) 조정업무 및 고객서비스 기법

부서간의 연계 또는 지리적으로 떨어진 부서들의 조정업무도 리엔지니어링의 중요한 목표가 되며 고객서비스 역시 경영혁신의 목표이다. 고객과 직접 업무를 수행하는 부서만이 아니고 고객과 관련되는 모든 부서들이 고객을 위하여 업무를 수행하도록 하는 것은 프로세스 혁신에 있어서 가장 근간이 되어야 할 목표인 것이다.

혁신은 근본적인 변화를 이루기 위해 현재의 경영방식을 고려하지 않고 완전히 무의 개념에서 출발하여 새로이 업무방식을 구축하는 것이다.

3. 리엔지니어링의 원칙

1) 업무방식의 혁신과 정보처리기술의 이용

리엔지니어링 기법에서 혁신을 가져오기 위해서는 먼저 정보처리기술을 고려하여 경영의 모든 업무에 혁신을 이룩하여야 한다. 기존의 업무방식은 많은 부문이 직렬형태로 이루어져 있다. 이러한 직렬형태에서는 한 부서의 작업이 끝나야 다음 부서에서 작업을 수행할 수 있다. 그러나 정보처리기술을 이용하여 경영업무를 이룩한다면 '데이타 베이스'에 정보를 보관하고 병렬로 작업을 할 수 있어 업무처리 시간의 대폭적인 단축을 기할 수가 있다. 리엔지니어링에서는 정보처리기술을 이용하여 업무방식의 혁신이 이루어져야 한다.

따라서 리엔지니어링 기법에서 업무방식의 혁신과 정보처리기술의 응용은 두 개의 원칙으로 규정하고 있다.

2) 최고경영자(CEO)의 의지

리엔지니어링 기법의 중요한 원칙은 최고경영자의 확고하고 결단력있는 의지이다. 경영혁신은 개선과는 다르다. 경영혁신은 회사조직에 커다란 변혁을 가져올 수 있다. 여러 부서의 통・폐합은 관련부서의 종업원에게 커다란 영향을 미칠 것이며, 경영혁신의 결과로 업무방식이 바뀌면 재교육 및 새로운 업무수행기술이 필요하게 된다. 따라서 이들의 저항을 축소시키거나 과거와는 근본적으로 다른 일을 하기 위해서는 경영자의 확고한 의지가 중요하다.

즉, 경영자는 반드시 자신의 의지를 확실하게 전체 종업원에게 인식시켜야 하며, 경영혁신의 적극적인 참여자가 되어야 하는 것이다.

4. 리엔지니어링의 성공적 조건

리엔지니어링을 추진하기 위해서는 기본의 충실(fundamental), 급진적 사고(radical), 극적 변화(dramatic), 프로세스의 착안(process) 등을 염두에 두고 전략을 수립하고 실천해야 한다.

따라서 리엔지니어링의 성공적 조건은, 첫째, 합리적이고 성공할 수 있는 전략경영을 수립하고 시행하여야 한다.

둘째, 리엔지니어링 기법을 부정적이거나 과거와 같은 경영혁신기법으로 생각하지 말고 긍정적으로 받아들일 수 있는 분위기 조성과 인간관계 형성이 이룩되어야 한다.

셋째, 처음 시작에서부터 끝까지 고객만족을 전제로 실시되어야 하며 고객의 관점에서 경영활동이 이룩되어야 한다.

대부분의 기업은 고객만족이라는 기본적인 요소를 배제하고 내부관리의 합리화·효율화만을 중심축으로 구성하고 있으나 이 경영혁신기법에서는 최종의 의사결정자는 고객이라는 사실에 명심해야 한다.

넷째, 최적의 정보시스템을 활용하여 업무절차를 혁신적으로 효율화해야 한다.

특히 경영정보시스템(MIS)을 중요부분에 선별적으로 도입하여 정보를 생산적으로 활용하고 사장화해서는 안 된다. 오늘날 많은 기업은 정보를 축적만 하고 활용하지 않는데 문제가 있다. 쌓이는 정보를 생산적으로 활용하고 이익을 창출하도록 해야 한다. 아무리 많은 정보를 가지고 있어도 활용되지 않으면 업무절차를 혁신적으로 효율화할 수 없다.

다섯째, 조직구성원은 직무용 설계에 의한 직무내용의 변화가 분업화에 따른 전문화보다는 다양한 업무를 다루는 직무확대로 나타나야 한다. 물론 조직구성원의 전문화도 중요하지만 프로세스 과정에서 전문화 요소를 가지고 분업화를 함으로써 다양한 업무를 다룰 수 있도록 하여 그 직무가 확대되도록 해야 한다. 조직혁신은 통·폐합이라는 목적을 가지고 새로운 경쟁환경에 대응하는 신조직의 창출을 기대하는 것이다. 국제화·세계화·개방화에 따라 달라지는 경영조직을 새로이 형성하고 종업원의 재교육, 재배치, 새 직무에 적응하는 기법을 만드는 것이다.

여섯째, 리엔지니어링에서의 경영평가는 총체적·전사적 경영혁신을 지향하며 고객만족이라는 질적·정서적 평가를 가장 중요시한다. 고객만족의 평가는 리엔지니어링 기법의 종국적 목적이 되며 고객의 입장에서 고객의 편에서 최종의 의사 결정이 이룩되도록 하는 것이다.

이상과 같이 리엔지니어링 기법이 혁신이 되기 위해서는 ① 무에서 시작하여, ② 한번의 변화 횟수로써, ③ 짧은 시간에, ④ 위에서 밑으로 참여시키는 방법으로, ⑤ 기능과 기능의 큰 범위 속에서, ⑥ 높은 위험도를 감내하면서, ⑦ 정보처리 기술을 근본도구로 활용하는 것이다.[1)]

제6절 벤치마킹 : Benchmarking

- 성공한 기업의 전략경영, 기법, 실무 등을 배우고, 모방하여 그대로 실행하는 기법 -

1. 벤치마킹 의의

벤치마킹(benchmarking)이란 성공한 기업의 전략경영, 기법, 실무 등을 배우고 모방하여 그대로 실행하는 대표적인 경영혁신의 실행기법이다. 벤치마킹의 기본 전제는 무척 단순하다.

기업은 일반적으로 그들이 수행하는 제반 프로세스, 즉 업무수행과정과 유사한 프로세스를 보다 훌륭히 수행하고 있는 우량기업을 비교기준으로 삼는다. 따라서 탁월한 성과를 실현한 성공적인 기업의 경영기법과 경영실무를 모방하고자 하는 기업에 도입될 수 있는 것이다.

벤치마킹은 현대기업의 생존전략이며 프로세스 혁신을 통한 리엔지니어링의 실천수단이다. 여기에서는 미국 생산성본부가 제시한 벤치마킹의 정의를 보도록 하자.

벤치마킹(benchmarking)은 체계적 그리고 지속적인 측정 프로세스이다. 자기 회사의 성과개선에 유용한 정보를 얻기 위해 자기회사의 업무수행방식을 측정

---

1) 리엔지니어링에 대한 참고문헌은 다음과 같다.
① 이순철(1993), 비지니스 리엔지니어링, 명진출판.
② 우승헌(1993), 리엔지니어링과 리스트럭처링, 현대엔지니어링, 12.
③ 엄재욱(1994), 비지니스 리엔지니어링, 한국증권전산, 1.
④ 김성도(1994), 리엔지니어링과 벤치마킹, 한국엔지니어링진흥협회, 1-2.
⑤ 마이클 해머 & 제임스 챔피(1993), 리엔지니어링기업혁명, 김영사.

[그림 5-6] 벤치마킹의 흐름

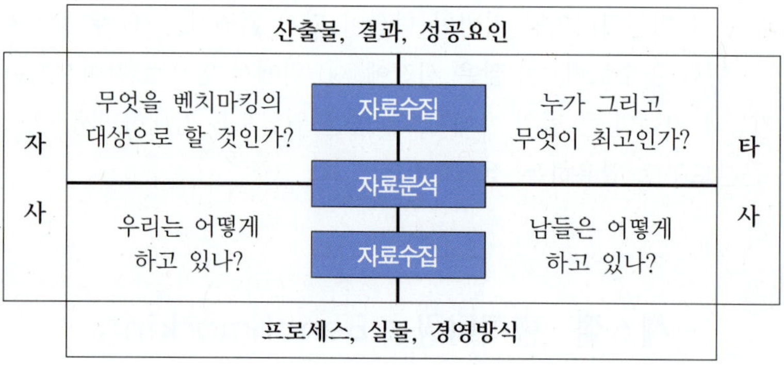

자료 : 엔지니어링(1994), 1~2, p. 52.

하고 동 방식을 전세계의 어느 조직이든지 선도자적 위치에 있는 조직의 프로세스와 비교하는 과정을 말한다.

이처럼 벤치마킹은 하나의 측정 프로세스를 의미하며, 결과적으로 상대적 성과 측정치를 산출하게 된다. 더 나아가 탁월한 성과가 실현되도록 한다.

2. 벤치마킹의 원칙

(1) 성공적인 벤치마킹은 상호성(reciprocity)의 원칙을 가지고 있어야 한다.

기업 상호 간 정보교환 및 정보공유의 결과 모든 참여회사들은 쌍방승리자가 된다. 그러나 상호성은 그냥 이루어지지 않는다. 조사를 통해 얻고자 하는 사항들과 정보의 범위 및 자료의 교환에 대해 명시적인 협상이 이루어져야 한다.

벤치마킹의 목적이 분명히 정의되지 못한 경우에는 상대방을 침해하거나 정보의 악용이 생길 수 있는데, 이렇게 되면 일방적 승리 또는 양자패배의 상황이 일어나게 된다. 기업은 벤치마킹 조사대상 파트너에게 합의를 통해 제공하기로 한 약속을 반드시 실천해야 한다.

(2) 벤치마킹 파트너 간에 고도의 지식전수가 이루어지기 위해서는 반드시 경영활동의 프로세스가 경쟁적이거나 유사해야 한다는 원칙이다.

조사를 수행하는 팀이 다른 조직의 문화적 · 구조적 기업경영의 상황을 자신의 입장으로 해석할 수가 있는 한 어떤 조직에서 이루어지는 프로세스라도 평가할 수 있다. 이러한 유추(analogy) 및 벤치마킹 파트너 선정을 위한 명백한 기준에 대한 이해정도가 궁극적으로 프로세스 개선기회의 성공적 발견여부를 결정짓는다.

(3) 벤치마킹은 측정치(measurement)를 토대로 두 회사 간의 성과를 비교하는 원칙이 있어야 한다. 측정의 목적은 두 회사 간의 상이한 성과가 얼마만큼 실현되었으며 어떻게 하여 높은 성과가 달성될 수 있는가를 파악하기 위한 것이다.

자기회사의 모든 경영지표를 상대방 우수회사와의 경영지표의 프로세스와 비교하여 측정함으로써 상대방 초우량기업의 프로세스의 원동력을 도입하여 적용시키는 방법이다. 상대방의 최고의 경영기법들을 도입하여 자기회사에 적용시킴으로써 경쟁사보다 비교우위의 경영지표를 발견하게 하는 경영방법이다.

(4) 프로세스를 관찰하고 이를 성과지표 또는 성과측정치와 관련짓기 위해서는 진실된 사실과 자료를 수집하여 그 타당성(validity)을 원칙으로 한다. 직관이나 의견 또는 가정에 의존하게 되면 타당성이나 신뢰도가 확실치 않은 유추(analogy)만을 만들어낼 뿐이다. 벤치마킹 프로세스는 비즈니스 프로세스 분석에 있어 직관에 의존한 관리방식(management by gut)보다는 자료중심의 접근방식(management by fact)이 원칙으로 되어 있다.

3. 벤치마킹의 수행규정과 발전단계

벤치마킹(benchmarking)에 관한 합의원칙은 벤치마킹의 조사에 이용되어야 하는 올바른 예의와 절차를 미국 생산성본부에서는 다음과 같이 제정하였다.[2)]

① 적법성의 원칙, ② 교환의 원칙, ③ 비밀보장의 원칙, ④ 이용의 원칙, ⑤ 당사자접촉의 원칙, ⑥ 제3자접촉의 원칙, ⑦ 사전준비의 원칙, ⑧ 종결의 원칙, ⑨ 이해와 행동의 원칙 등으로 제시하였다.

또한, 벤치마킹은 그 발전단계에 따라 제1세대의 역 엔지니어링 시대부터 제5세대의 글로벌 벤치마킹 시대까지 구분할 수 있으며 현재는 제4세대의 전략적 벤

---

2) 벤치마킹에 대한 참고문헌은 다음과 같다.
① 김성도(1994), 리엔지니어링과 벤치마킹, 엔지니어링, 한국엔지니어링진흥협회, 1-2.
② 신흥철(1993) 번역, 전략적 벤치마킹, 사계절.
③ 미국생산성본부(1993), 벤치마킹의 수행규정, 신경영혁신기법 강의자료.

치마킹 시대에까지 이르고 있다. 물론 각 세대의 환경과 경쟁에 대응하는 벤치마킹의 혁신적인 기법이 창출되어야 함은 재론의 여지가 없다.

[그림 5-7] 벤치마킹의 발전단계

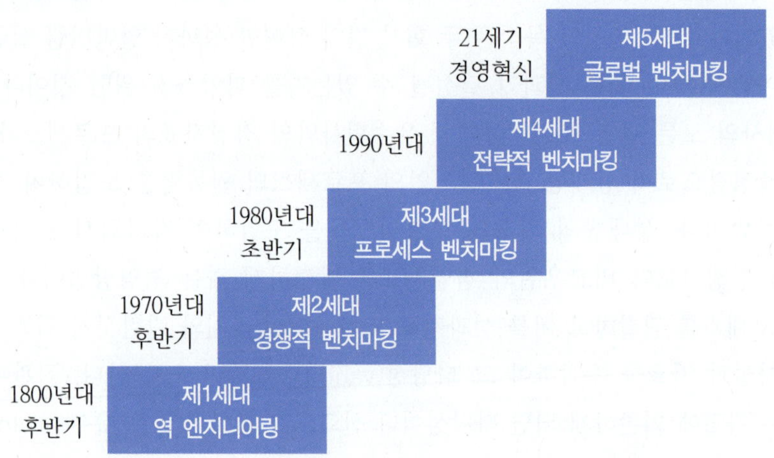

4. 벤치마킹의 방법

벤치마킹의 출발은 자사의 파악에서부터 시작되어야 한다. 왜냐하면 벤치마킹이란, 외부에서 사용되는 방법과 기업에서 채택하고 있는 업무방식 간의 비교이기 때문이다. 비교라는 말은 동일한 기준선의 존재를 전제로 했을 때, 비로서 의미를 지닌다. 즉, 자기 자신에 대한 정확한 이해를 바탕으로 평가기준을 설정해야 한다. 그런 다음에야 비로소 개선기회에 대한 명확한 비교 및 확인이 가능하다.

1) 벤치마킹이 수행되어야 할 주요 활동

① 전략적 의지, 핵심역량, 실행능력, 핵심 프로세스 및 주요 성공요인 등을 파악한다. 단, 고객중심에서 이를 행한다.

② 벤치마킹 대상 프로세스의 잠재능력을 파악하기 위해 동 프로세스를 문서화하고, 이의 특징을 기술한다.

[그림 5-8] 벤치마킹의 방법

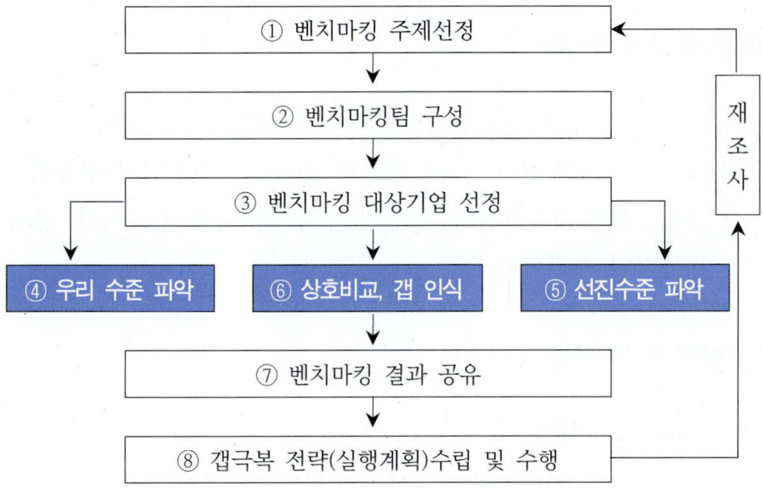

[그림 5-9] IBM사 벤치마킹의 사례

계 획 단 계

1단계 : 무엇을 벤치마킹할 것인가에 대한 결정
2단계 : 벤치마킹을 수행할 조직의 구성
3단계 : 최상의 질적 수준을 유지하는 선진 대상기업의 선정

분 석 단 계

4단계 : 향후 개선될 잠재력까지 고려한 우리의 질적 수준의 측정
5단계 : 선진수준에 대한 측정(정량적, 정성적)
6단계 : 선진수준과의 격차에 대한 종합적 분석

실 행 단 계

7단계 : 분석결과의 전파 · 공유
8단계 : 갭극복 전략 · 실행계획 수립 및 실행
9단계 : 주기적인 재조사

③ 벤치마킹 대상으로 적합한 파트너를 선정하거나, 파트너로서 적합성 평가 기준을 확정한다.

2) 벤치마킹의 주제선정

벤치마킹의 주제로는 조직의 경쟁력을 획기적으로 높이는 데에 큰 영향을 미치는 주요 성공요인을 선정한다. 주요 성공요인이란, 특정사업이 성공하기 위해서 그 성과가 만족스럽게 이루어져야 하는 몇 개의 활동들로서 효과성, 경제성, 효율성을 위한 정량적인 수단이다.

3) 벤치마킹 팀의 구성

(1) 내부 벤치마킹 전문가

내부 벤치마킹 전문가란, 본연의 업무가 벤치마킹과 밀접하게 연계되어 있는 내부인력을 의미한다.

(2) 외부 벤치마킹 전문가

외부 벤치마킹 전문가는 컨설턴트의 역할을 하며, 전문화된 분야의 지원 및 서비스를 지원한다.

(3) 구성원

벤치마킹 팀원으로 선발되어 주어진 업무를 수행한 후에 과제가 완료되면 원래의 근무위치로 복귀하며, 벤치마킹팀은 보통 한 팀에 3사람으로 구성된다. 한 사람은 질문을 하고 다른 사람은 기록을 담당하고, 나머지 한 사람은 다음 질문을 생각하는 일을 맡는다.

4) 벤치마킹 계획수립

벤치마킹은 약 2~4개월이 소요되는 프로젝트임을 감안하여, 팀내부적으로 팀원 간의 책임명확화 및 외부와의 커뮤니케이션 수단으로 일정계획 및 실행계획을 수립하여 진행하는 것이 바람직하다. 벤치마킹 프로젝트의 평균 소요기간은 현수준 파악 및 방문조사가 4~6주, 정보분석이 4~6주 정도 소요된다.

5) 벤치마킹 대상기업 선정

다양한 조직을 대상으로 최선의 실무를 보이거나 가장 독특한 프로세스를 수행하는 회사를 선정한다(〈표 5-3〉 참조).

표 5-3. IBM사가 선정한 비즈니스 프로세스별 최선의 실무 수행기법

비즈니스 프로세스	최선의 실무 기업
· 항공사 예약 시스템	아메리칸 에어라인
· 고객대금 청구 시스템	아메리칸 익스프레스
· 컴퓨터화된 창고관리 시스템	L. L. Bean
· 재고품(화물) 추적	패더럴 익스프레스
· JIT 생산	휴렛팩커드
· 제품가격결정 실무	IBM
· 단순화된 자동문서화	Japan Circuits
· 플라스틱 부품의 시제품 제작 프로세스	Eastman Kodak
· 생산계획수립 프로세스	도요타
· 벤치마킹관리 프로세스	제록스
· 고객만족도 특정	제록스

6) 필요한 자료의 수집 및 분석

① 자사의 현재 성과를 외부 벤치마킹 대상기업으로부터 구할 자료에 적용될 공통된 척도로 파악한다.

② 서비스 정보원을 활용하여 특정주제에 관한 정보를 간접적인 정보원에서 구한다.

③ 벤치마킹 파트너의 협조와 참여를 구한다.

④ 최선의 실무를 실행하고 있는 벤치마킹 대상기업의 프로세스 성과를 파악한다.

제7절 CS : Customer Satisfaction

- 고객만족 : 상품, 서비스에 대한 고객의 사전기대보다 사용실감이 크거나 높은 것 -

1. CS의 정의

CS(Customer Satisfaction)[3]란 고객만족으로서 "상품이나 서비스에 대한 고객의 사전기대(expectation)보다 사용실감(perception)이 크거나 높은 것"을 말한다. 소문보다 잘한다(좋다)거나 내가 생각했던 것보다 잘한다(좋다)고 느끼면 고객이 만족하고, 그 반대면 불만스럽게 생각하거나 그저 그렇다고 느끼게 된다. 따라서 고객만족은 고객의 '사전기대'가 기준이기 때문에 고객마다 그 기준이 다르며 같은 고객이라도 때와 장소에 따라 그 기준이 변할 수 있다.

또 같은 회사에 대한 '사용실감'도 그 고객을 만나고 있는 종업원에 따라 다르며 같은 종업원이라도 때에 따라 경우에 따라 상이한 '사용실감'을 고객에게 줄 수 있기 때문에 고객만족은 고정된 개념이 아니고 언제나 변화하는 변형의 개념(transformational concept)이다.

특히 "서비스에 있어서 유일한 정수는 변화이다"라고 알부레히트(Karl Albrecht)는 말하고 있는데, 사전기대와 사용실감이 계속 변하기 때문에 고객만족은 계속 변화한다는 사실에 유의해야 할 것이다.

고객만족과 그 결과는 [그림 5-10]과 같다.

고객을 만족시키려면 먼저 고객의 필요와 기대를 파악하여 이를 경영시스템을 통해 만족시켜야 한다. 고객만족 경영이 실천되려면 고객지향적인 시스템을 구축하고 경영의 질(quality)을 높여야 한다. 경영의 질이 혁신되면 고객과 만나는 접점에서 고객이 변화를 느낄 수 있도록 접점을 재정비해야 한다. 고객과의 접점이 살아서 움직이려면 현장을 중요시하는 역피라미드 개념의 조직이 운영되어야 한다. 현장중심의 조직구조가 완성되려면 사원들이 서로 간에 고객이라는 생각을 가지고 협조하는 고객지향적인 기업문화가 바탕이 되어야 한다.

---

3) 고객만족 전략경영의 참고문헌은 다음과 같다.
① 김영환(1993), 고객만족경영의 본질과 핵심개념, 금융, 전국금융연합회, 9.
② 손광수(1993), 은행의 CS경영도입 필요성과 실천 과제, 금융, 전국금융연합회, 9.
③ 김진국(1993), 고객만족경영의 성공사례와 시사점, 금융, 전국금융연합회, 9.

[그림 5-10] 고객만족과 그 결과

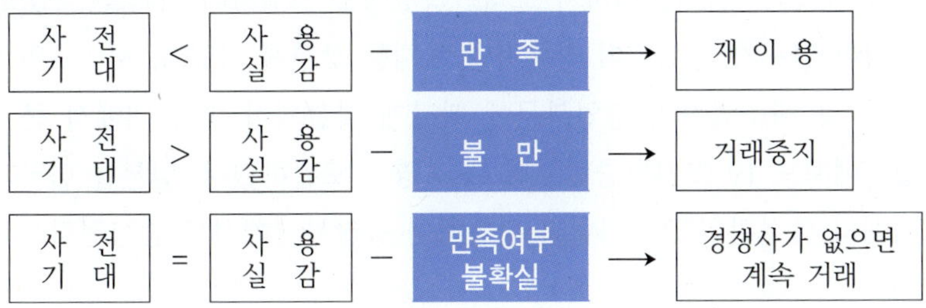

2. CS경영의 배경

성숙된 시장환경에서는 누가 고객을 발굴해내고, 고객의 욕구를 잘 파악하고, 고객에게 더 밀착하는냐가 기업의 성패를 좌우한다.

지금까지 대부분의 기업들은 나름대로 '고객제일주의', '고객우선주의' 또는 '고객은 왕이다'라는 등의 경영이념을 목표로 고객을 염두에 두고 경영을 해왔기 때문에 고객만족경영은 이미 우리 기업 깊숙히 자리잡고 있다.

그러나 종래의 고객제일주의는 고객을 경영의 한 수단으로 보았지만 고객만족경영은 고객만족 그 자체가 경영의 목표라는 데 근본적인 차이가 있다. 고객만족경영의 요체는 고객의 입장에서 고객을 생각하고, 고객만족을 지향하여 이를 영속적으로 추진하는 데 있다. 단지 상품을 만들고 서비스를 제공하는 것만이 기업의 목적이 아니라 자기가 생산하는 제품과 서비스를 수단으로 고객을 만족시키는 것이다. 그 결과는 곧 기업의 발전으로 이어진다.

따라서 "고객만족(CS)경영이란, 고객의 기대에 부응하는 상품과 서비스를 제공함으로써 고객을 만족시키는 경영시스템을 말한다." 만족한 고객은 다시 찾아오는 단골고객이 되고 주변의 기대고객을 모아주는 제2의 영업요원이 된다.

'고객만족'이라는 단어가 등장한 것은, 1977년 미국의 시장조사기관에서 자동차에 대한 고객만족도를 조사하여 발표하면서부터이다. 이는 시장조사의 한 분야로 다루어졌고, 기업에서는 소비자보호라는 차원으로 1981년 제너럴 일렉트릭(General Electric)에서 소비자 응대전화 시스템을 가동하면서 경영의 일부분으로 접합되었다. 같은 해에 유럽 항공회사인 SAS가 고객만족경영을 실천한 후 적자가 흑자로 선회함으로써 새로운 경영기법으로 관심이 집중되었다.

그 후 미국의 많은 서비스회사가 고객만족경영을 실행하여 성과를 보았고, 대학에서도 활발한 연구가 진행되어 학문적인 체계를 갖추게 되었다. 서비스업종 중에서 금융기관 및 제조업종의 영업부문에 빠르게 확산되어 미국 내에서 큰 성과를 거두자 일본에서도 1990년대 중반부터 CS경영을 도입하였다. 일본은 미국과는 달리 제조업체의 품질관리(QC)기법과 결합하여 공장부분에서도 중심전략으로 실천되고 있다.

우리나라는 2000년대 들어서면서 경영여건이 악화되고 국제경쟁이 더욱 치열해지자 새로운 경영기법으로 전 업종에 걸쳐 CS경영을 시도하고 있다. 우리나라 CS경영의 특징은, 경영혁신 프로그램과 접합하여 강한 의지로 빠른 확산을 위해 노력하지만 바탕이 약해서 실제 성과는 그리 크지 못한 아쉬움이 있다.

3. CS의 경영지표화

CS경영이란 CS(고객만족)를 조직적 · 계속적으로 창출해나가는 경영이라 정의한다고 하였다.

자사 제품과 서비스 양쪽에 대해 고객의 완전한 만족을 얻기 위해 그 만족도를 정량적 · 정기적으로 측정하여 그 결과에 따라 제품, 서비스 및 사내 풍토를 계속적 · 조직적으로 개선 · 개혁해 가는 것을 최종적 과제로 하는 경영이며 경영의 중심을 매출이나 이익, 시장점유율 등의 경영지표에서 고객만족지수(CSI : Customer Satisfaction Index)로 바꾸는 데서 CS경영은 출발한다.

통상적인 경영과 CS경영을 비교해 보면 다음 〈표 5-4〉와 같다.

어느 회사든지 고객제1주의 또는 고객은 왕이라고 외치지만 그런 회사일수록 거의 대부분이 고객을 경영의 수단 · 판매나 마케팅 대상으로 생각하는 회사제1주의, 고객제2주의 회사이다.

표 5-4. 통상경영과 CS경영비교

	상 품	지 표	평 가 자
통상 경영	제품+ 서비스	매출액, 이익, 점유율 재무비율, 생산성, 불량품	기업자신의 눈으로 기업 활동을 주관적으로 평가
CS 경영	고 객 만 족	고객만족도	고객의 눈으로 객관적으로 평가

무슨 증거로 이렇게 단정적으로 말할 수 있는가? 고객제1주의를 외치는 회사일수록 통상의 경영지수 특히 전년대비, 타행(사)대비, 예산대비 등 소위 3비(比)에 근거한 지표에만 관심이 있지 고객의 만족도에는 조금도 신경을 쓰지 않기 때문이다.

CS경영을 도입하는데 왜 고객만족도 도입이 선행되어야 하는가? 그 예를 하나 들어보자.

스칸디나비아 항공(SAS)은 화물운송 부문의 평가를 '화물운송량'을 기준으로 하였다. 고객에게 제 시간에 정확하게 도착하는지 여부는 평가와는 무관하였고 서류상 화물량과 실제 화물량만 일치하면 되도록 하였다. 단지 화물의 지연도착률만 극히 미미하다고 사장실에 보고되고 있었다. 화물이 예정시간보다 4일 늦게 도착되어 고객이 상당히 낭패를 보고 화가 나도 담당자가 서류에 지연이라고 기록하지 않으면 정상도착으로 처리되고 아무도 체크하지도, 할 필요도 없었다. 이런 지경이니 고객은 점점 떨어져나가고 할당된 화물운송량 목표를 채우려면 더 많이 뛰어야 하고 업무추진비는 턱없이 모자랐다. 수신계수 위주의 은행경영과 조금도 다를 바 없었다.

[그림 5-11] 종합만족도에 대한 영향도

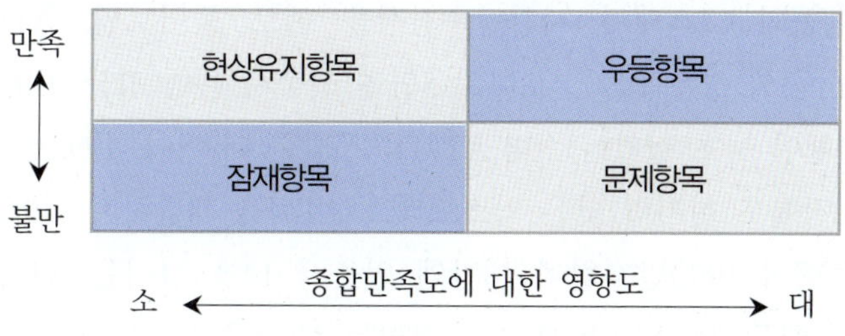

100% 회사제1주의, 고객제2주의의 전통적인 회사중심 경영의 모습이다. 고객은 신속하고, 정확한 화물운송을 원할 뿐인데 화물량을 평가기준으로 하니 직원들은 화물을 많이 확보하려는 데만 집중하였고 고객이 어떤 불평을 하고 있는지 알려고 하지 않아 결국은 회사가 원하는 화물량 확보라는 목표달성은 점점 멀어져만 갈 수밖에 없었다. 고객만족도 경영이 왜 선행되어야 하는지 알게 되었다.

4. CS의 전략경영

고객의 사전기대를 파악해야 전략을 세울 수 있다. 고객의 사전기대는 직원의 ① 업무지식, ② 접객태도, ③ 설비(점포, 자동화기기 등)로 나누어 볼 수 있는데, 각각에 대해서 사전기대보다 제공된 서비스 수준이 커야 고객만족이 되며, 고객만족도를 높이기 위해서는 3가지 요소 전부에 대해서 체계적이고 계속적인 개선이 필요하다.

문제는 사전기대가 향상 변화하며 낮아지는 일이 없다는 점이다. 왜냐하면 고객욕구는 다양화・고도화되며 경쟁의 격화로 새로운 서비스가 제공되기 때문이다. 따라서 끊임없이 고객의 사전기대를 조사하여 만족요소를 확대하고 불만족요소를 해소해 나가야 할 것이다.

그러나 은행의 자원은 한정되어 있고 고객이 원한다고 해서 모두 들어 줄 수도 없고, 은행도 적정이익을 확보하지 않고서는 존립조차 할 수 없기 때문에 무엇부터 해결・개선해야 할지 우선순위를 정해야 한다.

즉, 종합만족도에 영향력이 높은 반면 현재만족도가 낮은 항목인 문제항목을 최우선 개선해서 만족도를 높이는 전략이 가장 유효하다.

일본 은행들의 고객대기 시간단축경쟁을 예로 들어보면, ATM(automated teller machine)의 경우 1990년도까지 5만엔 인출시 은행 평균 30초 걸리던 상황에서 삼화은행이 24초 걸리는 수퍼 ATM을 개발한 데 이어, 1992년 7월에는 16초 걸리면서 고장률도 현저히 낮은 익스프레스 ATM을 개발하자 이에 자극된 다이이치강교 은행이 1993년 4월에 20만엔 인출시 14초 걸리는 ATM을 설치하였고, 아사히 은행은 1993년 6월에 11초 걸리는 ATM을 설치하기 시작하였다. 고객설문조사에서 대기시간이 문제항목으로 지적되었기 때문에 대기시간 단축경쟁이

유발된 것이다.

삼화은행 신오사카 지점의 월말 1일 내점객이 3만명을 넘는 상항에서 단 몇 초의 단축이 고객에게 아주 큰 만족을 준다는 사실을 감안하면 몇초 단축경쟁이 이해가 될 것이다. 창구의 경우도 도시은행들의 목표가 평일 5분 이내 피크일 10분 이내인데 삼화은행 실적을 보면 평균 4분 이내에 처리되며 6분을 초과하는 경우가 없기 때문에 삼화은행은 '손님을 기다리게 하지 않는 서비스'를 대대적으로 광고하고 있다.

고객의 사전대기를 계속적으로 조사하여 만족요소를 높이는 전략을 수립한다고 해서 그것을 바로 실천하기는 매우 어렵다. 우선 돈도 많이 들지만 근본적으로 구성원이 성취감을 느끼고 의욕적으로 일할 수 있는 조직풍토가 조성되기 전에는 고객에게 좋은 서비스가 전달되지 않는다는 현실 때문이다.

조직 자체를 고객지향적으로 혁신하기 전에는 조직구성원이 고객위주로 일을 할 수 없기 때문에 고객만족경영이니 고객제1주의를 내세우기 전에 조직혁신이 우선되어야 한다. 그리고 고객만족을 위한 서비스품질을 향상시켜야 한다([그림 5-12] 참조).

[그림 5-12] CS를 위한 서비스의 품질

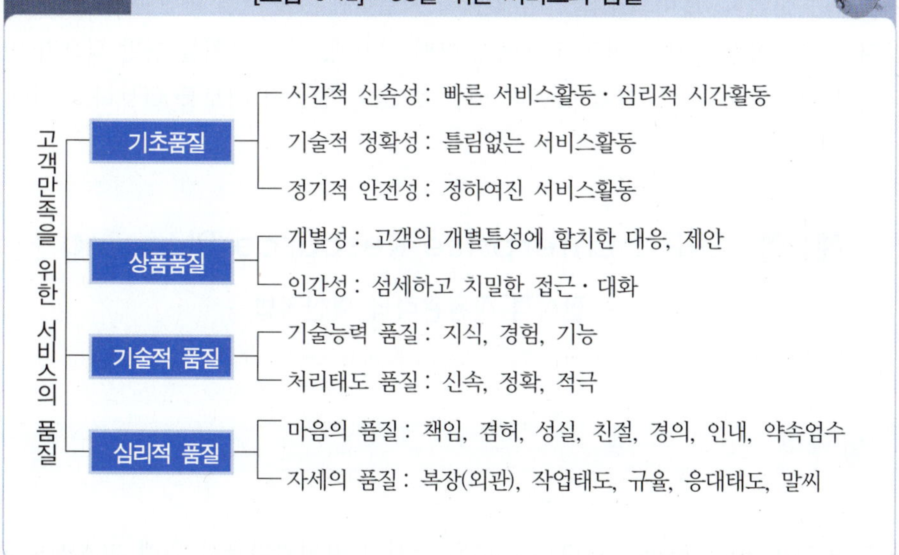

5. 고객이탈방지전략 – CS는 21세기의 승자전략

고객만족경영의 일환으로써 고객이탈에 관리개념을 도입하는 것이 중요함은 새삼 언급할 필요가 없다. 서비스기업들이 고객이탈률을 전혀 없게 할 수는 없지만 이를 감소시키는 것은 충분히 가능하며 실행할 가치가 있다.

이탈률 제로화를 목표로 세우고 이를 추진하기 위해서는 먼저 기업과의 거래를 단절했거나 단절하려는 고객을 확인하는 장치가 필요하다. 이러한 장치에는 새로운 정보와 절차가 필요하지만 많은 투자나 시간이 필요한 것은 아니다. 특히 금융실명제의 도입은 고객에 대한 정보수집에 결정적으로 기여하고 있다.

기업은 이탈고객에 대한 정보를 정기적으로 수집해야 한다. 은행을 예로 든다면 매분기 또는 반기마다 한번씩 이탈고객의 사회인구학적 특성(성, 연령, 거주지 등)은 물론 거래특성(거래기간, 거래상품, 이용빈도, 거래당 금액 등)을 가능하다면 시계열적으로 확인해야 한다. 나아가 이들 중 일부를 표본으로 추출하여 그들이 설명하는 이탈의 주관적 이유를 수집해야 한다. 이렇게 수집된 정보는 고객 중 어떤 사람들이 어떤 이유에서 거래를 단절했는지를 알 수 있게 해줄 것이며, 무엇을 어떻게 개선해야 하는가에 대한 판단자료를 제공한다. 이러한 자료는 이들이 경쟁상품 때문에 이동하는 것인지, 서비스에 불만이 있어서 이탈하는 것인지를 확인할 수 있게 해준다. 또한, 이런 정보는 어떤 고객에게 어떤 시기에, 어떤 조치를 취할 필요가 있는가를 알려줌으로써 고객을 붙들어 매둘 수 있는 전략적 정보를 확보하게 된다.

제8절 ERP : Enterprise Resource Planning

- 전사적 자원관리의 혁신기법 -

1. ERP의 정의

ERP(enterprise resource planning)는 전사적 자원관리로서 원래 자재소요량계획(MRP)에서 발전된 것이며, 생산, 구매, 재고, 판매, 회계, 인사 등의 전 업무를 통합하여 회사의 경영자원인 사람, 물건, 돈의 계획적인 활용을 목적으로 하는 것이다.

전사적 자원관리 시스템은 회계, 인사, 판매, 수·배송, 제조, 물류 등 기업운영에 필요한 핵심정보를 처리해 줄 수 있는 응용 소프트웨어들이 유연하게 통합된 결집체로서 기업 내의 모든 자원에 대한 정보를 통합적으로 관리하는 정보시스템이다.

ERP란 재무와 회계, 생산, 판매, 재고, 인사 등 회사 내의 전 데이터를 일원화시켜 관리해 주고 경영자원을 계획적이고 효율적으로 운용하도록 해주는 시스템이다. 즉, ERP는 기업의 목적(이익의 극대화, 고객만족 등)을 달성하기 위한 일련의 활동을 한정된 자원(제조자원, 인력자원, 수송자원 등)을 이용하여 효율적으로 수행할 수 있도록 하는 경영혁신기법이다.

2. ERP 시스템의 특징

ERP 시스템의 특징을 구체적으로 설명하면 다음과 같다.

첫째, 전사적 지원관리 시스템은 외부 전문업체에 의해 개발·지원·개선되기 때문에, 개선의 한계에 부딪친 낡은 시스템에 얽매여 있는 회사에 특히 매력적이다.

판매, 생산, 재고관리 등의 시스템들이 상호 연동하여 사용자가 요청하는 작업을 리얼타임으로 수행할 수 있도록 도와주는 통합 시스템이라는 점이다.

둘째, 전사적 자원관리 시스템을 도입시 새로운 컴퓨터나 정보인프라가 필요한 경우에는 많은 자금이 소요된다.

셋째, ERP 설치과정에서 기업 프로세스를 재설계할 수 있을 뿐 아니라, 리엔지니어링을 추진하는 동안 기업환경의 변화로 인하여 도출된 프로세스에 적절히 운용될 수 있도록 유연성을 갖추고 있어, 리엔지니어링과 병행하여 도입이 가능하다.

넷째, 기업 전반적으로 통합된 데이터베이스를 이용할 수 있어 회사경영에 필요한 데이터를 실시간으로 찾아 그래픽화하거나 상세 데이터를 조회하는 일들이 매우 쉽다.

다섯째, 업무의 표준화, 자료의 표준화에 의한 시스템 통합으로, 전사차원에서 통합된 데이터베이스를 구축하여 정보의 일관성 유지 및 관리의 중복을 배제할 수 있다.

여섯째, 다국적이며, 다통화되어 있고, 다언어를 지원해 주는 소프트웨어 패키지로 기업이 글로벌 환경에 쉽게 대응할 수 있도록 도와준다. 특정 하드웨어 및 소프트웨어 업체에 의존하지 않고, 다양한 하드웨어 업체의 컴퓨터와 소프트웨어를 조합하여 사용할 수 있어 정보시스템을 쉽게 확장 사용할 수 있다.

[그림 5-13] ERP의 개요

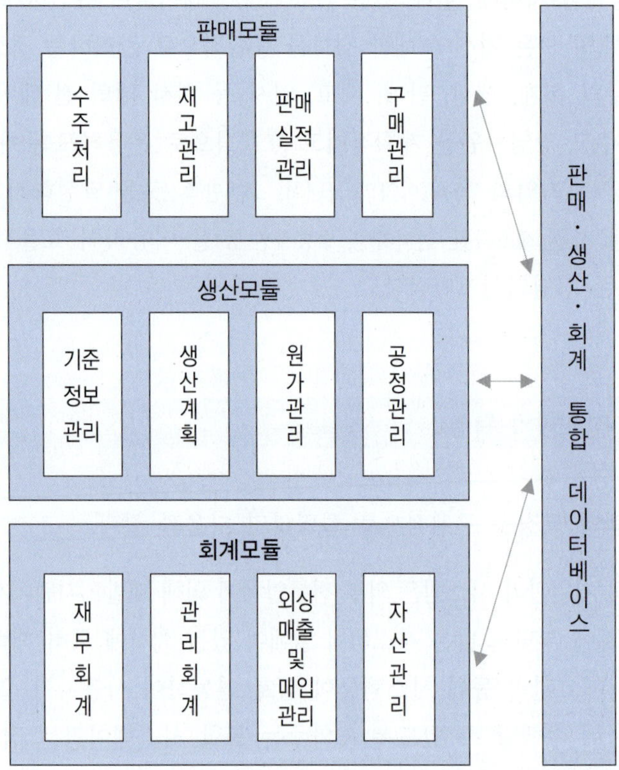

자료 : ERP 연구회(1997), SAP혁명, 대청미디어, p. 19.

3. ERP의 효과

ERP는 여러 가지 획기적인 효과를 가져온다.

우선 통합된 업무의 효율성으로 생산성을 극대화시킴은 물론 이로 인한 인건비와 재고관리 비용, 물류비용 등의 전반적인 경비절감이 가능하며, 고객주문에 대한 빠른 회답 및 배달과 같은 고객서비스의 질을 더욱 향상시킬 수 있다. 이외에도 시스템구축 후 유지보수의 노력을 획기적으로 줄임으로써 정보시스템 비용을 현저히 줄일 수 있다. 또한 기업의사결정 소요시간을 단축함은 물론 강력한 온라인 분석기능을 통한 계획으로 정확한 의사결정을 기대할 수 있다. 뿐만 아니라 제공된 표준모델을 이용하여 손쉬운 기업정보시스템 구축이 가능하며, 통계적 수치 및 자료에 의한 시뮬레이션을 이용하여 기업환경의 변화에 사전대처할 수 있으며, 수요예측 및 생산계획, 납품일정계획을 통한 고객서비스를 증대할 수 있다.

4. ERP의 성공요인[4)]

1) 최대의 효과

전사적 자원관리시스템 구현은 관련된 모든 이해관계자들로부터 올바른 개선활동이라는 인식과 모든 조직원의 공감대를 기반으로 시작돼야 한다. 이를 바탕으로 전사적 자원관리시스템의 도입이 가져다 줄 효과를 구체적(계량적)으로 파악할 수 있어야 한다. 그래야만 새로운 시스템 도입에 따르는 조직의 저항을 줄이고, 최대의 효과를 얻을 수 있다.

또한, 주요 성과지표를 작성하여 구체적인 책무를 조직과 개인에게 부과할 수 있어야 한다.

2) 전사적 시스템의 구현

전사적 자원관리시스템이 정보기술에 미치는 영향을 이해해야 한다. 전사적 자원관리시스템에 있어서 대부분의 기업들은 현재의 기본 정보기술능력을 제고해야 될 필요성에 부딪치게 된다. 따라서 기업들은 프로젝트 초기에 전사적 자원관리시스템이 정보기술 투자방향에 미치는 영향을 이해하고, 이를 받아들일 자세를 갖고 있어야 한다.

① 빅뱅(big bang)과 점진적(incremental) 접근방안을 비교 검토해야 한다. 점진적 접근은 궁극적 성공을 위해 일련의 작은 성공사례들을 계속 달성하는 방안으로서, 실패시 그 여파를 최소화할 수 있다. 반면 빅뱅 접근은 점진적 접근시 발생하는 프로젝트 사이사이의 연결을 위한 자원소모를 초기에 제

4) ERP의 성공요인은 "신건호 · 김길생 · 송영열 공저, 21세기를 위한 기업경영혁신(학문사, 1999. 8), pp. 414-416"에서 인용함.

거함으로써, 빠른 성공을 가져다 줄 수 있다는 장점이 있다. 따라서 기업의 상황, 즉 기업문화나 조직구성원의 성향에 따라 어느 방식을 택할지를 결정해야 한다. 또한 주요 이해관계자들의 적극적인 동의를 얻어야 하며 경영층의 적극적 동의가 필수적이다.

② 프로젝트 범위의 변질을 관리할 수 있어야 한다. 전사적 자원관리시스템은 기존의 업무와 프로세스의 변화를 수반하기 때문에, 종종 이를 현실적으로 받아들이는 데 어렵다는 저항이 현업부서에서부터 올라온다. 하지만 현업부서의 요구를 모두 수용하는 것은 전사적 자원관리시스템으로 이루고자 하는 변화의 취지를 포기하는 의미가 된다. 전사적 자원관리시스템의 가치에 믿음을 갖고 프로젝트를 수행하든지, 아니면 시작조차 안하는 것이 보다 효과적이다. 데이터의 질을 관리할 수 있어야 한다. 일관된 경영정보, 신뢰도 높은 자료관리와 공통된 코드체계의 필요성은 시스템 구현시 항상 제기된다.

3) 리엔지니어링과의 동시추진

ERP 도입작업은 업무 프로세스의 상세단계에서 어떻게 조직과 업무의 기능을 결합시키고 업무 프로세스를 선택·결정하여 변혁해 갈 것인가를 강요한다. ERP는 마치 시스템 도입의 과정에서 리엔지니어링을 추진해 가는 추진자(driver)와 같다.

즉, ERP는 단순한 기업정보시스템의 표준 패키지가 아니라 ERP는 도입기업의 리엔지니어링을 이끌어 가는 '추진자'이고 리엔지니어링의 실현을 가능하게 하는 '실행자'이다.

리엔지니어링은 ERP 도입 전에 실시하기도 하고, ERP 도입과 동시에(결과적으로) 실시하기도 한다. 일반적으로 대상업무의 규모와 변혁의 규모가 작으면 리엔지니어링을 ERP의 도입과 병행해서 진행할 수도 있지만, 규모가 크면 리엔지니어링을 ERP 도입에 선행해서 실시하지 않으면 도입작업에 혼란이 생긴다. ERP는 기존의 기업 정보시스템의 범위를 넘어서 리엔지니어링의 계기가 되어 업무 리엔지니어링과 이것에 동반된 조직의 탈바꿈을 강요하는 새로운 위치에 있는 시스템이기 때문이다.

이와 같이 전사적 자원관리시스템과 리엔지니어링의 우선순위, 관련성 등에 대해 명확한 해답은 없다. 하지만 리엔지니어링이 전혀 없이 전사적 자원관리시스템을 구현하기는 어렵다.

4) 조직과 프로젝트 관리

조직과 프로젝트의 관리는 모든 주요 역할과 책무가 할당되고 이해되었는가를 확인하는 것이다.

ERP시스템을 성공적으로 도입한 세계 초일류기업들은 ERP를 성공적으로 수행하기 위해서 최적의 핵심 팀리더를 선발하여 조직을 관리하도록 하였고, 최상의 유능한 인재로 프로젝트팀을 구성하였다. 또한 핵심팀을 계속 유지할 방안을 강구하였으며, 자문팀을 실시하여 프로젝트를 수행하는데 지원하도록 하였다.

5) 변화의 관리

정보시스템실 내부에서 전사적 자원관리시스템을 실험 · 운영하는 것은 상대적으로 쉬운 일이다. 하지만 현장에서 실시간 통합시스템이 살아서 움직이고 많은 사용자들이 실시간으로 데이터를 입력할 수 있도록 변화시키기 위해서는 상당한 교육 · 훈련이 필요하다.

따라서 전사적 자원관리시스템 설치 후 지속적인 변화관리와 교육훈련을 게을리 한다면, 시스템 내의 데이터는 서로 동떨어져 일치하지 않을 수 있다.

6) 지속적인 사용자 지원

사용자에 대한 사전교육과 지원은 어떤 수준으로 하고, 어느 규모의 지원그룹을 만들 것인가 등을 결정해야 한다.

제9절 다운사이징 : Downsizing
- 의도적 인력 감축의 혁신기법 -

1. 다운사이징 정의

다운사이징(Downsizing)은 보통 "의도적인 인력의 감축"(intended reductions of personnel)으로 정의되고 있다. 넓은 의미에서 다운사이징은 조직의 효율성, 생산성, 그리고 경쟁력을 개선하기 위하여 조직인력의 규모, 비용구조, 업무흐름(work process) 등에 변화를 가져오는 일련의 조치들을 말한다.

따라서 다운사이징이란 기구축소 또는 감원을 뜻하는 경영기법이라고 할 수 있다.

2. 다운사이징의 특성

다운사이징은 조직이 의도적으로 시작하는 것이다. 따라서, 다운사이징은 단순히 조직이 쇠퇴하면서 규모가 축소되는 경우와는 구별되는 것이다. 다운사이징은 보통 인력의 감축을 수반하지만 그것에만 한정된 것이 아니다. 다운사이징과 동시에 조직의 특정부분에서는 새로운 제품이 추가되거나 새로운 수익의 근원이 창출되거나 하면서 인원을 증가시킬 수도 있다. 다운사이징은 조직의 위기상황에서 방어적인 수단으로 쓰일 수 있지만, 아무 문제가 없는 조직이 성과를 더욱 높이기 위한 전향적이고 공격적인 수단으로 쓰일 수도 있다.

다운사이징은 의도를 했든, 하지 않았든 결국은 업무흐름(work process)에 영향을 미치게 된다. 다운사이징이 단순한 인력의 감축으로 나타나게 되면 예전보다 적은 수의 사람들이 예전과 동일한 양의 업무를 수행해야 하므로 어떤 일이 수행되고 또 어떻게 수행되는지에 변화가 오게 된다. 그 외에 다운사이징은 조직구조개편, 기능부서의 제거, 조직계층의 제거, 조직부서의 통합, 업무재편성 등을 수반할 수도 있는데 그 결과는 역시 업무의 재편성이 되는 것이다. 다운사이징은 조직구성원의 해고나 비용절감을 의미하는 것이 아니다. 기업의 강점을 최대한 살리고, 핵심주력사업에 집중하며 신규사업의 창출을 통해 경쟁력을 강화시키는 것이다. 즉, 기업이 어떤 사업을 어떻게 영위할 것인가에 대한 자세로 획기적인 비용절감, 자원과 노력의 집중, 핵심사업에 대한 역량구축과 강화이다.

3. 다운사이징의 유형

1) 인원감축을 통한 다운사이징

가장 널리 사용되고 있는 방법이며 보통 다운사이징이라고 할 때 떠올리게 되는 유형으로 인원감축을 들 수 있으며, 주로 조기퇴직, 정리해고, 재취직 알선(outplacement), 감원 등을 통해서 이루어진다. 단기적이고 가시적인 효과 때문에 가장 많이 사용되고 있지만, 부작용도 가장 큰 유형이다. 이 유형의 장점은 즉각적인 인원의 감축으로 인하여 조직이 심각한 상태에 처할 수 있다는 것이다. 근본적인 문제점은 정확하게 누가 제거되고 누가 남게될지 예측할 수 없다는 것으로, 조직구성원들이 조직을 떠남으로 인하여 어떤 중요한 지식이나 기술의 손실이 발생할 수도 있다는 것이다.

2) 업무재편성을 통한 다운사이징

업무재편성(work redesign)을 통한 다운사이징은 인원을 줄이는 것이 아니라 업무의 수를 줄이는 것으로 인원감축을 대신하거나 병행해서 이루어질 수 있다. 기능의 제거, 계층의 제거, 조직 내 작업집단의 제거, 부서의 제거, 혹은 제품의 제거 등을 통해 이루어질 수 있고, 또한 작업의 재디자인, 조직단위의 통합, 작업시간의 감축 등을 통해서도 이루어질 수 있다. 단순한 인원감축과는 달리 단순화된 구조로 인하여 잔여 조직구성원에게 과중한 업무를 부과하는 부작용을 피할 수 있다.

표 5-5. 다운사이징의 유형

	유형 I (인원감축)	유형 II (업무재편성)
초 점	인원수 감축	직무, 계층, 조직단위
제거의 대상	직원, 구성원	업무재편성, 조직 직제 개편
실행시간	단기	중기
효 과	단기	중기
방 법	해고, 감원, 명예퇴직, 조기퇴직	기능부서통합 조직단위합병 직무 재디자인 조직계층 제거

4. 다운사이징의 전략경영 관점

다운사이징은 21세기 초에 들어 빈번히 진행되고 있는 사업구조재편성

(restructuring)시 거의 반드시 병행하는 현상으로 나타나고 있다. 다운사이징을 전략이라고 한다면 고질적이고 구조적인 비효율성으로 어려움을 겪고 있는 기업이 살아남기 위해 시간을 벌기 위한 생존모드(survival mode)의 전략으로 인원감축을 가장 먼저 실시한다. 그러나 무조건적 인원감축이나 해고 등을 목적으로 하는 것이 아니다. 기업의 경쟁력을 제고하기 위해 기업 내의 불필요하고 비효율적인 부분을 제거함으로써 더욱 가볍고 날쌘(lean and mean) 조직으로 만드는 것이 다운사이징의 목표라고 할 때, 그 의도 자체가 긍정적인 것은 확실하다. 그러나 무분별한 다운사이징은 가볍고 날쌘 조직 대신 가볍고 기운없는(lean and frail) 조직으로 만드는 부정적인 효과를 가져올 수도 있다.

리엔지니어링, 리스트럭처링 등의 경영합리화 기업들이 결국은 대량감원을 통한 다운사이징으로 귀결되는 것이 사실이다.

미국에서 이제 기업의 다운사이징 소식은 더 이상 뉴스거리도 되지 못하는 것이 현실로서 이미 수많은 기업들이 다운사이징을 이용한 경영합리화를 추구해 왔다. 1980년대에 걸쳐서는 불경기시에 이백만명 이상의 제조업부문 조직구성원들의 감원이 많았는데, 최근에는 중간관리자급을 대상으로 한 다운사이징이 진행되고 있다. 21세기에 접어들어 미국의 Fortune 1,000대 기업 중 85% 이상이 화이트컬러 스탭들에 대한 다운사이징을 실시했다. 다운사이징을 실시한 기업들은 AT&T(American Telephone & Telegraph), 이스트만 코닥(Eastman Kodak), 씨티은행(Citicorp), 굳이어 타이어(Goodyear), 디지털 이큅먼트(DEC), 에모코(Amoco), 쉐브론(Chevron), 엑슨(Exxon), 블랙 앤드 데커(Black & Decker), CBS, ABC 등 헤아릴 수 없이 많다. 한국의 IMF시절 가장 먼저 실시한 기법이기도 하다.

제10절 스피드 경영 : Speed Management

- 제품개발부터 시장장악까지 기간을 최소화하는 신경영기법 -

1. 스피드 경영의 정의

스피드 경영(speed management)은 급변하는 경영환경에 대한 대응력을 신속히 극대화함으로써 고객이 만족하는 제품·서비스를 남보다 빠르게 제공하는 시스템이다. 스피드 경영은 제품개발부터 시장장악까지의 기간을 최소화하는 신경영기법이다.

즉, 스피드 경영이란 시간과 시점을 중시하는 21세기 고객의 특성을 고려하여, 현재와 미래 고객이 원하는 상품과 서비스를 가장 빠르게 그리고 고객이 원하는 시점에 맞게 제공할 수 있도록 하는 제반 경영활동이다.

따라서 스피드를 통해서 경비를 줄이고 수익성을 극대화하면 전사적 만족을 얻는 경영을 말한다.

2. 스피드 경영의 특징

스피드 경영의 특징은 다음과 같다.

(1) **기회선점** : 경쟁사에 비해 신상품을 먼저 출시한다.
(2) **시간단축** : 상품개발시간을 최대한 줄인다.
(3) **타이밍 경영** : 필요한 시점에 적절한 상품을 공급한다.
(4) **유연경영** : 소품종 다량생산으로 고객의 요구를 최대한 만족시킨다.

3. 스피드 경영의 효과

스피드 경영의 효과는 경영성과 제고, 고객만족, 내부 조직구성원의 만족 등을 들 수 있다. 21세기 스피드 경영의 효과를 다음과 같이 설명할 수 있다.

1) 경영성과

스피드 경영을 통하여, 한계사업을 조기에 정리하고 신규시장에 보다 빨리 진출할 수 있으며, 업무처리의 시간을 단축하여 생산성을 높일 수 있고, 신제품의 개발사이클을 단축함으로써 신제품을 조기에 출시할 수 있다. 또한 신속한 고객대응 등을 통하여 시장점유율을 제고시킴으로써 경영성과를 높일 수 있다.

2) 고객만족

고객은 기다리기를 싫어한다. 싫어하는 것이 아니라 아예 기다리지 않는다. 기다리게 하는 회사 말고도 공급자는 얼마든지 많기 때문이다.

그래서 미국의 회사들 가운데는 업무를 통합하고 정보기술(IT)을 이용, 업무처리시간을 획기적으로 단축한 회사들이 많다. 이미 기업경쟁에서 최대의 관심사가 스피드 업(Speed Up) 경쟁으로 바뀌었기 때문이다. 고객의 시간을 단 1초라도 되돌려 주겠다는 자세가 고객만족으로 이어지고 있는 것이다. 고객이 주문을 하는데도 자기들끼리 잡담하거나 고객에게 무관심한 종업원이 근무하는 회사와 고객의 시간을 단 1초라도 소중히 여기겠다는 회사 사이에 어느 쪽이 고객들로부터 사랑을 받을지는 자명한 일이다.

표 5-6. 스피드 경영의 특징

4 대 속 성	대 응 방 향
먼저(기회선점)	· 미래 유망사업의 조기 발굴 · 경쟁사대비 신상품 조기 출시
빨리(시간단축)	· 상품개발, 주문 · 출하시간 단축 · 신속한 의사결정
제때(타이밍)	· 고객과의 납기 준수 · 필요할 때 필요한 만큼 공급
자주(유연성)	· 사람, 돈 등 실시간 관리 · 소량 다품종 경영

3) 내부 조직구성원의 만족

절약된 시간을 자기개발 등에 활용함으로써 삶의 질을 향상시킬 수 있으며, 불합리한 업무를 제거시킴으로써 보다 가치있는 업무수행의 기회를 가질 수 있고, 신속한 정보의 공유로 정보단절에 의한 소외감을 제거시키고, 경영지원업무의 신속한 지원 및 처리 등을 통하여 내부 조직구성원들의 만족을 극대화할 수 있다.

4. 스피드 경영의 실행방법

1) 적기생산체제(Just In Time)

일본 자동차업체가 부품과 자재를 필요한 시기에 조달하여 낭비를 줄이기 위해 생산현장에서 도입한 즉각반응 생산체제(Just In Time)는 스피드 경영의 한 방법이다. 즉, 일본 자동차업체의 공장생산라인은 주문내용에 따라 언제든지 차종과 색상을 전환할 수 있는 유연한 조직이 되었고, 부품은 도착즉시 생산공정에 투입되어 재고가 전혀 없게 하고 있다.

2) 유동시간 단축

회사에서 시간에 관한 모든 사항을 조사한다. 고객의 구매결정과 그러한 요구에 대한 기업의 실행 사이에 걸리는 유동시간을 줄이는데 미래가 달려있다는 사실을 깨닫도록 노력한다. 고객이 경험하는 요구와 실행 사이의 주요 사이클을 모두 기록하고 가장 시간소모가 긴 부분을 찾아내어 즉각 시간을 단축한다.

3) 고객만족 고려

고객조사를 통해 어느 부분의 어떤 프로세스가 지체되고 있고 이것이 고객만족에 어떤 영향을 미치는지를 결정한 후, 그들의 만족을 높여주고, 궁극적으로는 그들의 구매행동을 더 높일 수 있는 방법을 모색하여야 한다. 즉, 종업원, 경영진, 고객이 같이 참가하는 브레인 스토밍을 통하여 비즈니스 프로세스, 서비스 처리 등을 가속화할 수 있는 방법을 찾아야 한다.

4) 보다 값싼 스피드 가격 책정

대부분의 고객들은 신속하게 개발되어 제공된 제품에 대해 기꺼이 더 많은 가격을 지불한다는 사실을 상기해야 한다. 요구와 실행 사이클에서 지체되는 부분을 줄이거나 없앤 비용, 즉 보다 값싼 가격을 고객들에게 전가할 수 있는지를 결정한다.

5) 스피드에 대한 보상

시간을 중시하는 기업문화를 개발하는데 도움을 준 조직구성원들에게 그에 맞는 보상을 한다. 또한 조직구성원들이 스피드가 단순한 부가가치 이상이라는 것을 깨달아야 한다. 즉(결국) 스피드는 그 기업이 제공하는 모든 제품과 서비스의 필수적인 요소로 인식되어야만 한다.

사례 6// 삼성의 스피드 경영의 4대 속성

4대속성	스피드경영의 의미	대응방향
먼저 (기획선점 경영)	· Early Start · Market Leader	· 미래유망사업의 조기발굴, 사전준비, 선행투자 (예) : 신상품 매출비율 · 경쟁사비 신상품 조기출시
빨리 (시간단축 경영)	· Time Compression · Fast Decision	· 프로세스 리드타임 단축 (예) : 상품개발시간 단축 주문-출하시간 단축 · 신속한 의사결정
제때 (타이밍 경영)	· On Time · Just in Time	· 외부고객 및 회사내부 고객과의 납기준수 (예) : 고객납기 준수율 · 필요한 시점에 필요한 만큼 공급
자주 (유연 경영)	· Real Time Management · Flexible Management	· 사람, 돈, 물류 등 실시간 관리 (예) : 일일 결산체제 · 소량다품종, 고회전율 경영 (예) : 자산회전율

〈자료: 삼성인력개발원〉

사례 7// 스피드 경영 : 성과 = 자원× 속도²

"속도가 2배면 성과는 4배로 급증 … 속도가 절반이면 성과는 4부의 1로 떨어져"

2005년 말 LG대산유화 사장이던 김반석 사장은 LG화학 대표이사 사장에 선임됐다. 실적 악화로 고전하던 LG화학의 '구원투수'성격이었다.

김 사장은 취임 이후 임직원에게 "속도가 2배면 성과는 4배로 급증하지만 속도가 절반이면 성과는 4분의 1로 떨어진다"며 '속도'의 중요성을 특별히 강조해 왔다. E(에너지)=M(질량)×C(광속)²의 물리학 공식을 '성과=자원×속도²'로 응용한 것.

조갑호 LG화학 상무는 "김 사장이 말하는 속도란 시장 변화를 먼저 감지하고, 고객 요구에 대응하는 시간을 단축하고, 실행상태를 자주 점검하는 것'"이라고 설명했다.

이 같은 '김반석식 스피드 경영'이 서서히 효과를 나타내고 있다.

LG화학은 2007년 1분기(1～3월)실적으로 매출 2조3807억 원, 영업이익 1269억 원, 경상이익 1556억 원을 올렸다고 17일 밝혔다.

영업이익은 김 사장 취임 이후 첫 분기인 2006년 1분기보다 93.4%나 늘었다. 매출과 경상이익도 각각 11.8%와 93.4% 증가했다. 전분기에 비해 매출은 1.6% 감소했으나 영업이익은 13.0%, 경상이익은 57.5% 증가했다.

LG화학 1분기 실적

	2006년 1분기	2007년 1분기	증감율
매 출 액	2조1,291억원	2조3,807억원	11.8%
영업이익	656억원	1,269억원	93.4%
경상이익	986억원	1,556억원	57.8%
순 이 익	682억원	1,092억원	60.1%

자료 : LG화학

LG화학은 "PVC 등 석유화학 제품의 국제가격이 상승하면서 실적이 개선됐다"며 "이와 함께 스피드 경영을 통한 목표달성에 주력한 것도 실적 향상에 큰 몫을 했다"고 설명했다.

LG화학의 스피드 경영이 적용된 대표적 사례는 산업재 부문이 지난해부터 실시하고 있는 CFT(Cross Functional Team)와 '전문가 풀'제도.

CFT는 신제품 개발을 앞두고 연구개발(R&D)과 영업 부서, 생산 부서, 디자인 부서의 인력이 한시적으로 모여 협의하는 조직. 제품별로 각 분야 전문인력 5~8명이 참여해 신제품의 개발부터 판매에 이르기까지 의견을 나누고 이를 즉시 제품개발에 반영한다.

산업재 부문은 또 대리점주, 협력업체 사장 등으로 구성된 50명의 전문가 풀과 수시로 연락해 '고객의 요구'를 파악하고 있다.

이 활동을 통해 이 회사 산업재 부문은 지난해 34개의 신제품을 개발해 이를 통해 600억 원의 매출을 올렸다. 올해는 신제품 매출을 1300억 원으로 기대하고 있다. 또 회사가 연초에 자체적으로 계획한 제품출시 기한에 맞춰 일을 끝내는 비율도 2005년 57%에서 지난해 74%로 올라갔다.

〈자료 : 동아일보 2007. 4. 18〉

사례 8// 스피드 경영

❑ 신속한 의사결정

아무리 좋은 아이디어라도 검토과정에서 시간이 지연되면 제품출시 시기를 놓치거나 아예 사장될 수도 있다. 의사결정의 속도를 높이기 위해서는 무엇보다도 기업 내에 뿌리내려져 있는 관료주의를 타파하고 민첩성을 유지해야 한다.

미국의 레스토랑 프랜차이즈 회사 레이싱 브랜즈(Racing Brands)는 빠른 의사결정으로 유명하다. 이 회사는 CEO가 직접 참여해 중요한 의사결정까지 내려주는 아이디어 회의를 매주 개최한다. 이 회사는 본사가 특별히 따로 없다. 아이디어의 개발 및 실행과 관련된 위원회 같은 것도 두지 않았다. 프랜차이즈 식당에서 돌아가며 회의를 열어 의사결정을 한다. 이를 통해 이 회사는 지난 5년간 셰인즈립(Shane's Rib Shack), 닥그린즈샐러드(Doc Green's Gourmet Salads) 등 6개의 새로운 레스토랑 프랜차이즈를 만들어 내는 데 성공했다. 대개 프랜차이즈 아이디어가 구체화돼 1호 점을 오픈하는 데 걸리는 시간이 업계 평균적으로 2년 이상인 데 비해, 이 회사는 절차를 간소화해 1년만에 끝내고 있다.

1992년 무너져가는 GM(제너럴모터스)을 위기에서 구한 잭 스미스(Jack Smith)는 "21세기의 승자는 크고 빠른(big and fast)기업이 될 것"이라고 했다. 서부에서는 전자회로를 테스트하며, 멕시코에서는 최종 조립을 하는 식이다. 제조공정이 계속되는 동안 디자인을 수정하고 시험하는 등 모든 과정이 거의 함께 이뤄졌다. 결국 파인더웨이는 2005년 9월, 13개월 만에 신상품을 탄생시켰고, 미국 대형서점을 휩쓰는 대 성공을 거뒀다.

최근에는 멀티태스킹 효과를 높여 시간을 단축하는 수단으로 아웃소싱이 많이 활용되고 있다. 요즘 아웃소싱 기업들은 상당히 전문화돼 있다. 이제는 특정업무를 싸게 수행해 주는 데 그치지 않고, 빠르고 완성도 높게 과업을 수행한다.

미국 새너제이의 셀론(Cellon)은 휴대전화 전문 디자인 아웃소싱 업체다. 셀론은 고객의 주문이 없는 경우에도 디자인 R&D를 자체적으로 수행한다. 이러한 사전작업을 통해 몇 개의 기본 디자인을 미리 준비해 놓고 있다가 특정고객의 요구가 있을 때 그 요구에 맞게 기존 디자인을 변형하는 형태로 업무를 진행한다. 이를 통해 셀론은 약 5개월이면 제품 디자인에서 출시까지 마칠 수 있다. 이러한 장점 때문에 세계 유수의 휴대전화 제조기업들은 제품의 디자인을 개발하는 데 이 회사를 활용하고 있다. 이처럼 이미 속도 경쟁력을 갖추고 있는 업체를 아웃소싱하는 것 또한 경영의 스피드를 높이는 방법이 된다.

❑ 일사불란한 추진력

스피드경영의 필수요건은 '추동'(推動 · 추진동력)이다. 빠르고 멀리 달리기 위해서는 힘을 모았다가 한꺼번에 발산하는 동작이 필요하다. 기업이 어떤 프로젝트를 시작할 때도 이를 밀어줄 수 있는 동작이 있어야 한다. 그러기 위해서 기업의 모든 역량을 결집시키는 장치를 만들 필요가 있다.

켄달잭슨(Kendall-Jackson)이라는 브랜드로 유명한 미국의 와인회사 잭슨(Jackson Enterprise)이 좋은 사례다. 2004년 말 와인의 세계적인 과잉공급으로 인해 시장상황이 여의치 않자 이 회사는 특단의 조치를 취했다. 단 몇 주 만에 새로운 브랜드 2개를 출시해낸 것이다. 기업 역사상 처음으로 모든 부문의 직원들을 외딴 곳에 불러 모아놓고 1주일간 브레인스토밍을 벌였다. 이 과정에서 직원들이 모든 아이디어를 쏟아내도록 했다. 또 와인산업에 전혀 경험이 없는 대학생들을 참여시켜 창의적인 아이디어를 모았다. 디자인과 브랜딩 파워를 강화하기 위해 세계적인 디자인 기업 아이데오(IDEO)로부터 도움을 받기도 했다. 그 결과 와인병의 모양을 육면체로 만드는 파격적인 아이디어가 나왔고, 이를 받아들여 제품 출시를 결정하였다. 이렇게 만들어진 '와인블록'(Wine Block)과 '도그하우스'(Dog House)는 모두 큰 히트를 기록했다. 각각 1만 상자가량을 팔 수 있을 것이라는 회사의 예상과는 달리 둘 다 10만상자 이상의 판매고를 기록했던 것이다.

사례 9// '스피드 경쟁력' 없으면 시장에서 살아남기 힘들어

"덩치가 큰 기업이 항상 작은 기업을 이기는 것은 아니지만 빠른 기업은 언제나 느린 기업을 이긴다."

지난 2000년 MS(마이크로소프트)와 GE(제너럴일렉트릭)를 제치고 전세계 시가총액 1위에 올랐던 시스코 시스템즈(Cisco Systems)의 CEO 존 챔버스(John Chambers)의 말이다. 비즈니스 환경이 급변하고 소비자의 기호도 쉴 새 없이 변하는 요즘, 스피드의 중요성은 더욱 부각되고 있다. 그래서인지 많은 기업들은 경영 프로세스의 속도를 높이는 데 심혈을 기울이고 있다.

최근 몇 년 동안 신상품 출시에 걸리는 시간을 획기적으로 줄이는 데 성공한 사례도 속속 등장했다. 닛산 자동차의 경우 과거 21개월 정도 걸리던 신차(新車)개발 시간을 이제는 10개월 이내로 줄였다. 노키아나 모토로라, 삼성전자 같은 휴대전화 제조업체들의 경우도 과거 18개월 정도 걸리던 것을 6개월 이내로 단축하고 있다.

이제는 '스피드'가 기업의 가장 중요한 경쟁력이 되고 있다. 날로 변해가는 고객의 요구에 발맞춘 신제품을 만들어내고, 경쟁사의 추격을 뿌리치고 앞서나가려면 스피드 경쟁력을 향상시켜야 한다. 기업의 스피드를 높이는 비결은 과연 무엇일까?

GM은 'Go-Fast'라 불리는 경영기법으로 스피드 경영을 실천했다. Go-Fast는 자동차 산업의 거대 공룡인 GM을 스포츠카와 같이 빠르고 날렵한 기업으로 변모시키기 위한 기업개선 작업의 명칭이다. Go-Fast의 핵심은 '간결함'이다. GM은 관료적이고 느린 의사결정 구조를 찾아 제거하는 것에 최우선 순위를 뒀다. 새로운 아이디어를 보고하고 결재하는 데 낭비되는 시간을 줄이고, 가급적 곧바로 실행에 옮길 수 있도록 커뮤니케이션 구조를 바꿨다. 그 결과 GM은 아이디어 구상부터 제품 출시까지의 시간을 획기적으로 단축시키는 문화를 구축하는 데 성공했다.

❑ '멀티 태스킹'(multi-tasking)의 활성화

수많은 업무를 신속하게 해결해 나가는 CEO들의 공통점은 여러 업무를 동시에 처리하는 데 탁월하다는 것이다. 기업도 마찬가지다. 신상품이 나오기까지의 복잡한 프로세스는 기업 내부의 사정일 뿐, 고객들 입장에서 굳이 이해하거나 기다릴 필요가 없다. 여러 작업을 동시에 진행시키는 멀티태스킹 능력을 갖춘다면 그만큼 기업의 속도 경쟁력은 높아질 것이다.

파인더웨이(Findaway)는 디지털 오디오북 시장을 개척한 회사다. 맨땅에서 시작해서 오디오북이라는 새로운 상품을 매우 빠른 시간 내에 출시했다. 이 회사는 제품기획을 할 때부터 모든 프로세스가 병렬로 진행되도록 했다. 실제 제조과정에서도 각 프로세스는 동시에 진행되었다.

❑ 성공경험을 적용하라

'성공경험을 적용하는 것'은 버진(Virgin) 그룹이 사용하고 있는 방법이다. 버진은 1999년 영국에서 처음으로 모바일 휴대전화 서비스를 시작할 때 네트워크를 새로 구축하지 않고 기존의 네트워크 사업자와 제휴하는 방법을 선택했다. 이를 통해 단 6개월 만에 서비스를 시작할 수 있었다. 버진은 이 성공모델을 다른 나라에도 똑같이 적용해 성공했다. 이처럼 일단 성공이 확인된 모델을 다른 지역이나 시장에서 반복해서 사용하는 것은 개척하는데 드는 시간을 단축할 수 있을 뿐 아니라 실패위험 또한 줄일 수 있다.

세상에는 두 종류의 기업이 있다. 하나는 빠른 기업이고 나머지 하나는 곧 소멸할 기업이다. 선진기업들도 이제는 스피드 없이는 살아남기 힘들다. 경영학의 대가 피터 드럭커는 "시간은 가장 성스러운 자원이다. 시간을 관리하지 못하면 아무것도 할 수 없다"고 했다. 경쟁시장에서 앞서 나가려면 스피드 경쟁력을 극대화 시켜야 한다. 신속한 의사결정과 시간을 줄여주는 프로세스를 개발해 내는 것, 그리고 힘을 발산해 내는 추동의 기회를 만드는 것이 속도를 높이는 비결이다. 그러나 무엇보다도 속도의 중요성을 인식하고 이를 조직의 문화에 깊이 뿌리 내리려는 리더의 노력이 선행되어야 할 것이다.

제 6 장

글로벌시대 CEO의 전략경영 자질조건

제6장 글로벌시대 CEO의 전략경영 자질조건

제1절 CEO의 전략경영자 기능

1. CEO의 전략경영자 역할

사단법인 기업경영종합연구원(KBMI)에서 실시한 국내 1백대 기업의 전략경영 전문가 CEO에 대한 조사(2015년 2월기준) 결과를 보면 매우 흥미있는 사실들이 발견되고 있다. 전략경영 CEO의 평균연령은 53.4세, 재직기간은 평균 22년, CEO 승진 소요시간은 평균 20년 이상, 출신대학은 지난 2010년 조사에서는 상위 10개 대학(기업이 선호하는 대학) 출신이 무려 70%를 차지했다. 그러나 2015년 2월은 상위 10개 대학이 52.2%로 떨어졌다. 그리고 미국 5백대 CEO에 대한 조사(2005년 5월 기준) 결과를 살펴보면 평균연령은 54.5세, 재직기간은 18.5년, 출신대학은 하버드, 스탠퍼드, 프린스턴, 컬럼비아 등의 동부아이비리그 명문대 출신이 30.6%를 차지했다(자료 : 미 포브스). 서울대학교 조동성 교수가 지적하기를 "중진국단계에서는 유능한 창업자가 중요하지만 선진국에 진입하려면 전문경영자 층을 두텁게 해야 한다"고 강조하였다.

한 가지 두드러진 사실은 2010년부터 CEO로 승진하는 관리자의 대부분이 MBA를 갖고 있지 않았다. 그런데 공학출신들의 CEO는 경제학이나 경영학을 더 공부하고 싶다는 사실을 제시하고 있다. 특히 컨설팅 같은 전문적 분야를 공부하여 글로벌시대에 대응하는 전략적 경영을 하고 싶다고 말하고 있다. 전문적으로 전략경영을 깊이 연구하여, 국제적 환경변화에 대응하는 전략을 수립하여 위기의 시대를 방어하고, 경영성과를 창출하고 싶다고 말하고 있다.

CEO는 그 단어에서 보여 지는 것처럼 기업의 경영실적에 대해 책임을 지는 마지막 보루(chief)이고, 결단을 내리고 행동으로 옮기는 것이 본연의 임무(executive)이며, 개인이 아닌 사회적 기관, 즉 기업의 중핵기구(officer)이다.

CEO의 기능은 기업경영의 최고책임자 역할을 담당한다. 그들은 대통령, 회장, 전무이사, 최고경영자(CEO : Chief Executive Officer), 부사장 등과 같은 명칭을 갖는 최고경영층(Top management zone)의 한 사람이다. 최고경영자는 조직의 최상급 역할담당자로 표현하면, 조직에 전략적인 방향을 공급하는 사람이라고 정의한다. 결국 CEO는 기업의 가치를 극대화하기 위해 기업경영 전반에 걸쳐 전략적 계획과 세부 운영계획을 수립하며, 이를 바탕으로 경영활동을 수행하는 자로서 기업내부에서 이루어지는 모든 활동에 대한 실질적 · 최종적인 의사결정권과 책임을 가지는 사람을 의미한다. 이와 같은 맥락에서 한 국가의 대통령, 대학총장, 병원장 등도 한 사람의 CEO라 할 수 있는 것이다. CEO는 통상 한 기업에 한 명밖에 존재하지 않는 최고위직의 경영자를 의미한다. 복수의 대표이사나 사장은 있을 수 있으나 복수의 CEO는 없는 것이 관례이다.

성공적인 세계화(Global) 경영을 위해서는 다음과 같은 4가지 유형의 글로벌 CEO가 필요하다.

① **사업부경영자**(Business Manager)
글로벌 사업의 책임자로서 세계시장을 대상으로 전략을 수립하고, 경영자원의 세계적 배치와 조정을 효과적으로 수행한다.

② **국가경영자**(Country Manager)
현지 자회사의 대표로서, 현지 시장동향을 감지하고, 현지사업의 육성을 통해 모기업에 대한 공헌자의 역할을 수행한다.

③ **기능경영자**(Functioanl Manager)
특정분야의 전문가로서 전 세계적으로 지식을 탐색하고 전파하는 전문지식의 챔피언 역할을 수행한다.

④ **글로벌 기업의 최고경영자**(Top Management)
전사적 리더십 역할을 수행하며, 특히 유능한 인재를 확보하고 육성하는 역할이 중요하다. 대부분 그룹리더들로 지칭된다.

[그림 6-1] 글로벌 경영자의 유형

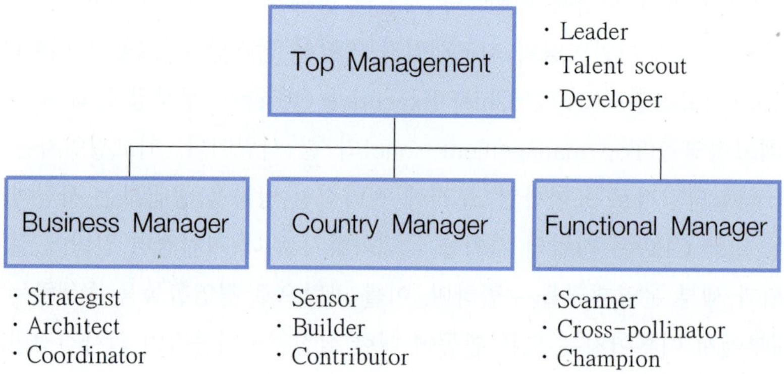

자료: C. Bartlett(1992), "What is a Global Manager," *Harvard Business Review*.

2. CEO의 전략경영 기능

최고경영자(CEO)의 기능은 조직의 목표를 설정하고, 그 목적을 달성하기 위한 전략을 수립하고, 외부환경을 해석하고 감시하며, 전체 조직에 영향을 미칠 수 있는 의사결정을 하는 일이라고 했다. 또한 최고경영자의 책임 중 가장 중요한 것은 조직의 비전을 공유하여 의사소통하고, 기업문화를 구체화하고, 기업이 신속한 변화에 발맞출 수 있도록 기업가정신을 함양하는 일이다. 경영전략 CEO는 ① 기업의 전반적인 방향을 결정해야 하는 책임을 지니며, ② 환경 속에서 기회를 포착하기 위해 전략적인 계획을 개발해야 한다. ③ 전반적인 조직이나 그 주요부분을 관리하는 책임이 있으며, ④ 조직의 목적, 목표, 전략, 장기적인 계획을 수립하고 개발한다. ⑤ 그리고 조직의 전반적인 방향과 운영을 결정하는 일이다.

CEO는 업무수행에 관련된 능력에 따라 최상층인 개념적 기능(conceptual skill)을 가진다. 개념적 기능이란 ① 전반적인 조직의 복잡성, 어떻게 다양한 부분을 함께 적합시킬 것인가 하는 큰 그림을 보는 능력, ② 복잡한 상황을 분석하고 조직변화에 효과적으로 대응할 수 있는 능력, ③ 기업을 효과적으로 경영하고 전체적으로 성공시키기 위해 이념, 사명, 정책 및 전략을 수립하고 수행하는 능력, ④ 개념적 기능은 경영정책 · 전략을 개발해야 하는 가장 핵심적인 기능이라고 지적한다. 따라서 개념적 기능이야말로 기업경영에 결정적으로 중요한 기능이라고 강조하며, 전략경영자에게 가장 중요한 기능이라고 정의한다.

글로벌시대의 기업환경과 세계적 경쟁 하에서 CEO가 수립하는 전략경영자의 경영활동은 기업의 미래운명을 결정하게 된다. 때문에 글로벌 전략경영과정은 기업과 환경간의 연결(match)을 유지하는데 초점을 두고 있거나 기업환경에 대응하는 정책과 전략, 특히 환경과 적합할 때 효과적이라는 등의 지적이 제기되고 있다.

3. 글로벌 CEO의 역할과 전략경영

21세기 초반을 지나고 있는 고도성장과정에서 기업들이 외형위주로 커왔고 "대기업은 망하지 않는다"는 믿음이 지속되어, 매출이나 자산을 기준으로 삼았으며, 기업들은 외형경쟁을 위해 매출확대와 다각화 등에 치중했다. 그러나 기업의 확대전략이라는 것은 부가가치 창조를 목적으로 하며 부가가치 수익은 어느 규모를 넘으면 오히려 체감된다. 이와 같은 관점은 "작은 것이 아름답다"(small is beautiful)고 선언한 이래 "작은 것이 더 낫다" 또는 "가장 작은 것, 단순한 것, 정밀한 것 등이 효과적이며, 최고이다"라는 주장으로 더욱 보급되어 가고 있다.

'공룡'에 비유되던 미국의 많은 대기업들이 "과거의 영광은 미래의 영광을 보장하지 못한다"는 교훈을 남기고 사라져가고 있다. 미국에서는 89년 이후 10년간 상위 25대 기업(시장가치 순) 중 60%가 탈락하였다. 25대 기업의 10년 후 잔존율은 계속 하락하여 경영환경의 변화와 경쟁의 강도가 점점 심해지고 있음을 시사하고 있다. 1969~79년 사이에는 잔존율이 68%를 기록했으나, 1979~89년에는 60%, 1989~99년에는 40%에 불과하다. 전통 거대기업으로서 높은 기업가치를 인정받고 있는 기업들은 지속적인 구조조정을 추진한 기업들이었으며, 상위에 랭크되어 있는 그 외의 전통기업들은 해당분야에서 생존하기 위해 고유의 글로벌 전략경영을 구사한 기업들이었다.

제2절 글로벌시대 CEO의 전략경영 자질조건

1. 글로벌시대 전략경영 CEO의 5대 특성

제1: 환경대응의 전략성

현대경영자는 전략성을 가진다. 전략성은 전술과는 다른데 그것은 기업의 최고 기본방침을 결정하고 경영체, 즉 '경영과 관리의 통일체'가 나가야 할 근본방향을 가리킨다. 그것은 국내외 경제환경을 종합적으로 판단하고 그에 대응하는 새로운 전략경영과 정책을 수립하여 기업이 발전하는 방향으로 유도하고 기업성장활동과 성과를 창출하는 의미를 가지고 있는 것이다. 이와 같은 기업의 주체적 사명감을 가지고 전략을 책정수립하는 기업가는 환경대응의 전략성을 가지고 있어야 한다.

제2: 합리적 과학성

현대경영자는 합리적 과학성을 가진다. 전문경영자는 소유 기업가에서 찾을 수 있는 투기성이나 도박성과 같은 위험을 부담하는 것이 아니고, 가급적 위험을 줄이며 전략적 활동에 대해 책임을 지고 나가는 자이다. 그러므로 필수적으로 뒤따르는 것이 과학성과 합리성이다. 따라서 현대경영자는 과학성과 합리성을 기반으로 하는 전략성을 발휘해야 한다.

제3: 내적 귀속성

현대경영자는 내적 귀속성을 가진다. 즉, 현대경영자는 기업에 강력한 소속감과 충성심을 가진 경영체와 일심동체로서 소속되어 있는 존재기둥이다. 다시 말해 현대경영자는 경영체를 자신의 내적 존재가치를 활동체로 보고, 그 활동으로서의 경영성과를 생각하는 것이다. 그러므로 현대경영자는 기업이나 기관에 소속감을 생명처럼 여겨야 한다.

제4: 혁신적 전반관리성

현대경영자는 전반관리자(general management)이다. 경영체란 경영과 관리의 통일체이다. 따라서 경영과 관리의 양 기능에 대해서 가교적 역할과 독자적 역할을 담당하는 자가 전반관리자이다. 기업의 발전단계에 따라서 종전의 근대적 기업가보다 새로운 의미로서 부각된 현대적 기업가인 경영자는 질적 변화를 혁신(innovation)으로 바꿔야 한다. 따라서 기업의 전반관리성은 혁신으로 개혁되어야 한다.

제5: 동기부여의 목적성

버나드(Barnard, C.I.)는 지적하기를 "여러 사람에 대하여 의도적으로 조정된 활동 내지 힘의 체계"가 조직이며, 이 조직은 동기부여(motivation)의 목적성이고, 조직의 최소단위를 '단위조직', 단위조직과 단위조직을 연결하는 체계를 '관리조직'이라 하였다. 그리고 위 요소를 관리조직을 통해 결합하는 역할을 가리켜 경영자의 의사결정이라 하고, 다시 경영자기능의 필수적 요소로서 다음과 같은 3가지를 지적하고 있다(버나드의 경영자 기능).

1) 커뮤니케이션의 유지

최고경영자, 즉 top management 기능의 첫째 요소는 조직의 커뮤니케이션을 유지하는 것이다. 복합조직에 있어서는 사람과 사람과의 커뮤니케이션의 흐름을 명백히 하고, 그 커뮤니케이션의 중심(center)을 확립하며, 그 센터에 알맞는 인재의 확보는 물론, 커뮤니케이션의 효과를 높이기 위해서는 비공식조직(informal organization)을 확보할 필요가 있다.

2) 필요활동의 유인

최고경영자 기능의 둘째 요소는 개인으로부터 필요한 활동을 빼내는 것이다. 즉, 개인에 유인을 부여하여 동기의욕을 자극시켜 활동을 불러일으키지 않으면 조직은 존립할 수 없다. 그러기 위해서는 조직구성원을 참가시킴은 물론, 필요활동의 유인을 제공하고 필요한 감독·통제·교육을 계속하는 기능을 가져야 한다.

3) 목적의 정식화

최고경영자 기능의 셋째 요소는 소목적을 정식화하는 것이다. 즉, 조직구성원이 가진 막연한 개인적 목적들을 집합시켜 경영목적으로 정식화하고 그것을 각 단위 조직이 가져야 할 소목적으로 분할해 가는 것이다. 그렇게 될 때 각 조직구성원은 그 제공된 목적에 힘입어 협동체계에 참가하게 된다.

2. 글로벌시대 전략경영 CEO의 리더십

매니지먼트 펜타곤(management pentagon)이란 용어는 미국 워싱톤 소재 국방성의 건물모양이 5각형으로 되어 있어, 미국 군통치 및 군사력의 전략뿐만 아니라 세계적 군사전략을 수립하고 있는 최고의 리더기관으로 미국 최고경영자의 리더십을 지칭한 데서 연유하고 있다. 경영자 리더십은 [그림 6-2]에서 원의 리더십을 충족시키고, 다음 내측 펜타곤의 자질과 외측 펜타곤의 조건을 구비해야 한다는 것이다.

[그림 6-2] 매니지먼트 펜타곤

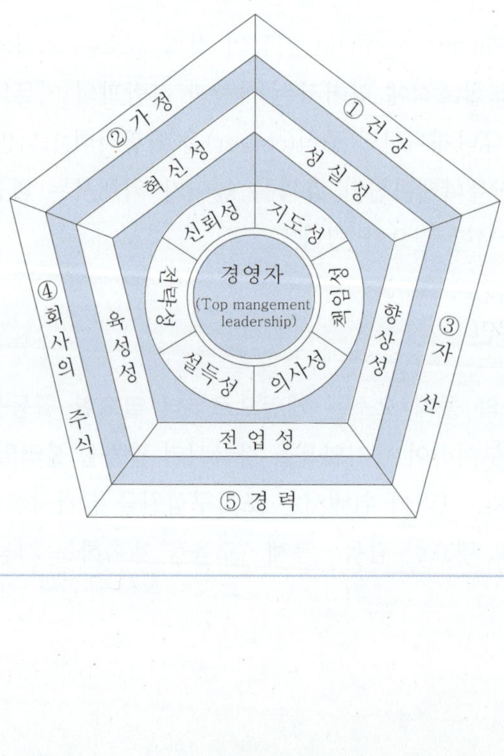

CEO의 기능 중에서 무엇보다 더 중요한 것은 리더십(leadership)이다.

CEO의 리더십(top management leadership)은 우수한 지도력을 발휘한다는 지도성, 톱(top)으로서의 책임을 가진다는 책임성, 정확한 의사결정을 행한다는 의사성, 부하를 설득하는 능력으로서의 설득성, 장기적 예측에 의한 전략성, 신뢰성 등을 지니고 있어야 한다.

이와 같은 최고경영자의 리더십은 내측·외측 펜타곤이 있다. 내측은 성실성·혁신성·향상성·육성성·전업성의 다섯 가지이고, 외측은 ① 건강할 것, ② 가정이 평화로울 것, ③ 어느 정도의 자산도 가지고 있을 것, ④ 회사의 주식도 어느 정도 가질 것, ⑤ 경력도 중시할 것 등이다.

이상과 같은 내용을 일괄 표시하면 [그림 6-2]와 같다.

3. 글로벌시대 전략경영 CEO의 자질조건

1) 관리자를 초월한 경영자상

CEO는 관리자를 초월한 기업경영의 최고 의사결정자이며, 조직에서 단 한사람만이 존재한다. CEO는 기업환경의 시대적 변화에 적응에서 대응하기 때문에 그 시대에 적합한 경영자상을 갖추고 있다고 인정한다.

단순히 관리자의 기능으로 만족하거나 전향적 경영기법으로 과학적 합리성을 갖지 못한다면 CEO로서 자질이 없는 것이다. 특히 CEO에게 요구되는 점은 직업의식으로서의 윤리관이라 하겠다. 글로벌시대 CEO는 직업인으로서의 신분으로 윤리경영능력을 배양하면서 생활필수화되고 사회제도화된 기업의 목표달성을 위해 사회적책임의식을 가지고 활동해야 한다.

직업의식의 본원적 체계는 서구의 수공업적 제도의 발달에서 더욱 강화되었으며, 직업의식의 동기는 막스 베버(M. Weber)의 기독교(protestant)적 경제윤리의 실천에서 찾게 된다. 따라서 CEO는 기업적 직업인으로서 그의 기능수행에 충실하기 위해 직업에 충실하도록 노력해야 한다. 여기에 적합한 논어의 일절을 소개하면 다음과 같다.

즉, 孔子가 子夏에게 일러 가로되 "汝爲君子不儒 無爲小人儒"라 하였다. 이를 CEO 중심으로 해석하면 "실력과 덕있는 CEO가 되어야 하지 이름만 알리는 경영자(名士)가 되어서는 안 된다."는 말이다.

현대 CEO는 소위 전문경영자(expert manager)로서의 능력을 가지고 있어야 하며, 종전의 자본가 내지 소유자 기업가에 대신하는 새로운 기업가로서 산업의 장수(captain of industry)로 군림해야 한다. 광범위한 권한을 가지고 경제적 · 사회적 세력을 가지며, 그에 대응하는 책임이나 의무도 막중하다는 것을 인정해야 한다. 그들은 전략성 · 과학성을 지니고 적정 · 신속한 의사결정을 행하며 그 지휘 명령권을 행사하고 전반관리자로서 기업을 백년대계의 반석 위에 올려놓도록 최선을 다해야 할 뿐 아니라, 경영체를 둘러싸고 있는 복잡하고 미묘한 경제환경에 대해서도 그 이해관계를 원활하게 조정실행해야 할 사명을 가지고 있어야 한다.

이와 같은 중대한 과업을 완수하고 기업 내지 경영체의 유지 발전을 운영하고 있는 CEO가 갖추어야 할 경영자 자질(qualification of manager) 및 자격조건은 무엇인가? 이하 몇몇 학자의 견해를 소개하고 글로벌시대에 대응하는 CEO의 자질에 대해서 서술하기로 한다.

2) 페이욜의 견해

'관리학의 아버지'라고 추앙받고 있는 프랑스의 페이욜(Fayol, H.)은 일찍이 모든 관리계층의 CEO에게 공통적으로 필요한 능력으로서 다음과 같은 7가지를 들고 있다. ① 건강과 신체적 적합성, ② 지력과 정신적 활동, ③ 도덕적 소질, ④ 일반교양, ⑤ 관리능력(즉, 계획 · 조직 · 지휘 · 조정 · 통제능력), ⑥ 타기능에 대한 지식(기술적 기능 이외의 영업적 · 재무적 기능), ⑦ 기업의 특수능력 등이 그것이다.

이를 좀더 구체적으로 설명하면 다음과 같다.

(1) 건강과 신체적 적합성

건강은 종업원에서 사장에 이르기까지 필수요건이며 모든 사람에게는 그 작업에 대한 일정한 신체적 적합성이 필요하다.

그리고 건강은 CEO에게 필수조건이며 기업경영을 이끌어가는 원동력이 된다. 건강을 지키는 것은 기업을 지키는 것이며, 신체적 적합성은 기업의 체질을 강화시키는 척도이다.

(2) 지력과 정신적 활력

지력은 판단력 · 기억력 이외에 이해력과 동화할 수 있는 능력을 의미하며, 정신적 활력이라 함은 긴요한 사항에 대해 사고력을 집중적으로 작용하거나 또는 다수의 다각적 사항을 동시에 취급·처리할 수 있는 능력을 의미한다. 이러한 지력은 두뇌의 우수성과 판단력을 결정하며 경영마인드를 성공시키는 척도가 된다.

(3) 도덕적 소질

규율·솔직성·성실성 등은 모든 계층의 종업원에게 필요하나 성실성·적정의 관념·책임감 등은 관리직위가 높아지고 전문경영자일수록 지녀야 할 필수조건이다. 도덕적 소양은 윤리적 경영관리, 도덕적 정도경영, 정심경영에서 나온다.

(4) 일반교양

전문경영자는 국내외 경제환경뿐만 아니라 정치·문화적 일반교양을 의미하는 많은 부분의 일반상식을 풍부하게 알고 있어야 한다. 그것은 일부는 학교교육에서, 또한 일부는 일상생활을 통해서 배우게 되지만 전문경영자로서 갖추어야 할 기본조건이다.

(5) 관리능력

전문경영자의 관리능력은 관리지식이라고도 하는데, 그것은 그의 관리기능, 즉 ① 계획(활동계획을 작성하고 작용케 하는 능력), ② 조직(조직을 형성하는 능력), ③ 지휘(사람을 다루는 능력), ④ 조정(모든 활동을 조정하고 모든 노력을 통일화하는 능력) 및 ⑤ 통제능력을 실행할 줄 아는 경영관리기술을 가지고 있어야 한다. 관리능력은 경영관리기법의 해박한 지식과 경영합리화 지식을 말한다.

이러한 능력은 종업원에게는 극히 초보적인 지식으로도 충분하나 상층부의 관리자에게는 그 비중이 커진다.

(6) 타 기능에 대한 지식

전문경영자는 주어진 특유한 기술적 기능뿐만 아니라 영업적·재무적 또는 기타 기능에 관해서도 어느 정도 지식을 지니고 있어야 한다는 것이다. 생산지식에서부터 판매, 재무, 회계, 인적관리, 조직, 정보 등의 지식까지 모두 가지고 있어야 한다.

(7) 기업의 특수능력

전문경영자는 일반 작업자 능력의 전부를 갖고 있으며, 상위층까지의 관리능력을 포용할 줄 알아야 하며 기업에 대한 모든 특수한 능력까지 모두 갖추고 있어야 한다.

3) 휴스톤의 견해

최고경영자가 구비해야 할 자질 또는 기능으로서 휴스톤(Houston, G.H.)은 다음과 같은 것을 들고 있다. 즉, ① 경영조직, ② 경영정책, ③ 관리경제, ④ 인간관계의 실천, ⑤ 감독원칙 및 방법, ⑥ 관리과정 및 실천, ⑦ 의사결정과정 등이며, 그리고 그 밖에 육성해야 할 중요기법으로서, ① 기술적 · 분석적 기능, ② 개념적 기능, ③ 인간기능, ④ 교수 및 습득기능, ⑤ 의사소통기능, ⑥ 의사결정기능 등이라고 하였다.

그러나 이와 같은 자질은 나열방식이므로 수준 높은 전문경영자들이 지녀야 할 기본적 기능 또는 자질은 파악하지 못하고 있다.

4) 카츠의 견해

카츠(Katz, R.L.)는 최고경영자의 기능으로 기술적 기능, 인간적 기능, 개념적 기능을 제시하고 있다.

(1) 기술적 기능(technical skill)

핵심기술, 특정방법, 절차 · 과정 · 기법 등을 이해하고 능숙하게 처리할 수 있는 능력을 의미하며 전문분야의 지식과 분석능력을 포함하고 있다.

(2) 인간적 기능(human skill)

한 기업의 전문경영자는 지도자로서 협동하는 리더십을 갖고 있어야 하며 인적 구성원이 효과적으로 일할 수 있게 하는 인간존중의 능력을 제공해야 한다. 인사관리, 조직관리, 노사관리 등의 인간적 욕구를 충족시키는 기능을 지녀야 한다.

(3) 개념적 기능(conceptual skill)

경영을 알고, 자유롭게 운영할 줄 아는 기초적 능력을 뜻한다. 다시 말하면 경영이라는 한 조직에 있어 여러 기능의 관련성을 이해함으로써 전체로서의 기능과 가치를 인식하는 능력과 개별 경영자와 산업계, 지역사회 그리고 정치 · 경제 · 사회 등 국가 전체와의 관련성을 파악할 줄 아는 이해조정 능력을 뜻한다.

이 세 기능은 서로 밀접한 관계가 있으므로 분리해 생각할 수 없으며 상호연관적 그리고 보완적 효과를 극대화할 수 있도록 자질계발에 노력해야 한다.

5) 테일러의 견해

테일러(Taylor, F. W.)가 지적하는 전문경영자의 자질 9가지는 현대 산업사회의 경영자나 관리자들이 모두 귀감이 되는 조건이며 자격이다. 그러나 테일러는 최고경영자의 조건과 자격 등을 모두 갖추고 있다고 해서 우수기업이나 초우량기업의 최고경영자가 될 수 있는 것은 아니라고 하였다. 이 전문경영자의 자질은 최고경영자 당사자들이 기본적으로 갖추어야 할 조건이기 때문에 이런 자질의 기본바탕 아래에서 조직의 요구능력과 자신의 경영능력 의미를 부여하고 있다. 이곳에서 테일러가 주장하는 최고경영자의 자질조건을 제시하고자 한다.

(1) **우수한 두뇌의 소유자**(brain) — 지력, 심력, 행동력이 우수한 자
(2) **교육을 받은 자**(education) — 평생 교육을 통해 새로운 지식을 섭렵한 자, 시대환경 변화에 대응하는 지식교육 · 훈련을 받은 자
(3) **전문적인 기술이나 지식의 소유자**(special or technical knowledge) —핵심기술, 혁신기술, 특수한 지식 소유자
(4) **수완이 있는 자**(tact) — 경영기법, 문제점 해결력의 소유자
(5) **정력이 있는 자**(energy) — 박력과 신바람의 활력을 가진 자
(6) **담력을 소유한 자**(grit) — 침착성, 도전정신, 집중력의 소유자
(7) **판단력과 상식이 풍부한 자**(judgement or comonsense) — 판단력, 상식, 경영의 일반적 지식이 풍부한 자
(8) **정직한 자**(honesty) — 윤리성, 도덕성을 경쟁력으로 하는 자
(9) **건강한 자**(health) — 정신적, 육체적으로 건강한 자

테일러는 현대 최고경영자의 자질과 조건으로 이상과 같은 9가지 능력을 소유한 자라야 된다고 하였다.

6) 드럭커의 견해

드럭커(Drucker, Peter F.)는 신시대가 요청하는 경영자의 7가지 과제를 제시하면서 유능한 자질과 능력의 소유자라도 다음과 같은 과제를 해결하지 않고서는

최고경영자라고 할 수 없다는 것이다.

(1) 경영목표 설정과 목표관리를 할 줄 알아야 한다.

(2) 기업 내외의 환경에 따른 각종 위험부담을 신속히 파악·해결할 줄 알아야 한다.

(3) 전략적 의사결정(strategic decision)을 수행할 능력과 목표, 그리고 그것을 성공시킬 수 있다는 신념과 비법을 지니고 있어야 한다.

(4) 공통의 목표를 수행하는 데 통합된 팀워크(teamwork)를 조직하고 활용할 줄 알아야 한다.

(5) 정보전달기능의 신속화와 경영정보체계에 진입하는 경영기법 및 경영합리화 방법을 강구할 줄 알아야 한다.

(6) 경영관리를 미시적 관리(micro management)와 거시적 관리(macro management)로 구분하여 수행할 줄 알아야 하며, 전사적(全社的) 경영관리(total management)의 성공적 수행을 위해서 국제경제, 국내경제, 인류사회의 동향 등 국내외적 경제를 분석할 능력이 필요하다. 그리고 최고경영자는 인간컴퓨터가 되어야 한다.

4. 글로벌시대 전략경영자의 자질

많은 경영학자들이 발표하는 CEO에 대한 자질과 조건들을 조사하여 보면 다음과 같은 두 가지로 요약·정리할 수 있다.

1) 개인적 자질

유능한 경영자가 되기 위해서는 먼저 갖추어야 할 개인적 특성이 있는 데, 이들 내용을 정리하여 보면 다음과 같다.

(1) **사고지능** : 문제를 간결하게 해결할 수 있는 사고의 능력

(2) **개방적 마인드** : 새로운 아이디어의 창출과 이를 흡수할 수 있는 열린 마음가짐

(3) **정서적 안정성** : 분위기에 휩쓸리지 않고 무정견하게 일을 다루거나 개인감정을 앞세우지 않는 성품, 조용한 분위기의 조성 등

(4) **사람을 다루는 능력**(skill in handling people) : 부하와의 사이에 좋은 인간관계를 형성할 수 있게 하여 주는 사람을 다루는 기술, 리더십의 조건 등

(5) **책임능력** : 스스로 책임을 가지는 것, 일의 책임, 능력의 책임, 업적의 책임 등

(6) **의욕적 사고** : 새로운 아이디어나 업무의 처리방법을 찾고자 하는 의욕적인 사고

(7) **설득력과 의사전달능력** : 자신의 아이디어나 의견을 상대방에게 설득하고 전달할 수 있는 능력

2) 경영자적 자질

글로벌시대 경영자적 자질은 반드시 개인적 특성(자질)을 갖춘 다음에 경영자로서 가지는 도전과 개척주의 능력, 성공관리의 능력, 사회적책임능력 등이 있어야 한다. 그리고 다음과 같은 관리능력을 가지고 있어야 한다.

(1) **분석능력** : 정확하게 경영분석을 할 수 있는 능력

(2) **평가능력** : 환경과 경제 그리고 기업경영 각 부문의 상호관계를 이해하고 평가하는 능력

(3) **책임능력** : 지도자로서 업계나 지역사회 및 국가에 대한 사회적책임을 지는 능력

(4) **판단능력** : 의사결정에 영향을 미치는 사회적 · 정치적 및 경제적 요인을 충분히 파악하여 이해할 수 있는 능력

(5) **인간관계적 능력** : 기업 내의 관리자 간, 종업원 상호 간의 인간적 문제를 충분히 이해할 수 있는 능력

(6) **노사관계 관리능력** : 노사관계의 복잡성을 이해하고 조정할 수 있는 능력

(7) **기술평가능력** : 앞으로 개발하고자 하는 제품 · 서비스 · 생산공정 등의 기술을 사전에 평가하는 능력

앞으로는 기술정보혁신시대로서 경영자에게 가장 중요한 자질은 무엇인가. 미국에서 최근 조사된 자료에 의하면 그것은 혁신과 변화에 대하여 대응할 수 있는 자질을 갖는 것과 그 밖의 일에 대하여 남의 생각이나 태도를 개선하도록 노력할 것 등으로 되어 있다. 그리고 정보기술을 다룰 줄 알고, 이해할 줄 아는 경영자라야 한다고 되어있다.

아이젠하워 전 미국대통령은 지도자가 간직할 리더십에 대해서 "자기가 원하는 일을 남에게 시킬 경우에는 남이 스스로 하고 싶어서 한다는 의식을 갖도록 만드는 수완이다"라고 지적하고 있다.

즉, 리더십이란 착상, 설득, 그 밖의 방법으로 부하에게 영향을 미치는 능력이다. 최근 수년동안 미국에서는 경영간부에게 필요한 자질에 대한 논의가 활발히 일어나고 있다.

세계적 기업인 GE, IBM, AT&T, MOTOROLA, NOKIA 등 많은 기업들은 일람표를 만들어, 전사원에게 관리자 관리능력 배양과 자질을 훈련시키고 있다. 당신도 훌륭한 경영자가 될 수 있다.

관리자가 되려면 다음과 같은 조건들을 갖추어야 한다는 것이다.

① 상식, ② 상상력(이미지를 갖는 능력), ③ 관심의 강도, ④ 혁신성, ⑤ 용기, ⑥ 충성심, ⑦ 창의성, ⑧ 리더십, ⑨ 타인에 대한 관심 등의 조건을 들고 있다.

그러나 오늘날 미국기업의 경영간부들은 보통 다음과 같은 두 가지 유형의 경영자 자질들을 가지고 있는 것으로 평가되고 있다. A형은 완벽주의, B형은 사교주의로 표명하고 있다.

먼저 A형은 완벽하고 철저한 인품과 능력이 우수한 완벽주의 경영자가 된다는 것이다. 그 예로, ① 책임의 인수와 지도성, ② 직무상의 지식과 철저한 기능, ③ 완벽하고 철저한 신뢰, ④ 침착성, ⑤ 완벽한 인간관계, ⑥ 인품과 능력의 우수성 등의 요소가 훌륭한 경영자를 결정한다고 한다.

다음 B형은 경쟁력 있는 사교주의 경영자라고 평가하는데, ① 두뇌적 능력, ② 사교적 능력, ③ 대화의 능력, ④ 외교와 로비의 능력, ⑤ 정보의 능력, ⑥ 모든 분야에서 관심의 능력 등으로 표명하고 있다.

A, B형을 통하여 알 수 있는 것은 지적능력 여부 문제이다. 이것 없이는 기술혁신시대의 복잡한 대내외 경제환경 하에서 기업경영의 경쟁력으로 이겨나갈 수 없는 것이다.

사례 1// 존경받는 CEO '버핏의 비밀'–10년, 20년 후의 대차대조표가 눈에 보여야–

❑ 1년 수익 8억달러–연봉은?

얼마전 8억달러(약 1조원)를 번 회사의 최고경영자(CEO) 연봉은 얼마나 될까. 게다가 그가 '주식투자의 귀재'란 별명을 가진 워런 버핏이고 재산이 350억달러(약 45조 5000억원)로 마이크로소프트의 빌 게이츠 회장에 이어 미국의 두 번째 부자라면?

고액연봉이나 스톡옵션을 통해 한 해 수천만달러 이상을 버는 CEO가 많지만 버핏의 연봉은 종전처럼 10만달러(약 1억3000만원)에 머물고 있다고 미 언론들이 전했다. 경제전문 잡지 포브스 최근호의 보도대로 매년 미국의 고액 연봉자 1~3위인 △오라클의 래리 앨리슨 회장(7억600만달러 · 약 9178억원) △광섬유 장비업체인 JDS유니페이스의 조지프 스트라우스 회장(1억5000만달러 · 약 1950억원) △ 증권회사 리만 브러더스의 리처드 펄드 회장(1억1300만달러 · 약 1726억원) 등에 비하면 0.1%도 안 되는 액수다.

투자 및 보험회사의 지주회사인 버크셔 해서웨이의 CEO인 버핏 회장은 매달 초 회사 연례보고서에서 "많은 주주들이 주가하락으로 억대의 손실을 입고 고생하는 반면 그런 재앙을 초래한 CEO나 회사 중역들이 엄청난 돈을 들고 간다"면서 스톡옵션을 비난했다.

과거 비윤리적 엔론 사태를 계기로 일부 기업의 CEO들이 회사나 주주들에게 손해를 끼쳐가면서 돈을 벌어들이는 행태가 공개되는 상황에서 버핏 회장의 사례는 더 큰 주목을 받고 있다.

버핏 회장은 검소한 생활로도 유명하다. 그는 고향인 네브래스카 오마하의 회색 벽돌집에 사는데 이 집은 40년 전 3만1,500달러(약 4,095만원)에 매입한 것. 그는 가판대까지 걸어가 신문을 사 보며 햄버거나 스테이크에 코카콜라로 식사를 한다.

❑ 버핏의 투자기법

11세 때 주식, 12세 때 경마에 손을 대고 고교 졸업 때는 회사를 경영했던 버핏이 투자방법을 익힌 것은 '가치투자'로 유명한 벤저민 그레이엄을 만나면서 부터였다. 그레이엄의 책에 매료됐던 버핏은 그의 제자 겸 종업원으로 실전을 익힌 뒤 고향으로 돌아와 펀드를 운영하기 시작했다.

투자기법의 기본은 저평가돼 있어 언젠가 크게 올라갈 것으로 보이는 주식을 찾아내는 것. 1963년 카드회사인 아메리칸 익스프레스가 금융 스캔들에 휘말려 곧 쓰러질 것 같던 분위기에서 그는 과감하게 주식을 매입해 5배를 번 것이 한 사례다.

버크셔의 투자규모가 커가도 그는 코카콜라, 질레트 등 고전적인 우량기업에만 투자했다. 지난해 5월달 오마하에서 열린 버크셔 주주총회 때는 1만4,000명이 참석해 6시간 동안 문답을 나눴다. 인터넷기업에 투자하지 않는 이유를 묻는 질문에 버핏은 "인터넷기업을 무시하는 것이 아니라 전통산업의 경쟁력을 예측하는 것이 더 쉽기 때문"이라고 대답했다. 10년, 20년 후의 대차대조표가 '눈에 보여야' 투자할 수 있다는 것이 그의 지론. "시장에 대해 생각하지 않고 개별 기업을 본다"는 것이다.

다음은 그의 투자원칙 요약. ① 욕심을 억제하고 투자과정 자체에 매력을 느껴라. ② 앞으로 10년간 증권거래소가 문을 닫아도 상관없다고 할 수 있는 종목이 아니면 사지 말라. ③ 다른 사람의 의견에 좌우되지 말고 스스로 판단하라. ④ 충분한 지식을 쌓아 마음의 평안과 자신감을 지녀라. ⑤ 주식업종 선택에 유연하라.

사례 2// 삼성 창업자 이병철 회장의 기업가정신

"신념을 가지고 새로운 고용과 부가가치를 창출하는 기업가는 영웅"

(레이건 미국대통령 취임사)

기업가정신	성 공 경 영
1. 무노조 산업평화주의 정신	· 노사와 공존공영정신 · 일본재벌의 흥망 : 노동쟁의의 원인 참고 - 미쓰이의 노동쟁의 : 노사분규의 낭비 · 경영참가제 확대
2. 인재 제일주의 정신	· '一年之計(일년지계)' : 곡식을 심는 일 · '十年之計(십년지계)' : 나무를 심는 일 · '百年之計(백년지계)' : 사람을 기르는 일 · 국가 · 기업의 장래가 모두 사람에 의해 좌우 → 인재는 국민의 봉사자 · 최초의 사원공개제도 시행 · 일단 채용하면, 믿고 맡겨라 → 庸人哲學(용인철학)
3. 책임주의 정신	· 책임경영원칙 : 권한위양, 사업부제 도입 · 신상필벌의 원칙 적용 · 합리추구 : 근대지향적 경영이념
4. 기술혁신주의 정신	· 슘페터(Schumpeter, J.A.)가 지적한 Innovation의 실현 · 반도체 : 효자품목으로 성장시켜라
5. 사업보국주의 정신	· 기업은 보국의 정신이 필요 · 일자리 창출(고용), 세금, 국민경제 책임 · 사회공헌책임 강조

〈자료: 김성수(2007), 성공한 창업자의 기업가정신, 삼영사〉

사례 3// 현대 창업자 정주영 회장의 기업가정신

"학습과정을 통한 경영기법 창출과 산업화의 주인공"

(Amsden, A. 교수, Asia's next Giant)

기업가정신	성 공 경 영
1. 근검절약정신	· 요만니(Yeomany)정신 - 청교도 정신 · 구두 한 켤레 10년 신다. · 전차 삯 5전을 아낀 절약 기풍
2. 인간존중정신	· 사원이 곧 인간 · 우수한 인적자원 활용 · 인재육성을 위한 인력개발
3. 신용제일의 정신	· 쓰러지더라도 신용을 지킨다. - 고령교 공사 → 최대의 적자 보면서 공사시행 - 신용이 재산이다 정신
4. 고객 최우선 정신	· 고객만족과 신용을 팔아라. · 서비스 제일주의 표방 - 캐나다 진출 성공 · 미국식 고객만족주의 활용
5. 창의와 기술개척정신	· 도전과 개척정신 - 최초의 해외건설 진출 · 기술 제일주의 표방 · 지구를 움직이는 127개 파워집단의 하나가 현대
6. 신념의 정신	· Can-doism 창출 · 신념은 위대한 힘의 근원 · 실패를 학습과정으로 인식

〈자료: 김성수(2007), 성공한 창업자의 기업가정신, 삼영사〉

사례 4// LG 구자경 회장의 기업가정신

"전통적인 가치관을 반영하면서도 21세기에 발전성을 수용하는 발상의 기업가정신"

(황명수, 한국기업경영의 역사적 성격)

기업가정신	성 공 경 영
1. 고객가치 창조정신	· 고객의 소리에 귀를 기울이고, 고객의 불편, 궁금증을 해소시키는 서비스 정신 · 환경오염, 불량품 등 고객에게 피해를 주는 행위 - 가치창조에 역행
2. 인간존중정신	· 人和도 중요하지만 개인중시의 인간존중 · 조직의 한사람을 主人으로 대접 · 인재개발위원회 설치 운영

3. 자율경영정신	· 능력있는 후계자 키워서 맡긴다. · 현장중시경영 · 고민과 고통의 책임정신 · 자기 평가시스템 도입
4. 도전과 혁신정신	· 혼의 경영과 전략적 시간관리 · 도전과 경영혁신 운동 → 자기혁신의 경영부터 · 세계화를 위한 혁신전략 실현
5. 정도경영정신	· 바른 마음, 투명한 경영, 정경유착 없는 경영 → 청렴형 기업주의 · 정심경영, 정각경영, 정행경영 실시
6. 노경화합정신	· 노사화합 → 노경화합주의 · 경영참가 → 주인의식 경영 · 인간존중경영 · 노동조합을 경영의 동반자로 여김

〈자료: 김성수(2007), 성공한 창업자의 기업가정신, 삼영사〉

제3절 글로벌시대 전략경영의 신경영자상

21세기는 글로벌시대이며 지식경영시대이다. 이는 어느 누구도 부인 못할 세계화 시대임에 틀림없다. 따라서 글로벌시대의 신경영자상을 경희대학교 경영대학 김성수 교수는 2002년도 초에 이미, MQ(Management Qualification) 또는 CEO-MQ이론이라고 이름 붙여 발표하였다.

1. 신경영자상의 의의

글로벌시대는 경쟁의 격화와 도전의 시대이다. 국제경제환경은 복잡하고 다양하고 많은 장벽이 나타나고 있다. 이에 대응하는 국내기업환경도 국제화 수준에 걸맞는 초우량기업으로 성장하는 각종 정책과 전략을 수립하고 있다. 21세기는 이러한 세계화·개방화의 요청에 대응하는 신 경영자의 출현을 기다리고 있으며 새로운 경영자가 최고의 자격과 능력을 가지고 탄생할 것이다.

그러나 지금 세계적 초우량기업들은 어떤 자질과 조건 등을 갖춘 CEO가 21세기 기업들을 성공적으로 이끌고 나갈 자격이 있는지 경영자 양성에 많은 고민과 노력을 하고 있다.

저자는 21세기 글로벌화 사회에서 초우량기업들이 경쟁에 이기고 성공적인 세계적 기업으로 이끌고 갈 최고경영층(top management zone)은 어떠한 자질과 조건들을 겸비해야 할 것인가에 대한 연구를 지난 수년동안 해오면서 세계적 경영자의 자질, 한국경영자의 자질 등을 체계적으로 정립하게 되었다. 그리하여 21세기의 글로벌시대에 대응하는 경영자 자질(MQ 또는 CEO-MQ)론을 만들게 되었다.

21세기의 기업을 이끌어가는 최고경영자의 능력은 인간컴퓨터, 저널리스트, 판사, 변호사, 운동선수이며 요리사이고 교수와 같다. 이러한 자질을 갖춘 전문경영자라야 국제경쟁에 이길 수 있으며 세계화되고 개방화된 지식정보화시대의 기업에 도전하여 승리할 수 있다.

국내외 경제환경에 대응할 수 있는 글로벌 전략경영을 수립하여 지구상 220개국 60억명의 소비인구를 상대로 상품과 서비스를 파는 세계 초우량기업 경영자들의 자질과 조건은 어떠한 경영자상이 되어야 하는지 그 해답을 10가지 제시하면서 이것을 신경영자의 MQ 또는 CEO-MQ이론으로 명명하였다.

2. 신경영자의 자질조건 : 신경영자상

1) 가치관과 생산성 향상정신

경영자는 경영이념, 경영철학, 경영문화를 가져야 하며 목표의식, 산업평화의식, 생산성 향상정신을 갖고 있어야 한다. 사시, 사훈, 사칙 등을 걸어놓고 실천하지 않은 경영자의 경영이념 등은 벽보의 구호성에 지나지 않으며 이런 경영자는 가치관이 없다고 평가한다. 이런 경영자가 경영하는 기업은 무엇인가 문제가 있으며 경영활동에 여러 가지 애로요인이 잠재하고 있다. 따라서 경영자는 확고한 가치관과 뚜렷한 목적의식을 가지고 있어야 한다. 그리고 반드시 생산성 향상정신도 가지고 있어야 한다.

여기에서 생산성 향상정신이란 ① 어제보다 오늘이, 오늘보다 내일이 좋아진다는 신념의 정신, ② 현재가 아무리 훌륭하고 우수하고 완벽하다 하더라도 반드시 문제점이 있으며 개선할 점이 있다는 정신 등을 말한다. 따라서 내일의 국내외 정치·경제환경의 변화에 대응하기 위해서는 현재의 것과 현재의 수준으로서는 안 된다는 발상의 전환의식을 갖고 경영의식개혁, 생산성 향상정신운동 등을 전개해야 한다.

2) 프로스포츠 감독 같은 개성의 창조

월드컵 4강의 신화를 창조한 한국대표 축구감독 거스 히딩크 같은 개성을 가진 경영자능력을 가져야 한다.

프로 축구감독 같은 전문경영자가 되어야 한다. 즉, 전문경영자로서 매일 능력을 개발해야 하며 프로스포츠맨처럼 시간의 규칙, 능력의 규칙, 게임의 규칙, 경영관리의 룰(rule)을 지키면서 경쟁에서 이겨야 한다.

프로(pro)는 무엇인가, 프로는 돈이다. 프로는 반드시 이겨야 한다. 프로는 고객에게 반드시 감동을 주어야 한다. 야구선수, 축구선수, 농구선수의 프로들은 돈으로 프로의 진가를 결정한다. 월드컵 축구선수처럼 국민의 욕구를 충족시켜주는, 하나가 되게 하는 감동을 만들어 주어야 한다. 경영자는 프로다. 최고경영자는 최고의 프로스포츠 감독이다. 따라서 최고경영자는 고객에게 감동을 주는 능력이 있어야 한다. 따라서 최고경영자는 프로감독의 정신과 능력을 가지고 있어야 한다. 여기 100m 단거리 국가대표선수와 42.195km의 마라톤 국가대표선수가 있다.

100m의 단거리 국가대표선수는 단 9초 7을 목표로 4년 후의 올림픽 경기에 우승하고자 그 수많은 날들을 하루에 10시간 이상씩 강훈련을 쌓고 있다. 단, 9초 7을 위해서……? 그러나 결과는 9초 7을 기록하였으나 우승을 못하였다. 다른 세계적 선수가 9초 6을 기록하여 우승을 차지하였기 때문이다. 우리의 축구도 월드컵 4강에 올랐다. 돈으로 계산하여 14조의 경제적 효과가 있다고 어느 연구기관이 계산하였다. 우리 경영자들이 과연 기업의 경영을 위해서 매일 10시간씩 4년간 훈련을 해본 경험이 있으며 매일 시간단축을 위해서 능력개발을 해본 적이 있는가? 그리고 전략을 승리로 이끄는 자신이 있는가? 그러나 반드시 승리해야 한다. 최고경영자는 프로감독이기 때문에 마라톤 42.195km, 2시간 5분대 장벽을 뚫기 위해서 하루에 15시간 이상을 강훈하는 처절한 공포의 훈련장을 생각하면서 기업을 성공적으로 이끌어야 한다. 최고경영자가 되기 위해서 축구감독 거스 히딩크 같은 개성을 창조하는 능력을 가지고 있어야 한다.

3) 신속한 정보와 판단력

지식정보화가 세계적으로 파급되는 글로벌시대의 경쟁에서 이기기 위해 최고경영자는 국내외 경제환경의 정보변화에 대응하는 신속한 판단력을 가져야 한다. 특히 국제경제 환경정보에 대응할 줄 아는 다면적이고 뉴프런티어적이며 합리적인 판단력을 지니고 있어야 한다. 경영자의 신속한 정보와 판단력은 다음과 같은 5가지 정보를 손금 보듯이 알고 있어야 한다.

첫째, 세계정치 · 경제환경의 정보
둘째, 국내정치 · 경제환경의 정보
셋째, 세계 초인류기업과 경쟁기업의 신제품 생산동향과 기술정보
넷째, 국내경쟁기업의 신제품, 신시장, 신기술정보
다섯째, 국내외 오일, 주식, 금, 달러, 곡물 등 5대 메이저 상품의 가격 및 수급정보 등을 예측하고 있어야 한다.

4) 신경영지식과 기술개발지식

최고경영자는 신경영지식과 기술개발능력이 있어야 한다. 적어도 경영 · 경제분야에 최고의 실력을 가져야 하며, 신기술 · 신제품개발력, 신시장개척력, 신자원의 확보능력 등 기술혁신(technical innovation)의 능력과 경영지식이 요구된다. 지식정보화 시대에는 꿈의 기술력, 감각전략경영의 전문경영지식을 갖추어야 한다. 꿈의 기술력, 감각전략경영이란 ① 세계적인 두뇌(brain)를 가져야 하며, ② 세계적 상품, 즉 혼(mind)이 깃든 국제적인 상품을 개발해야 한다. ③ 세계적인 기능인과 기술인을 양성해야 한다. 손(hand)끝 기술이 뛰어난 세계적인 기능인과 기술인 등을 대대적으로 양성할 줄 아는 전문적 지식과 기술력을 가진 경영자가 필요하다.

신 경영기법을 습득하여 기업경영에 응용할 줄 아는 경영자를 필요로 한다. 예를 들면, ZD(Zero Defects), VA(Value Analysis), TQC(Total Quality Control), IE(Industrial Engineering), VI(Value Innovation), PERT(Program Evoluation and Review Technique), SE(System Engineering), MIS(Management Information System), TQM(Total Quality Management) 등과 같은 경영합리화 기법을 기업에 운용할 수 있는 경영학의 지식을 가지고 있어야 한다.

5) 문제점의 파악과 해결능력

문제점을 정확히 파악할 줄 아는 경영자라야 한다. 그리고 문제점을 파악하여 반드시 개선방안을 수립할 수 있는 능력 있는 경영자가 요구된다.

문제점의 개선방안은, 즉 경영계획을 수립할 수 있는 능력을 말한다. 경영계획을 미시적 측면(micro)과 거시적 측면(macro)으로 구분하여 수립할 줄 아는 기법을 터득하고 있어야 한다. 하나를 살려서 전체를 구하는 장기전법과 경영의 단기계획수립, 전체를 보면서 부분을 정확히 파악하는 망원경적・장기적 경영계획 수립기법 등을 자신있게 구사할 줄 아는 경영자가 필요하다. 마치 마샬(Marshall, A.)의 "숲의 이론"처럼 숲의 전체를 보면서 판단하는 기법과 나무 하나하나를 보면서 문제점을 찾는 기법 등을 병행하여 경영계획을 수립할 줄 아는 해결력을 갖추고 있어야 한다.

6) 긍정적 사고력 (No → Yes)

최고경영자는 부정적인 모든 문제를 긍정적으로 바꿀 수 있는 소유자라야 한다. 먼저 No를 Yes로 전환할 수 있는 긍정적인 사고를 갖는 것이 중요하다. X형의 인간보다 Y형의 인간관계적 행동이론이 지배적인 경영자가 바람직하다. 어느 연구기관에서 긍정적 사고력을 측정하기 위해서 가장 기본이 되는 웃음의 모습을 조사하였다. 인간이 한평생동안 웃음으로 지낸 세월이 모두 합해서 60일 정도에 불과하다고 한다. 부정적 의문과 걱정과 슬픔으로 지난 시간이 장장 16년이 걸린다는 조사결과이다. 물론 이 조사연구는 인간이 일생을 통해서 잠자는 시간을 빼고 일하면서 긍정적인 사고를 가지면서 웃음으로 보낸 시간이 일생동안 60일이라면 최고경영자의 자질이 긍정적 사고력을 요구하는 것은 당연한 것이 아닌가 본다. 부정적인 문제를 긍정적으로 바꾸는 기술과 능력이야말로 21세기 지식경영화 시대에 요구하는 최고경영자의 자격과 조건이 아닐까 생각한다.

7) 숫자에 밝은 의사결정력

조직의 의사결정을 숫자에 따라 행하고 숫자의 경영정책과 숫자의 전략경영으로 실행하라는 숫자경영학이 있다. 최고경영자는 조직을 평가하는 데 기본적 요소가 숫자임을 자각해야 한다. 경제정책, 경영정책, 무역정책, 재정정책 등 모두 숫자에 의해서 실현된다. 매출액부터 시작해서 수익액, 소득분배의 임금까지 숫자가 문제되지 않는 요소가 어디 있겠는가. 그런데 경영자는 숫자에 약하고 숫자에 둔감하고 통계에 관심이 없으며, 계량에 관심이 없고 측정에 관심이 없다. 만약 신입사원부터 최고경영자까지 결재란에 반드시 숫자로 결재하도록 하고 숫자로 파악하는 의사결정력이 된다고 가정해보면 낭비는 전혀 없을 것이며, 불량률, 클레임 발생률, 노사분규는 없을 것이다. 21세기 지식경영시대에 우리 경영자들은 숫자에 강해야 된다. 숫자로 행한 의사결정력은 생산성 향상의 초석이 되며 기업발전의 원동력이 될 것이다.

8) 신용과 자금조달능력

21세기 기업의 4대과제는 ① 자금난, ② 인재난, ③ 기술난, ④ 정보난 등이라고 평가된다. 그 중 최고경영자는 자금조달과 운용을 신속하게 할 수 있는 금융의 귀재가 되어야 한다. 앞으로 초우량기업의 생명은 자금조달에 승부가 걸려 있다.

20세기까지는 정부의존형 체제에 깊숙이 물들어 기업경영을 쉽게 해왔다. 특히 자금조달문제는 정부의 금융특혜 속에서 안주해왔으며, 대부분의 은행들이 정부의 시녀역할을 해왔다. 그러나 21세기 개방화・국제화 시대에 초우량기업들은 정부의존형 체제에서 탈곡하는 아픔을 겪게 될 것이기 때문에 지금부터 번데기가 껍질을 벗는 탈곡의 고통을 느끼면서 민간주도형의 자금조달능력을 갖도록 하는 경영체질강화 방법을 갖추어야 된다. 기업들이 유동성 확보를 하지 못하고 자금조달의 어려움 때문에 자폭의 날이 올 것임을 명심하라고 충고하고 싶다. 21세기 세계의 모든 금융기관은 신용을 생명으로 할 것이다. 따라서 최고경영자는 정직(honesty)을 무기로 신용도를 구비하는 능력을 가져야 하고 정직과 청렴은 21세기 최고경영자의 자격조건임이 확실하기 때문이다.

9) 인간관계형성과 서번트 리더십

최고경영자는 사람을 섬기는 능력이 있어야 한다. 종업원 및 고객을 우선적으로 섬기고 사이에 좋은 인간관계를 형성할 수 있게 하여 주는, 즉 사람을 섬기는 기술이 뛰어나야 한다.

기업 내의 인간적 문제를 충분히 이해할 수 있는 능력과 노사관계의 복잡성을 산업평화로 해결할 수 있는 능력 그리고 조직의 지도자로서 협동하는 노력을 확보하고 조직이 효과적으로 일할 수 있도록 하는 능력을 갖추어야 한다. 그리고 21세기 최고경영자는 서번트 리더십을 갖고 있어야 한다. 즉, ① 신뢰력, ② 설득력, ③ 책임력, ④ 혁신력, ⑤ 분석력 등으로 이를 모두 겸비해야 한다.

특히 21세기에는 능률증대를 위한 자동화가 보편화되어 작업만을 지나치게 중시하는 기계적이며 물질적 경영정책이 '인간성의 무시'라는 실상으로 대두될 것이 예견된다. 따라서 '인간성 중시'의 경영정책이 이루어질 수 있도록 섬기는 리더십을 갖추고 있어야 한다. 여기에서 경영자와 부하와의 인간관계형성과 리더십의 중요성이 존재하며, 또한 생산성 향상은 반드시 노동조건이나 임금과 같은 물질적 조건에 의해서만 좌우되는 것이 아니라 인간의 내적·심리적 태도에 따라 나타난다는 사실을 인지하는 창조적 능력의 경영자가 요청된다.

10) 건강과 정력

돈을 잃는 것은 조금 잃은 것이다. 명예를 잃는 것은 많이 잃은 것이다. 그러나 건강을 잃는 것은 모두 잃어버리는 것이다. 결국 경영자가 건강해야 조직이 건강하고 회사·단체 등 모든 기관이 건강하다. 따라서 경제도 건강하고 나라도 건강하다.

경영자가 건강해야 조직의 신바람운동이 전개되고 기업활성화를 이루고, 신바람 뒤의 성과의 몫을 크게 나눌 수 있다. 정력도 좋아야 한다. 정력은 바로 박력이며 쉬지 않고 세계적 기업과 경쟁하는 기초 도구가 된다. 건강과 정력이 없으면 가정의 평화도 사회봉사도 못한다. 21세기 세계화·개방화되는 시대에 우리 최고경영자들의 제1의 구비조건은 바로 건강과 정력이다. 이것은 더 이상 설명이 필요 없는 최고경영자의 자격조건이다.

이상과 같이 글로벌시대에 지식정보화에 대응하는 최고경영자의 자질 10가지를 정리하면, ① 가치관과 목적의식, 생산성 향상정신, ② 프로 스포츠 맨같은 '개성'의 창조, ③ 신속한 정보와 판단력, ④ 신 경영지식과 기술력, ⑤ 문제점 파악과 해결력, ⑥ 긍정적 사고력, ⑦ 숫자에 따른 의사결정력, ⑧ 자금조달능력과 신용도, ⑨ 인간관계형성과 리더십, ⑩ 건강과 정력 등이다. 이것을 MQ 또는 CEO-MQ이론이라고 정의하며 우리나라의 경영자들, 그리고 경영자를 꿈꾸는 관리자들, 나도 최고경영자가 되고 싶다는 젊은이들에게 이를 실천케 하여 최고경영자 자질을 가진 많은 경영자가 양성되기 바란다.

도전하는 곳에는 반드시 시련이 따르는데, 이를 극복해야 한다. 결국 21세기를 지향하는 경영자는 창의력이 있어야 하며, 과학적인 경영기법을 활용할 줄 알아야 하고, 인간의 가치를 존중할 줄 알아야 한다. 자유경쟁에서 초우량기업은 고객의 호응으로 번영하게 되고 열등한 기업은 쇠퇴한다. 여기에 무엇보다도 경영자의 자질이 중요하다. MQ 또는 CEO-MQ이론을 배워 내것으로 만드는 경영자가 되기 바란다.

아놀드 토인비 박사는 인간이 사는 세 가지 목적, ① 사랑하는 일, ② 지혜를 활용하는 일, ③ 창조하는 일이라고 하였다. 이 세 가지 기본적 삶의 목적을 추구하기 위해서 모든 능력과 모든 정력을 바쳐야 한다고 하였다. 그리고 이런 목적을 달성하기 위해서 자기 스스로를 희생시켜야 한다고 했고, 여기에서 가장 필요한 것은 자기희생이라고 강조하고 있다.

제4절 글로벌시대 성공한 창업자의 기업가정신과 전략

1. 기업가정신의 힘 : The power of Entrepreneurship

지금은 기업가정신의 힘을 실현할 수 있는 최적의 시기이다. 기업가정신의 힘은 새로운 창조적 제품과 서비스를 창출하거나, 새로운 기술혁신을 통하여 생산방법을 개혁하며, 새로운 창조적 조직형태를 만들어 소통과 인간관계를 형성하는 동력이다. 그리고 새로운 원재료를 활용함으로써 새로운 고객과 시장을 찾아 경영성과를 향상시키는 기업가의 경영능력이다. 기업가정신의 힘은 도전과 개척정신, 신념과 신용의 정신, 근검절약정신, 고객최우선정신, 사업보국주의 정신 등을 창조한다.

2. 기업가정신이 없는 경영자는 망한다.

피터 드럭커(Peter F. Drucker)는 말하기를 기업경영과 기업가정신은 절대로 별개가 아니라 하나로 가는 정도의 길이다. 기업가정신이 없는 경영자는 반드시 망한다. 중소창업자의 성공은 기업가정신의 실현에 있으며, 기업가정신이 없는 소유경영자 또는 전문경영자는 망한다. 기업가정신은 기업의 정신적 지주인 경영이념이며, 경영사상이다. 그리고 경영철학이며, 기업의 통치이념이다.

3. 한국에서 성공한 창업자의 7대 기업가정신

한국에서 성공한 창업자의 창조적 기업가정신의 주인공은 (1) 유일한(유한), (2) 이병철(삼성), (3) 정주영(현대), (4) 구인회·구자경(LG), (5) 최종현(SK), (6) 신용호(교보), (7) 박승직·박두병(두산) 등으로, 이들의 공통적인 기업가정신은 7개로 나타나고 있다.

여기서 제시하는 성공한 한국의 7대 기업가정신은 필자의 저서(김성수 교수, 성공한 창조경영자 기업가정신, 도서출판 탑북스, 2014년 8월)를 참조, 요약하여 정리하였다.

제1전략: 도전과 개척정신

기업가들이 창업의 뜻을 이루기 위하여 목표를 향하여 도전하고, 시련과 역경을 극복하며, 극한의 어려움을 무릅쓰고 개척하여 성공하는 사업정신을 도전과 개척정신이라고 말한다. 창업목표의 뜻을 이루는 정신, 무(無)에서 유(有)를 만들고, 미지의 황무지 같은 사업에 도전하여 정복하고, 성공하고자 부딪치는 정신을 말한다. 유한양행의 유일한, 현대의 정주영, 삼성의 이병철 등 성공한 기업가들이 기업을 창업하고 성장시키는 과정에서 기술개발에 도전하며, 신상품개발에 성공하고, 신시장을 개척하고, 신원료를 확보하며, 국내의 새로운 사업에 도전하여 성공하였다.

제2전략: 신용제일주의 정신

성공한 기업가들은 믿음과 약속을 바르게 지켰으며, 신용을 자산과 철칙으로 여기면서 사업을 성공으로 이룩하였다. 이러한 신용을 제일로 한 정신을 신용제일주의 정신이라고 한다.

"쓰러지더라도 신용을 지켜라" 이것은 현대의 창업자 정주영의 신용제일주의 경영이념에서 나온 말이다. 동서고금, 국내외를 막론하고, 성공한 창업자의 대부분은 정직과 신용을 무기로 사업을 성공시켰다. 신용 없는 기업가는 망하였다. 날짜약속, 납품약속, 자금지불약속, 제품수급약속, 거래약속, 원료확보약속 등은 신용이 기반이 되었다.

현대의 정주영 회장이 창업초기에 성공할 수 있었던 것은 (1) 미군과의 많은 공사계약 약속을 지킨 결과이며, (2) 낙동강 고령교 적자공사에 회사가 극한 어려움을 겪을 때도 약속을 지켜 공사를 완공시켰으며, (3) 경부고속도로 건설공사 과정에서 신용을 가장 으뜸으로 하였기에 성공할 수 있었던 가장 좋은 사례이다.

제3전략: 신념의 정신, Candoism("하면 된다"라는 정신)

처음 시작하는 창조경영자의 생각이나 행동에 대해 옳다거나 이룰 수 있다고 믿는 마음이 신념의 정신이다. 미국의 레이건 대통령은 그의 취임사사에서 "신념을 가지고 새로운 고용과 부의 기회를 창출하는 기업가는 영웅들"이라고 극찬한 바 있다.

기업가의 신념주의는 "하면 된다"라는 "Can-doism"을 탄생시켰다. Candoism이란 할 수 있다는 불굴의 정신, 개척정신과 도전정신을 실행하는 믿음의 정신을 말한다. 새로운 환경변화에 빠르게 대응하는 전략적 경영, 사업의 장벽과 온갖 충격을 불굴의 도전정신으로 방어하고, 악조건 하에서 싸울 수 있는 정신력을 신념의 정신이라고 말한다.

제4전략: 근검절약정신

성공한 대한민국 기업가들이 지적하기를 한결같이 "부자가 되는 길은 부지런하고 검소해야 된다"고 말하고 있다. 꼭 필요한 데에만 돈을 쓰거나 헛되지 않게, 낭비하지 않는 정신을 근검절약정신이라고 말한다. 한국 재벌총수들의 대표적 경영이념의 하나가 근검절약주의와 정신일도 하사불성이다. 근면하고 검소하며, 절약하고 저축하며, 신념을 다하여 부를 쌓았다고 기록하고 있다. 한국의 대표적인 자수성가형 창업자 유일환(유한), 정주영(현대), 이병철(삼성), 구인회(LG), 박승직(두산), 신용호(교보) 등은 근검절약정신을 생활화하였다고 술회하고 있다. 그들의 근검절약정신은 이미 국내외 경영전문대학원(MBA)에서 창업자들의 생애와 성장과정, 경영활동 등에서 자주 논의되고, 뉴스로 전해지는 정도가 되었다.

제5전략: 인재제일주의 정신

인재제일주의는 인간존중정신과 같이 가는 "기업은 사람이다"라는 원리를 기업경영의 기업가정신 경영전략으로 도입하여 성공한 정신이다. 인간을 존중하고 개인능력을 최대한 발휘하도록 여건을 조성하여 개인과 조직의 원동력이 되게 하는 정신을 말한다.

조직에서 재주나 능력이 뛰어난 사람, 기술개발이나 혁신의 인재를 발탁하여 "적재적소에 배치하는 정신, 일에 성과를 향상시키는 유능한 인재, 능력을 갖춘 사람" 등의 인물을 발굴하여 채용하는 정신 등을 말한다.

성공한 기업가능 "국가와 기업의 장래가 모두 사람에 의해 좌우된다"는 사명을 직시하고 있었으며, 미국도 일찍이 벤처의 성공은 첫째는 인재, 둘째는 기술, 셋째는 자금, 넷째는 시장이라고 인정하면서 창업의 성공은 사람이라고 지적하면서 그것은 바로 기업가정신이라고 기술하고 있다. 요즘 대한항공사건을 보면서, 유일한 회장이 지적한 말, "인재제일주의 정신은 일가친적 가족이 아니라, 기업을 살리고, 성장시키는 한 솥 밭의 인재들"이라고 지적한 말이 교훈을 주고 있다. 호암 이병철 회장을 비롯한 정주영, 구인회, 최종현, 박승직 등 성공한 많은 창업자들이 대부분의 경영이념을 인재제일주의 정신에 두고 있으나, 공존공영하는 노사공동체 정신, 기업도 발전하고 종업원도 대우받는 상생상화의 산업평화주의에는 많은 어려움을 겪었다고 술회하고 있다.

제6전략: 고객만족주의 정신

기업가들이 성공한 대표적 정신의 하나가 바로 고객만족주의 정신으로 대변되기도 한다. 경영의 모든 부문을 고객의 입장에서 생각하고 진정한 의미에서 고객을 만족시켜 기업의 생존을 유지하고자 하는 경영전략으로 나타나고 있다. 우리나라의 성공한 창업자 CEO 중에는 일찍이 1950년대부터 "고객을 만족시켜야 사업이 성공한다."라는 경영이념을 가지고 실천한 기업가들이 있다. 고객과의 거래는 한 번에 그치는 것이 아니라 일생동안 계속 되며, 고객 한 사람이 불만을 가지게 되면 주위의 모든 사람에게 영향을 미쳐, 결국 1명을 잃는 것이 아니라 수백명 또는 수천명을 잃는 결과를 낳게 된다는 고객만족주의 정신은 경영자의 사명이며 철학이다. 유일한, 이병철, 최종현 회장 등은 고객만족은 결국 상품뿐만 아니라 제품의 기획, 설계, 디자인 제작, 애프터서비스 등에 이르는 모든 과정에 걸쳐 제품에 내재된 기업문화 이미지와 더불어 상품 이미지, 이념 등 고차원적인 개념까지 고객에게 제공해야, 소비자에게 만족감을 주는 경영행위라고 지적하고 있다. 이것이 21세기를 지나 22세기까지 100년 고객을 만족하게 감동시키는 기업가정신이라고 말하고 있다.

제7전략: 정직과 정도경영정신

성공한 기업가 비결의 하나가 정직과 정도경영정신이다. 테일러(Taylor F. W.)도 기업가의 자질조건 중에 정직(honesty)을 생명으로 여기는 기업가는 성공한다고 기술하고 있다. 사업은 신용을 기반으로 정직하게 행해지는 것이 정론이다. 가끔 신문 지상에서 부패문제와 비윤리적 행위로 기업을 경영하다가 망하는 회사를 본다. OECD를 비롯하여 선진국의 경제기구는 21세기 기업의 경쟁력 원천은 윤리경영에 있음을 천명하고 있어 정직하고 투명한 기업만 경쟁에서 살아날 수 있으며, 세계시장에 상품을 팔 수가 있다.

한국의 구인회와 구자경 회장도 그의 기업가정신으로 정도경영을 표명하고 실천하고 있으며, 오늘날 성공한 기업집단의 그룹 창업자들은 창업과정에서 사정경영사상(四正經營思想)을 기업가정신으로 표명하고 창업을 성공시켰다. 사정경영사상은 정신경영, 정각경영, 정도경영, 정행경영 등으로, 즉 바른 마음 경영, 바르게 깨닫는 경영, 바른 길의 경영, 바르게 행동하는 경영 등으로 오늘날 세계 경영전문대학교 MBA과정의 기업가정신론 강의에 기본골자로 제공되고 있다.

4. 신념은 기업가정신의 위대한 힘의 근원

이상에서 대한민국에서 성공한 7대 기업가정신을 소개하였다. 이 7대 기업가정신은 창의력과 혁신(Innovation), 산업평화주의 노사공동체정신, 사업보국의 경영철학, 즉 사업으로 국가에 보답한다는 사업보국주의 경영사상의 기반 아래 이루어지고 있다는 사실이다.

탐욕과 비리, 피해망상(Paranomia) 신용결여, 판단력부재, 사업지식 결여, 창의력부재, 신념이 결여된 기업가의 자질조건은 실패한 기업가의 특성이다. 특히 신념은 인간의 위대한 힘의 근원이다. 세상에 큰 업적을 남긴 기업가정신의 소유자는 위대한 신념을 가진 기업가이다.

미국의 노만 필(Norman Vincent Peale)은 『적극적 사고의 힘』이라는 저서에서 "인간의 신념과 그 위력의 위대성, 적극적 사고의 힘"을 역설하여, 성공은 신념의 산물이고, 신념을 가진 기업가는 기업가정신을 실행하는 힘의 근원이며, 기적에 가까운 일을 가능하게 한다고 피력하였다. 그 사례는 MS의 빌 게이츠 회장은 매일 기도에 자신의 모든 업무에 "자신과 신념"을 가져달라고 기도하고 있다고 한다. (자료: 김성수, 신용사회, CEO를 위한 경영전문지, 2015.02, (No.389) Special Theme, 대한민국 기업가정신)

제5절 글로벌시대 CEO의 사회적책임론

1. CEO의 사회적책임에 대한 의의

글로벌시대 기업은 단순한 사유의 영역을 벗어나 사회제도의 일환을 이루고 있다. 따라서 CEO는 경제적으로나 윤리적으로 단순한 영리추구만을 도모하지 않고 생산요소를 가장 유효하게 결합하여 안전한 가격으로 우수한 상품을 생산·공급한다는 사회적·공공적 관점에서 기업경영을 도모해야 한다. 여기에 경영자의 사회적책임이 존재하는 것이다. CEO의 사회에 대한 책임은 직·간접으로 기업의 존속·발전에 영향을 주는 이해자집단으로부터의 요청일 뿐만 아니라 동시에 기업체가 담당하는 책임이기도 하다.

이러한 책임을 다하기 위해서 CEO는 높은 교양과 탁월한 수완, 기술, 나아가서 인류애적 경영철학 내지 경영윤리를 갖추어야만 한다.

2. 전문경영자 책임의 의의

세계화 및 개방화에 따라 기업을 둘러싼 국내의 경제적·사회적·기술적인 환경이나 국제환경의 변화는 기업의 유지와 성장을 꾀하는 정책적 전문기능의 CEO를 요청하고 있다. 국내외 경제환경변화에 대해서 기업을 전략적으로 대응시키기 위한 결정은 글로벌 CEO의 중요한 임무 내지 책임이다.

경영의 최고정책을 결정하는 위치에 있는 CEO가 소유와 경영의 분리현상에서 등장하게 되는 전문경영자일 때, 자본가에게 봉사하는데만 그친 종래의 경영체가 지닌 것과는 질을 달리하는 책임이 부과되는데, 이와 같은 책임을 '경영자의 사회적책임'이라고 한다.

글로벌시대 기업의 의사결정자로서의 CEO는 실질적인 지배자요 지도자이며, 출자자인 주주 내지 기업가를 대신하여 기업을 운영해 가고 있는데, 그들에게는 기업운영에 필요한 계획화·조직화·동기유발·조정화·통제화 할 수 있는 방대하고 폭넓은 권한(authority)을 가지고 있다. 권한이 있는 곳에 필연적으로 수반되는 것은 책임(duty)과 의무(responsibility)이다. 이런 권한이 커지면 커질수록 이 책임과 의무도 확대 내지 증대되는 것이다.

CEO의 사회적책임이란 그들이 기업을 경영하는 것에 관련하여 기업의 내부 및 외부에 대해서 지고 있는 의무를 말한다. CEO가 이러한 책임을 지게 되는 이유는 그 권한의 대응으로서의 의미 이외에 그들이 수행하는 기업활동을 기업과 연관된 주주, 종업원, 소비자, 거래자, 금융기관 등 수많은 이해자집단에게 여러 가지 영향을 미치고 있기 때문이다.

3. 글로벌시대 CEO의 사회적책임

글로벌시대 CEO의 사회적책임의 내용은 ① 기업유지・발전추진에 대한 책임, ② 종업원의 복지향상에 대한 책임, ③ 이해자집단의 이해조정에 대한 책임, ④ 환경오염방지에 대한 책임, ⑤ 사회개혁에 대한 책임, ⑥ 후계자양성에 대한 책임 등으로 집약될 수 있다.

1) 기업유지・발전에 대한 책임

오늘날의 기업은 수많은 주주가 출자를 하고 그 기업에서 생활의 원천을 구하는 많은 종업원이 있으며, 또 무수한 고객에 의하여 유지되고 있다. 이와 같이 경영을 둘러싸고 있는 이해관계자에 의하여 기업은 존립하고 있기 때문에, 상품의 능률적 생산과 수익의 합리적 배분이 연속적으로 행해지지 않으면 안 된다. 그것은 또한 기업의 존속을 위해서도 필요하다.

그러기 위해서는 필요한 이익의 획득이 무엇보다도 선결되어야 하는데, 그 이익은 단기적 최대이윤을 목표로 하는 것이 아니라, 장기적으로 기업의 사회성 내지 공익성을 고려하면서 기업유지와 발전에 필요 충분한 이윤이 아니면 안 된다. 이러한 이윤이 곧 기업존속을 위한 적정이윤(adequate profitability) 또는 최저필요이윤(necessary minimum profit)인데, 이를 획득하고 적정하게 재분배하는 것이 최고경영자의 사회적책임이며 이 책임을 '본질적 사회적책임'이라고도 한다.

2) 종업원의 인간적 만족에 대한 책임

기업이 인간관계를 가장 효율적으로 형성하면서 조직의 발전을 유지하고 종업원의 협력체제를 확보하는 것은 경영성과를 달성하는 데 기본적 요소가 된다. 따라서 종업원을 단순한 계약관계자가 아닌 노동력 제공이라는 기능면에서 원가요소로서의 원재료와 같이 생각하는 전통적 이론가치의 잘못을 시정해야 된다.

종업원은 기업의 구성요소인 주인이라는 가족주의를 인식하여야 한다. 그들에게 사용자와 동등한 인간적 · 사회적 만족을 주고 사기를 높여 자주적 협력을 추진하여야 하며 기업경영 내부에 있어서도 사회적 · 인간적 관계를 공고히 유지하지 않으면 안 된다.

종업원의 경영참가나 복리후생 등의 인간관계적 관리방식을 통하여 인간적 · 사회적 행복을 보증한다는 것이 경영사회의 안정화를 가져다 주는 데 중요하며, 그것은 경영자에게 불가결한 사회적책임으로 되어 있다. 그렇게 함으로써 종업원의 인간적 · 사회적 복지가 이룩되고 양질의 노동과 높은 능률 내지 생산성을 기대할 수 있으며, 거대한 조직에서 생기는 관료적 경직성을 배제할 수 있을 뿐만 아니라, 나아가서는 노사의 대립관계도 크게 완화할 수가 있는 것이다.

따라서 종업원의 인간적 만족에 대한 책임은 먼저 종업원의 기본적 욕구를 충족시켜주는 데 있으며 다음은 종업원의 사회적 욕구를 충족시켜주는 데 있다.

3) 이해자집단의 이해조정에 대한 책임

이해대립성을 가지는 관계자에 의하여 형성된 이해자집단은 경영에 대하여 어느 정도 지배권을 가지고 있다. 즉, 기능적 지배권을 가진 기능주주는 물론이고 무기능적 주주라도 경영자가 주주의 이해를 무시하면 주주총회에서 그들을 경질할 수도 있고, 대량주식의 비율로써 자본적 지배를 행할 수도 있다.

한편, 노동조합은 임금 · 노동조건의 개선을 목표로 하는 단체교섭을 통하여 혹은 경영협의회를 통하여 경영에 어느 정도의 지배권을 행사할 수 있고 소비자는 불매동맹 등의 수단으로 각각 자기의 이해조건에서 경영에 압력을 가할 수 있다. 따라서 경영자는 이들 이해자집단 사이의 이해관계를 조정하는 것이 기업존립을 위해서도 필요한 임무가 된다.

일반적으로 주주에게는 일정한 이익배당을 보장하며, 종업원에게는 정상적인 생활을 유지하기 위한 적정임금을 지급하고 고용안정과 노동조건의 합리성을 보장하며, 소비자에게는 저가격으로 양질의 풍부한 상품을 공급하며, 계속적으로 회사의 이미지 개선을 위한 광고서비스를 제공하지 않으면 안 된다.

이들 3자의 이해관계는 정태적으로는 그 하나를 극대화하면 다른 것을 희생해야 한다는 모순(삼각관계)을 가지고 있으나, 그 사이의 조정을 도모하여 동태적으로 확대균형을 유지하는 것이 현대경영자의 중요한 사회적책임이다. 이상의 이해관계자 집단 이외에도 정부, 거래처, 금융기관, 지역사회, 일반공중 등에 대한 이해관계도 충분히 조정해야 된다.

4) 환경오염방지에 대한 책임

환경오염은 세계적인 환경오염방지조약인 그린라운드(GR)에 의해서 중요성을 더해 가고 있다. 각종 공해를 배출하는 환경공해산업은 국제경쟁업체에서 제거시키는 운동이 세계화되고 있다. GR에 의하여 문제가 되고 있는 공해는 대기를 오염하는 매연·먼지·악취 및 가스와 화학적·물리적·생물학적 원인에 의하여 하천을 오염시키는 공업폐유·사업장 폐수 및 일반 하수와 소음 또는 진동으로 인하여 발생하는 보건위생상에 미치는 일체의 위해를 말한다.

이는 일부의 예외를 제외하고는 그 발생원이 거의 기업의 생산활동에서 발생하는 산업공해이며, 그 피해자는 지역사회의 주민이다. 그러므로 경영자들은 이와 같은 환경오염을 예방하고 지역사회주민이 명랑하고 건강하게 활동을 할 수 있도록 각별한 유의와 세심한 배려로 최대한 공해를 예방 내지 배제하여야 한다. 따라서 충분한 사회비용의 투입과 공해발생원의 제거, 노후시설의 대체 등에 항상 노력해야 된다.

5) 후계자 양성에 대한 책임

경영자의 사회적책임은 모두 대외적인 문제와 관련해서 생기는 사회적책임이다. 대내적으로는 경영에 참여하고 있는 모든 사람으로부터 협동을 확보하고 그들의 개성을 발휘할 기회를 부여하며, 하나의 주체적 인간으로서의 참여인을 양성하는 책임 이외에, 후계자 양성을 들 수 있다.

이는 기업이 앞날의 발전을 위해서 매우 중요한 것이다. 왜냐하면 내일을 위한 유능한 경영자의 양성 없이는 기업성장은 기대할 수 없고 또한 경제사회의 발전도 기대할 수 없기 때문이다. 따라서 경영자양성이 적극적으로 이루어져야 경영자교육을 통하여 경영의 탄력성을 키울 수 있다.

그러나 우리는 후계자양성의 책임에서 중요한 인식개혁을 먼저 해야 한다. 지금까지 후계자의 양성이라면 아들이나 동생 등 친척, 족벌 등의 혈연관계로 귀착되어 왔다. 그러나 세계화 · 개방화된 국제경쟁사회에서의 후계자양성은 족벌체제의 혈연관계를 떠나 전문경영자를 양성하는 책임이다. 전문경영자는 프로경영자로서 기업내부나 기업외부에서 육성되고 선택되어야 하며, 기업을 성공시키는 경영자혁명의 정신을 가지게 교육시켜야 한다.

6) 사회개혁의 책임

현대의 최고경영자는 사회의 지도자로서 사회봉사, 사회정화를 추진하는 사회개혁의 책임을 지니고 있다. 왜냐하면 현대 전문경영자는 인격, 자질, 기능면에서 사회정화를 선도할 수 있는 능력을 가지고 있기 때문이다. 사회개혁의 책임은 ① 지도자로서 솔선수범하는 생활의식개혁의 책임, ② 사회봉사의 선봉자로서 어렵고, 소외되고 가난하고 힘든 곳에 먼저 봉사하는 사회정화의 실천적 책임, ③ 경제적 환경변화에 대응하는 정책적 고려의 책임 등을 말하며, 이의 자발적이고 솔선수범하는 공동체적 책임의식을 지적한다.

그러므로 최고경영자는 정직하고 공정한 기업경영의식과 책임의식, 법률적 책임의식, 경제적 책임의식 등을 가지고 공정한 경제사회를 이룩하는 바로미터가 되도록 하는 데 있다.

이상과 같은 신경영자의 사회적책임을 요약하면 [그림 6-3]과 같다.

[그림 6-3] 전문경영자의 사회적책임

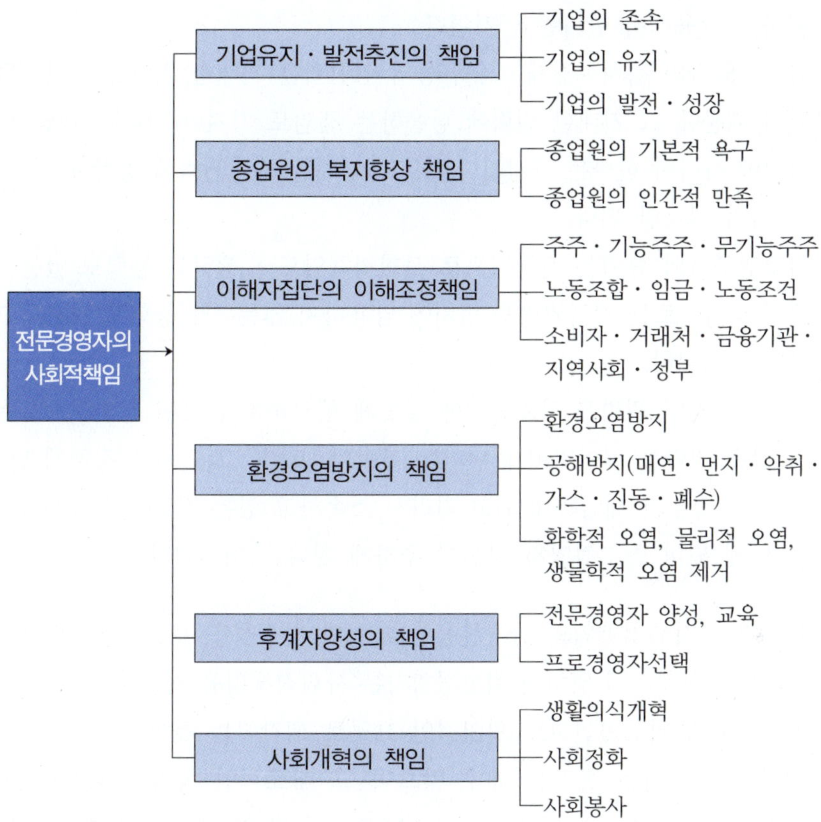

4. CEO의 사회적책임의 긍정론과 부정론

글로벌시대 CEO의 사회적책임에 대해서는 긍정론과 부정론으로 구분하고 있다. 대표적인 것으로는 다음과 같은 설이 있다.

1) 사회적책임의 긍정론

기업의 전문경영자는 사회적책임을 마땅히 가져야 한다는 책임수행이론을 주장하는 학설이다. 이 학설의 근거는 크게 4가지로 정리되는데, 그 내용은 다음과 같다.

① 현대기업의 경영자는 방대한 권력을 가지며 그 권력은 반드시 사회공익을 위하여 활용해야 한다는 근거이다.

② 최고경영자의 정치 · 경제 · 사회 등의 영향력은 거대한 권력으로 연결될 수 있기 때문에 그 거대한 권력에 상응하는 책임도 가져야 한다는 책임철칙의 원리에 따라야 한다는 근거이다. 최고경영자는 정치권력에 영합하거나 욕심을 가져서는 안 된다.

③ 최고경영자의 능력은 적극적으로 사회적책임도 수행하는 능력도 있는 동시에 소극적으로는 기업권력을 정치에 남용하지 않는 자제능력도 보유하고 있다는 근거이다.

④ 최고경영자의 권력은 사회공익에 알맞게 행사하지 않으면 장기적으로는 그와 같은 권력을 잃어버리게 된다는 것이다. 또한, 그 권력을 정치에 남용하게 되면 정부가 개입하게 되고 따라서 소속하고 있는 기업들이 규제와 제한을 받게 되며 최고경영자 자신이 추하게 된다는 이론이다.

이상과 같이 사회적책임의 긍정론을 사기업의 자율성을 보장받는 자본주의의 제도적인 요소를 갖추기 위하여 최고경영자는 사회적책임을 자발적으로 수행하지 않으면 아니될 당위성이면서도 필연적인 요구로 생각하는 것이다.

이 이론을 주장하는 학자는 매우 많으며 그 대표적인 학자는 월튼(Walton, C.C.), 벌리(Berle, A.A.), 레건(Regan, M.D.), 高用 馨 교수 등이며, 우리나라 경영경제학자들도 많이 있다.

2) 사회적책임의 부정론

사회적책임의 부정론은 기업의 최고경영자는 사회적책임을 가져서는 안 된다는 책임수행의 소극론을 주장하는 학설이다. 이 이론적 근거는 다음과 같다.

사회적책임을 최고경영자가 부담하게 되면, 여러 가지 피해를 입게 된다는 것이다. 그 이유는 사회적책임을 가지게 되면 사회적 비용의 내분화로 인하여 코스트의 증가, 이윤의 감소 등을 가져오며 나아가서는 기업의 존속을 위태롭게 한다는 것이다. 여기에서 사회적 비용(social cost)의 내분화란, 환경보존관계의 사회적 비용, 환경법률 · 제도관계의 사회적 비용으로 구분한다.

사회적 비용은 환경오염방지비, 폐기물처리비, 환경오염보상비, 환경오염시험 연구비 등과 사업자부담금, 환경오염부과금, 환경오염 벌금・과태금, 환경오염세 등으로 세분된다. 이와 같은 사회비용은 제품원가에 포함되어 소비자에게 전가시키는 결과를 초래하게 되고, 나아가서는 국민경제에 물가상승이라는 파급적 효과를 미치게 될 것이라는 이론이다.

경영자가 사회적책임을 수행하게 되면 그에 상응하는 기업권력이 보다 강력하게 되고 강력한 권력은 법률적 규제와 행정적 억압을 취할 수 있는 정부가 종극적으로 그 권력에 관여하여 기업의 모든 활동에 개입할 위험이 있다는 것이다. 국가 또는 정부가 개입하게 되면 소중한 자유주의 기업체가 붕괴된다는 근거이다.

현대 기업경영자에게는 이윤극대화의 목적에만 전념토록 하자는 이론이다. 왜냐하면 이윤극대화 추구는 그 결과 국민의 경제적 복지를 최고도로 실현할 수 있는 원동력이 되기 때문이다. 다만, 현대기업의 경영자도 공익실현에 대해서는 반대하지 않으며 그 필요성을 인정하고 있으며, 사익추구는 공익실현을 유도한다는 공사익조화론을 신봉하는 근거이다.

이상과 같이 사회적책임의 부정론은 사회적책임을 공익실현과 동일하게 이해하며 공익의 판단을 기업이나 경영자에게 일임하면 여러 가지 위험이 일어나므로 기업 내지 경영자는 이윤극대화에만 전념해야 한다는 것이다. 이런 학설을 주장하는 학자는 주로 경제학자로서 하이에크(Hayek, F.A.), 프리드만(Friedman, M.), 루이스(Lewis, B.W.) 등이다.

3) 긍정론과 부정론의 비교

(1) 긍정론과 부정론의 공통점

사회적책임의 긍정론과 부정론의 공통점은 크게 2가지로 정리된다. 첫째로는 긍정론이나 부정론은 다같이 자유기업체제를 지지하고 있다. 둘째로는 양론은 다같이 정부개입이 증대되면 기업의 자유가 축소될 것이라는 것을 우려하고 있다는 점이다.

(2) 긍정론과 부정론의 상이점

긍정론과 부정론의 다른 점은 근본적인 전제, 경영이념, 경영목표, 공익실현 등의 근거에서 서로 다르다.

① 근본적인 전제의 경우

긍정론의 근본적인 전제는 사회적책임에 대해 적극성 내지 자율성에 있으며, 부정론의 전제는 사회적책임에 대해 소극성 내지 타율성에 있다.

② 경영이념의 경우

긍정론의 경영이념은 사회적책임 성취에 두는 데 반하여 부정론은 이윤추구에 둔다.

③ 경영목표의 경우

긍정론의 경영목표는 전통적 이윤극대화 목표를 부정하고 있는 데 반하여 부정론은 지지하고 있다.

④ 공익실현의 경우

긍정론은 공익실현을 사회적책임으로 보고 자발적 · 적극적으로 고려하되 그 고려는 당위적 내지 필연적으로 받아들인다. 부정론은 공익실현에 대해 자발성 내지 적극성을 거부하고 공익실현은 정부에게 일임함으로써 결국 기업의 자유를 축소시키는 결과를 가져오고 있다.

이상과 같은 비교에서 잘 알 수 있는 바와 같이 사회적책임 긍정론이 보다 이론적 타당성을 가지고 있으며, 설득력을 지니고 있다고 생각하는 학자들이 많다. 우리는 모두 현대 산업사회에서 최고경영자의 사회적책임론을 강력하게 요구하고 있는 것이다.

사례 5// 사회적책임 경영 –주요기업 경영원칙, 윤리 · 환경–사회공헌 필수 항목으로–

'정도(正道)경영' '나눔 경영' '환경가치 경영'….

최근 몇 년 새 주요 기업들이 경쟁적으로 내놓은 새로운 경영 모토들이다. 한결같이 윤리와 환경, 사회공헌을 하겠다는 취지를 담고 있다.

기업에 대한 대내외적인 요구와 잣대가 엄격해지면서 국내 주요 기업들이 앞다퉈 사회공헌, 윤리와 환경 등 사회적책임을 다하기 위한 노력에 안간힘을 쏟고 있다.

❑ 고객과 함께, 사회와 함께

2005년 '삼성경영 원칙'을 발표한 삼성그룹은 '법과 윤리 준수' '깨끗한 조직문화' '고객존중' '주주존중' '종업원 존중' 등 5대 원칙과 15개 세부원칙, 42개 행동세칙을 정해 시행에 들어갔다.

삼성은 '1등'기업에 대해 존재하는 사회 일각의 반(反)삼성 기류를 해소하기 위해서라도 더욱 이 같은 원칙을 지켜 나간다는 방침이다.

현대 기아자동차그룹은 '함께 움직이는 세상'이라는 슬로건을 내걸고 친환경적이고 사회적책임을 다하는 기업이 되기 위해 노력하고 있다.

바르고 안전한 교통문화 확산, 장애인 이동편의 증진, 임직원 자원봉사를 3대 사회공헌 중점 분야로 정한 현대차그룹은 환경, 청소년, 인재 양성, 지역사회발전 등 중점 사업을 계열사별로 지속적으로 추진해 나가기로 했다.

LG그룹은 복지, 문화, 교육, 환경, 언론 등 분야별로 전문화 된 5개 공익재단을 통해 공익사업을 보다 체계적으로 전개해 나간다는 계획이다. 계열사 별로는 △여성 아동 복지 △소외계층 지원 △청소년 과학 교육 지원에 중점을 둔 사회공헌 활동도 활발하게 하고 있다.

특히 '매칭그랜트' 제도를 통해 사회공헌기금을 조성하고 이를 통해 다양한 사회공헌 활동도 실시하고 있다. 또 국제적 환경규제 강화에 적극 대응하고 각 계열사별 특성에 맞는 환경경영시스템을 구축해 친환경 제품 및 기술개발로 미래 경쟁력을 확보해 나갈 계획이다.

SK그룹은 단순히 돈으로, 몸으로 할 수 있는 사회공헌이 아니라 어려운 이웃이 스스로 행복을 가꾸어 나갈 수 있도록 사회적 일자리 만들기에 주력하고 있다.

SK는 '행복 일자리' 창출을 위해 행복도시락 사업, 자동차 경정비 기술교육 프로그램, 장애학생 통합교육보조원 파견 사업, 저소득층 보육시설 지원사업, 무료 정보기술(IT)교육센터 등 사업을 강화하기로 하고, 올해 모두 200억 원을 추가로 투입하기로 했다.

❑ 사회경영은 국제적 위상 높이는 지름길

LG그룹은 1993년 당시로선 드물게 협력사와의 공정거래 관행을 정착시키기 위한 '불공정거래 신고센터'를 설치했다. 1995년 구본무 회장 취임 이후에는 '정도경영'을 기업 문화로 정착시키기 위한 노력이 이어지고 있다.

삼성증권은 지난해 7월 증권업계에선 처음 공정거래 자율준수 프로그램을 도입했다. 또 사외이사를 이사회 의장으로 선출해 대표이사와 이사회 의장을 분리 운영하고 있으며, 감사위원회 위원장도 사외이사가 선임했다.

2007년 7월 지주회사 체제로 전환한 SK그룹 최태원 회장은 지주회사 출범식에서 "지주회사 전환 자체가 목적이 아니라 이를 통해 더 큰 행복을 만들어 나가는 것이 목적"이라고 했다. 투명한 지배구조를 통해 사회와 발전에 핵심적인 역할을 수행해야 한다는 것이다. SK텔레콤은 윤리에 바탕을 둔 사회적책임 경영이 결국 기업의 국제적 위상은 물론 생산성 향상과 재무구조 개선에도 도움이 된다는 판단으로 윤리경영을 강화한다는 포석이다.

2004년 '환경가치경영'을 선언한 롯데백화점은 내년까지 사회공헌, 협력업체 친환경 네트워크 구축 등에 1000억 원 이상을 투입할 예정이다. 환경재단 가입과 환경보전기금 마련 대바자, 환경교육 이벤트 등을 통해 2008년까지 300억 원가량의 환경공헌 활동과 기부 활동도 전개한다는 것.

'기업을 통한 국가공헌 및 사회기여'라는 경영철학을 내건 금호아시아나그룹은 2007년 2월 새로운 CI 선포와 함께 대대적인 사회공헌 활동을 펼치고 있다.

지탄받지 않는 경영, 협력사 상생 경영, 장애인 등 소외계층 돕기, 헌혈 운동, 문화예술 지원, 아름다운 노사문화, 환경 · 안전경영의 7가지 실천과제를 선정해 실행에 박차를 가하고 있다.

주요 그룹의 사회적책임 경영 실천 전략

SAMSUNG	삼성	• 법과 윤리 준수, 깨끗한 조직 문화, 고객과 주주, 종업원 존중 등 5대 원칙 제정 시행 • 각 계열사별로 고객 존중, 사회공헌 활동 전개
HYUNDAI Drive your way	현대 · 기아차	• '함께 움직이는 세상' • 안전한 교통문화 확산, 장애인 이동편의 증진, 임직원 자원봉사 등 3대 중점 사업 추진
LG	LG	• '정도경영' • 지배구조 개선 • 여성 아동 복지, 소외계층 지원, 청소년 과학 교육 지원
SK	SK	• '행복 나눔 경영' • 지배구조 개선 • 일자리 창출을 위한 무료 교육
LOTTE	롯데	• '환경가치경영' • 사회공헌, 협력업체 친환경 네트워크 구축
금호아시아나	금호아시아나	• '기업을 통한 국가공헌 및 사회기여' • 지탄받지 않는 경영, 협력사 상생 경영, 소외계층 돕기 등 7가지 실천과제 시행
CJ	CJ	• 환경 비전을 토대로 매년 환경관리 경영 실천 계획 수립과 시행

〈자료: 동아일보, 2007. 9. 10〉

제 7 장

글로벌 전략경영 CEO의 리더십

제7장 글로벌 전략경영 CEO의 리더십

제1절 글로벌 CEO의 리더십

1. 글로벌 리더십의 중요성

글로벌시대의 유능한 글로벌 리더는 글로벌 전략경영의 중요한 성공요인이 된다. [그림 7-1]은 미국 500대 기업을 대상으로 실시한 글로벌 리더십에 대한 설문조사 결과를 보이고 있다.

① 유능한 글로벌 리더는 글로벌화의 가장 중요한 성공요인이 된다.
② 기업들은 글로벌 리더를 충분히 보유하고 있지 않다고 생각한다.
③ 글로벌 리더의 현재 능력은 세계화에 부족하다.

따라서 글로벌 리더십의 중요성을 인지하여 이곳에서는 글로벌시대 새로운 리더십론의 내용을 살펴보고자 한다.

[그림 7-1] 글로벌 리더십의 중요성 조사

Importance of Global Leadership Capabilities

Importance of Global Leadership Compared to Other Needs

Dimension	Average Rating
Competent Global Leaders	6.1
Adequate Financial Resources	5.9
Improved International Communication Technology	5.1
Higher Quality Local National Workforce	5.0
Greater Political Stability in Developing Countries	4.7
Greater National Government Support of Trade	4.5
Lower Tariff/Trade Restrictions in Other Countries	4.4

How Many Global Leaders Do Firms Have?

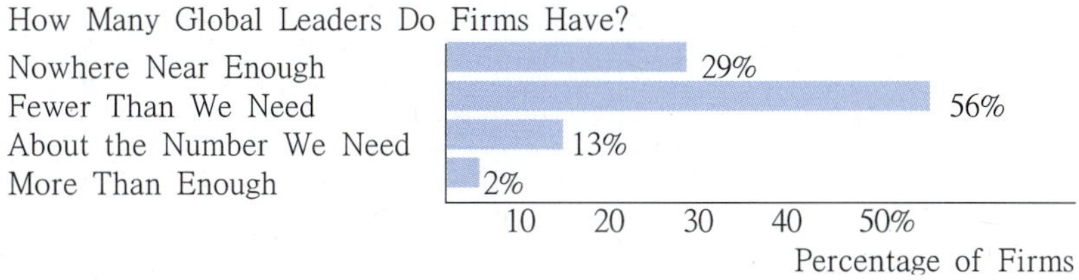

How Capable are Global Leaders?

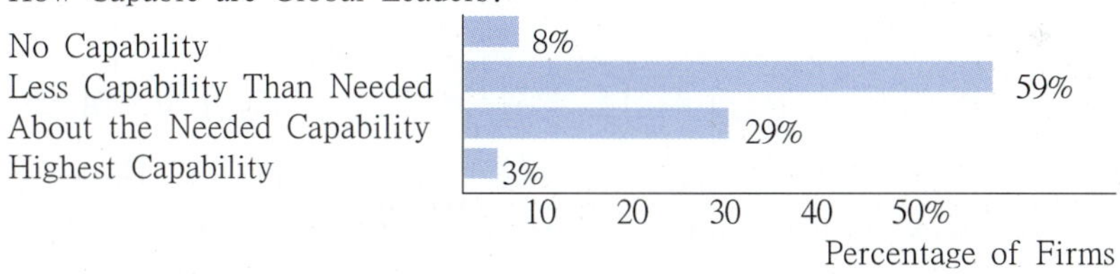

자료: H. Gregersen(1998. 2003), "Developing Leaders for the Global Frontiers," *Sloan Management Review*.

2. 리더십의 내용

글로벌시대에 리더가 갖추어야 하는 특성의 내용도 지난 수십년간의 연구를 통하여 많이 바뀌어왔다. 신체적 특성(신장, 체구 등)에서 능력적 특성(창의력, 지성, 지식 등)을 거쳐, 심리적·성격적 특성(자신감, 정직성, 지배성향 등)과 행동적 특성(지구력, 환경적응력)에 이르기까지 많은 변화가 있었다.

표 7-1. 리더십 이론(1)

	변혁론	카리스마론
White/Bednar(91)	○	
Stoner/Freeman(92)	○	○
D.H.Holt als(93)	○	
R.W.Griffin(93)	○	
DuBrin/Ireland(93)	○	
C.L.Bovee et als.(93)	○	
Greenberg/Baron(95)	○	
Kreitner/Kinicki(95)	○	
J.R.Schermerhorn(96)	○	
Ivancevich/Matteson(96)	○	○
S.P.Robbins(96)	○	○
Bartol/Martin(96)	○	

자료: A. Bryman(1992), *Charisma and Leadership in Organizations*, SAGE Publications, p. 107.

최근에 이르러 다시금 리더의 특성을 부활시키려는 움직임이 있으며 글로벌시대에 리더의 능력을 중시하는 이론도 제시되고 있다. 그 중에서도 Burns (1978)와 Bass(1985)가 주창한 변혁적 리더십 이론이 이러한 새로운 흐름을 주도하였는데, Burns(1978)는 변혁적 리더십을 최초로 주창하였고, Bass(1985)는 그의 주장을 현대 경영조직에 적용하고 체계적으로 이론화하였다.

카리스마, 변혁적, 비전적, 문화적 리더십 등을 제시한 연구자들은 공통적으로 자신들이 연구한 리더십이 전통적으로 연구된 리더십과는 질적으로 큰 차이가 있음을 주장하고 있다.

변혁적 리더십은 카리스마, 개별적 배려, 지적 자극의 개념 등으로 정의되고 있는데 반해, 비전적 리더십은 카리스마의 개념 중에서 특히 비전에 강조점을 두고 있으며, 문화적 리더십은 카리스마가 특별히 조직문화와 깊은 관련성이 있음을 강조하기 위해 붙어진 명칭이다.

카리스마적 리더십은 미국 경영학 교과서에서 강조되는 개념이었다. 카리스마적 리더십은 리더의 특성이라는 점에서 종래의 특성론이 약간 다른 형태로 강조되어 다시 등장한 개념으로 카리스마적 리더십과 변혁적 리더십은 유사한 개념이다.

카리스마적 리더십은 부하들이 관심을 평가, 확장하고 조직과 개인의 사리사욕을 넘어서 명령과 굴복, 강력한 힘으로 그들을 동기부여시키는 개념을 포함한다. 또한 부하들을 지적으로 자극하고 부하들 간의 차이에 관심을 기울인다. 변혁적 리더십이론은 상징적 리더행동, 비전을 제시하고 영감을 가져다주는 메시지, 무언의 교감을 통한 커뮤니케이션, 관념적 가치관에 호소하는 행동, 부하들에게 지적 자극 제공, 리더 자신과 부하들에게 확신적 태도의 제시, 부하의 희생정신과 직무요구를 넘어서는 성과창출에 대한 리더의 기대 등의 내용을 강조한다.

표 7-2. 리더십 이론의 내용구분(2)

기존의 리더십	새로운 리더십	대표적인 공헌자
비 카리스마적 리더십	카리스마적 리더십	Conger(1989), Conger & Kanugo(1987, 1988), House(1977), Nadler & Tushman(1990)
거래적 리더십	변혁적 리더십	Bass(1985), Bannis & Nanus(1985), Peters & Waterman(1982), Tichy & Devanna(1990)
관리/관리자	리더십/리더	Bennis & Nanus(1985), Bennis(1989), Hickman(1990), Kotter(1990), Peters & Austin(1985), Zaleznik(1977, 1990)
비 비전적 리더십	비전적 리더십	Sashkin(1988), Westley & Minzberg (1989)
비 신비적 리더십	신비적 리더십	Nadler & Tushman(1989)

자료: 이한검(1994), 인간행동론, 형설출판사, p. 454

3. 글로벌시대의 변혁적 리더십

리더와 부하의 관계는 서비스에 대한 보상과 교환에 치중하는가 아니면 리더가 추종자를 가르치고 변형하는가에 따라 전자를 '거래적 리더십'(transactional leadership), 후자를 '변혁적 리더십'(transformational leadership)이라 명명한다.

변혁적 리더십과 거래적 리더십의 차이는 '변혁적 리더십'이 부하들의 높은 가치체계(자유, 평등, 정의 등)에 호소하여 그들의 의식을 고양시켜 스스로 할 수 있는 힘과 권한을 부여(empowering)함으로 자발적 참여와 조직몰두를 이끌어내는데 반해, '거래적 리더십'은 성취감과 목표달성을 위해 감정에 의존하여 경제적·물질적 거래, 교환관계를 통한 만족을 추구하는데 있다(〈표 7-3〉 참조).

변혁적 리더십은 '카리스마적 리더십', '영감적 리더십', '상징적 리더십' 등의 여러 개념으로 거론된다. 이러한 리더십은 사명감을 전달하고, 학습경험을 자극하여 새로운 사고방식에 영감을 불어넣으며, 또한 안정적이라기보다는 변화를 추구하는 과정이다. 특히 변혁적 리더십은 위기상황에서 리더가 변화의 필요성을 인식하고, 그 변화를 잘 이끌 수 있도록 상상력을 발휘하고, 그 변화를 효과적으로 수행할 수 있는 능력이다.

그러나 변혁적 리더는 위기상황뿐만 아니라 일반적인 상황에서도 부하들에게 의미있는 영향을 미치는 것으로 보인다. 변혁적 리더는 특수상황이 아닌 일반적인 상황 하에서도 출현이 가능하며, 그러한 상황 하에서 충분히 기능을 할 수 있는 카리스마와 개별적 배려, 지적 자극 등을 지니고 있기 때문이다.

변혁적 리더는 환경을 변화시키려는 가시적 특성보다는 자기확신과 강력한 이념적 신념을 보다 특징적으로 보유하고 있으며, 자신의 부하들에게 높은 기대감을 부여하고, 확신감을 불어넣어 주고, 개별적인 배려를 해줌으로써 부하들을 변화시켜

표 7-3. 거래적 리더십과 변혁적 리더십의 차이 비교

	거래적 리더	변혁적 리더
현상	본질적으로 현상과 맞추거나 현상을 유지하려고 노력	본질적으로 현상에 반대하거나 현상을 변화시키려고 노력
목표지향성	목표가 현상에 크게 어긋나지 않음	이상화된 목표는 항상 현상과 크게 다름
시간에 대한 견해	단기전망을 가지고 있음	장기전망을 가지고 있음
동기부여	즉각적인 유형의 보상을 얻도록 부하들을 동기부여함	보다 높은 단계의 개인적 목표(자아실현)를 추구하도록 고무시킴으로써 부하들을 동기부여함
행동표준화	부하들이 규칙과 관습을 따르는 것을 좋아함	부하들로 하여금 혁신과 실험을 하도록 격려
문제해결	부하들의 문제를 해결해주거나 해답이 있는 곳을 알려줌	문제를 제기함 함께 문제를 해결하거나 부하 스스로 문제해결을 하도록 격려함

자료: D.D.White & D.A.Bednar(1991), *Organizational Behavior*, Allyn & Bacon, p. 409

나갈 수 있다. 변혁적 리더의 부하들은 리더에게 강한 긍정적 반응을 보여주며, 리더의 기대를 넘어서서 성과창출을 위한 여분의 노력을 보여주기도 한다. 또한 그들은 리더가 보유한 사명에 강한 몰입을 하며, 리더의 신념을 자신의 신념처럼 수용하거나 동의한다. 나아가 자신의 능력에 대한 확신이 높아지고, 리더에 의해 지지되고 있다는 느낌을 보유하게 된다.

변혁적 리더십은 ① 카리스마, ② 영감, ③ 개별적 배려, ④ 지적 자극 등으로 구성된다.

4. 글로벌시대의 거래적 리더십

거래적 리더십은 ① 보상, ② 예외관리, ③ 자유방임 등으로 구성된다. '보상'은 리더가 부하들의 업적수준과 만족에 관계된 보상을 하는 것을 의미하며, '예외관리'란 능동적인 개념과 수동적인 개념의 두 가지를 함께 생각할 수 있다. 능동적인 개념은 비정규성이 생겨날 때 요청되고, 수동적인 개념은 확립된 절차가 그대로 수행되지 않을 때 중재하는 경향을 의미한다. '자유방임'은 부하들에게 책임감을 위양하는 것을 의미하는 개념으로서 리더십의 부재라고 볼 수 있다.

지금까지 거래적 리더십과 변혁적 리더십의 성과에 대한 많은 연구가 이루어졌는데 서로 다른 리더와 서로 다른 산출물에 대한 관심은 변혁적 리더십이 거래적 리더십보다 훨씬 더 효과적이었음을 증명해주고 있다. 소규모의 비공식적 집단, 공식적인 작업단위, 군대단위, 복합적인 조직의 주요단위, 미국대통령 등의 다양한 영역에서의 연구는 거래적 리더십보다 변혁적·카리스마적 리더십이 더 이상적임을 보여주고 있다. 또한 변혁적 리더십은 조직의 최고경영자 및 상위지도자들의 전유물만은 아니다. 변혁적 리더십은 기업조직의 상위관리자들에서부터 조직의 하위계층인 일선감독자까지 모든 계층에서 발견될 수 있으며, 나아가 일반조직에서도 그 현상을 관찰할 수 있다.

제2절 글로벌 CEO의 카리스마적 리더십

1. 카리스마적 리더십의 본질

글로벌시대에 카리스마적 리더십론이 각광을 받아온 것은 아마도 두 가지 이유 때문일 것이다. 하나는 카리스마적 리더십이 성과와 높은 상관관계를 갖는다는 점이고, 또 다른 하나는 비전과 혁신이라는 시대적 욕구를 이론의 핵심내용으로 다루고 있다는 점이다. 카리스마적 리더십은 추종자들의 개인적 성과에만 영향을 미치는 것이 아니라 조직의 성과에도 직・간접적으로 영향을 미치는 것으로 나타났다. 또한 카리스마적 리더십론이 핵심내용으로 하는 창조적 파괴와 새로운 비전의 추구는 21세기 전세계적으로 조직경영의 주제가 되고 있는 '조직혁신운동'과 맞물려 커다란 파고를 형성하게 된다.

카리스마(charisma)란 용어의 어원은 은사(gift)란 뜻을 가진 그리스어로서, 성경과 교회에서는 종교적 의미로 은총의 선물(gift of grace) 또는 성신(holy spirit)이라는 뜻으로 쓰여져 왔다(Bryman, 1992). 성경의 로마서 12장과 고린도 전사 12장에서 사람들마다 달리 갖고 있는 다양한 은사에 대한 성령의 역할을 묘사하면서 사용되었다(한국어 성경에는 '은사'라 번역되었고, 영어 성경에는 'gift'로 번역되어 있다 ; 로마서 12 : 6, 7, 8 ; 고린도 전서 12 : 4). 이 카리스마의 재능에는 예언의 능력, 가르치는 재능, 치유의 은사, 다스림과 섬김의 능력 등이 포함되는 것으로 성서에 나타나 있다.

스펜서(Spencer, M.E.)에 의하면 카리스마는 지금까지 세 가지 의미로 사용되어져왔다. 첫째, 카리스마는 리더의 초자연적 능력을 의미하며, 카리스마적 리더는 그의 부하들에게 어떤 증표로서 천부의 능력을 예시하고 그를 따르는 부하들은 리더에 대한 그들의 믿음에 의해 리더에게 복종한다. 둘째, 카리스마는 집단이나 역할 또는 사물들의 신성한 속성을 의미하기도 한다. 셋째, 카리스마는 일상적이고 세속적인 의미에서 리더의 개성적 자질을 의미하기도 한다. 이런 의미는 본래의 초자연적 속성이라는 의미에서 완전히 벗어나 매력적이고 정치적인 개인적 자질로서 세속화되어 통용되어져 왔다.

2. 카리스마적 리더십의 활용영역

미국의 대통령이었던 제퍼슨, 잭슨, 링컨, 루즈벨트, 케네디, 레이건 등은 카리스마적 리더로 확인되었다. 그리고 가장 높은 등급의 카리스마적 군집에 속하는 대통령은 '루즈벨트'로, 두 번째로 높은 등급의 군집에 속하는 대통령은 '트루먼, 존슨, 닉슨'으로, 가장 낮은 군집에 속하는 대통령은 '카터' '포드'로 나타났다. 루즈벨트가 카리스마적 성향이 강한 대통령이라는 사실은 카리스마적 리더들은 심각한 위기상황에 나타나기 쉽다는 이론을 지지하고 있다.

카리스마적 리더십은 종종 잘못 정의되거나 연구되어서 나쁜 선입관을 지니게 되었으며, 때때로 지나치게 강조되어서 악용되기도 했었다. 종교적인 영역 밖에서의 카리스마 관념의 사용에 대한 저항은 종종 카리스마적으로 묘사되는, 그러나 인류에 대한 극악한 행위로 말미암아 그 책임을 져야만 했던 히틀러, 무솔리니, 스탈린 등과 같은 탁월했던 리더들을 인정함으로 인해서 신성모독(sacrilege)을 저지를지도 모른다는 우려 때문이다.

표 7-4. 다양한 영역에서의 카리스마적 리더십

다른 영역	실증적으로 연구한 학자
중간관리자 & 일반관리자	Bass & Yammarino(1988) Conger & Kanungo(1994) Conger, Kanungo, Menon & Mathur(1997) Deluga(1995) Hater & Bass(1988) Koene, Pennings & Schrender(1991)
상급관리자	Agle(1993) Agle & Sonnenfeld(1994) Conger(1985) Conger(1989)
미국대통령	House, Spangler & Woycke(1991)
교육행정가	Koh, Terborg & Steers(1991) Roberts & Bradley(1988) Sashkin(1988)
육군사관학교 생도와 리더	Atwater, Camobreco, Dionne, Avolio & Lau(1997) Curphy(1990) Howell & Avollio(1993) Koene et al.(1991) Waldman & Ramirez(1992)
실험실 실습학생	Howell & Frost(1989) Kirkpatrick(1992) Kirkpatrick & Locke(1996) Puffer(1990) Shamir(1995)

자료: J.A. Conger & R.N. Kanungo(1998), *Charismatic Leadership in Organizations*, SAGE Publications, p. 4.

또한 카리스마가 지니고 있는 양면성에 대하여 고려해볼 필요가 있다. 카리스마의 긍정적인 형태인 이타적 · 도덕적 카리스마가 추종자들의 핵심태도, 가치, 신뢰를 변화시킴으로써 비전을 내면화하고, 권한부여를 통해서 제도적 권력, 사회적 성취, 자기개발 등을 이루어내는 반면, 카리스마의 부정적인 형태인 이기적 · 비도덕적 카리스마는 리더와 동일시, 추종행동을 강조하고, 통제를 통해서 개인적 권력, 개인적 성취, 자기강화 등을 이루어낸다.

3. 글로벌시대 카리스마적 리더의 특성

카리스마적 리더의 부모들은 계층, 인종, 종교, 교육정도, 출신지역 등에 있어서 서로 신분이 상이한 부부인 경우가 많았고, 또 사회적 · 심리적으로 지배집단이 아니었으며 주변집단에 속해 있었다. 이러한 배경에서 성장한 카리스마적 리더들은 그 덕분으로 사회의 다양한 집단이나 각계 각층과의 복수적 동일시가 가능하였고, 심리적 · 사회적으로 어느 한 계층에 고정되지 않을 수 있었다.

카리스마적 리더들이 공통적으로 가지고 있는 특징들이 무엇인가에 대해서는 별로 알려진 바가 없으나 글로벌시대에 카리스마적 영웅들은 ① 자부심, ② 침착성, ③ 관대함, ④ 개방성, ⑤ 정직성, ⑥ 창조성, ⑦ 타인에 대한 세심한 배려 등의 특성을 지니고 있다.

카리스마적 리더가 비언어적으로 자신의 감정을 훌륭하게 표출시킨다고 하면서 표현력이 풍부한 사람은 다른 사람을 감동시키고 사로잡기 위하여 비언어적 단어를 사용할 수 있다고 하였다. 심지어 어떤 경우에는 그들의 공식적인 지위가 지시하는 것보다 훨씬 더 효과적일 수 있다.

카리스마적 리더는 아주 활기 있고, 비상할 정도로 생명력이 넘쳐서 오랫동안 일할 수 있는 능력이 있고, 스트레스의 상황에도 마음의 평정을 잃지 않고 침착하게 대처할 수 있으며, 머리가 비상하고, 경제적이거나 재정적인 문제에는 거의 관심이 없고, 여성들로 하여금 예외적인 헌신을 할 수 있도록 하며, 비상하게 사람을 끄는 힘이 있는 눈 또는 기타 신체적 특징을 가지고 있다고 했다.

따라서 종합된 카리스마적 리더십의 특징은 대체로 ① 자신감, ② 비전, ③ 비전을 분명히 할 수 있는 능력, ④ 비전에 대한 강력한 확신, ⑤ 평범하지 않은 행동, ⑥ 변혁주체, ⑦ 환경의 감수성, ⑧ 의사소통의 주인공, ⑨ 정력과 행동지향성 등이라 할 수 있다.

따라서 21세기 글로벌시대의 CEO의 특징은 카리스마적 리더십들이 주종을 이루고 있다. 카리스마의 속성은 다음과 같다([그림 7-2]).

[그림 7-2] 카리스마의 속성

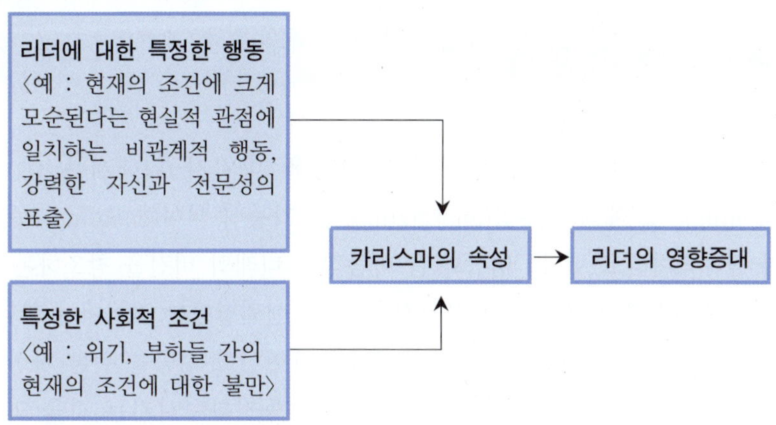

제3절 카리스마적 리더의 행동유형

1. 카리스마적 리더의 특정 행동유형

카리스마적 리더들은 특정한 행동유형을 가지며 그것은 ① 초월적인 비전(목표)을 정형화시키고, ② 역할모델로서 봉사하며, ③ 자신의 이미지를 구축한다. ④ 부하들에게 강한 자신감을 보여주고, ⑤ 부하들에게 업적에 대한 높은 기대를 표현하며, ⑥ 성취, 권력에 대한 욕구를 불러일으킨다. 그리고 ⑦ 부하들에게 발전지향적인 태도를 취함 등의 내용을 포함한다.

카리스마적 리더의 행동특성에 대해 ① 카리스마적 리더는 반드시 비범한 개인적 특성을 소유해야 하고, ② 그는 급진적 메시지나 사명을 보여주어야 하며, ③

그러한 메시지와 사명은 널리 인식된 위험, 사회적 동요의 근원과 관련이 있어야 한다. ④ 리더의 개인적 특성이 부하들을 유인하고, 그들을 흥분, 경외, 존경의 상태로 야기시켜서, 리더의 급진적 사명을 따르기 위해서라면 기꺼이 전통적인 규범들을 어길 수 있도록 하여야 한다. 그리고 ⑤ 카리스마의 유효성을 위해 사명의 명백한 성공을 보여주어야 함 등으로 설명하고 있다.

2. 카리스마가 조직혁신에 미치는 영향

카리스마가 광대한 조직의 혁신에 영향을 미치기 위해서는 ① 영상화(envisioning), ② 에너지 주입(energizing), ③ 가능성 부여(enabling) 등과 같은 행동이 필수적이라고 했다. '영상화'란 바람직한 미래의 비전을 창조하는 것이며, 이때 비전은 도전적이고 추구할 가치가 있으며, 신뢰할만한 것이어야 한다. '에너지 주입'이란 리더의 개인적 흥분과 에너지를 표현하고 성공을 위한 자신의 능력에 대한 자신감을 나타냄으로써 조직구성원을 동기부여시키는 것을 의미한다. '가능성 부여'란 조직구성원들이 과업을 수행하는 과정에서 필요한 심리적인, 감정적인 도움을 주는 것으로 리더는 감정이입(empathy)의 방법을 사용한다.

비전과 의사소통은 카리스마적 리더십의 중요한 관점이다. 다양한 나라와 여러 상황에서 비전 있는 리더십에 대한 필요성이 강조되고 있다. 인도의 한 일간지에서는 최고경영자들이 나타내는 다섯 가지 리더십 행동을 제안하고 있는데 그것은 '비전'(vision), '영감'(inspiration), '영향력'(influence), '권한부여'(empowerment), '전문적 지식'(expertise) 등이다(Chhokar, 1999). 여기서 '권한부여'라는 것은 협력에 의해 양자 모두의, 나아가 조직의 파워 자체가 커지는 현상(긍정적인 상승효과, 부정적인 것의 붕괴현상, 권력증가현상)을 의미한다. 즉, 권한부여는 개인차원에 국한된 것이 아니라, 나아가 조직 전체 차원에까지 확대된다. 따라서 권한부여의 초점은 조직변혁이라고 볼 수 있다. 결국 개인차원, 집단차원에서 논의되던 권한부여가 조직차원으로 확대되면 조직변혁과 의미를 같이하게 된다. 바로 이 점 때문에 '조직변혁'에서 '권한부여'의 개념이 맥락을 같이하며 '임파워링 리더'(empowering leader)의 속성이 '변혁적 리더' (transformational leader)의 속성과 같아지는 것이다. 이때 권한부여는 어느 한 수준에서 한 가지 내용만을 변화시키는 단편적인 변화가 아니고, 전체적인 변화를 요구한다. 모든 면에서 변화가 일어난다.

3. 글로벌시대 카리스마적 리더십의 문제점

글로벌시대에 전략경영상 카리스마는 몇 가지 문제점을 안고 있다. 카리스마와 관련된 많은 속성들이 리더십에 공헌하는 것으로 보여지고 있지만 '카리스마'란 단어는 많은 나라, 많은 상황 속에서 양면가치에 호소한다. 카리스마를 가리켜 '혼합된 은총'이라 표현했고, "카리스마란 존재하고 있는 가장 위험한 것들 중의 하나이다"라고도 표현했다.

카리스마에 관한 부정적인 평가는 많은 다른 나라에서도 발견되었고, 때로는 문학에서도 묘사되고 있다. 이러한 카리스마의 어두운 면(the dark side of charisma)은 추종자로 하여금 부정적인 결과나 대가를 치르게 한다. 카리스마의 어두운 면으로 일컬어지는 리더들이 산출해 낼 수 있는 부정적인 결과 또는 부작용은 윤리적 문제에서부터 법적인 이슈에 이르기까지 매우 다양한 형태로 나타난다(Conger, 1991). 카리스마적 리더가 윤리적 기준을 넘어서게 되면 크게 믿고 의지하고 있는 추종자들을 자신의 개인적 야망이나 목적을 달성하는데 이용할 수 있다. 우리는 리더에게 카리스마적이라는 평가를 가져다주었던 바로 그 속성들이 결국 리더 자신을 파괴시키는 요소로 작용하게 되는 경우를 종종 보게 된다. 히틀러, 스탈린, 차우세스크, 이승만, 박정희, 마르코스 등 많은 지도자들이 권력욕구에 사로잡혀 비참한 생을 맞이하는 모습을 보았다.

그러나 글로벌시대 전략경영에서 카리스마란 리더의 이미지를 카리스마적 리더로서 의식적으로 창조한 대량정보의 산물이며, 기업을 성장시키는 원동력으로 표현했다. 이러한 추세는 글로벌시대의 시대적, 경쟁적으로 혼란한 사회의 속성과 이에 대응하는 전략적 자질조건 때문에 필연적으로 발생한다. 텔레비전, 라디오 등의 매개체(media)는 그들이 고안한 정치적 리더를 카리스마적 인물로 창조한다. 즉, 카리스마적 리더는 비상한 인물을 창조하기 위하여 의식적으로 훈련시키는 광고요소와 숙련된 매개체의 산물이라는 것이다. 글로벌시대에 있어서 대중매체, 특히 영상매체의 발달에 기인하여 용모와 학력, 경력, 지역, 색깔 등 카리스마적 리더의 특징으로 부각되고 있으며, 카리스마적 리더는 생동감 있는 어투를 구사하며 어구의 달변과 현혹 속에 중요한 내용을 여러 차례 반복하여 말한다고 하였다. 그는 카리스마적 리더가 전달하는 전략적 메시지는 간단하며 공감대를 형성할 수 있는 내용을 주제로 이야기하고 고객들이 반응을 보이도록 유도한다고 주장했다. 또한 글로벌시대 카리스마는 베버의 초점인 개인과 임의라기보다는 전략적 승리의 단계관리 광고효과와 더 많은 관계가 있다고 하였다.

사례 1// 변화 이끄는 리더십

전도자 – 군주 – 건축가 – 교육자
변화 이끄는 리더의 네 특성

MIT의 슬론 매니지먼트 리뷰는 '어떤 변화에도 살아남는 기업의 조건'(The Underlying Structure of Continuous Change · 토머스 로런스 등 · 2006년 여름호)에서 기업의 변화는 대체로 4단계 순환구조를 갖는다고 설명했다.

4단계 순환구조는 단계별로 주역과 특성을 지니며 △아이디어 퍼뜨리기(전도자) △권위를 동원해 실행하기(군주) △아이디어 정착을 위한 시스템 변화(건축가) △변화 지속을 위한 기업문화 조성(교육자)으로 이뤄진다.

❑ 변화의 4단계

변화는 새로운 아이디어와 함께 시작된다. 적절한 의문과 효과적인 표현이 결합된 아이디어는 변화의 출발점이 된다. 이런 과정을 수행하는 사람들은 전도자(Evan-gelist)에 비유될 수 있다.

대부분의 관현악단은 정부나 후원기관에서 더 많은 보조금을 타내는데 힘을 쏟는다.

브리티시심포니 오케스트라의 최고경영자인 팀 스미스는 이와 달리 영국에 너무 많은 관현악단이 있는 게 문제라고 봤다. 그의 노력으로 결국 관현악단 간 합병이 재정난을 타개할 수 있는 유력한 방안으로 선정됐다.

스미스처럼 전도자가 제 역할을 하려면 아이디어를 퍼뜨릴 수 있는 인적 네트워크와 뛰어난 설득기술을 지니고, 조직이나 주위 사람에게서 믿음과 지원을 받을 수 있어야 한다.

새로운 아이디어가 실행되려면 공식적인 권위와 권한을 가지고 직원들에게 명령을 내릴 수 있는 군주 역할을 누군가 해줘야 한다. 아이디어 실행에 권위와 권한이 필요한 것은 △사람들의 망설임을 없애고 △아이디어에 대한 구체적인 해석이 필요하며 △변화에 대한 저항을 극복하기 위해서다.

아이디어 정착을 위한 시스템이 만들어져야 한다. 여기는 '건축가'의 자질이 필요하다. 그는 변화된 조직의 모습을 구체적으로 상상해내며, 가장 적절한 업무방식과 업무공간을 계획한 후 여기에 맞춰 기존 시스템을 변화시켜야 하기 때문이다.

변화의 지속을 위해서는 교육자가 필요하다. 뛰어난 교육자는 직원들에게 새로운 변화가 필요하다는 것을 깨닫게 하고, 직원들이 전문기술을 활용할 수 있는 환경을 창출해야 한다.

❑ 변화에는 균형이 필요하다.

변화과정에서는 전도자, 군주, 건축가, 교육가가 모두 제 몫을 해줘야 한다. 그렇지 않으면 변화과정이 심각하게 망가질 수 있다.

변화의 순화과정 (Cycle)

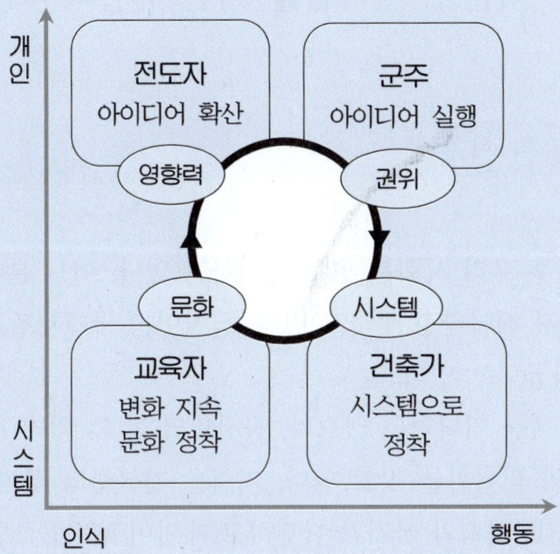

먼저 개인과 시스템 간에 균형이 필요하다. 개인의 능력에 너무 의존하고 시스템 투자에 소홀히 하는 기업은 뛰어난 개인들이 떠날 때 기존의 능력과 창의성을 잃게 된다. 반면 대부분의 기업처럼 공정 자동화나 정보 인프라 구축에만 열의를 쏟으면 개인의 창의성이 줄어든다. 그러면 창의성이 결여된 제도만 만들어지고 기존 아이디어의 재생산과 확장만이 반복된다.

아이디어와 행동의 균형도 중요하다.

최근 인터넷과 세계화로 상징되는 속도의 시대에 즉각적인 실행과 성과가 요구되는 경우가 많다. 이렇게 되면 '지속적인 변화=지속적인 곡예'가 될 수 있다.

하나의 변화에 따른 태도, 가치, 믿음, 정체성이 확립되기 전에 또 다른 변화에 내몰릴 경우 직원들은 혼란으로 의욕을 잃고 기업은 전략 목표의 초점을 잃게 된다.

〈자료: 매일경제 2007. 10. 16〉

제4절 서번트 리더십을 가진 신전략경영 CEO

1. 새로운 리더가 필요한 사회

세월호 참사 이후 우리 사회는 멍이 들어가고 있다. 어느 분야 할 것 없이 패닉(panic)상태에 빠져 헤어나질 못하고 있다. 심지어는 국가개조론까지 거론되는 심각한 양상으로 파급되고 있다.

정말 새로운 리더를 기다리고 있으며, 공사기업 할 것 없이 세상을 바꾸는 리더십, 새로운 CEO의 리더십을 찾고 있다. 기업은 자본주의 꽃이다. 이들이 화사한 꽃망울을 터뜨릴 때, 사회와 국가가 발전하고 개인이 혜택을 보게 된다. 그러나 한국의 들판에 자라나는 꽃들은 왜 잡초의 상태를 벗어나지 못하고 있는 것일까? 들에 핀 노란 색깔의 꽃을 보고 가까이 다가가 보면 조화에 불과하고, 또 저 끝에 돋아난 빠알간 꽃을 따라가 보면 뿌리가 썩어있고 향내는 간데 없다. 벌도 나비도 심지어 하루살이조차 얼씬거리지 않는 들풀처럼 조야한 수준의 기업이 많다.

CEO들은 대리나 직원이 만들어준 전략보고서를 읽고 있는 경우가 허다하고, 관리자 조차 적당히 알아서 일하다가 건수가 될 만한 일이 있으면 재빨리 끼어 탄다. 무슨 수를 써서라도 회장이나 상사의 마음에 들기만 하면 된다. 평가는 그들이 한다.

어차피 내 회사냐? 기회만 있으면 나누어 갖자. 인센티브에 효도수당, 체력단련비에 정근수당, 더 갖다 붙일 이름은 없을까? 우리는 모두 한배를 탄 봉급쟁이.

돈 될 일만 있으면, 부정과 부패는 서슴치 않고 행한다. 납품을 받고, 구매를 하고 프로젝트 발주에서 해외출장에 이르기까지 '리베이트'에다 '킥 백'까지 임원들까지 눈만 속이면 세상이 이처럼 쉬워진다. 언제 부정부패 없는 청렴한 기업, 정도경영, 관피아가 없는 나라를 만들 것인가?

이제 우리는 참신한 리더를 기다리는 우리 사회의 새로운 CEO의 리더십, 서번트 리더십을 찾아야 한다.

2. 서번트 리더십의 유래와 정의

서번트 리더십은 1977년 AT&T에서 경영관련 교육과 훈련를 담당했던 로버트 그린리프(Report K. Greenleaft)가 저술한 『서번트 리더십(*Servant leadership*)』에서 처음으로 제시하였다.

지난 20여년간 주목을 받지 못했던 서번트 리더십이 각광을 받게 된 것은 1996년 4월에 출간된 『*On Becoming a Servant Leadership*』이 계기가 되었다. 지금은 전 세계에 이목을 집중시키고 있으며, 그간 카리스마 리더십, 변혁적 리더십, 의사결정 리더십, 이슈리더십 등 다양한 리더십 등이 성공과 실패의 리더십으로 검증되어지면서 리더육성, 리더십 실패, 리더십 성공, 그리고 새로운 도전의 리더십 등으로 나타나고 있다.

왜 그렇게 서번트 리더십이 전 세계에 이목을 끌고 있을까? 왜 오늘날 우리나라의 참담한 현실을 극복하는 리더십으로 서번트 리더십을 주목하고 있을까?

로버트 그린리프에 의하면 '서번트 리더십'은 타인을 위해, 타인을 섬기는, 봉사에 초점을 두고 있기 때문이라고 한다. 종업원 및 고객을 우선적으로 섬기고 그들과 커뮤니티를 우선적으로 여기고, 그들의 욕구를 만족시키기 위해 헌신하는, 타인을 섬기는 봉사의 리더십으로 정의되기 때문이다.

서번트 리더십은 남을 섬기고, 봉사를 하는 헌신적 리더십을 말하며, 리더는 타인을 위하여, 사랑하고, 헌신하며, 사회에 공헌하는 등 자기를 버리는 리더 등으로 발전하기 때문이다.

3. 서번트 리더십의 기본 아이디어

그린리프에 따르면 그의 서번트 리더십의 기본 아이디어는 헤르만 헤세(Herman Hesse)의 작품인 『동방으로의 여행(*Journey to the East*)』이라고 하였다.

이 소설은 여러 사람이 여행을 하는데 그들의 허드렛 일을 하는 레오(Leo)라는 인물에 초점을 맞추고 있다. 레오라는 사람은 매우 특이한 존재였다. 여행 중에 모든 어렵고 힘든 허르렛일, 하인들이 하는 일을 전부 맡아서 하던 사람이었다. 여행 중에 모든 어렵고 힘든 허드렛일을 맡아서 하던 레오가 사라졌다. 모든 일은 잘 되어 갔지만 레오가 사라지자 일행은 혼돈에 빠지게 되었다. 그리고 흩어져서 결국 여행은 중단되었다. 그들은 출중한 심부름꾼이었던 레오 없이는 여행을 계속할 수가 없었던 것이다. 사람들은 레오가 없어진 뒤에야 그가 없으면 아무것도 할 수 없다는 사실을 깨닫은 것이다. 그 일행 중 한 사람은 몇 년을 찾아 헤맨 끝에 레오를 만나서 여행을 후원한 교단으로 함께 가게 되었다.

거기서 그는 그저 심부른꾼으로만 알았던 레오가 그 교단의 책임자(CEO)인 동시에 정신적 지도자이며, 훌륭한 리더라는 것을 알게 되었다. 레오는 서번트 리더의 전형적인 지도자(CEO)라고 규정할 수 있다(이상, 백기복, 리더십 리뷰, 2005, p. 398/김성수, 21세기 글로벌 리더십 개발, 2010, pp. 117~118 참조).

4. 서번트 리더 CEO의 6가지 행동전략

새로운 리더를 기다리는 우리 사회에서 서번트 리더십의 자질과 조건을 갖춘 리더 CEO는 다음과 같은 6가지의 행동전략을 수행할 수 있어야 한다.

첫째, 경청(Listening)의 전략을 수행한 줄 알아야 한다. 경청은 모든 구성원에 대한 존중과 수용적인 태도로 듣고 이해하는 것이다. CEO는 적극적이고 능동적인 경청을 통해서 오디언스가 바라는 욕구를 명확히 알 수 있어야 한다.

둘째 공감(Empathy)의 전략을 할 줄 알아야 한다. 공감은 차원 높은 이해심이라고 할 수 있다. CEO는 조직구성원의 감정을 이해하고, 이를 통해 그들이 필요한 것이 무엇인가를 찾아내고 리드해야 한다. 같이 울고, 같이 슬퍼하고, 같이 즐거워하는 리더(CEO)가 되어야 한다.

셋째, 치유(Healing)의 전략을 알아야 한다. 치유는 리더가 오디언스들을 이끌어가면서 보살펴 주고, 육체와 마음을 다스려 주는 비즈니스 닥터가 되어야 한다. 힐링의 방법을 아는 것은 21세기 조직을 이끌어가는 데 리더의 필수적인 능력과 조건이다.

넷째, 스튜어드십(Stewardship)의 전략을 할 줄 알아야 한다. 서번트 리더는 조직의 오디언스들을 위해 자원을 관리하고, 봉사할 줄 알아야 한다. 조직에서 활용되는 인적, 물적 자원 등을 관리하고, 부족하고 힘든 여건들을 해소시키며 자신을 희생하는 봉사정신이 투철해야 한다.

다섯째, 조직구성원의 성장전략(Commitment to the growth of people)을 수행할 줄 알아야 한다. 서버트 리더는 조직구성원의 개인적 성장, 정신적 성숙 및 전문분야에서 발전을 위한 헌신적 기회와 자원을 지원해야 한다. 특히 창의적 능력과 혁신적 기술을 가진 부하들을 조직 공통체 목표와 다른 의미를 가졌다하여 여과 없이 퇴출시키는 행동은 서버트 리더십이 아니다. 과거의 카리스마적 리더십의 행동지침으로 서번트 리더가 될 수 없다.

여섯째, 공동체 형성(Bulding community)의 전략을 할 줄 알아야 한다.

서비트 리더는 산업평화적 대등이념의 실현과 생산성향상과 성과배분의 실현, 노사화합의 조직구성원 공동체를 만들어 가야 한다. 조직구성원이 서로 존중하고 섬기며, 봉사하는 진정한 의미의 공동체를 만들지 않고서는 21세기 서번트 리더(CEO)가 될 수 없다.

따라서 서번트 리더십은 기업문화 가치의 산물이다. 서번트 리더십은 기업문화에 (1) 신뢰경영을 통한 선전가치의 창조, (2) 산뢰경영을 통한 시스템의 효율화, (3) 사회적책임의 변화 - 노블리스 오블리제, (4) 조직성과의 변화, (5) 사랑받는 기업으로의 변화, (6) 환경변화에 대응한 노사평화문화 등의 변화를 미칠 것이다.

5. 새로운 가치를 추구하는 CEO

지금 우리 사회는 새로운 서번트 리더십을 갖춘 CEO의 가치체계를 만들어 가야 한다. 이 노력의 성패가 앞으로 100년의 한국의 미래를 좌우하게 될 것이다.

말로만 하는 창조경영이 아니라 새로운 서번트 리더십의 능력을 가진 새로운 가치가 혁신을 주도해야 한다. 우리의 문제와 욕구에 초점을 맞추고 서버트 리더를 중심으로 새로운 가치를 창출하여 성과를 내야 한다. 미래를 향한 경쟁력 있는 가치체계를 구성해 내지 못하면 세계 속의 한국 기업의 위상은 높아질 수가 없다.
(자료: 김성수, 서번드 리더십, CEO& 2014.6)

사례 2// 서번트 리더십 성공사례

1. Southwest Arlines

대기업 CEO가 토끼 분장으로 직원들을 맞이하고, 작업복 차림으로 손수 비행기를 청소한다면? 재미있기도 하지만 한편으로는 괴짜가 아닐까란 생각이 든다. 그렇다고 만만하게 보면 안된다. 그가 경영하는 회사는 시가총액(110억 달러)이 미국 6대 항공사를 합친 금액보다 많다. 또한, 창입 이후 30년간 한 번도 적자를 내지 않은 우량기업이라고 하니 그 묵직한 내공의 비결이 궁금하다. 뿐만이 아니라 〈포춘

(Fortune)〉 지가 선정하는 일하기 좋은 100대 기업의 최상위권에 매년 선정되고 있다. 그 비결은 바로 사우스 웨스트 항공사 CEO인 켈러허의 리더십에 있다. 그는 '직원이 최고다. 고객은 다음이다'라는 모토를 가지고 있다. 이런 그의 리더십을 단번에 알 수 있는 일화가 있다. 그는 비행기에서 한 승객이 모욕적인 말을 섞어가며 여자 승무원을 호되게 꾸짖고 있는 상황을 보았다. 확인 결과 이 승객은 특별한 이유 없이 사소한 것을 꼬투리 잡아 막무가내로 직원을 못살게 구는 사람이었다. CEO는 이 승객에게 "우리 회사의 직원을 괴롭힐 거면 다시는 우리 항공기를 이용하지 마시오"라고 모두가 보는 앞에서 호통을 쳤다. 이렇듯 사우스 웨스트 항공 성공의 밑바탕에는 직원의 가치를 무엇보다 소중히 여기는 회사의 경영철학이 있다.

2. Starbucks

뉴욕 브루클린 빈민가에서 성장한 한 청년이 있다. 그의 어린 시절은 비정규직인 아버지의 무능력으로 인한 가난으로 얼룩져 있었다. 훗날 그는 잔뼈가 굵은 영업사원으로 일하던 중 자신의 고객사를 인수해 오늘날 세계적인 기업으로 키웠다.

이 야이기 속 주인공은 바로 스타벅스 CEO 하워드 슐츠의 이야기다. 어린 시절의 고생 탓인지 그는 종업원들을 떠받드는 CEO로 유명하다. 그는 파트타임 사원에게까지 의료보험을 제공하는 파격적인 정책을 취하고, 스톡옵션을 제공하고 있다. 이것은 미국의 다른 대기업들에서는 좀처럼 찾기 어려운 일로 종업원들의 신뢰를 얻는데 결정적으로 기여했다. 아버지가 겪었던 고통에 대한 기억이 이와 같은 선이 굵은 정책으로 연결된 것이다.

이렇듯 그의 경영철학에는 늘 사람이 있었다. 냉정한 판단과 과감한 혁신을 감행하면서도 인간적인 고뇌와 감성적인 애정을 잃지 않는다.

그의 이러한 리더십은 1990년대 중반에 일어난 끔찍한 사건으로 명확하게 드러난다. 텍사스에 있는 스타벅스 점포에 강도가 들어 점포 관리자가 사망한 일이다. 이 비극을 접한 그는 그날 밤 즉시 진세 비행기를 타고 텍사스로 날아가 죽은 관리자의 가족을 위한 기금을 조성했다.

그리고 그의 회사 규정 속 작은 부분에서도 그의 리더십 철학이 드러난다. 스타벅스에서는 직원들을 파트너라고 부른다. '종업원(employee)'이 아닌 동업자로 규정한다. 오늘날 스타벅스는 커피를 갈아 금으로 만드는 기업, 천 년의 커피 역사를 뒤집은 성공 신화라는 수식어가 붙는다. 이런 성공의 원천에는 분명 CEO의 리더십과 경영철학에 있지 않을까.

3. Wall Mart

사람의, 사람에 의한, 사람을 위한 리더십을 직접 보여준 월마트의 창시자 샘 월튼, 그는 섬김의 리더십을 직접 보여준다. 그는 직원을 이끄는 리더가 아니라 옆에서 어깨동무하고, 뒤에서 후원하는 리더이다. 그는 직원들을 '동료'라고 부르며 동등하게 대한다. 직원에게 좋은 일이 생기면 직접 축하 메시지를 띄우고, 월마트의 이익은 직원들과 함께 나눈다. 샘 월턴은 "종업원이 행복하면 고객도 행복하다. 직원이 고객을 잘 대하면 고객은 다시 찾아올 것이다"라며 행복한 직원 만들기에 역점을 뒀다. 그의 솔선수범에 직원들은 감동했고, 당시로서는 이례적으로 노조가 없는 기업이 나타난 것이다.

4. Google

미국 경제전문지 포춘이 선정해 발표한 가장 일하기 좋은 직장 100곳 중 1위로 구글이 3년 연속 선정됐다. 구글은 직원이 40명 남짓이었던 초창기에도 하루 종일 컴퓨터 앞에 앉아서 일하는 직원들을 위해 전문 마사지사를 고용해 그들의 피로를 풀어주었다. 지금은 직원들에게 호텔 수준의 식사를 제공하고 회사 안에 수영장과 놀이터를 마련해 놀면서 일하게 해 엄청난 성과를 거두고 있다. 또한, 구글은 직원이 사망할 경우 미망인이나 동거자, 동성 파트너에게 10년 동안 연봉의 절반을 해마다 지급한다. 여기서 근무기간은 따지지 않는다. 입사한 지 하루만에 사망해도 급여의 절반을 지급한다. 구글 직원 3만 4,000명 모두에게 혜택이 돌아가는 셈이다.

5. Dowcorning

회사 안에 마법을 일으키는 비결이요? '서번트 리더십'(Servant leadership 섬김의 리더십)이 그 답이죠. 최근 포춘지가 선정한 '일하기 좋은 100대 직장'에 3년 연속 선정되며 직원 중심의 인사관리(HR) 전략으로 주목받고 있는 미국 다우코닝사(社), 직원들의 회사 만족도는 80%를 웃돌고 평균 근속연수는 15년에 달한다. 마리 프랑스 미국 다우코닝 본사 인사관리 담당 부사장은 이러한 성과의 비결로 '직원을 높이고 리더는 낮아지는' 사내 문화를 꼽았다.

다우코닝은 미국 '워킹머더'지가 선정한 '워킹맘이 일하기 좋은 100대 직장'에도 수년째 이름을 올리고 있다. 여성 승진율, 사내 여성 네트워크, 맞벌이 직원 지원, 자율적 업무시간 관리 등이 높은 평가를 받았다.

제8장
글로벌시대 조직 및 인적자원전략

제8장 글로벌시대 조직 및 인적자원전략

제1절 글로벌시대 조직구조

1. 글로벌 조직의 형성

글로벌시대 글로벌 조직을 형성하는 데 경영자들은 세계화의 경제, 경영, 정치, 사회, 문화 등의 제반지식을 활용하는 능력을 가지고 있어야 한다.

첫째, 글로벌 조직을 형성하는 데 정책적 방해와 저항에 직면해서는 성공할 수 없다. 글로벌화의 시대적 흐름에 적응해야 한다.

둘째, 조직구조, 경영관리 과정, 인력, 문화 등 조직의 여러 부분들은 기업의 역사나 상황에 따라서 글로벌화 하는 데 어려울 수 있다. 관리자들은 변화하기 쉬운 순서에 따라 조직변화를 시도해야 한다.

셋째, 글로벌 조직의 여러 측면은 글로벌 수준이 다를 수 있다. 따라서 조직의 모든 측면이 바람직한 글로벌 수준을 갖기 위해서는 글로벌 전략지원을 위해 서로 부족한 부문은 보완하여 글로벌화를 완전히 이루어야 한다.

넷째, 글로벌화를 향한 조직구조의 변화는 시간이 많이 걸릴 수도 있다. 기업의 경영자는 바람직한 변화를 추진하기 위해 조직구성원들에게 글로벌화가 시급한 당면 과제임을 주입시킬 필요가 있다.

2. 글로벌 조직구조 : 권한의 집중

글로벌 조직구조는 글로벌 인적자원전략에 대하여 가장 확실하고 직접적인 영향을 미친다. 조직구조의 변화는 기업 내의 많은 변화를 수반한다. 보고체계의 변화는 조직구성원들에게 가장 명확하게 드러나기 때문에 조심스럽게 추진되어야 한다. 어떤 경우에는 경영의사결정 과정과 같은 비교적 덜 직접적인 요인의 변화가 조직구조의 변화를 위한 준비작업으로서 먼저 시행될 필요가 있을 것이다.

글로벌 전략을 개발하고 수행하기 위한 가장 조직적인 방법은 권한을 집중시키는 것이다. 즉, 전 세계에 퍼져있는 동일 사업단위들로 하여금 동일한 글로벌 최고경영자(global top manager's)에게 보고하도록 하는 것이다. 그러나 놀랍게도 이렇게 하는 기업은 거의 찾아 볼 수 없다. 대신 대부분의 기업들은 권한의 주요 라인이 사업단위에 의해서 보다 국가단위에 의해서 운영되는 강력한 국별 조직(country-based)에 집착하고 있다.

이미 GE가 1980년대에 시작한 것처럼 글로벌 라인을 따라서 재조직하는 것은 자원이 분배되는 방법에 있어서 근본적인 변화를 가져 왔다. 예를 들면 GE의 캐나다 조명사업부는 과거 GE의 다른 모든 캐나다 사업부와 같이 GE본사의 자원배분을 더 받기 위해 경쟁하였다. 그러나 당시 캐나다 조명사업부는 자금조달을 위해 글로벌 조명사업부의 요청을 받을 수 없었다. 그 결과 큰 타격을 받았다.

일반적으로 우리나라의 삼성 등 전자반도체 사업과 같이 수직적으로 통합된 핵심 소재산업에서는 개별 국가에 각각 독립된 사업 라인을 형성하는 것이 매우 어렵다. 그러한 경우 하나의 구조적인 해결책은 경영기능적, 지리적 조직형태로부터 매트릭스 형태로 전환하고, 글로벌 사업부서장(global business directors)을 지정, 활용하는 것이 성공하는 전략이다.

그러한 글로벌 사업부서장들의 역할과 책임은 다음과 같다.

① 개별 사업 라인에 대한 이윤성과책임을 갖는다.
② 사업 라인에 영향을 미치는 모든 요인들을 조정한다.
③ 기능부서와 지역단위조직 간 협력 하에서 기업의 전략적 계획을 수립하고 재무예산을 설정하고 실행한다.
④ 전략적 계획을 실행하기 위해 기능부서, 지역단위 조직과 협력한다.
⑤ 글로벌 전략과 마케팅, 그리고 재무정보 시스템 등의 개발 및 유지에 기여한다.

⑥ 자주 사업현장을 방문하여 경영문제를 해소한다.

글로벌 권한을 집중시키는 또 다른 방법은 개별 경영기능 혹은 각 부가가치 활동별로 글로벌 책임자를 임명하는 것이다. 이러한 책임자들은 기능별로 직접적인 직무권한을 갖거나 스탭과 같은 조정책임을 가진다. 기능별 책임자제도가 더욱 효과적일 수 있다. 한국의 한 가정용품 기업의 글로벌 마케팅 책임자 역할중의 하나가 한국에서 성공했던 마케팅 아이디어들이 왜 다른 나라에서는 실패하는지 분석하는 것이라고 생각한다.

3. 전략경영에 주요한 조직구조개발

경영에 있어 중앙통제의 문제는 글로벌 전략의 성과와 밀접한 관련이 있다. 국가 간 그리고 동시에 사업 간 업무조직의 필요성은 기업에 적합한 조직을 구축하는 문제를 더욱 어렵게 만든다. 대부분의 다국적기업들은 기능위주의 조직뿐만 아니라 사업과 지리적 요인을 동시에 고려한 매트릭스 형태의 조직구조를 개발해 왔다. 삼성, SK, LG 등은 오랫동안 매트릭스 시스템을 운영해 왔다. 이들 회사의 글로벌한 통합은 수출상품, 수입원자재 등과 같은 영업부문을 책임지는 본사의 경영자 팀에 의해서 이루어지고 있다. 이러한 조정을 담당한 경영자 팀은 거의 국가 및 지역의 핵심 상위관리자 지위를 가지고 있어야 한다. 따라서 조직구조개발은 글로벌 전략경영에 중요한 이슈로 등장한다.

1) 조직구조개발의 정의

조직구조개발(organizational structure development)이란, 글로벌 기술이나 시장 등 조직환경의 복잡성과 불확실성의 증대에 적응하기 위하여 종래의 기계적 조직으로부터 신축성과 유연성 있는 유기적 조직으로 변화시키는 조직구조전략 내지 교육훈련전략을 의미한다. 다시 말하면, 기계적 내지 경직적 조직을 조직환경에 적응시키기 위해 신축성이 있는 조직구조, 개방적 조직풍토, 상호신뢰하는 태도, 글로벌 리더십 스타일 등 조직구조개발 과정을 총합하여 유기적 조직으로 개편한다.

베니스(Bennis, W.G.)는 조직구조개발을 "새로운 기술이나 글로벌 시장, 상품, 속도 등 빠른 변화에 대해 보다 유효하게 적응하기 위해 조직구성원의 신념, 태도나 조직구조를 변화시켜가는 것을 목적으로 한 포괄적 교육적 전략이며 글로벌 변화에 대한 적용이다"라고 정의하고 있다.

이와 같은 조직개발의 방법상의 특징은 조직의 운영, 조직구성원의 태도나 행동에 대한 자료를 수집하고, 구체적인 조직문제를 참가자 그룹에 피드백하고, 그 조직문제를 해결하기 위한 조직혁신계획을 수립하여 실시해 가는 과정이다.

조직구조개발의 성격 내지 특질은 다음과 같다.

① 조직개발은 조직에 대한 진단이나 개선을 위한 전략적 계획변화(planned change)이며, 포괄적 변화(comprehensive change)를 그 요소로 한다.
② 조직개발의 과정을 실시하는 데는 수개월, 심지어 어떤 것은 수년에 걸리는 장기변화(longrange change)를 꾀한다.
③ 조직개발의 기법 중에는 개인이나 조직의 변화를 꾀하는 것도 있으나 대부분의 경영집단(work groups)을 목표로 하며 세계화의 단위로 개편한다.
④ 조직개발은 진행 중인 조직활동을 국제적으로 개입(intervention)하여, 행동연구(action research)를 통해 실제적인 문제를 해결하려 한다.

2) 조직구조개발의 목적

(1) 조직변화의 교육전략 실행

조직개발의 목적은 새롭고 급격히 변화하는 세계적 기술, 시장, 그리고 국제적 환경변화 그 자체에 잘 적응할 수 있도록 조직의 태도, 가치, 신념, 구조를 변화시키도록 고안된 복합적인 교육전략을 실행하여야 한다.

(2) 조직의 유효성 · 건강도 증진

조직개발의 목적은 행동과학의 지식을 이용하여, 글로벌 조직과정에 계획적인 개입을 해서 조직의 유효성과 건강도를 증진시키기 위해서 최고경영층에 의해 주도되는 노력이 필요하다.

(3) 내적 충실화에 의한 조직변혁

조직이 가지고 있는 잠재능력을 글로벌 목표달성의 방향으로 이끌어 이를 활용함으로써 조직의 내적 충실을 기하고 이를 통해 조직변혁을 꾀하여야 한다.

(4) 조직구성원의 모티베이션 제고

글로벌 조직개발은 글로벌 조직구성원간의 상호 신뢰감을 높이고 글로벌 조직 문제를 빈번하게 발견·해결함으로써 조직구성원의 모티베이션을 높여야 한다.

(5) 조직구성원의 만족수준과 책임수준의 증대

글로벌 조직구성원의 신뢰와 협동성의 증대, 수평적·수직적 또는 대각적 의사소통 개방 등의 글로벌 조직풍토를 조성함으로써, 조직구성원의 만족수준과 책임감의 수준을 높여야 한다.

3) 글로벌 조직개발의 기법

글로벌 조직개발을 위한 기법은 여러 가지가 있으나 그 중 중요한 것은 글로벌화에 따라, ① 감수성 훈련, ② 그리드 훈련, ③ 조사연구·피드백 기법, ④ 과정자문법, ⑤ 제3자조정법, ⑥ 팀구축법, ⑦ 대면회합법 등이 있다.

(1) 감수성 훈련(sensitivity training : ST)

1947년 미국의 국민훈련연구소(National Training Laboratory ; NTL)라 불리던 단체가 처음으로 실시한 교육훈련법이다. 미국에 있어서 이 훈련법은 급속도로 보급되어 현재 기업에 있어서 경영자교육뿐만 아니라 교회나 대학에서도 이용되고 있다. 그 목적은 세계화에 따라, 대인적인 감수성이나 자각을 훈련하는 것이 있으나 먼저 자기세계, 자기정신, 자기통찰을 중시하고 타인에게 이해심을 환기시키며, 나아가서는 집단행동을 이해시켜 커뮤니케이션이나 리더십의 기능을 학습하는 것에 그 목적이 있다. 협의로는 T그룹훈련(T-group training)이라고도 한다. 감수성 훈련 내용에는 T그룹훈련 이외에, 연습, 이론학습 등이 있다. 세계화·국제화에 따라 서로의 다른 감정이나 대화를 통하여 자신의 문제점을 풀기도 하는 기법이다.

(2) 그리드훈련

그리드훈련(grid training)은 리더십의 'managerial grid' 이론에서 나온 것으로 어떤 도구를 이용한 실험실훈련기법 중의 하나이다. 이 훈련의 목적은 'managerial grid'이론에서 이상적인 리더로 지적되었던 9명의 1조형의 리더, 즉 과업과 관계에 대해 둘다 높은 관심을 보이는 관리자가 되도록 고무하는 것이 있다. 이 훈련은, ① 실험실세미나훈련, ② 팀발전, ③ 집단간발전, ④ 조직목표의 설정, ⑤ 목표성취, ⑥ 안정화 등 6단계가 있다.

(3) 조사연구·피드백(survey research · feedback) 기법

조사연구를 통해 얻은 자료를 다시 피드백시키는 방법을 조사연구·피드백 기법이라 한다. 다시 말하면, 설문지를 이용하여 분석단위(작업분단, 부서, 혹은 전체조직)를 조사한 후 여기에서 얻은 자료를, 이를 내어놓은 사람들에게 다시 피드백시키는 것이다. 이 자료는 문제를 진단하고 해결하기 위한 구체적 행동안을 개발하는데 사용된다. 실무자는 각 상황마다 만들어서 사용할 수도 있으며 훈련기관이나 연구기관에서 개발된 표준판들을 이용할 수도 있다.

(4) 과정자문법(process consultation)

외부 컨설턴트(consultant)의 도움을 받아 한 집단이나 집단 간에 발생하는 과정을 개선하려는 기법이다. 여기서 '과정'이란 조직성원 간의 공식적·비공식적 접촉, 회합의 진행, 정상적인 작업의 흐름 속에서 발생하는 다양한 인간행동과 같은 과정을 말한다. 구체적으로는 의사소통, 집단성원의 기능적 역할, 집단문제 해결과 의사결정, 집단규범, 리더십과 권위, 그리고 집단 간 과정과 같은 것이다.

이 과정자문법은 ① 최초접촉, ② 계약체결, ③ 장소와 방법의 선택, ④ 자료모집 및 진단, ⑤ 실제적인 자문, ⑥ 개입의 감소 및 종결 등의 단계를 거쳐 실시한다.

(5) 제3자조정법(third-party peacemaking)

과정자문법의 특수한 형태로서 개인 간이나 집단 간의 갈등해결을 목표로 이루어지는 것이다. 과정자문법과 마찬가지로 관련과정을 검토하여 갈등의 이유를 진단하고, 제3자인 컨설턴트를 통해 갈등에 대한 건설적인 대책과 해결책을 모색하는 것이다.

제3자조정법은 ① 갈등당사자들과의 면접을 통한 관련자료의 수집, ② 대면회합(confrontation meeting)의 장소 선정과 편성, ③ 과정에의 직접적 개입, 즉 중재, 의사일정의 주도, 피드백의 고취와 참여, 진단과 처방, 당사자들이 회합 후에도 지속적 대화를 가질 수 있도록 준비와 계획을 지원하는 과정을 거쳐 이루어진다.

(6) 팀 구축법(team building)

널리 사용되는 조직개발기법으로서 이의 목표는 조직 내에 존재하는 다양한 팀들을 개선하고 그 유효성을 증대시키는 데 있다. 이 방법은 레윈(Lewin, K.)이 주장한 태도의 변화과정인 만남과정⇒변화과정⇒재단결의 과정을 거쳐 이루어진다. 여기에서 중요한 것은 만나서 팀을 구축하는데 반드시 변화의 과정을 가져오도록 해야 하며 그 결과는 재단결의 시너지가 나타나야 한다.

(7) 대면회합법(confrontation meeting)

베크하드(Beckhard, S.)에 의해 개발된 것으로서 조직의 여러 계층에서 나온 사람들로 구성된 집단이 조직의 건강도를 신속히 파악하여 빠른 시간 내에 이를 개선할 방안을 마련하려는 기법이다. 그것은 조직개발의 경영자교육의 한 방법으로서 콘프런테이션 원리(principle of confrontation)에 의해 행해지는 것이다. 콘프런테이션 원리라 함은 조직 속에서 필연적으로 발생하는 갈등(conflict)을 해결하기 위한 행동양식으로서 조직 내의 문제를 숨기거나 피하지 아니하고 서로 개방성과 신뢰성을 가지고 문제를 표현화하여 숨김없는 토의를 거듭함으로써 혁신적인 해결책을 찾자는 이론이다. 그 구체적인 방법은 변혁대행인(change agent)으로서의 외부의 컨설턴트와 기업의 최고경영자가 한 자리에 모여 기업의 조직문제에 대하여 의논하여 의견토론을 하게 된다. 그 토론의 의제는, ① 커뮤니케이션, ② 인간관계, ③ line과 staff의 관계, ④ 계획의 시스템화, ⑤ 통제조직, ⑥ 부문간 대립문제 등으로 4~8시간(1일 프로그램)이 소요된다. 그 목적은 최고경영자들의 경영이념이나 관리태도, 리더십 스타일의 자기혁신을 행하는 것에 있다.

이상에서 글로벌시대 조직개발의 본질과 그에 따르는 기법에 대해 기술하였는데, 전통적 경영조직을 탈피한 가장 중요한 실무기법 중의 하나라는 데 의심의 여지가 없다. 그러나 그 나름의 한계가 있다. 그 한계란, ① 언제 조직개발을 사용할 것인가의 문제, ② 컨설턴트의 고용에 관련된 문제, ③ 시간과 관련된 조건(장기적 목표를 바라보고 수행), 그 외 설문지 질문내용의 타당성, 조직개발기법의 효과측정 등이 있다.[1)]

---

1) 조직개발전략의 참고문헌은 다음과 같다.
① 占部都美(1982) 編著, 經營學辭典, 中央經濟史, 참조.
② 愼侑根(1981), 組織論, 茶山出版社, pp. 415~424.
③ 安台鎬 · 李義俊(1985), 經營學演習, 法文社, pp. 504~507.

사례 1// 조직 개선을 통한 새로운 경영 시스템

창조경영? 먼저 조직의 벽을 허물어라

"회사는 지난 25년 동안 내 손과 발만을 필요로 했다. 내 머리까지도 덤으로 쓸 수 있었는데 말이다." 잭 웰치 전 GE 회장이 조직의 벽을 허물기 전에 한 직원에게 들었다는 말이다.

최근 들어 창조경영이 화두가 되고 있다. 한국 기업이 샌드위치 신세를 벗어나 최고의 글로벌 기업이 되기 위해서는 다른 기업의 모방 차원을 뛰어넘는 새로운 창조력이 필요하다. 특히 지역, 문화, 인종이 복합적인 글로벌 마켓에서 경쟁해야 하는 기업의 경우, 국내 시장만을 대상으로 하는 기업과는 경영 시스템이 다를 수밖에 없고 달라져야만 한다. 무엇보다 개개인의 자율과 창의를 최대한 발휘할 수 있는 경영 시스템의 구축을 통해 모든 직원들의 손과 발은 물론 머리를 활용할 수 있어야 한다. 더구나 최근의 정보통신혁명은 "통제의 범위(scope of control) 내에서 조직을 구성한다"는 관료제적 조직원리를 파괴하고 있다. 일례로 이메일과 인터넷 등은 공간과 시간, 그리고 직급을 뛰어넘어 수많은 사람들이 동시에 커뮤니케이션할 수 있도록 하고 있다.

그렇다면 글로벌라이제이션과 정보통신 혁명 등으로 급변하는 경영환경에 대처하는 동시에 자율과 창의가 발휘되는 창조적 기업이 되기 위해서는 어떤 조직을 지향해야 할 것인가.

첫째, 벽 허물기를 통해 벽 없는 조직(boundaryless organization)과 문화를 만들어 나가야 한다. 잭 웰치 전 GE 회장은 벽 허물기를 통해 관료적인 대기업이었던 GE가 작은 구멍가게처럼 운영되기를 바랐다. 작은 구멍가게에서는 모든 직원들이 권한을 위임받아 회사의 일상적인 운영에 참여하게 된다. 부서 간의 벽, 직원과 관리자의 벽, 지역 간의 벽, 인종 간의 벽을 허물면 직원들은 스스로 사고하고 자신의 의견을 밝히며 상사는 이를 듣게 된다. 모든 직원들의 두뇌가 기업의 성장에 기여할 수 있게 되고, 이를 통해 직원들 스스로의 성장으로 이어진다.

허물어야 할 벽은 기업조직 내부에만 존재하는 것이 아니다. 기업과 기업 외부 사이에도 존재한다. 예를 들어 회사 외부에서는 배울 게 없고, 설사 배울 게 있더라도 여러 가지 특수한 사정으로 우리 회사에는 적용되기 어렵다고 생각하는 것 등이 이에 해당한다.

둘째, 연방형 조직을 구축해 나가야 한다. 영국의 대표적인 경제 평론가 찰스 핸디(Charles Handy)는 '코끼리와 벼룩'이라는 저서에서 새로운 조직체계모델로 '연방주의'(federalism)를 제시하고 있다. 연방주의의 특성은 하나의 조직체계를 유지하는 동시에 개개인의 정체성을 확인할 수 있고, 집권적 기능과 의사결정이 필요한 경우에는 집권화시키고 그렇지 않은 경우는 분권화시켜 효율성을 제고할 수 있다는 점이다.

IT조직을 예로 들어 보자. 집권체제에서는 IT에 관한 의사결정 및 예산권한이 집중됨으로써 시스템의 표준화와 비용 절감을 통해 규모의 경제를 달성할 수 있다는 장점이 있는 반면, 최종 사용자와의 거리가 멀어져 사용자의 요구에 신속하게 대응하지 못하는 단점이 있다. 분권체제에서는 사용자의 요구에 대한 대응이 빨라지고 주인의식이 향상되는 장점이 있으나, 각 사업단위마다 시스템 중복이 발생하고 투자비용이 많아지는 단점이 있다. 이와 같은 집권형과 분권형의 장점을 최대화하고 단점을 최소화하기 위해 고안된 IT조직이 연방형 IT조직이다. 연방형 IT조직 하에서는 IT의 표준화 및 공통 인프라 등은 중앙의 시스템 부문에서 제어하는 반면, 개별적 권한은 각 사업단위로 분산시키는 형태를 유지한다.

셋째, 매트릭스(matrix) 조직 운영이 필요하다. 대부분의 한국 기업은 단선적인 보고체계에 익숙하다. 단선적인 보고체계는 의사결정의 신속성과 명확성을 기할 수 있다. 그러나 조직 간에 벽을 형성하여 시너지 창출을 어렵게 하는 등 복잡한 경영환경에는 적합하지 않다. 따라서 고객과 기능별 매트릭스 조직, 지역과 기능 간 매트릭스 조직, 사업분야와 기능별 매트릭스 조직 등으로 운영하되, 주요 의사결정 및 보고라인은 명확히 할 필요가 있다.

예를 들어, 금융지주회사의 경우 지주회사 내에 개인고객과 기업고객을 담당하는 임원을 두고 은행의 개인고객 담당 직원은 은행의 라인을 주 보고라인으로 하면서 동시에 지주회사 내에 있는 개인고객 담당 임원에게도 보고하는 것이다. 이를 통하여 개인고객에게 금융, 증권, 보험상품을 함께 제공할 수 있게 되고, 은행 예금과 증권회사의 CMA계좌 간의 갈등을 해결하는 등 지주회사 차원의 시너지를 창출할 수 있다. 해외시장에 진출하는 경우에도 마찬가지이다. 해당 지역의 책임자를 주 보고라인으로 하되 영업, 재무 등 각 기능별로 본사의 기능별 책임자에게도 보고하는 체계를 갖춤으로써 본사 차원의 일관성을 유지하면서 동시에 현지화할 수 있는 권한을 부여할 수 있다.

벽이 없는 조직, 연방형 조직, 매트릭스 조직의 공통점은 조직 구성원들이 자유롭게 자신의 의사를 표시하고 조정할 수 있는 소통된 조직이라는 점이다. 조직에 벽이 존재하고, 의사결정권한이 없으며, 형식과 격식이 지배하고, 손과 발만을 사용하기를 요구하는 조직에서는 문제를 해결하고자 하는 주인의식(ownership), 자율과 창의가 나오기 어렵다. 한국 기업들이 국내 기업이 아닌 글로벌 기업으로 도약할 수 있기 위해서는 직원들의 손과 발은 물론 머리까지 모두 참여시킬 수 있는 새로운 경영 시스템이 필요하다.

〈자료: 조선일보, 2007. 7. 14, 컬럼 : 이현승 GE 에너지 코리아 대표이사〉

제2절 인간관계관리 전략 : HRM Strategy

1. 인간관계관리의 중요성

인간관계관리(human relation management : HRM)란 집단 내지 조직의 구성원인 개개인의 행동(욕구 · 동기 · 태도 등)을 깊이 인식 · 이해하고 그에 의해서 개인 대 개인, 개인 대 집단, 집단 대 집단, 개인 내지 집단 대 조직이라는 복잡한 사회관계를 말한다. 그것은 집단(경영) 내의 인간의 행위양태, 상호작용 그리고 영향이나 감정이 작용하는 관련성을 가진 사회관계인 것이다.

이와 같은 사회관계를 조정하는 것을 인간관계관리(human relations management)라 하며, 국제화 시대 경영의 인사 · 조직 · 노동 · 생산관리 기타 모든 경영관리에 가장 중심적 중요성을 가지는 것으로 등장하고 있다.

인간관계관리가 기업 내에 적용 · 발달한 것은 일찍이 1924년~1932년, 전후 약 9년간에 걸쳐 미국 하버드대학의 메이요(Mayo, E.) 교수와 뢰슬리스버거(Roethlisberger, E.T.) 교수에 의해 실시된 호손실험(Hawthorne Experiment)에서 비롯되었다.

이 연구의 결과는 한 마디로 작업능률 내지 생산성 향상을 좌우하는 것은 물적 조건(임금 · 환경)도 약간은 관계되지만 그것보다 더욱 결정적인 요인은 종업원의 심적 태도(사기 · 감정)의 비공식조직(informal organization)에 의한 경영 내 사회적 관계(개인의 사회적 환경, 사내 세력관계)에 따라 좌우된다는 것을 발견하였다.

이와 같은 인식이 점차 일반화하여 이 문제에 대한 과학적 연구가 많은 학자들에 의해 이루어졌는데, 오늘날 아지리스(Argyris, C.)나 리커트(Likert, R.) 등은 인간관계의 행동과학적 연구의 기초를 구축하였다. 인간관계가 경영문제에 있어서 가장 중요성을 띠게 된 요인은 생산과정의 자동화 하에서는 기계와 인간요소와의 대립 · 모순이 격화되고 소위 인간성 무시, 인간성 상실 내지 인간성 소외라는 현상이 일어나고 그것은 종업원으로 하여금 그 내면적 · 심적 상태를 허탈상태로 몰고 가게 되어 그 결과 생산성을 하락시키며 노사분규가 격화되었다. 따라서 여기에 이 인간관계관리 기법의 필요성이 있게 되는 것이다.

인간관계관리, 즉 인간관계개선을 위한 관리는 오늘날 기업경영관리를 위해 필요불가결한 무기로 등장하고 있다. 왜냐하면 인간관계를 순화·조정하여 인간성을 회복하고 인간의 자주성을 인정하고 그것을 존중함으로써 경영조직을 공고히 하며 근로의욕과 동기유발을 강화시켜 생산성 향상을 기하면 그 결과는 경영체와 종업원의 공통목적을 달성할 수 있기 때문이다.

이와 같은 인간관계관리를 위한 유효한 기법에는 여러 가지가 있으나 ① 사기앙양을 위한 기법, ② 의사소통을 위한 기법, ③ 리더십을 위한 기법 등이 중요하다.

2. 사기진작을 위한 전략적 기법

사기(morale)란 종업원이 만족성과 자립심을 가지고 결속하며, 집단 내지 조직의 공통목적 달성을 위해 적극적으로 노력하려는 태도, 다시 말하면 부여된 과업 내지 직능을 가장 유효하게 수행하려고 하는 적극적인 의욕을 말한다. 그 사기진작을 위한 전략적 기법으로는 다음과 같은 것이 있다.

1) 사기조사 : Morale Survey

태도조사(attitude survey) 혹은 태도측정이라고도 하는데, 직접적으로는 기업여건에 의한 종업원의 태도(호·부호의 정도)를 조사하는 것을 말한다. 다시 말하면 경영여건에 대한 만족도를 조사하는 것을 의미한다. 그러나 간접적으로 노동의욕이나 기업의식을 조사하는 것을 뜻한다.

2) 면접 : Interviewing

상사와 종업원이 의사소통을 위하여 1 대 1로 면접하는 것인데, 조사적 기능과 상담적 기능을 발휘할 수 있다. 면접에는 지시적 면접법(유도적 면접법)과 비지시적 면접법(비유도적 면접법)이 있는데, 조사면접에는 전자를, 상담면접에는 후자를 채택한다.

3) 인사상담제도 : Counselling

'산업상담제도'(industrial counselling)라고도 하는데 심리학이나, 정신병학 등의 전문적 지식과 기능, 인생 및 사회문제 등에 대한 풍부한 지식과 경험을 가진 counsellor(상담역)가 일상생활에 있어 혼자서는 해결할 수 없는 직장 내외의 문제를 면접을 통하여 생활감정이 보다 좋은 '컨디션,' 높은 사기를 다시 찾게 하는 기술이다. 직장감독자의 극히 중요한 일의 하나로 되어 있다.

4) 코칭 : Coaching

관리자교육의 한 방법으로서, 직장 상사가 부하에 대해 직무상의 지식이나 관리기능을 직장에서 교육하는 방법이다. 운동선수가 코치가 필요하듯이 기업경영의 CEO, 경영자, 관리자 등도 코치가 필요하다.

5) 자기신고제도 : Self-Reporting System

종업원의 능력 및 특성을 파악하고 직무에의 적응성 및 교육훈련의 자료를 얻기 위해, 일정양식의 자기신고카드에 종업원 각자가 업무내용, 장래희망, 자기의 공식적 자격, 자기능력 등을 정기적으로 신고케 하는 제도이다.

6) 사회측정 : Sociometry

집단 내지 친교 간의 내부구조를 측정하기 위한 이론 또는 기술인데, 모렌노(Moreno, J.L.)에 의해서 고안된 것이다. 즉, 인간관계가 집단의 생태를 인간 상호간의 견인(attraction)과 반발(repulsion)의 동력적 체계로 보고 어떤 시점에 있어서의 집단의 견인, 반발의 빈도나 강도를 측정하고, 그것을 표나 그림으로 나타내어 수량적으로 표시하고, 집단의 특성이나 성원의 지위를 분석 기술하고자 하는 것이다.

7) 집단역학 : Group Dynamic

집단의 기능 및 성원의 행동에 영향을 미치는 모든 조건을 집단이라는 '장'에서 집단행동을 변화시키는 방안을 발견코자 하는 사회심리학의 한 분야이다.

즉, 어떤 역학적 조건 하에서 집단의 단결이 강해지는가, 또 어떤 집단구조가 사기를 높이는가, 어떤 집단구조가 생산성을 가장 향상시킬 수 있는가 등이 그 주 내용이 된다.

8) 오락시설 : Recreation

인간관계의 친밀감과 정신적 억압감을 해소하기 위해서 또는 취미생활을 발휘하기 위하여 여러 가지 시설이 필요하다.

9) 무결점 운동 : ZD Movement

ZD란 zero defects(무결점)의 약어로서 '무결점계획' 또는 '무결점운동'이라 한다. 이는 종업원 각자의 주의와 노력에 의해서 결점을 없애고 품질의 향상, 신뢰성, 저렴한 가격 등에 의하여 고객에게 만족을 주도록 종업원을 계속적으로 동기유발하는 계획이다.

3. 의사소통의 전략적 기법

의사소통(communication)이란 어떤 매체를 통하여 사실과 감정 · 사상의 내용을 다른 개인에게 전달하는 것인데, 여기에는 여러 가지 형태가 있고 그 기법도 다양하나, 주로 비공식적 조직 내지 자생적 조직 속의 인간관계가 윤활적 기능을 하게 된다. 그 기법을 보면 다음과 같다.

1) 사내보 : Company News

주로 공식적 조직을 통해서 커뮤니케이션을 행하는 방법인데, 회사에서 발행하는 간행물을 총칭한다. 그것은 기업의 방침 · 계획을 비롯하여 사내 활동상황, 현장사정 등을 게재 발간하여 종업원의 애사정신을 앙양하고자 하는 데 그 목적이 있으며, 종업원에 대한 P.R.방법으로 가장 중요한 기법이다.

2) 두뇌선풍 : Brain Storming

미국의 오스본(Osborn, A.F.)에 의해서 고안된 것으로 창조적 아이디어 개발의 한 기법이다.

이 brain storming은 ① member가 낸 아이디어는 절대로 비판해서는 안 되며, ② 타인의 아이디어에 편승해서 자기의 아이이어를 내는 것도 좋으며, ③ 특수한 아이디어도 좋고, ④ 아이디어의 수가 많은 것은 특히 좋은 일이다라는 '아이디어 4원칙'이 있다. 이의 효과는 심리적 억제(inhibition)가 없는 자유로운 상태를 만들어 냄으로써, 사고활동의 유동성 · 동태성을 높이는 데 있다.

3) 제안제도 : Suggestion System

1880년 Scottland의 조선업자 덴니(Denny, W.)가 제창한 것인데 조직체의 운영이나 작업의 수행에 필요한 여러 가지 개선안을 일반종업원으로 하여금 제안토록 하여, 그것을 심사하고, 우수한 개선안에 대해서는 포상을 하는 제도로서 창의력개발과 사기진작에 큰 효과를 가져온다. 특히 종업원의 창의력을 개발하고 그들의 근로의욕을 높이는 데 있고, 나아가서는 노사간의 이해도를 높이려는 데 그 목적이 있다.

4) 고충처리 : Grievance Procedure

집단협약을 중심으로 발생하는 노사 간의 고정 내지 분쟁을 평화적 · 합리적으로 처리하기 위한 것이다. 전술한 counselling은 종업원 개개인의 직장 내외의 문제에 관해서 일방적으로 발생하는 불평 · 불만이나 여러 가지 갈등과 고민을 처리하는 것이기 때문에 고충처리제도와 구분된다. 그러나 종업원의 불평 · 불만은 노사협약사항에 기인하는 경우가 많으므로 counselling과 밀접한 관계가 있다.

5) 델피방법 : Delphy Method

다수의 의견을 체계적으로 수집하기 위하여 그룹별로 토론하고, 그 결과를 전체모임에서 발표 토론하고 다시 전체 모임에서 토론된 것을 가지고 그룹으로 돌아가서 토론하여 그 결과를 전체회의에 가져오는 식으로, 계속해서 정보와 의견교환을 반복적으로 행하고, 또 각자에게 참가의 기회를 부여하는 제도이다.

4. 리더십 개발을 위한 전략적 기법

리더십은 집단관리를 유효하게 하기 위해 그 집단을 통일시키고 그 분위기에 합치하도록 하는 것인데, 그 자질이 문제되며 그 형태도 다양하다. 리더십 개발을 위하여 훈련시키는 방법으로서 관리격자(managerial grid), 감수성 훈련(sensitivity training), 감독자 훈련(supervisory training) 등의 기법이 있다.

1) 관리격자(管理格子) : Managerial Grid

관리격자란 바둑판 모양으로 1에서 9까지 등급으로 나누어 도표를 만들고 두 가지 관심(업적관심, 인간관심)도에 대응한 위치, 즉 격자(grid)에 따라 관리자나 경영자의 유형이 정해지는 것을 의미한다. 즉, 양쪽 모두 1은 관심도가 최저, 9는 관심도가 최고를 나타내며, 이에 의해서 81개(9×9)의 리더십의 스타일이 성립되는데 그 중 대표적인 것은 다음 다섯 가지가 있다.

[그림 8-1] 매너지리얼 그리드 : Managerial Grid

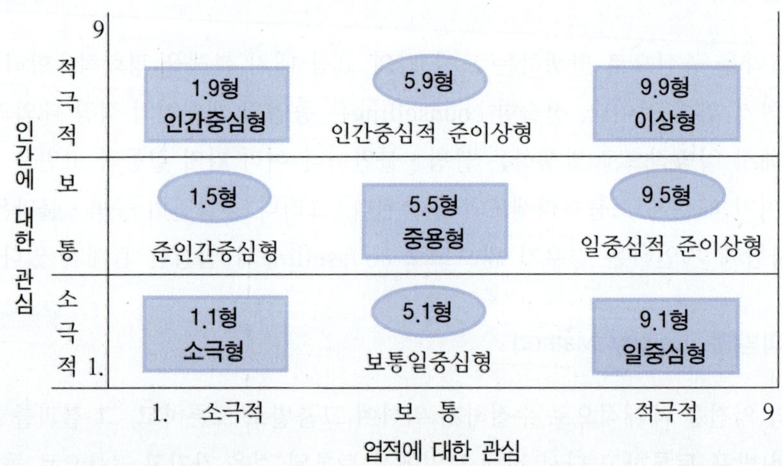

첫째, 1. 1형—업적관심 · 인간관심 최저타입 ① 무책임, ② 방임형의 리더, ③ 소극형

둘째, 1. 9형—업적관심 최저, 인간관심은 최고의 타입 ① 일중심보다는 인간관계를 중시하는 리더, ② 인간중심형

셋째, 9. 1형—업적관심 최고, 인간관심은 최저의 타입, ① 일벌레형, ② 일중심형

넷째, 9 .9형—업적 · 인간관심 양쪽 최고 관심타입 ① 이상형, ② 경영자(관리자)형

다섯째, 5.5형—업적 · 인간관심의 중간타입 ① 중용(中庸)형 관리자, ② 업적과 조직사기 균형성 유지

2) 감수성 훈련 : Sensitivity Training

이는 개방적인 분위기를 갖는 자유로운 상황에서 모인 사람들의 상호 간의 깊은 관계를 맺게 하고, 자기가 그룹 내의 다른 구성원들로부터 어떻게 인지하고 있는가에 대한 능력을 개발하는 데 중점을 둔 훈련방법으로서 T-Group 훈련이라고도 하는데 브레이드포드(Bredford, L.P.)에 의해 개발되었다. T-Group은 Training Group으로서 ① 8~12인 정도가, ② 리더가 없는 상태에서, ③ 대면적 · 상호작용에 의해서, ④ 심신의 모든 문제를 상의하고, ⑤ 피드백을 통하여, ⑥ 자성과 반성 등 문제점을 발견하여 개선하는 기법이다.

감수성 훈련은 T-Group기법 외의 연습(演習)으로 ① Business Game, ② Case Study(사례연구), ③ Role Playing(역할훈련), ④ Panel Discussion(파넬토론회) 등이 있으며, 이론학습(理論學習)으로는 ① 욕구단계설, ② X이론과 Y이론, ③ 동기부여이론-위생이론, ④ 참가적 리더십 등이 있다.

3) 감독자 훈련 : Supervisory Training

감독자는 경영활동의 수행에 대한 제일선의 책임자로서 일반 종업원을 직접 지휘 · 감독하는 지위에 있는 자들이다. 따라서 그들의 일거일동은 부하종업원의 작업능률과 경영실적에 영향을 미치게 된다.

그러므로 감독자는 다방면에 걸친 일반적 지식기능과 숭고한 인격, 탁월한 사고력, 판단력, 응용력 등을 가져야 한다. 이와 같은 감독자들에게 실행되는 훈련은 ① 강의식, ② 회의식, ③ 실연식, ④ 사례연구, ⑤ 직장훈련, ⑥ 시청각훈련, ⑦ 통신교육 등의 방법에 의해서 훈련을 하는 것을 말한다. 그리고 구체적인 것을 보면 ① TWI(Training Within Industry) 방식, ② MTP(Management Training Program) 방식 등이 있다.

제3절 글로벌시대 인적자원전략

1. 글로벌시대 인적자원 전략의 중요성

"글로벌시대의 기업은 곧 인력이다"라고 하는 말과 같이 기업에 있어서 인간중심의 경영이 새로이 재조명되고 있으며, 21세기 기업경영의 좌표는 인적자원전략을 어떻게 수립하는가에 그 중요성이 달려 있다.

글로벌시대의 기업은 우수한 해외 인력확보와 조직의 선진화를 통하여 초우량기업으로 성장할 수 있다. 특히 인적자원관리를 어떻게 하는 것이 세계적 인재를 육성하며 격변하는 글로벌 기업 내외의 환경조건에 대응할 수 있을 것인지 연구하지 않으면 지속가능기업으로서 기업의 유지와 발전이 어렵게 되었다.

글로벌시대에 기업의 목적을 달성하기 위해서는 모든 경영관리기법이 인적자원관리 전략에 초점이 맞추어져야 하며, 인간을 다루는 인적자원관리를 더 중요하게 여겨야 한다. 따라서 인력의 효율적 활용이라는 목적이나 목표를 실현하기 위해서 인적자원전략을 실시해야 한다.

인적자원전략은 세계적 인력의 모집에서부터 시작하여 확보, 채용, 개발, 유지 등에 이르는 글로벌 인적자원관리 시스템을 목적으로 하고 있으며, 인적자원관리 시스템을 유효하게 가동시키기 위한 여러 가지 조직적 조건을 정비하는 데 있다. 그리고 개인과 그 집단의 직무수행을 통한 인력의 효율적 활용전략을 어떻게 기업의 관리목표와 방법, 경영자의 경영이념에 맞추어 경영능력를 생산적인 관계로 유지시켜야 하느냐에 달려 있다.

세계적 인력활용이 기업의 수익과 사회적책임을 다할 수 있는 글로벌 인적자원전략의 중요성으로 나타나고 있으나 그 본질은 기업경영에 있어서 인간을 통한 기업목적 수행의 조정전략이라고 지적할 수 있다. 기업경영의 활동이 공통의 목적달성을 위한 사람들의 집단에 의해서 유지되고 있는 한 모든 경영활동의 참된 효과는 경영관리 속의 리더에 의해 이룩되는 인간주의(humanism)의 질과 양에 의한 전략이야 말로 세계화 · 국제화 기업의 기본적 사명이라고 할 수 있다.

따라서 글로벌 인적자원전략은 인간을 움직이는 기본적 사고방식을 말하며, 기업경영에 있어서 경영자가 종업원을 기업의 목표에 따라 움직이게 하는 행동과학

경영을 의미한다. 이런 행동과학경영을 경영자는 종업원을 기업경영목표에 결합시키기 위한 경영관리행위에서 나타나는 경제성향이라고 규정할 수 있다. 따라서 인적자원전략 방침은 인력관리활동의 기본원칙 또는 방향을 말한다. 인적자원관리에서도 경영자의 인사철학은 구체적인 인사방침으로 밝혀져서 일상적인 인재선택의 결정을 내리는데, 그 의사결정이 매우 합리적이고 일관성과 유연성을 가질 수 있게 하는데 있다.

기업이 다양한 전략 가운데 자금이나 설비 등에 대한 물적자원전략과 구별하여 인간 또는 인재개발에 대한 전략을 인적자원전략이라고 하여 그 중요성을 인간경영중심에 두고 있다. 그리고 기업경영에 있어서 노동력관리전략과 종업원관리전략에 영향을 미치는 것이다.

이와 같이 기업은 인간의 관리전략에 구하지 않으면 성장할 수 없으며, 우수한 인간개발이 기업 각 구성원의 창의력을 발휘할 수 있는 능률향상이 된다면 인적자원전략은 어느 시대이든 필요한 전략경영이 된다는 것이다.[2)]

2. 글로벌시대의 인적자원관리 변화

1) IT산업화(FA화 · OA화)와 경영시스템의 변화

21세기 IT산업화의 중요성은 이미 증명되고 있다. 생산자동화(Factory Automation : FA)나 사무자동화(Office Automation : OA), 디지털화 등의 궁극적인 경영목표는 성력화(省力化)이다. 그러므로 성력화 투자가 글로벌시대에 와서 인력자원의 변화를 초래하고 있다. 산업에 있어서의 IT화는 노동력부족의 대책으로써 주목받고 있으며 지난날 2차례의 석유파동[3)]과 1997년도 IMF, 2008년도의 금융위기 등 경영위기의 해결책으로서 각광을 받았다. 노동력의 IT화를 위해 산업의 오토메이션화, 무인화가 촉진되어 왔으며 전자계산기를 비롯하여 NC공작기계, 산업용로봇, 무인창고, 무인공장, 무인수송라인 등이 인터넷으로 개발되어 소비의 다양화에 대응해서 다품종소량품을 될 수 있는 대로 사람손을 사용하지 않고 효율적 · 탄

---

2) Harold Thomas Graham(1983), *Human Resource Management*, 4th ed., 平野文彦 譯, 人的資源管理, 同文館, 1989, pp. 4～5 參照.

3) 2차례의 석유파동(oil shock)은 제1차 석유파동(1973년 10월)과 제2차 석유파동(1979년 12월)을 의미한다.

력적으로 생산하는 전자상거래 시스템이 된 것이다. 사무분야에 있어서도 일렉트로닉스나 대규모집적화(LSI) 기술이 급속한 진보와 함께 사무용 컴퓨터, 인터넷, 복사전송장치(facsimile) 등 각종의 정보기기, 통신기기가 새로운 경영정보시스템(MIS)적으로 체계화되어 경영시스템과 밀착해서 OA화의 강력한 촉진을 이루게 되었다.

이와 같은 산업의 자동화가 고용을 비롯하여 근로자의 사기나 조직의 활성조직에 큰 마이너스적 영향을 주었으며, FA화나 OA화가 급속하게 발전하고 있는 산업에 있어서 개인의 만족도는 직장구성 수와 깊은 관계를 가지고 있다. 자동화는 생산부문·사무부문에서의 극단적인 성력화·성인화(省人化)를 실현하고 대폭적인 생산성 향상을 만들어내고 있다. 반면에 이와 같은 새로운 기술도입 이용은 잉여노동문제나 노동내용에 따르는 새로운 작업에의 부적응 문제까지도 현재화시켜 기업의 새로운 대책을 필연화시키고 있다.

2) IT화에서 나타난 인적자원전략의 문제

(1) 채용전략의 문제

IT의 진전은 기업이 필요로 하는 노동의 질과 양에 변화가 생겨 채용정책에 반영되기 시작했다. 즉, 양적으로는 인터넷에 수반해서 성력화가 진전됨에 따라 신규채용자의 삭감이나 모집중지라는 채용억제정책을 취하기 시작했고, 이러한 채용억제정책으로 단순노동력은 실업자로 전락되는 한편, 서비스산업에로의 이전이 확대되고 있다.

이와 같은 채용정책의 문제는 FA에 의한 생산시스템이나 OA 사무시스템을 도구로 해서 활동하는 소수의 전문적·기능적 근로자층과 시스템에 봉사하는 다수의 단순근로자라는 구조는 글로벌시대에 또다른 새로운 인적자원관리의 문제점으로 나타나고 있다.

(2) 배치전환전략의 문제

글로벌시대 인터넷에 의해서 만들어진 잉여노동문제나 근로자의 이동, 그리고 직무의 소멸에 기인하는 배치전환문제는 기업의 인적자원전략의 중요한 요소가 된다.

구미의 기업이나 일본의 초우량기업들이 배치전환기법을 고용관리 특징의 하나로 가지고 있는 것은 배치전환을 통해서 종업원의 정신적·육체적 고통과 근로의욕의 저하를 방지할 수 있기 때문이다. 배치전환문제는 여러 가지가 있으며, 광범위하게 행해지고 있다.

① 교육적 배치전환문제

모든 종업원에게 업무의 광범위한 지식 · 기능을 습득시키기 위해서 행해지는 것으로 정기적으로 행해지며 정기이동이 된다.

② 업무상의 배치전환문제

기술혁신에 의해 새로운 직무의 발생, 구직무의 소멸, 업무의 확대 · 축소, 주력 제품의 변경 등에 수반한 기존근로자의 유용을 위해 행해진다.

③ 고용조정을 위한 배치전환문제

잉여인원의 정리를 해고라고 하는 형태를 취하지 않고 부문 간 · 공장 간 · 기업 간에서의 근로자의 재배분에 의해서 행하는 것이다.

④ 강등이나 징계를 목적으로 한 배치전환문제

배치전환은 여러 가지 목적을 가지고 기존근로자의 재배치를 행하는 것이지만 인터넷의 발전에 따라서 고용조정을 위한 것이 또한 중요하다.

인사조정에 의한 강등이나 징계의 목적으로 한 배치전환은 종업원 개인에게는 치명적 사안이 될 수 있으며 종업원의 정신적 · 육체적 고통을 높일 뿐만 아니라 근로의욕의 저하를 만들어낼 가능성을 내포하고 있기 때문에 인사관리전략으로서 회피하고 있는 전략의 하나이다.

(3) 승진전략의 문제

인터넷이 중간관리직의 감소라는 형태로 조직계층의 평면화를 만들어내고, 다른 한편에서는 기업 내에서의 젊은 층의 변화가 나타나는 가운데서 승진과정의 재검토 필요성이 나타나고 있다. 승진은 종업원에 있어서 단지 직위의 상승이라는 것 이상으로 근로생활의 충실이나 사회적 지위, 평가의 수단으로서 무시할 수 없는 중요성을 가지고 있다. 국제화 시대 종업원의 3대 보람 중의 하나가 신분의 보람, 즉 승진을 꼽고 있으면 그것과 아울러 보수의 보람, 직무의 보람 등을 인적자원관리 전략의 중요한 요소로 평가하고 있다.

승진의 문제는 공정보상위주의 인사관리나 인간위주의 기업경영에 있어서 그 중요성을 더해가고 있으며 공장자동화나 사무자동화 시대의 인사관리전략으로서 큰 무기가 되고 있다.

[그림 8-2] 글로벌화의 동인

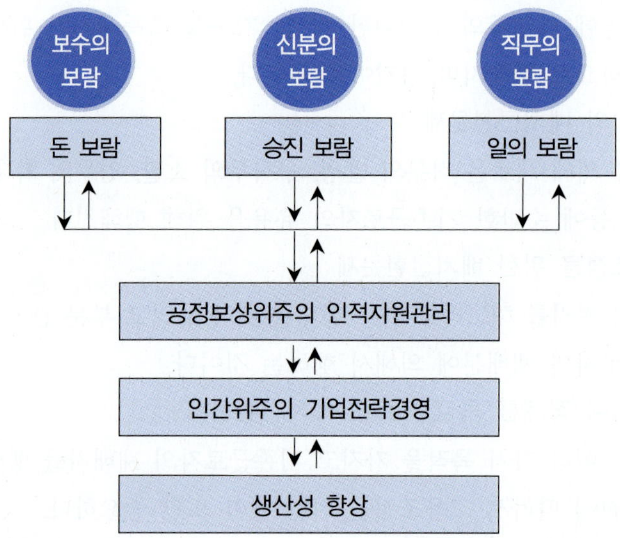

이러한 인터넷이 정보기술사회의 진전 속에서 큰 무기로 작용하고 있는 직무기술은 관리직위의 감소라는 것으로 등장하여, 관리층 종업원의 능력활용과 사기나 동기유발의 향상에 어떻게 대응시켜 나갈 것인가가 중요한 문제로 대두된다. 특히 관리자의 조로현상 등 무기력증에 빠지는 신체적 조건에서 지식정보화는 생산성 향상의 활력소로 전략화시킬 수 있다.

(4) 정년제와 전문직제도의 문제

지식정보화의 진전은 정년제 변경에 관한 인적자원관리의 전략적 시도가 전개되어가고 있다는 점을 중요시 해야 한다. 지식정보화는 연소근로자나 여자근로자를 중심으로 하는 잉여노동문제와 전문직종의 생성을 제기하고 있다. 인적자원관리 전략에서는 잉여노동의 문제를 정년제의 변경으로 고려하는 시도와 전문직종화의 새로운 전문직제도의 신설이라는 것으로 구상한다.

어떤 일정연령에 이른 종업원에게 그 후의 진로를 설정하고 기업에 의한 능력평가 내지는 강제적인 본인선택에 의해서 진로를 설정하는 것이다. 이것은 3가지의 가설이 검증되어야 하는 전략이다.

첫째, 현직 그대로의 정년연령까지의 근무조건, 둘째 정년연령 이전에 약간의 명예퇴직금으로 퇴직케 하고 전문가 대우로서 재고용 문제, 즉 전문직제도 신설, 셋째 정년연령 이전에 명예퇴직금으로 퇴직케 하는 제도인 데, 반드시 명예퇴직금이 정년기간까지의 보수로서 기대효과가 부응되어야 한다. 특히 정년퇴직 이후 제기되는 임금피크제 같은 임금제도 역시 고려되어야 한다. 글로벌시대의 인적자원관리 전략으로서 부상되는 전문직제도는 수십년간 한 직종에서의 전문가적인 노하우나 경험 경륜을 활용하는 것으로 인터넷 등 전문기술로서 경쟁회사나 국제경쟁회사 간에 치열하게 전개되는 스카우트 경쟁의 일환으로 작용할 소지가 있다. 우리나라 기업같이 관리자층의 조로현상이 제기되는 인적자원관리의 무풍지대에서는 수십년 간의 노하우나 기업비밀이 누설되어 개방화 · 세계화 시대에 국제경쟁에서 이길 수 없다는 이론적 근거가 제기되고 있어 인터넷 전략적 차원을 고려하는 인적자원 전문직제도의 신설이 필요하다.

3) 경영정보혁명에 대응한 인적자원관리 전략

첨단기술(High-Tech)을 중심으로 한 경영정보혁명은 ME(micro-electronics)기술을 중심으로 광기술, 지능로봇, 무인화 공장, 초전도기술, 극저온기술, 우주개발, 소재개발, 원자력산업 등 21세기의 새로운 첨단기술산업의 대두로 나타나고 있다. 지식공학을 중심으로 하는 21세기 국제화 시대의 새로운 첨단산업은 ① 인간과 기술의 조화문제, ② 인간의 보람과 모형인식처리에 의한 제5세대 컴퓨터 처리문제, ③ 경영정보의 인간의 효율적 활용문제, ④ 산업현장에서 인공지능의 개발 및 활용문제 등이 인적자원관리 방향수립에 포함되어야 한다.

따라서 경영정보혁명에 대응하는 인적자원관리 전략은 성력화 전략, 성인화 전략 등을 추진하면서 기업이 필요로 하는 노동의 질과 양을 변화시키는 것이다.

글로벌시대는 경영정보혁명의 시대이다. 이 시대의 환경변화에 대응하여 수립해야 할 인적자원관리는 ① 인적자원의 확보전략, ② 인적자원의 개발전략, ③ 인적자원의 보상전략, ④ 인적자원의 유지관리전략 등이 있다.

첫째, 인적자원의 확보전략은 모집관리, 선발관리, 채용관리, 배치관리, 인사정보평가관리, 승진관리, 인사이동관리 등으로 한다.

둘째, 인적자원의 개발전략은 교육훈련 및 능력개발관리, 경력개발관리 등으로 한다.

셋째, 인적자원의 보상전략은 임금관리, 기업복지관리, 산업안전보건관리 등으로 한다.

넷째, 인적자원의 유지관리전략은 인간관계관리, 취업관리, 근로조건관리, 이직관리, 노사관계관리 등으로 한다.

4) 글로벌 인사관리전략의 구축

삼성전자 등 재계에서는 세계 일류대학과 제휴한 경영학석사(MBA) 과정을 운영하는 등 글로벌 인사관리전략을 구축하여 성공하고 있다. 해외주재원을 장기 근무자 및 본사순환 근무자로 이원화시켜 지역 전문인력 양성에 주력하는 한편 인사총괄 본부를 해외로 이전하는 등 효율적인 글로벌 인사관리전략을 갖추고 있다.

삼성전자는 국내본사 중심, 내국인 위주의 채용 및 인력배치로는 글로벌 기업의 위상을 확보하기 어렵다는 판단에 따라 2002년 하반기부터 2015년 상반기 현재까지 글로벌 인사관리시스템을 구축하고 있다.

우선 지역별 인재육성체제를 갖추고, 유럽에서는 영국 옥스퍼드대, 동남아 지역은 싱가포르 국립대, 중국은 베이징대와 제휴했으며, 미국, 카나다 등의 대학도 제휴를 확대 실시 중이다. 이 프로그램은 각 대학에서 운영 중인 MBA과정을 압축, 근무실적이 우수한 현지 채용인에게 이를 이수토록 하고 있다. 삼성전자는 이미 국내에서 연세대, 고려대, 한양대, 성균관대, 경북대와 공동으로 석사(1+1) 및 박사과정(2+2)을 개설, 운영중이다. 삼성전자는 또 4개의 지역총괄본부에 직원채용 및 배치권을 넘기는 등 글로벌 시스템을 만들고, 본사에서 파견된 해외주재원의 경우도 언어능력 및 직무별 능력을 감안, 장기근무가 가능한 지역 전문가를 선발하고 있다.

삼성전자는 최근 60여개 해외법인의 인력운영현황을 실시간으로 파악할 수 있는 '글로벌 인적자원관리 시스템'을 구축했다. 이 시스템은 자재구매분야의 SCM(공급망관리)처럼 효율적인 인사운영을 목표로 한 것으로 인재의 적지적소 배치를 위한 기본 데이터를 제공하고 있다.

삼성전자 뿐 아니라 LG, SK 등 많은 글로벌 기업들은 21세기에는 해외인력 총괄본부를 별도로 설치하거나 해외인력지사를 설치하여, 해외인재확보 및 해외인재망을 구축하는 인재 풀의 글로벌 인사전략과 세계의 소비자를 상대로 상품을 생산하고 파는 종합적인 글로벌 전략을 수립하는 것이 필요하다.

제4절 글로벌시대 인적자원 확보전략

1. 모집관리전략

인적자원관리의 제1단계는 모집전략이다. 모집이나 채용은 고용관리의 출발점이며 더욱이 인사관리분야의 출발점이다. 또한, 모집이나 채용은 단지 기업에 있어서의 결원이나 보충이라는 것뿐만 아니라 그것은 조직체로서의 기업 속에 새로운 혈액을 보내서 조직체의 신진대사를 도모하고 조직체의 건전함을 유지하지 않으면 안 되는 것이다.[4]

모집은 인력개발전략에서 수급계획에 포함하고 있는 유능한 인재의 확보라는 중요한 기능을 수행하는 과정으로서 기업이 필요로 하는 사람들에게 적극적으로 지원하도록 정보를 제공하고 동기화해서 선발을 하기 위한 활동이라 할 수 있다.

따라서 모집관리전략은 다음과 같은 점을 유의해야 한다.

첫째, 고용계획을 통하여 필요한 정원 수가 결정되어야 한다.

둘째, 필요로 하는 정원 수가 결정되면 거기에 따른 선발기준을 명백히 해야 한다.

셋째, 채용시기에 대해서 신규졸업자를 대상으로 매년 정기적으로 행하는 정기채용을 할 것인가 아니면 결원(vacancies) 보충 등 필요할 때마다 부정기적으로 행할 것이냐의 문제를 결정해야 한다.

이러한 사전조건이 확정되면 기업에서 소요되는 인력평가표에 따라 정원 수를 정확히 측정해야 한다. ① 현재의 생산능력, ② 생산규모, ③ 시장확장규모, ④ 퇴직자의 발생, ⑤ 신규인력의 필요 수, ⑥ 공장 · 본사 · 지점의 부서 등 경쟁인력 부족 수 등 소요인력을 정확히 결정하는 기법을 갖고 있어야 한다. 그리고 인력수급계획은 생산전망(production estimate), 과거이동기록(part turnover records), 기대되는 기술적 및 관리적 욕구(expected technical and managerial needs) 등에 기초를 두고 있어야 하며 모집활동은 고용기회의 균등화 문제와 관련하여 기업의

4) P. Pigors and C.A. Myers(1981), *Personnel Administration : A Point of View and Method*, 9th ed., McGraw-Hill, p. 262.

사회적책임과도 관련이 되므로 모집원의 차별화 정책은 문제가 있다는 인식을 가져야 한다.

모집원은 사내공급원, 사외모집원이 있으나 대부분 후자인 사외모집원에 의존하고 있다.

사외모집원에는 이론적으로 볼 때 ① 국가고용기관(public employment agency), ② 개인고용기관(private employment agency), ③ 대학교취업실, ④ 노동을 위한 광고(advertising for labor), ⑤ 연고노동원(causal labor source), ⑥ 추천된 노동력(recommended labor), ⑦ 노동조합(trade union) 추천, ⑧ 예상하지 않았던 응모(unsolicited application) 등 인터넷을 통하여 모집되고 있다.

그러나 글로벌시대에는 인터넷 모집보다 실제 면접모집도 중요하지만 훌륭한 인재를 선발하는 전략이 바람직하다.

2. 선발관리전략

선발관리는 모집에 응한 지원자 가운데서 채용기준에 적합한 사람을 선발하는 것이다. 즉, 여러 가지 방법에 의해서 지원자를 평가하고 채용여부의 결정을 내리는 프로세스이다. 이것은 지원자 중에서 직무요건에 가장 적합한 사람을 결정하는 과정을 의미한다. 따라서 선발은 기업에서 꼭 필요한 우수한 인재를 확보하는 기틀이 되기 때문에 우수하고 유능한 사람의 선택 여하에 따라 그 기업의 성패가 좌우된다.

즉, 우수한 인재를 확보한 기업은 막대한 자산으로 평가되어 발전할 수 있으나 이와 반대의 경우에는 무거운 부채를 안고 있는 것과 같아 도산되고 만다. 이와 같이 인적자원의 선택 여하는 인사관리에서 가장 중요한 기능의 하나이다.[5)]

따라서 글로벌시대에 기업이 요구하는 선발의 대상은 국내외 경제환경변화 속에서 기업이 계속 유지·발전할 수 있으면 이에 대처할 수 있는 인재를 개별기업의 경영이념과 결부시켜 요구하고 있다.

예를 들면 다음과 같다.

---

5) 金禱經(1992), 新人事管理論, 圖書出版 韓一, p. 333.

① 화합하고 협조할 수 있는 융화력있는 인재
② 긍정적 사고와 도전과 난관에 처하더라도 좌절하지 않고 적극적으로 대처해 가는 인재
③ 목표의식과 가치관을 가진 인재
④ 자신이 맡은 역할의 중요성을 이해하고 책임과 정성을 다하며 자기혁신과 자기계발을 해가는 인재
⑤ 문제의식과 창의성을 가진 인재
⑥ 국제지향적 사고와 참신하고 진취적인 사고를 가진 인재
⑦ 훌륭한 품성과 진실된 인재
⑧ 상식이 있고 건강한 인재 등이다.

앞으로 우리나라에서도 성력화나 감량화 또는 소수정예화가 추진되는 가운데 종래 대학신규졸업자의 정기채용중심에서 보다 합리적인 관점에 맞는 탄력적인 채용이 이루어져야 한다. 글로벌시대 한가지 중요한 선발요인은 인터넷을 통한 선발은 인재의 허점을 발견하지 못하고 채용할 수 있으며 실물의 인물, 능력, 학력 등 꼼꼼한 면접을 통하여 채용함이 바람직하다.

3. 배치관리전략

배치관리는 신규채용자를 일정기간 연수시킨 후 특정한 직무에 배치(placement)하는 것과, 기구개편이나 인원정리 후 필요에 따라 실시되는 배치전환이 있다. 또 병결자, 휴직자, 일시귀휴자, 재고용자를 재배치하는 경우 승진・강등능력의 신장에 따라 종업원을 보다 고도의 직무에 배치하는 관리를 의미한다.

신입사원 채용 후 그들이 가진 성격・성능에 맞는 직무에 배속된 경우와 그렇지 못한 경우에 생산성은 350%의 차이가 나며, 능률과 성과에는 더 큰 차이가 나고 있는 것으로 나타난다. Adkins의 이 실험에는 주관적 판단이 작용하는 진단이기는 하지만 모든 직업인이 자기의 적성에 맞는 일을 할 수 없다는 것은 그 조직에 오히려 마이너스 결과를 초래할 수 있다.

적정배치는 업무량의 예측에 기초를 둔 적성에 맞는 인원배치의 형태로서 종업원의 질적 관리와 합리성을 기하는 최적의 배치관리이며 인적 생산성 제고와 경영

성과를 제고시키는 기초적 단계가 된다.

따라서 인적자원전략에 따른 적재적소(right man in the right place)주의는 첫째, 종업원 개개인의 적성을 살려 잠재능력을 발휘시킬 수 있어야 하며, 둘째, 개성을 존중하며 인간존중의 이념이 이루어져야 한다. 셋째, 동기유발로서 일하는 보람을 얻게 해서 창조력을 발휘케 하고, 넷째, 고능률 · 고임금의 실현으로 사는 보람을 얻게 해야 한다.

배치전환의 목적은 ① 교육적 목적, ② 만성적 · 고정적 직무의 배제, ③ 승진 · 강등, ④ 기술혁신, ⑤ 기업활동의 변화 등으로 이루어져야 한다.

배치전환은 적재적소의 요건이 반드시 필요하며, ① 직무가 요구하는 능력수준, ② 직무가 요구하는 인격수준, ③ 직무의 수행이 구체화된 직장의 환경, ④ 직무의 조직상의 지위 등으로 종업원의 신체적 · 인격적 능력 등의 특질을 파악하고 있어야 한다.

[그림 8-3] 글로벌시대 인적자원의 적정배치를 위한 요건

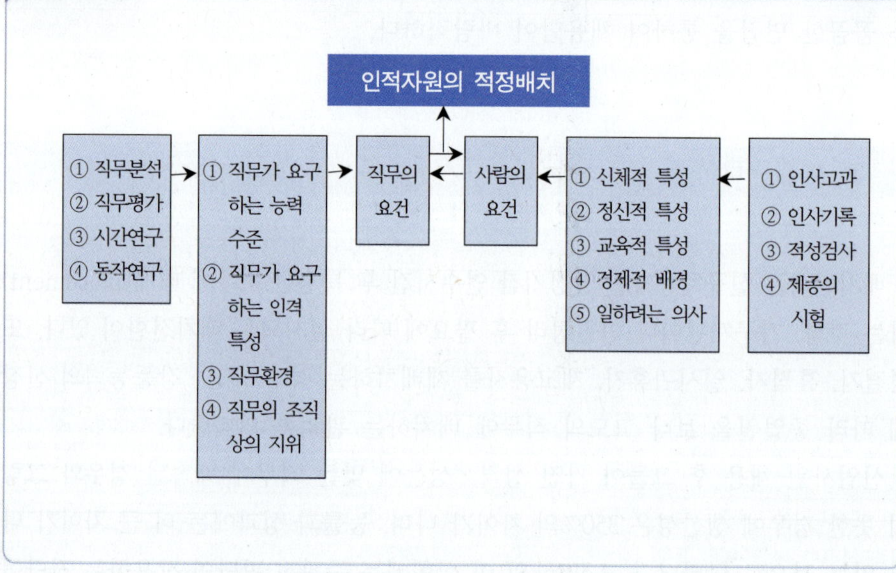

사례 2// 우수인력 배치전략 : LG · SK텔 이어 롯데도 조직 통폐합 나서

– 수익성 개선 위해 우수인력 영업현장 배치 –

산업계에 영업 및 생산 현장 중심의 인력 재배치 바람이 불고 있다. 내수침체와 환율하락 등으로 수익성 악화 추세가 수 년째 이어지면서 현대자동차 LG SK 롯데 동부 등 주요 대기업들이 본사의 기획 · 지원 인력을 줄이는 대신 여유인력을 영업이나 마케팅, 생산 등 현장 부서에 전진 배치시키고 있는 것.

기업들이 수익성을 만회하기 위해 '돈 버는 인력'보강에 매달리고 있다는 의미로 그만큼 경영환경이 어렵다는 방증이기도 하다.

❑ 인력 · 조직 구조조정 열풍

현재 산업계에 따르면 21세기 초반기를 맞이하여 LG SK 롯데 동부그룹 등이 인력 재배치 작업을 시작했다. LG전자는 서울 여의도에 근무하는 본사의 경영지원 인력(스태프) 840여명 가운데 40%가량을 영업이나 마케팅 등 일선 사업 부서에 전진 배치하는 방안을 추진 중이다.

SK텔레콤은 이미 21세기 초 본사 스태프 가운데 평가항목에서 상위 5~10%를 차지한 우수 인력을 뽑아 영업 일선에 배치했다. KT는 매년 본사 지원 조직의 핵심 임원들을 영업과 마케팅 등 현장 부서로 내려보낸 데 이어 본사 인력 5200명 중 11.5%인 600명을 현업 부서에 배치했다.

현대차그룹도 그룹의 사령탑 역할을 하던 기획총괄본부를 기획조정실로 축소 · 개편하고 160명에 달했던 기획 부문의 인력을 100명으로 줄였다. 현대차는 판매를 극대화하기 위해 국내외 영업본부의 인력과 권한을 크게 보강하는 조직 개편도 실시했다.

인력 재배치뿐 아니라 유사 · 중복 업무를 합쳐 업무 효율화를 꾀하는 사례도 늘고 있다.

❑ 수익성 악화 타개책

기업들의 인력 재배치 및 본사 조직 슬림화 추세는 불황을 이겨내려는 위기경영의 일환에서 나온 것이다. 내수경기가 극심한 침체에 빠져 있는 데다 원화 강세, 원자재값과 유가가 치솟는 '3고(高)현상'까지 겹쳐 채산성이 급격히 악화한 탓이다. 따라서 이 같은 사업 및 인력 구조조정 추세는 전 산업계로 확산될 전망이다.

실제 LG전자는 매년 매출과 이익이 동시에 줄어드는 실적부진을 보이고 있는 지원부서 인력을 최소화하는 대신 영업과 마케팅 부서를 강화해 매출을 늘리기 위한 타개책을 실행하고 있다.

현대차는 매출액이 증가한 상황이다. 그러나 내수침제와 장기파업, 경쟁업체의 공세강화 지원 및 기획 부서의 개편을 통해 우수인력을 국내외 영업부서로 전진 배치하고 있다.

본사 조직 슬림화 및 인력 재비치에 나서는 기업들

현대자동차	기획총괄본부를 기획조정실로 축소 · 개편(기획부문 인력 160명에서 100명으로 감축, 판매 극대화 위해 국내외 영업조직 대폭 보강)
LG전자	840명 수준인 본사 경영지원 인력 500명선으로 감축 · 추진(인사 교육 구매 기능 등 각 사업본부로 이관)
롯데그룹	유화 · 유통부문 사업 및 인력 조정(유화 부문 계열사 조기 통합, 본사의 관리 및 지원인력 현장이나 영업부서, 점포 등에 재배치)
SK텔레콤	본사 스태프 중 평가항목에서 상위 5~10%를 차지한 인력 발탁해 영업일선에 배치
KT	본사 임직원 현업부서 발령(본사 직원 5200명 중 600명을 현업으로 발령, 본사 지원 조직의 핵심 임원 현장부서에 전진 배치)
동부그룹	업무 중복되는 (주)동부 컨설팅 부문과 동부정보기술 합병 결정

삼성전자도 사정은 마찬가지다. 반도체 부문은 업황 부진 속에 갈수록 영업이익이 줄고 있으나, 휴대폰 분야는 선두 업체인 노키아와의 경쟁 등으로 분위기 쇄신이 필요한 시점이라는 게 회사 관계자의 설명이다.

재계 관계자는 "최근 기업들의 인력 재배치는 과거 역량이 떨어지는 인력을 구조조정하던 방식과는 차원이 다르다"며 "매출과 직결되는 일선 현장에 본사의 우수 인력을 내려보내 판매를 극대화하면서 불황을 이겨내려는 전략적 차원에서 이뤄지고 있다"고 말했다.

4. 인사정보평가관리

인사정보평가관리는 인사고과(merit rating, personnel rating)제도를 의미하는데 인사관리 시스템의 일환으로서 인사상의 결정에 필요한 종업원에 관한 개인별 정보를 파악하기 위해 행하는 평가를 말한다. 즉, 인사 · 근로조건상 공평한 처우와 종업원의 근로의욕을 높이며 능력개발을 도모하기 위해서 직무담당자로서 종업원의 현재가치를 기준으로 정해서 합리적으로 평가하는 것이다.

인사고과에 있어서 종래에는 인물평가적인 색채가 강하였으나 앞으로는 그 사람이 '얼마만큼의 일을 할 수 있는가' 또는 '하였는가'라는 점을 평가 · 판단하는 것에 중점을 두어야 할 것이다. 그러므로 정실(情實)평가나 감정평가를 피하기 위해서 인사고과제도가 확립되어 있어야 한다.

① 플리포(Flippo, Edwin B.)는 인사고과의 근본적인 목적은 종업원의 특성(characteristic)과 공헌도(contribution)를 전통적 또는 고도화된 조직적인 방법으로 측정하는 데 있다고 하였다. 한편, ② 니그로(Nigro, E.A.)는 "임금관리의 기초자료를 얻고 승진과 전직 및 배치 등 인사이동의 기초자료를 얻으며 동시에 교육훈련의 자료와 숨은 인재발견은 물론 채용과 승진시 시험의 타당성을 검토하는데 인사고과의 목적을 둔다"[6]고 광범위하고 구체적으로 지적하고 있다.

실제로 인사고과제도를 사용하고 있는 주요 목적을 다음과 같이 들고 있다.[7] 즉, 급여(임금 및 봉급)관리 86%, 승진 77%, 종업원의 근무상황파악 76%, 연구용 16%(실시회사수/조사회사수)로 나타나 있다. 이로 미루어 목적의 우선순위를 어느 정도 알 수 있으나 이러한 상황은 현재에도 대동소이한 것이라 할 수 있다.

인사고과의 내용에는 종업원의 근무업적을 실증적으로 평정하는 방법과 종업원의 성격, 능력적성, 기타의 가능성, 또는 잠재능력을 평정하는 방법 등이 있다.

인사고과는 인사관리의 합리적인 자료를 제공하는 것에 있지만 합리적으로 구성된 인사고과는 홀덴(Holden, P.E.), 피쉬(Fiah, L.S.), 스미드(Smith, H.L.)에 의하면 다음과 같은 면에 대하여 중요한 자료를 제공해 준다.

① 부적격자의 조기발견과 배제
② 특수훈련 및 적합한 직종에 임명함으로써 단점의 인식과 교정
③ 재능의 발견 그리고 그것에 의해서 가장 유력한 훈련, 개발, 배치
④ 승진, 이동, 승급을 필요로 하고 또는 그것에 버금가는 '잊혀져 가고 있는 인재'의 재발견
⑤ 적격자의 선발과 임명
⑥ 부적격자의 처리
⑦ 공정한 급여
⑧ 감독자의 인사관리에의 관심과 자극
⑨ 종업원의 고과표의 영구보존제를 확립하고 이동할지도 모르는 감독자 개인

---

6) Edwin B. Flippo(1984), *Personnel Management*, SIXth ed., McGraw-Hill, p. 243.
7) D. Yoder, Trun Bull and Stone(1958), *Handbook of Personnel Management and Labor Relations*, McGraw-Hill, pp. 153~154.

의 판단에만 의지하는 것을 피한다. 그리고 종업원의 질의 유지와 개선에 관하여 경영층을 전반적으로 원조한다.

그러므로 이러한 여러 가지 효과를 충분히 발휘할 수 있도록 최선을 다하여야 할 것이다.

인사관리의 효과에 대한 평가가 어려운 것은 ① 각 인사프로그램에 대한 목표를 명확하게 구체화하는데 실패하기 때문인데, 이를 방지하기 위해서 목표는 반드시 행동양식 혹은 최종결과양식으로 진술되어야 한다. 즉, 목표는 계량화하기 힘들 때 행위적 목표로 구체화되어야 한다. 행위적 목표란 관찰가능하고 측정가능한 행동과 행위의 성과들을 가리킨다.

② 평가에 관한 라인관리자와 인사부서의 태도와 신념에 차이문제가 있다. 평가가 의미있고 건설적으로 되기 위해서는 지원적인 분위기에서 실시되어야 한다. 인사프로그램을 평가하는 것이 제일의 목표가 되어야 하고 부문관리자와 인사부서 대표자가 같이 협동해야 하며 인사부문의 지원을 받아 부문관리자에 의해 실행되어야 한다. 또한 불리한 평가를 받게 되는 것을 겁내는 풍토를 만들어서는 안 된다.

③ 인사프로그램의 성공과 실패는 최고경영자의 지지와 적극적인 관심에 달려 있다. 그러나 종종 최고경영자는 인사관리를 인사담당자에게 맡기면 된다고 생각하여 방임하는 경향이 있다. 인사부서 목표를 현재의 조직목표와 균형을 이루는데 있어서, 인사부서의 조직에 대한 전반적 기여에 대한 평가에 최고경영자의 지지가 절대적이다. 인력계획・예측・통제는 인사관리자와 전반기획수립자 간의 협동이 절대적으로 필요하다.[8)]

5. 승진관리전략

1) 승진의 의의

승진(promotion)은 하위의 직위계층에서 상위의 직위계층으로의 상승을 의미하는 이동의 한 형태이다. 즉, 승진은 보다 큰 직책, 위신 또는 지위의 상승, 고도의 필요기능 그리고 승급(upgrading)을 포함하는 유리한 직무에의 상승이동이다.

8) 金植鉉(1998), 人事管理論, 貿易經營社, 1985 ; 金聖壽, 新人事管理論, 法經社 참조.

더 상세하게 설명하면 기업경영조직을 의사결정에 대한 중요도의 서열 또는 명령계통에 대한 계층으로서 파악한다면, 승진이란 보다 광범위한 명령을 할 수 있는 입장에서 책임과 권한이 확대 수반됨을 뜻한다.

승진에 적용해야 할 정책 내지 방침은 종업원에게 가장 관심이 큰 부분이고 동기유발은 물론 지위의 향상을 도모하는 것이기 때문에 기본적인 방침을 설정하는 것이 필요하다. 이 승진에 관한 기본적인 방향이 바로 승진방침이다. 이것은 인사관리의 기본이념과 깊은 관계가 있으므로 인사관리 전반에 지대한 영향을 미치게 된다. 이런 승진방침은 2가지를 들 수 있다.

승진을 결정하는데 있어서 연공주의(年功主義, seniority)와 능력주의(能力主義, competence)의 조화에 관한 문제이다. 연공주의는 조직구성원의 승진에 있어서 근속년수, 즉 시간의 차이에 의해서 승진에 우선권을 주는 제도이다. 이는 근무년수에 비례하여 개개인의 업무능력과 숙련도가 신장된다는 기본적 사고에 근거하고 있다. 이러한 연공주의는 측정의 신뢰성이 높아 객관적이며, 우리나라의 경우와 같이 연공질서가 지배적인 사회에서는 사회제도와 그 이념이 일치한다.

2) 연공주의와 능력주의의 전제조건

연공주의는 근속년수, 학력, 경력 등을 중시하는 승진제도로서 종업원과 노동조합 사이에 널리 지지를 받아온 원칙이다. 저임금, 학력중시 풍토, 기술의 정체, 장유유서나 권위질서 등의 사회적 질서개념, 종업원의 기득권, 즉 선임권 중시 등에서 그 존재이유를 찾아볼 수 있다.

한편, 능력주의는 능력과 성과위주의 승진제도로서 조직구성원이 조직의 목표달성에 기여하는 업무수행능력에 따라 승진에 우선권을 준다는 것이다. 합리적 사고방식을 강조하는 구미제국에서는 일찍이 발전된 개념이다. 이같은 능력주의는 직무와 구분하여 능력을 평가할 수 없으므로 합리적이고 명확한 직무분석 및 직무평가에 기초한 직무분류제도를 그 필수적인 전제조건으로 한다.

이러한 능력주의는 조직의 성과를 추구하는 경영자들에게 널리 지지를 받아온 원칙으로서 임금의 급격한 상승, 기술혁신, 노동력의 부족, 개방경제 등의 새로운 경제동향에 대응하여 조직구성원의 직무수행능력을 최대한 활용하여 기업의 효율성을 높이고자 하는 원칙이라 하겠다.[9]

---

9) 金禱經(1992), 上揭書, pp. 496~497.

오늘날 연공주의에 따른 승진제도는 오히려 그 폐해가 눈에 띄게 나타나기도 하였다. 장래를 전망하고 있지 않은 승진제도나 개인의 실력이나 능력을 존중하지 않는 승진제도, 또는 기업업무에의 공헌을 경시하는 지금까지의 연공주의적 승진제도 등은 임금이나 노동시간의 문제 이상으로 종업원의 모랄을 현저하게 저해하는 것이다. 종업원은 지위의 향상이라고 하는 인간으로서의 욕구와 자기의 능력을 최대한으로 발휘해보고 싶다고 하는 자기달성의욕에서 사내승진에 큰 기대를 가지고 있다. 그러므로 이에 어떻게 대처해 갈 것인가가 종업원으로부터 큰 공헌을 얻어 낼 수 있는 요인이 된다.

3) 관리직에 대한 승진의 문제점

관리직에의 승진에 대해서는 오늘날 두 가지 큰 문제가 있다.

첫째, 글로벌화에 따른 기업규모확대의 문제, 종업원의 고학력화 · 고령화라는 경제 · 환경 속에서 종업원이 갖는 승진기대, 연봉제, 스톡옵션 등 능력위주의 기대 등 승진제도에 대한 현실적인 욕구에 맞서서 대처해갈 필요가 있다. 구체적으로는 충실한 전문직제도를 토대로 하는 전문직승진이나 직능자격제도에 있어서의 자격승진을 포함해서 승진관리를 해야한다.

둘째, 기업환경의 질적 변화에 따라서 관리직의 조로화가 현저하다. 또 기업에 대한 사회적 욕구의 변화, 종업원의 가치관의 변화에 따른 다양화, 기술혁신의 진행, 특히 ME혁명 등으로 기업활동의 기술적 고도화 등은 관리직에 구하는 역할기대를 크게 변화시키고 있는 것이다. 그리고 이에 대한 대응으로 전문직제도나 능력개발제도의 재검토, 명예정년제, 보직임기제, 승진 · 승격을 위한 인간평가(human assessment) 등이 도입되어야 한다.

사례 3// 아우디 인적자원전략

-사람은 회사의 비용이 아니라 자산이다-

"실제로는 도달하기 불가능한 것일지라 해도, 저는 항상 할 수 있는 것 '그 이상'을 하기 위해 끊임없이 노력했습니다."

2007년 1월 아우디(Audi)의 신임 CEO가 된 루퍼트 슈타들러(Rupert Stadler · 44) 회장은 '젊은 나이에 어떻게 프리미엄 자동차회사의 리더가 될 수 있었느냐'는 질문에 이렇게 답했다.

독일 바이에른주(州)의 경제협력단 대표 가운데 한 명으로 한국을 찾은 슈타들러 회장을 인터뷰했다. 슈타들러 회장이 한국을 찾은 것은 아우디 본사가 있는 잉골슈타트(ingolstadt)가 독일 바이에른주에 속해 있기 때문이다.

1963년 독일에서 태어난 슈타들러 회장은 독일 아우구스부르크대를 졸업했으며, 1990년 아우디에 입사해 판매 · 마케팅 부문에서 경력을 쌓았다. 2002년 폴스크바겐그룹 제품기획담당을 거쳐 2003년부터 최고재무책임자(CFO)로 재직했다. 2007년 1월 폴스크바겐그룹 회장으로 자리를 옮긴 마틴 빈터콘 전임 아우디 회장 자리를 대신하게 됐다.

다음은 슈타들러 회장과의 일문일답이다.

-한국 방문 이유는?

"바이에른 주지사가 경제협력단 대표로 한국을 함께 방문해 줄 것을 요청했기 때문이다. 하지만 원래 호기심이 많았기 때문에 개인적인 여행의 의미도 있다. 카메라를 갖고 와서 방문한 곳곳을 직접 찍기도 했다."

-아우디코리아의 좋은 실적이 본사에서도 화제가 되고 있다고 들었다.

"아우디코리아의 성공사례가 다른 해외시장에서도 똑같이 이뤄졌으면 하는 바람이다. 아우디코리아뿐 아니라 아우디그룹 전체가 11년 연속성장 기록을 세워가고 있다는 것도 알아달라. 아우디는 매년 생산 · 판매 · 매출 · 세전 이익 등 모든 실적에서 사상최고 기록을 달성하고 있다."

-아우디코리아의 성공 이유를 든다면.

"아우디의 뛰어난 품질과 뛰어난 경영능력, 그리고 제품을 잘 이해하고 고객에게 적절하게 홍보한 한국 지사 인력의 우수함이 함께했기 때문이라고 본다."

-아우디는 차종(車種)이 적다는 약점이 있는데. 소형차를 늘릴 계획은 있는가.

"차종의 다양화는 어떤 회사든지 성공을 위한 기본이다. 장기적으로 다양한 제품 아이디어가 나올 것이다. 최고급차부터 확실히 공략, 상층부의 브랜드 이미지를 다진 다음이라면, 소형차 진출도 가능할 것이다."

-디젤, 하이브리드, 연료전지 등 차세대 동력원을 둘러싼 기술경쟁이 치열하다. 5~10년 뒤에는 상황이 어떻게 바뀔 것으로 보는가.

"연료전지는 2020년까지 실현되지 않을 것으로 본다. 기술적으로 문제가 있고 해결된다 해도 고객이 살 정도로 낮추기는 어렵다. 하이브리드카는 긍정적인 면이 있지만, 아직은 에너지 회수 방식에 문제가 있다고 본다. 아우디는 디젤에서는 타사를 압도하는 경쟁력을 보유하고 있다. 당분간은 디젤에 집중할 것이다."

-많은 자동차 회사들이 생산성을 맞추지 못해 어려움을 겪고 있다. 원가절감을 위한 생산기지 다변화에 어떻게 대처해 나갈 것인가.

"유럽업체들 중 상당수가 해외로 공장을 이전 중이다. 아우디도 중국에 합작회사를 설립했지만, 이는 중국 내수만을 위한 것이다. 아우디는 독일산 차가 최고 품질을 통해 경쟁력을 유지할 수 있다고 확신하고 있다."

-피에히 전 폴크스바겐 회장의 비서실장을 지냈는데, 피에히와 빈터콘 현 폴크스바겐 회장에게서 배운 가장 주요한 덕목은 무엇이었는가.

"'빠르면서도 분명한 의사결정을 하라는 것'이다"

-개인적인 신조가 있다면.

"개방적인 사람, 성실한 사람, 말이 통하는 사람이 되자는 것이다."

-기업의 경영에 있어서 가장 중요한 것은 무엇이라고 생각하는가.

"사람이다. 사람을 회사의 비용이라고 생각하는 사람들이 많은데, 사람이야말로 회사의 진정한 자산이라고 본다. 그 자산을 통해 회사와 고객이 함께 성공해 나갈 수 있다."

〈자료: 조선일보 2007. 3. 27〉

제5절 글로벌시대 인적자원 개발전략

1. 교육훈련 및 능력개발관리

둘리(Dooley, C.R.)는 교육훈련의 의의를 다음과 같이 표현하고 있다. 즉, "교육훈련이란 신입사원에 대해서 한번만 행하는 것은 아니다. 성공을 거두고 있는 회사에서는 교육훈련이 계속되고 있다. 상사가 자기가 원하는 방식대로 부하에게 일을 시킨다면, 그것이 바로 교육훈련인 것이다. 그리고 부하에게 지시를 하고, 작업절차를 토의한다면 이것 또한 교육훈련인 것이다."[10)]

최근 교육훈련이라는 말은 능력개발, 인재육성이라는 말로 대체 사용되기도 한다. 그 이유는 ① 21세기 기술혁신의 속도가 빠르고, ② 경제개방화에 의한 국내외 기업 간의 경쟁이 격화되었고, ③ 노동력과잉에서 노동력부족 상태로 진입하였

10) C. R. Dooley(1964), "Training Within Industry in the United States," *International Labor Review*, Vol. 54, Sep.~Oct., p. 161.

으며, ④ 연공서열의 체제가 무너졌다는 점 등이다.

능력개발 · 인재육성은 종래의 교육훈련과는 다른 점이 있다. 즉, 종래의 교육훈련은 인간의 능력을 신장한다는 것이기는 하지만, 어디까지 신장한다는 한계가 없는 교육과정으로서 능력 중에서 지식 · 태도를 신장하는 학교교육과 같은 성질이며, 능력을 일의 수행에 필요한 수준까지 끌어올리는 것으로 의미하고 있다. 그리고 능력 중에서도 전문기술을 향상케 하는 기술훈련을 기업이 행하는 교육훈련활동의 중심으로 하고 있는 것이다.

능력개발이란 현재의 눈앞에 있는 직무에 필요한 지식 · 기술만을 대상으로 하는 것이 아니라, 기술혁신이나 환경변화에 대응하기 위해 행하는 능력의 확충을 의미한다. 이 능력의 확충은 궁극적으로는 자기개발이라는 자조노력에 기대할 수밖에 없지만, 기업은 이를 위한 기회와 조건을 종업원에게 끊임없이 부여해 주어야 한다.

"능력이란 기업의 구성원이 기업목적달성을 위해 공헌하는 직무수행능력이며, 업적으로서 현재화되지 않으면 안 된다. 능력은 직무에 대응해서 요구되는 개별적인 것이지만, 그것은 일반적으로 체력 · 적성 · 지식 · 경험 · 성격 · 의욕의 요소에서 성립된다. 그것들은 어느 것이나 양 · 질 다 함께 노력 · 환경에 의해 변화하는 성질을 갖는다. 개발의 가능성을 가짐과 퇴보의 두려움도 있어 유동적인 것"이라고 볼 수 있다.

1) 현실에 적응하는 교육훈련

특정한 종업원이 어떤 직무를 수행할 때 불완전한 경우에는 보다 만족하게 작업을 할 수 있게 하고, 그 작업이 완전한 경우에는 그 장점을 신장시켜 더욱 더 뛰어난 행동을 할 수 있도록 훈련한다.

능력의 개발이라는 인사기록을 일상 업무활동 속에 끊임없이 확인하는 노력을 계속해 두는 것이다.

훈련이나 지도교정을 위한 인사고과에는 발달기록(progress report)과 개발평가(developement rating) 타입이 있다. 이것은 종업원의 근무상태가 ① 만족할 수 있는 것인가, 아닌가, ② 그 원인은 지식 · 숙련 · 능력 · 성질 · 의욕 등의 어느 것에 있는가, ③ 좋은 점을 신장시키고, 나쁜 점을 개선하기 위해서는 어떻게 하면 좋다고 생각되는가, ④ 현실에 ③의 대책을 취한 경우 그 효과는 어떠하였는가 등을 보고케 한다.

또한, 교육훈련 프로그램을 설계할 때마다 어떤 내용을 포함할 것인가에 대하여 당황하는 수가 많다. 가장 큰 이유는 현실적 교육훈련의 목적이 뚜렷하지 않기 때문이기도 하지만, 교육훈련에 포함될 전체내용의 흐름을 파악하고 있지 못하기 때문이다. 교육훈련에 포함될 내용의 패키지(package)를 가지고 있다면 프로그램의 설계는 훨씬 용이해질 것이다.

2) 장래에 대비한 능력개발

기업은 장래를 전망한 능력개발을 계획해야 된다. 당면한 사태에 대응하는 능력개발에 비해서, 미래는 예측적·가정적 성격이 강하기 때문에 다음과 같은 절차가 포함된다.

먼저 인사기록을 정비해서 능력개발에 관련시켜 필요한 데이터를 명확하게 한다. 그것은 ① 학력, 받은 훈련코스, 특기, 입사전의 경력, ② 사내 경력과 근무상태, 사내외의 훈련코스에의 참가와 성과, 제안이나 교정의 내용, 사고나 건강상태, ③ 육체적·정신적 특색, 본인이 자각하는 뛰어난 사항, 뛰어나지 못한 사항, 취미, 오락, 사회교우관계, 취업을 희망하는 직무의 종류 등으로 될 것이다.

이러한 데이터를 기초로 전종업원을 ① 사무계통·기술계통·작업계통·기타의 계통으로 나눈다.

② 각 계통에 속하는 종업원을 보유하는 기초적 소양에 따라서 전문학리적(기획) 그룹, 준전문해석적(판정) 그룹, 실무적(정형) 그룹 등으로 분류한다.

③ 그러한 그룹에 소속하는 종업원을 ㉠ 25세 미만, ㉡ 26~35세, ㉢ 36~45세, ㉣ 46~55세, ㉤ 56세~65세 등 연령계층별로 분류한다.

④ 이 연령계층별 종업원군 속에서 ㉠ 능력·성질·학력·인품 등의 측면을 종합해서 우수한 것, ㉡ 특정한 측면에 있어서 뛰어난 것, ㉢ 평균적인 것, ㉣ 일상적으로 평범한 것 등으로 분류한다.

다른 한편으로 기업은 경영계획에 따라 장래 어떤 분야에 진출할 것인가, 그를 위해서는 어떤 종류의 종업원을 보강하지 않으면 안 되는가의 계획을 가지고 있을 것이다. 말하자면 사업계획을 추진하기 위한 '인재지도(map)'이다. 이 인재지도를 근거로 ④의 ㉠~㉣의 특성을 가진 종업원을 어느 분야에 두는가를 생각하는 데에 능력개발계획은 그 좌표가 부여된다.

2. 경력개발관리

경력개발(career development)이란 개인의 경력목표를 설정하고 이를 달성하기 위한 경력계획을 수립하여 조직의 욕구와 개인의 욕구가 합치될 수 있도록 각 개인의 경력을 개발하는 활동을 의미한다. 따라서 경력개발에는 조직과 개인 모두의 의식적인 노력이 필요하며, 조직의 요구와 개인의 요구를 일치시키는 데 그 성패가 달려있다고 볼 수 있다. 경력개발개념을 보다 명확히 그림으로 표현한다면 [그림 8-4]와 같다.

[그림 8-4] 경력계획 · 경력개발 · 경력목표와의 관계

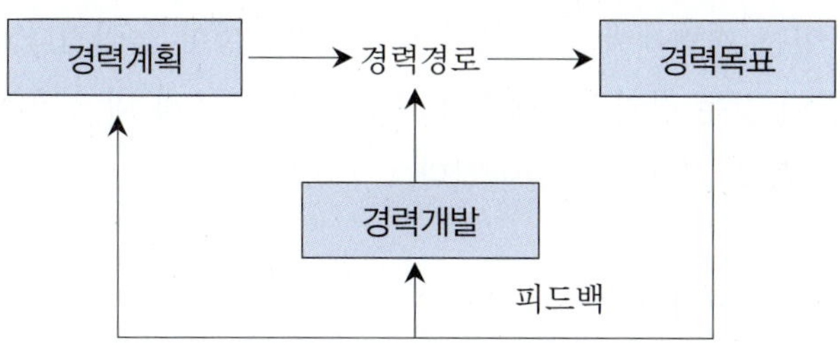

[그림 8-4]에서 경력계획의 절차는 조직 내의 개인으로 하여금 경력목표와 경력목표를 달성할 수 있는 경력경로를 알 수 있게 해준다. 그리고 경력개발의 제반 활동을 통하여 각 개인은 자기자신을 개발하고 나아가서는 경력목표의 달성을 촉진시키는 방법을 갖게 된다.

1) 경력개발의 목적[11]

모든 인사활동과 마찬가지로 경력개발에 있어서도 추구하는 목적이 있다.

첫째, 개인과 조직의 유효성을 성취할 수 있도록 한다(help achieve employee and organization effectiveness). 즉, 경력개발의 중요한 목적은 능력있는 종업원

11) 경력개발의 목적은 인사관리를 전공하는 학자들의 공통적인 견해이다.

으로 성장시킬 수 있는 프로그램을 설계하는 것이다.

둘째, 진부화를 방지하는데 있다(reduce obsolescence). 즉, 경영자와 종업원의 부적절한 경력계획과 경력개발에 기인한 훈련 · 개발의 부족과 모티베이션 부족으로 발생하는 인력의 구식화를 방지하자는 것이다.

셋째, 이직과 인사비용을 감소시킨다(reduce turnover and personnel costs). 기업이 종업원의 경력을 계획하도록 도와줄 때 보다 낮은 이직률과 인사비용이 소요되어 이익을 볼 수 있게 된다.

넷째, 현재에는 존재하지 않는 직무가 많이 생길 것이며, 또 직무의 전문화가 가속될 것이므로 이들을 보다 포괄적으로 관리하기 위하여 인적 자원의 경력개발이 필요하다.

다섯째, 인적 자원의 보다 효율적인 활용이 필요하다. 즉, 앞으로의 기술은 보다 전문화가 가속되고 그 수준도 높아지기 때문에 조직은 인적 자원의 보다 효율적인 활용이 요청되며, 이는 경력개발과 결합될 때 그 가능성이 높아진다.

여섯째, 경력개발이 갖는 장기적 · 계속적 속성 때문에 조직 내에 훈련된 전문스탭의 개발체계를 구축할 필요성이 높아진다.

2) 경력개발관리의 기본원칙

경력개발을 관리하는 데는 기본적으로 준수되어야 할 원칙이 있다. 이 경력개발관리의 기본원칙을 들면 다음과 같다.[12]

(1) 적재적소배치의 원칙

경력관리는 적재적소에 배치하는 것(the right man, the right place)을 원칙으로 하고 있다. 즉, 종업원의 적성 · 지식 · 경험 및 기타 능력과 조직의 목표달성에 필요한 직무가 잘 조화되도록 맞추는 것을 그의 골격으로 하고 있다. 이를 위해서는 자격요건과 종업원의 적성 및 선호구조에 대한 정보를 충분히 파악하여야 한다.

(2) 승진경로의 원칙

경력관리는 명확한 승진경로의 확립을 그 원칙으로 하고 있다. 이 원칙은 기업의 모든 직위는 계층적인 승진경로로 형성되고 정의되며, 또 기술되고 평가되어야 한다는 입장이다. 즉, 과학적인 직계를 이루고 그에 따른 승진관리가 이루어져야 한다.

---

12) 崔鍾泰(1985), 人事管理, 博英社, p. 141.

(3) 후진양성의 원칙

경력관리는 기업 내부에서 후진양성의 확립을 원칙으로 하여 자체적으로 유능한 인재를 확보하는 것을 원칙으로 한다. 즉, 경력관리는 인재확보를 외부에서 스카우트하는 방법보다는 내부에서 자체적으로 양성하는 것을 원칙으로 하고, 종업원에게 성장할 수 있는 동기를 부여하고, 기업에 밀착시키도록 한다. 그렇게 함으로써 인재를 확보하고 경영초심자로 인한 기업의 손실을 방지할 수 있다.

(4) 경력기회개발의 원칙[13)]

근로자는 그들의 경력상 필요성을 기업에 알리기 위하여 기업으로 하여금 경력경로 목록을 작성하도록 해야 하며, 근로자의 능력발전보다 기회가 제한된다고 인정되는 저기회의 직업은 별도로 명시하여야 하고, 또 이를 후보자에게 알려야 한다. 승진기회가 많지 않은 근로자들도 그들의 경력개발기회를 갖기를 원한다. 그 때 적용될 수 있는 기준은 회사의 재직년수에 의한 연공이다. 그러므로 기업은 연공에 의한 경력기회의 개발을 통하여 승진경로가 어떠한 부서에만 국한되지 않도록 기회를 확장시켜야 한다.

3) 경력개발의 문제점

경력개발을 하는 데는 여러 가지 실질적인 문제가 뒤따르게 된다.[14)]

(1) 비현실적인 경력목록

가장 큰 문제는 조직구성원이 과다한 자기중심적인 경력발전만을 원함으로써 비현실적인 경력목표를 추구하는 것이다. 자기경력발전에 대하여 높은 수준의 목표를 추구하려는 의지는 좋으나, 조직구성원의 경력발전은 어디까지나 전반적인 상황에 맞추어 계획되어야 한다.

(2) 빠른 승진경로

경력개발을 승진과 동일시하는 경향도 또 하나의 문제로 들 수 있다. 승진만을 경력개발의 목적으로 보고 빠른 승진경로(fast track)에 너무 많은 관심을 보임으로써 구성원들이 인기직무로 경력목표를 집중시키는 경향도 있다. 그러므로 경력

---

13) 金元卿(1986), 人事管理論, 螢雪出版社, p. 246,

14) 李學鍾(1985), 人事管理, pp. 528~529.

개발의 우선적인 목적은 조직구성원의 경력과 능력개발이며 승진은 그 과정에서의 부산물로 인식되어야 한다.

(3) 과다한 의지경향

경영개발은 인사관리의 부서와 경영전문가(career specialist)의 책임이라는 그릇된 인식 하에, 경력개발을 전적으로 스탭에 맡기고 그들에게 의지하는 경향도 또 하나의 문제이다. 이러한 문제는 이들 스탭은 물론 경력개발제도 전체에 대한 불신문제로 악화될 수 있다.

(4) 경력 재조정

경력개발은 항상 조직구성원의 경력발전만을 지향할 수는 없다. 조직구성원은 여러 경력단계를 거쳐 나가는 과정에서 신체적 노화와 능력상의 도태로 인하여 경력상의 고원(career plateau)과 침체(career stagnation)를 겪어 나가게 된다. 특히 조직체가 구조적 재편과 긴축을 필요로 할 때에는 이로 인한 경력상의 재조정도 필요하게 된다.

4) 경력개발에 대한 인사부서의 역할

경력개발을 함에 있어서 인사부서의 역할은 대단히 중요하다. 워커와 구터리지(Walker, J.W. & Gutteridge, T.G.)의 연구에 의하면 경력개발 프로그램의 실행시 소요되는 시간의 60%에 해당하는 활동을 인사부서에서 담당하고 있는 것으로 밝혀졌다.[15]

인사부서는 인적 자원 수급계획에 따라 필요한 인적 자원을 확보·훈련·개발해야 하기 때문에 경력개발문제를 다루지 않을 수 없는 것이다.

물론, 경력개발에는 조직과 개인 그리고 인사부서가 참여하므로 3자 모두의 노력이 필요할 것이고, 특히 경력상담과 경력지도의 주체로서는 상급경영자와 인사부서가 있을 수 있다.

워더와 데이비스(Werther, W.B. Jr. & K. Davis)는 이 중에서도 인사부서에서 경력개발을 주도할 때 다음과 같은 혜택을 얻을 수 있다고 보았다.[16]

---

15) J.W. Walker, T.G. Gutteridge(1979), "Career Planning Practices," *An AMA Survey Report*, New York, AMACOM., p. 21.

16) W.B. Werther, Jr, K. Davis(1982), *Personnel Management and Human Resources*, McGraw-Hill, Inc., pp. 198～199.

첫째로, 인사부서에서 경력개발을 주도할 때 승진할 수 있는 인적 자원을 조직 내부에서 개발하여 공급할 수 있다.

둘째로, 인사부서에서 개개인의 경력개발에 신경을 써 주면 조직구성원의 조직에 대한 몰입(organizational commitment)이 높아지므로 이직을 줄일 수 있다.

셋째로, 종업원의 잠재력을 고무시켜 개개인의 능력을 향상시킬 수 있다.

넷째로, 인사부서에서 경력개발활동을 주도하지 않는다면 일선경영자가 자신의 부하를 놓아 주지 않고 한 부서에 오래 잡아둘 가능성이 있다. 그러나 경력개발계획은 개개인의 자격을 보다 높여주도록 유도한다.

다섯째로, 종업원을 한 부서에 오랫동안 묶어두지 않음으로써 개개인에게 성장기회를 부여하고 인정과 성취감 등의 자부심을 충족시킬 수 있다.

여섯째로, 높은 잠재력을 가진 종업원이 보다 중요한 직무를 위해 경력개발을 준비하도록 도와 준다.

이상과 같은 혜택을 얻기 위해서, 인사부서의 경력개발행동은 경력교육, 경력정보, 경력상담의 세 가지 역할로서 이루어져야 한다.

사례 4// 휴렛패커드를 성장시킨 인재중시 전략

휴렛패커드는 세계에서 가장 큰 전자측정기기 회사이며, 소형 컴퓨터 생산량이 미국에서 2위를 기록할 정도로 큰 기업이다. 휴렛패커드의 성공 비결에 대해 CEO를 맡았던 수많은 경영자들은 사람을 존중하는 전략 때문이라고 말했다. 휴렛패커드는 오래전부터 인재중시전략을 고수하면서 끊임없이 변화하고 있다.

휴렛패커드는 인재 중심의 관리전략을 사람에 대한 관심으로 구체화시켰다. 요컨대 직원들을 존중하고 관심을 가져야 한다는 것이다. 그래서 관리자는 업무현장에 직접 찾아가 직원들과 비공식적인 구두형식으로 서로의 의견을 교환했다. 휴렛패커드의 창시자 휴렛과 40년간 연구 개발부 주임을 맡았던 바니 올리브는 회사의 설계현장에 자주 찾아가기로 유명했다. 후에 두 사람 모두 회사를 그만두었지만 직원들은 휴렛과 올리브가 그들의 작업장에 여전히 찾아오고 있다는 느낌을 받는다고 한다.

직원에 대해 관심을 갖는다는 것은 그를 진심으로 존중한다는 뜻이다. 휴렛패커드의 CEO와 관리사원들은 직원들의 업무성과를 인정하고 격려하며 항상 직원들을 존중하고 관심을 아끼지 않았다. 직원교육을 통해 단순히 성장만을 강조하지 않고 직원들이 생산과 판매, 제품 서비스 등 업무 전반에 걸쳐 개인적인 공헌을 할 수 있도록 적극적으로 장려했다. 또한 회사는 직원들에게 높은 믿음과 책임감을 요구했다. 인사이동에 있어서도 회사는 항상 한 명의 직원이라도 그 사람의 업무 능력을 잘 발휘할 수 있는 곳에 배치했다. 휴렛패커드의 제작팀에 나이가 많은 중간 간부 한 명이 이직해 왔다. 그는 예전 회사에서 직원 수가 50명인 부서를 관리한 적이 있었다. 직장을 옮긴 지 일 년쯤 지나자 그는 자신의 직위에 불만을 느끼기 시작했다. 다른 회사에 취직한 친구들은 다들 자기보다 높은 자리에 올라 있었기 때문이다. 그래서 그는 자신의 입장을 상관에게 전달하고 승진할 수 있는 방법을 물었다. 상관은 잠시 생각하더니 이내 웃으며 말했다. "뭘 그렇게 조급해하는가? 우리 회사에서 승진하는 가장 빠른 방법은 맡은 업무를 잘해내는 것이라네. 물론 시간이 좀 지나야 자네도 이 분위기에 적응을 하겠지만, 일단 회사를 믿고 열심히 해 보게, 지금처럼 즐기면서 말이네." 이 말을 들은 중간 간부는 휴렛패커드에서 일하는 것이 상당히 만족스러웠다. 왜냐하면 자신의 상관이 적시에 도움의 손길을 주고 있다는 것을 알았기 때문이다.

휴렛패커드는 직원들의 창조성을 높이 사기 때문에 직원들이 자유롭게 창조력을 펼칠 수 있는 업무환경을 제공한다. 예를 들어 회사는 모든 엔지니어들에게 하고 있던 프로젝트를 접어두고 새로운 테스트를 해볼 수 있도록 배려한다. 다른 회사가 보기에는 이해하기 힘들겠지만, 휴렛패커드의 직원들을 이미 습관이 돼서 아주 자연스러운 일로 받아들인다. 휴렛패커드에는 엔지니어의 창조성을 막는 사람은 아무도 없다.

그리고 휴렛패커드는 관리에 있어서도 직원들의 자주적인 창조성을 고려했다. 그래서 직원에게 명령보다는 목표실현을 지원하는 목표관리법을 주로 사용한다. 목표관리법에 있어서 목표는 모든 직원이 참여한 가운데 토론을 통해 확정하지만 하위직원들은 목표실현을 위한 구체적인 방법을 융통성있게 선택한다.

HP : Hewlett-Packard Company

- 산업분야 : 컴퓨터시스템
- 창립 : 1939년
- 창업자 : 빌 휴렛(Bill Hewlett)
데이비드 팩커드(David Packard)
- 국가 : 미국(U.S.A.)
- 본사 : 캘리포니아 주 펠러앨토
- 최고경영자 : 에그휘트먼
- 제품 : 서버, 데스크톱, 노트북컴퓨터, 프린터, 외장기기 등
- 매출액 : 2013년 = 1,123억 달러
- 순이익 : 71억3100만 달러
- 종업원 : 309,000명(현재)

〈자료: 장치진(최목영 옮김), 성공한 세계500대 기업의 경영전략, 시그마북스, 2010〉

제9장
글로벌시대 제품시장전략

제9장 글로벌시대 제품시장전략

제1절 글로벌시대 제품시장전략

1. 글로벌 제품시장전략의 개념

글로벌 제품시장전략(global product market strategy)이라 함은 글로벌화 기업이 생산하는 제품분야와 시장분야의 결합을 시행하고 세계적・국제적으로 글로벌 환경의 변화에 대응하여 제품성장 목표를 달성할 수 있도록 기업의 제품시장구조를 결정하는 것을 의미한다.

이 제품시장전략은 신규의 제품분야와 신규의 시장분야가 결합되어 성장기회의 탐구와 칭조의 방향을 결정하는 것이며, ① 글로벌 시장침투전략, ② 글로벌 시장개발전략, ③ 글로벌 제품개발전략, ④ 글로벌 다각화 전략 등과 같이 4가지 전략으로 분류된다.

이 경우 제품분야는 제품의 물리적 성격이나 성능의 차이에 의해 구분되나, 시장분야에 있어서는 제품의 시장사명(mission)의 상이에 따라 구분된다. 시장사명이라 함은 글로벌 제품에 대한 소비자 욕구충족의 하나로서 시장집중을 의미한다. 따라서 시장분야는 국가나 고객그룹의 분류에 따라 다르다.

예를 들면 식품과 TV, 약품 등의 소비자층은 같다. 그러나 각각의 시장사명이 전혀 다르다. 이와 같이 시장분야와 제품분야와의 합리적 조합(combination)에 의하여 제품시장전략이 형성될 때 전략경영의 목표가 달성되는 것이다.

2. 제품시장전략의 종류

제품시장전략은 전략경영의 선택적 과정에 따라 ① 시장침투전략, ② 시장개발전략, ③ 제품개발전략, ④ 다각화 전략 등으로 구분되며, ①, ②, ③을 확대전략이라고 한다.

1) 시장침투전략(global market penetration strategy)

세계적 제품분야와 세계시장분야의 결합에 의해 발생하는 시장침투전략이다. 세계적 제품에 의해, 세계시장분야에 대해서 광고선전비나 판매촉진비를 투입하거나 혁신적인 유통경로를 개발하여 매출액이나 시장점유율을 확대해가는 성장전략이다. 기존시장이거나 신시장이거나 새로운 마켓쉐어(market share)를 확대하여 초우량기업의 판매전략에 성공적 요소를 가져다주는 중요한 현대의 전략경영이다.

2) 시장개발전략(global market development strategy)

세계적 신제품분야의 개발에 따른 새로운 세계시장분야의 확장을 조화있게 수립해 가는 성장전략이다. 세계적 신제품분야에 있어서 새로운 고객층이나 새로운 시장지역을 개척하여 국제적 시장을 개발해가는 성장전략이다.

3) 제품개발전략(global product development strategy)

기존 세계적 시장분야의 확대와 새로운 세계시장분야의 개척을 결합하여 신규 세계화 제품개발을 성공시키는 성장전략이다. 현재 시장분야에 대해 신제품의 개발, 신품종의 추가에 의해 매출액이나 시장점유율을 확대해가는 전략이다.

4) 다각화 전략(global diversification strategy)

제품의 다각화와 시장의 다각화의 결합에 의해 발생하는 세계화 성장전략이다. 그것은 새로운 시장분야로 향한 새로운 제품분야에 다각화하는 성장전략으로 세계적 고객의 확충과 세계적 시장의 확대가 결합하여 성공적으로 이루어진다. 제품의 다각화 전략의 목적에는 자원의 이용, 시장전략, 성장의 기대 등으로 나눌 수 있다.

① 자원의 이용목적은 설비활용, 폐기물·부산물의 활용, 유휴직원의 활용, 유휴자본의 유효이용, 기존의 유통경로강화 등이 포함된다.
② 시장전략의 목적은 다양화 시장에의 적합, 관련상품에 의한 계절적·주기적 슬럼프(slump)의 제거, 수요의 총체적 감퇴억제, 상표명이나 회사명의 재인식 등이 포함된다.
③ 성장의 기대는 제품의 다양화에 의한 기대, 시장의 다양화에 의한 기대, 제품의 전문화·계열화할 때의 기대 등으로 구분된다.

글로벌 성장기업은 이와 같은 4가지의 성장전략 중 하나의 전략만을 배타적으로 선택하는 것이 아니라 종합적이고 동시적으로 글로벌 환경변화에 적응하면서 장·단기적인 목표를 선택하는 것이다. 다시 말하여 현실적으로는 두 가지 이상의 성장전략을 병용하여 혼합적 성장전략을 채용하는 경우가 많다. 어느 성장전략을 선택할 것인가에 대해서는 최고경영자의 중요 전략결정문제가 된다.

3. 글로벌 제품시장전략 프로세스

글로벌 제품시장전략을 성공적으로 유도하기 위한 6단계 프로세스(six- step process)가 있다. 이는 세계화·개방화 시대의 제품시장전략에 반드시 필요한 실제적 분석기법이다.

1) 제1단계(step 1) : 환경·시장성의 동적 분석

제품시장전략의 책정은 가장 먼저 국제경제환경과 국내경제환경을 분석하고 이 국내외 경제환경에 대응하는 제품시장의 동태파악을 세밀히 분석하여야 한다.

환경과 시장성의 동적 분석은 자사제품의 경쟁력을 평가하는 기본이 되며, 표적시장에 자사의 전략상품에 대한 품질, 가격, 이미지업 등을 살펴보는 중요한 요소가 된다.

특히 시장점유율을 확대하는 데 비교평가의 가능성을 제시해줄 수 있어야 하며 동적 분석자료로서는 ① 국제경제환경과 제도, ② 국내외 정치·사회·문화환경의 변화, ③ 시장제품선호의 특색, ④ 성장성·수익성·안정성의 분석, ⑤ 제품시장의 점유율 등을 정량적으로 산출할 수 있어야 한다.

2) 제2단계(step 2) : 내부경제 · 내부경영의 분석

내부경제는 세계적 신제품 개발을 위한 자금조달의 가능성과 정책금융과의 관계, 전략업종, 육성업종, 특화업종 등과 같은 금융 · 조세 · 행정 지원 등의 가능성을 점검한다.

내부경영은 세계적인 제품시장전략 수립과 실시에 따른 기업의 장 · 단점 분석과 그에 따른 경영능력분석으로서 ① 생산관리분석, ② 원가관리분석, ③ 인력관리분석, ④ 마케팅 분석, ⑤ 재무관리분석, ⑥ 투자분석, ⑦ 기술분석, ⑧ 노사관계분석 등 신시장별, 신제품별로 분석 틀을 만들고, 최고경영자로부터 말단종업원까지 전사적인 혁신의식을 분석한다.

3) 제3단계(step 3) : 경쟁상태파악

먼저 글로벌 제품과 시장을 외국기업의 경쟁상태와 비교 분석하고 그 다음으로 국내 동종업계와의 경쟁력분석을 철저히 한다.

글로벌 제품에 대한 국내외 기업의 경쟁력분석은 매출원가분석, 품질분석, 정밀정확도분석, 기술력분석, 시장점유율분석, 생산성 분석, 인재력분석 등을 한다.

4) 제4단계(step 4) : 자기상품의 약 · 강점 평가

자기상품의 약점평가는 문제점을 도출하는 기본이 되며 자기상품의 강점평가는 비교우위의 경쟁력을 나타내는 척도가 된다. 따라서 자기상품의 약 · 강점 평가는 제품시장전략 책정의 전술적 방법을 강구하는 도구로 사용되며 경쟁상품을 지배하는 데 결정적 계기가 된다.

또한, 자기상품의 약 · 강점 평가는 경제성, 가격, 품질, 시장, 고객의 욕구, 수익성 등에서 이룩되어야 한다.

5) 제5단계(step 5) : 문제점발견 · 개선실시

제품시장전략을 책정하기 위해서 제5단계에서 실시하는 문제점발견과 개선방안은 경영계획작성과 그 실시의 중요한 열쇠가 된다.

전략제품과 표적시장의 문제점발견은 새로운 경영정책수립의 모형을 만들 수 있으며 글로벌 제품시장 전략을 선택할 수 있는 동기가 된다.

그리고 제품시장전략의 책정 프로세스에서 나타난 문제점발견과 개선실시에서는 특히 전략목표, 전술방법, 성장성, 수익성, 생산성, 안정성, 탄력성 등의 성과를 도출할 수 있다.

6) 제6단계(step 6) : 모니터링 · 궤도수정

제품시장전략 책정을 위한 프로세스 마지막 단계는 모니터링과 궤도수정이다. 모니터링은 다양한 고객을 선정하여 확률이 높은 장점과 단점을 찾아내어 전략 · 전술의 궤도수정에 즉각적으로 돌입해야 한다. 그 결과 제품시장전략 책정에 하자가 없고 성공가능성의 신호등이 명확하게 확인될 때 최종적으로 실시한다.

[그림 9-1] 글로벌 제품시장전략을 위한 프로세스

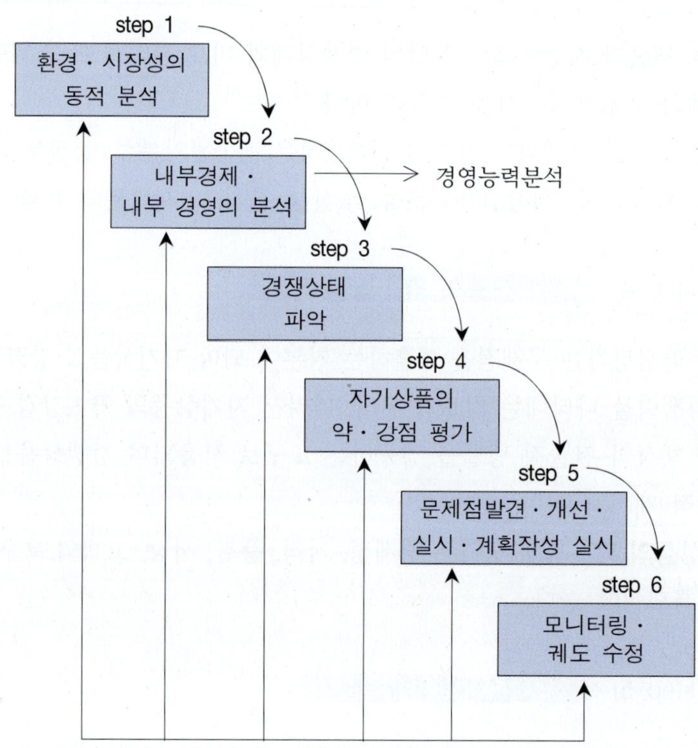

이상과 같은 제품시장책정을 위한 프로세스 6단계는 어느 제품이나 모두 적용되는 세계화 시대의 전략경영 프로세스이다.

특히 글로벌시대의 제품시장전략 책정을 위한 프로세스는 대 · 중 · 소기업을 막론하고 주기적으로 기존상품 · 기존시장과 신상품 · 신시장 개발전략 등을 대표하는 것이며, 전략경영의 성공을 보장하는 실제적 경영기법으로 많이 활용된다.

제2절 글로벌시대 제품차별화와 시장세분화 전략

1. 제품차별화 전략

제품차별화 전략(product differentiation strategy)은 브랜드 제품을 개발하고 제품의 기능은 본질적으로 같으나 제품의 외관설계, 특수한 장치, 포장이나 유통경로의 차이로 자사의 제품시장을 타사와 차별화하고 소비자의 브랜드(brand) 선호를 높이기 위해, 광고비 · 판매촉진비를 투입하여 자사제품의 시장확대를 꾀해가는 전략경영을 말한다. 소비자의 만족도가 강할수록 제품차별화의 정도가 높아야 하며, 브랜드 선호가 강할 수록 그 정도가 높다는 것을 뜻한다.

제품차별화는 어느 정도의 기술경제적 특성에 의해 좌우된다. 예를 들면 농작물은 제품의 차별화가 어려우며, 철강, 화학원료, 시멘트, 원사, 소맥분 원재료의 제품차별화는 비교적 낮고 자동차, 전기제품 등 조립제품이나 유행품, 시스템 제품, 가공식품 등은 제품차별화 전략을 크게 할 수 있다.

또한, 제품차별화가 행해지지 않는 제품에서는 '일물일가의 법칙'(一物一價의 法則)이 적용되며, 수급관계의 변화는 제품가격을 크게 변화시킨다. 이 경우 광고선전을 해도 큰 효과가 없다. 이에 반해 제품의 차별화를 할 수 있는 업계에서는 기업간의 이익격차를 제품혁신이나 마케팅 전략의 효과에 의해 결정하는 경향을 갖고 있다.[1)]

이와 같이 제품차별화는 시장구조의 특성을 나타내는 개념인 동시에 기업경쟁 전략의 하나로 결정기준이 되고 있다.

---

1) Philip Kotler(1976), *Marketing Management : Analysis Planning and Control,* Prentice-Hall, New Jersey, p. 141.

2. 시장세분화 전략

시장세분화 전략(market segmentation strategy)이란 어떤 제품에 대해 시장을 구성하는 고객을 어떤 기준에 의해 그룹화하고 몇 개의 고객층으로 세분화하여, 그 고객들의 요구에 꼭 맞는 제품을 개발하고 그들이 만족할 만한 광고를 하거나 그 밖의 마케팅 전략을 전개함으로써 경쟁상의 우위에 서려는 마케팅 전략을 말한다.

시장세분화는 ① 시장기회(market opportunities)를 탐지할 수 있고, ② 제품생산과 마케팅 활동을 표적시장의 욕구에 부응하여 조정할 수 있으며, ③ 특정세분시장의 반응도에 근거하여 마케팅 프로그램과 예산을 조정할 수 있다. 그리고 ④ 시장세분화를 함으로써 표적시장을 결정하고 각각의 표적세분화 시장의 성격에 따른 적합한 마케팅 활동이 가능해진다는 장점이 있다.

이와 같은 시장세분화가 효과적인 시장이 되는 전제로서는, ① 세분시장의 크기나 구매력 정도를 측정할 수 있는 측정가능성(measurability), ② 표적세분시장에 접근할 수 있는 접근가능성(accessibility, reachability), ③ 마케팅 활동에 든 비용과 노력을 보상할 수 있는 충분한 이익성과 실질성(substantiability)이 있어야 한다.

1) 시장집중전략과 종합주의전략

시장세분화 전략에는 ① 시장집중전략, ② 종합주의전략이 있는데, 전자는 시장세분화에 의해 각 세분시장의 수요 크기, 성장성 · 수익성의 예측을 행하고 그 중에서도 가장 유리한 세분시장을 선택하여 이것을 표적시장으로 하고 모든 마케팅 전략을 집중하는 것이며 중소기업에서 이용하면 좋다. 후자는 대기업에서 취해지는 것으로서, 각 세분시장을 각각 표적시장으로 보고 각 시장고객의 욕구를 충족시키기 위해 새로운 제품설계, 판매촉진을 전개하는 것이다.

2) 시장세분화의 기준

시장세분화의 기준으로는 다음과 같은 것이 있다.

① **사회경제적 변수**: 연령 · 성별 · 소득별 · 가족수별 · 가족의 라이프 사이클별, 기타 직업별, 사회계층별 등

② **지리적 변수**: 국내 각 지역, 도시와 지방, 해외의 각 시장지역 등

③ **심리적 욕구 변수**: 자아실현욕구, 생활스타일, 개성 등

④ **구매동기**: 경제성, 품질, 안정성, 편리성 등

이상과 같이 시장세분화의 기준은 혁신적인 아이디어를 적용하여 매출액이 잠재적으로 큰 시장을 탐구하고 발견하는 것이 목적이다.

제3절 글로벌시대 시장점유율과 제품폐기전략

1. 시장점유율전략

시장점유율(market share)이라 함은 특정제품업계 전체의 매출액에 대한 자사의 매출액의 비율을 말한다. 대개 한 시장 또는 한 지역의 최고비율의 매출액에 대한 자사의 매출액 비율로서 측정되는 경우가 일반적이다. 시장점유율은 특정제품시장에 있어서 기업의 경쟁적 지위를 나타내는 하나의 지표가 되며, 그것이 높다는 것은 총자본이익률이 높아진다는 것을 뜻한다.

시장점유율전략(market share strategy)이라 함은 시장점유율에 관한 경쟁전략을 말하는데, ① 확대전략, ② 현상유지전략, ③ 수확전략 등의 3가지 전략으로 구분된다.

1) 확대전략

신제품의 도입, 광고비나 판매촉진비의 증강, 유통경로의 계열화, 판매요원의 증강 등으로 시장점유율의 확대를 꾀하는 것으로, 단기적으로는 이익률의 저하를 가져오는 경향이 있고 자금고갈의 원인이 되기도 하므로 주의를 요한다.

2) 현상유지전략

안정된 제품분야에서 시장점유율이 높은 기업에서 취해지는 전략이나, 경쟁이 격심한 업계에서 그 점유율을 유지해 간다는 것이 쉽지 않다. 이에는 연구개발에

의한 품질의 향상, 제품개발, 생산의 합리화, 광고나 판매촉진 등의 효율적인 이용이 요구된다.

3) 수확전략

사양화 경향에 있는 제품분야에서 높은 점유율을 가지는 기업이 흔히 취하는 전략으로, 추가투자를 피하고 점유율은 저하하는 데로 일임하고 가능한 한 현금의 수입을 수확하여 다른 제품분야에 재투자해 가는 전략을 말한다.

2. 제품폐기전략

제품폐기(product deletion)라 함은, 글로벌시대 경쟁력이 약한 제품이나 적자생산제품으로, 시장생존가치가 없는 제품이며, 판매를 중지하고 투자를 회수할 목적으로 이루어지는 것을 의미한다. 일반적으로 당해 제품에 의존하는 기업내외인(당해 제품 담당기술자 · 생산업자 · 판매업자)으로부터 제품폐기에 대해 반대나 어려움이 발생하기 쉬우므로, 경영자는 제품폐기의 결정책임을 회피하려는 경향이 있기 때문에 사장 판단력이나 제품폐기 결단력이 있어야 한다.

적자제품은 기업의 이미지를 흐리게 하고, 다량의 적자제품일 경우에는 생산비, 원재료 구입비, 재고관리비 등 기업의 생산비용을 증가시켜 경영의 효율을 악화시키는 요인이 되기 쉽다. 따라서 때때로 이와 같은 제품폐기전략을 신속하게 대체하는 전략도 수립해 두어야 한다.

제품폐기의 방식에는, 위기타개방식과 정기적으로 제품평가관리방식이 있다. 전자의 경우는 기업경영이 악화되고 재무유동성이 위태롭게 된 경영위기를 타개하기 위해 적자제품을 정리하는 방식인 데 대하여, 후자는 정기적으로 각 제품을 평가하여 폐기후보제품을 선택하고 그 폐기계획에 따라 시행하는 방식이다.

이러한 폐기후보제품의 평가 또는 선택기준으로는, ① 시너지 기준과 ② 이익기준이 있다. 전자는 그 제품에 대해 제품라인에 대한 생산 시너지, 판매 시너지, 기술 시너지를 재평가하고 제품의 장래경쟁력이나 제품라인에 대한 공헌도 등으로 재평가하는 것이다. 다만 이 양자를 병용하는 것이 보다 효과적이다.

제4절 제품수명주기전략

1. 제품수명주기의 의의

제품수명주기(product life cycle : PLC)란, 인간이 탄생하여 성장하고 활동하다가 노령화하여 사멸하는 것과 같이, 기업도 제품이 새로 개발되면 시판되어 점차 성장하다가 언젠가는 타사의 신경쟁제품에 의해 시장에서 소멸하게 되는 현상을 말한다. 그것은 제품이 시장에 도입되어 폐기될 때 까지의 성쇠상태를 제품의 매출액과 이익 그리고 시계열과 관련시킨 개념이다.

2. 제품수명주기의 형태

제품수명주기의 가장 전형적인 곡선은 [그림 9-2]와 같이 S형태판매곡선을 나타내는데, 그것은 도입기, 성장기, 성숙기, 쇠퇴기의 4단계로 구분된다. 이를 제품

[그림 9-2] 제품수명주기의 형태

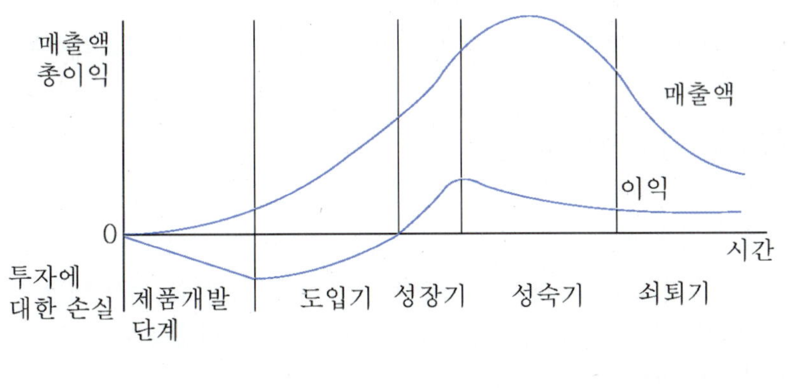

자료: E. J. McCarthy(1975), *Basic Marketing : A Managerial Approach*, 5th ed., Richard D. Irwin Inc., p. 536.

수명주기 4단계법이라 할 수 있으며, 성장기와 성숙기 사이에 경쟁기를 하나 더 두거나, 성숙기와 쇠퇴기 사이에 포화기(saturation stage)를 두는 단계도 있는데, 이를 제품수명주기 5단계법이라고도 할 수 있으나, 전자가 보다 일반적으로 널리 알려져 있다.

3. 제품수명주기의 전략

1) 도입기전략

도입기전략(introduction stage strategy)은 새 제품이 개발되어 시장에 처음 나온 단계이다. 따라서 수요의 가격탄력성(price elasticity)이 낮으므로 가격경쟁의 효과는 적다.

이 단계의 특징은 다음과 같다.

첫째, 매출액성장의 완속에 있다.

새 제품의 매출액성장은 매우 느리다. 왜냐하면 제품가치가 고객에게 아직 인정받지 못하고 있어 수요신장이 어렵다.

둘째, 과다한 투입비용이 든다.

공장의 저조업도, 연구개발비의 중압 이외에 높은 유통비용과 광고비, 판매촉진비가 투입되며, 때로는 제품개량비까지 포함되어 더욱 부담을 과중케 하고 있다.

셋째, 손실의 시현이 나타나고 있다.

앞에서 나타난 특징으로 인해, 기업은 매출이익은 커녕 손실을 초래하는 경우가 일반적이다.

넷째, 무경쟁자 상태이다.

이 단계에서는 동종제품의 경쟁자는 없고, 제품형태도 적으며 고객은 혁신적인 새 관심을 가지게 된다.

이 단계의 전략경영으로는 고소득층을 상대로 고가정책을 쓰게 된다. 그 이유는, ① 낮은 생산성 때문에 비용이 높고, ② 생산기술이 미흡하며, ③ 높은 판촉비용을 보상하기 위해서는 높은 매출이익률이 필요하다.

2) 성장기전략

성장기전략(growth stage strategy)은 둘째 단계로서, 급속한 시장성장(market growth)을 이룩할 수 있다. 이 단계의 특징은 다음과 같다.

첫째, 급속한 시장수용의 단계이다.

이 단계는 제품가치가 널리 인정받게 되며 급속한 시장수용 단계로서, 이른바 전시효과(demonstration effect)적 수요가 신장된다.

둘째, 실질적 이익의 출현이 창출된다.

매출액이 급속히 신장되고 실질적인 이익성(profitability)도 창출된다.

셋째, 신경쟁자의 출현이 있다.

매출액이 급속히 증가되고 따라서 이익의 폭이 높아지면 경쟁자가 출현하게 된다.

넷째 판촉비용의 감소와 제조원가의 절감이 이룩된다.

매출액의 증가는 단위당 판촉비를 하락시켜 주며, 대량생산에 따른 제조원가의 절감이 이룩된다.

이 단계의 전략경영으로는 ① 제품품질의 향상과 새 모델의 추가, ② 침투할 새로운 세분시장의 모색, ③ 판로개척을 위한 유통경로의 탐색, ④ 제품인지(awareness)로부터 제품신념(conviction)의 변경정책, ⑤ 제품시장전략, ⑥ 시장점유율전략 등이 있다.

3) 성숙기전략

성숙기전략(maturity stage strategy)은 셋째 단계로서 거의 모든 잠재구매자에 의해 제품이 수용되었으므로 매출성장이 둔화되는 단계이다. 이 단계 특징은 다음과 같다.

첫째, 대부분의 제품은 장기성을 가지고 있다.

이 단계는 도입기나 성장기에 비해 훨씬 긴 것이 보통이며, 따라서 대부분의 제품은 성숙기에 있다고 할 수 있다.

둘째, 격심한 경쟁자를 초래한다.

매출성장률의 둔화는 제품산업 전체면에서 볼 때 생산능력의 과잉에서 비롯된 것이므로 격심한 경쟁을 초래하게 한다.

셋째, 경쟁대처에 노력을 경주한다.

격심한 경쟁에서 이겨나가기 위해서는 가격인하(cost down), 판촉예산증가, 제품차별화를 위한 연구개발 등 여러 가지 마케팅 노력을 경주한다.

넷째, 강존약퇴 현상이 나타났다.

경쟁력이 약한 기업은 시장에서 도태되고 강한 경쟁력을 가진 기업만이 존속 유지된다.

이 단계의 전략경영으로는, ① 시장변경 또는 수정(market modification)〈새로운 잠재구매자의 발견, 매출액 증진의 모든 수단발휘〉, ② 제품변경 또는 수정(product modification), ③ 신제품의 추가, ④ 계속 수요유지를 위한 가격인하(cost down), ⑤ 물적 유통의 합리화, ⑥ 시장세분화, ⑦ 마케팅 믹스(marketing mix)의 변경 또는 수정 등 모든 정책이 베풀어진다.

4) 쇠퇴기전략

쇠퇴기전략(decline stage strategy)은 마지막 단계로서 마케팅 전략의 중점으로부터 제외되어 판매는 시장의 자연적 흐름에 일임하게 된다. 이 단계의 특징은 다음과 같다.

첫째, 매출액이 급락한다.

기술적 진보에 따른 신제품의 탄생, 패션과 소비자기호의 변화, 수입품에 의한 대체 등으로 매출액이 급속하게 하락하게 되며, 따라서 매출이익이 현격하게 감소한다.

둘째, 기존제품시장에서 탈피해야 한다.

매출액과 이익이 감소함에 따라 기업들이 보다 이익성이 큰 분야에 그들의 자원을 투입하기 위하여 기존제품시장에서 탈피한다.

이 단계의 전략경영으로서는, ① 수요감소를 방지하기 위한 가격인하, ② 기존제품에 대한 제품폐기, ③ 진부화 정책, ④ 대체제품의 개발, ⑤ 제품다양화의 확대, ⑥ 기업합병 등이 모색된다.

표 9-1. 제품수명주기(PLC)의 특징

도입기	성장기	성숙기	쇠퇴기
① 매출액성장의 속 ② 과다한 투입 비용 ③ 손실의 시현 ④ 무경쟁자 상태	① 급속한 시장 수용 ② 실질적 이익 출현 ③ 신경쟁자의 출현 ④ 판촉비용 감소, 제조원가 절감	① 제품의 장기성 ② 격심한 경쟁자 초래 ③ 경쟁대체에 노력 ④ 강존약퇴 현상	① 매출액 급락 ② 기존제품시장 탈피 ③ 이익 감소 ④ 제고급증

제5절 마케팅 믹스 전략

1. 마케팅 믹스 전략

마케팅 믹스 전략(marketing mix strategy)이란 맥카시(McCarthy, E.J.)가 제창한 마케팅 믹스의 4가지 요소를 뜻하는데, 그것은 Product(제품), Place(경로), Promotion(촉진), Price(가격)이다.

[그림 9-3]을 보면 C로 표현된 고객(customers)은 4P에 포위되어 있는데, 이는

[그림 9-3] 4P's(marketing mix의 제요소)

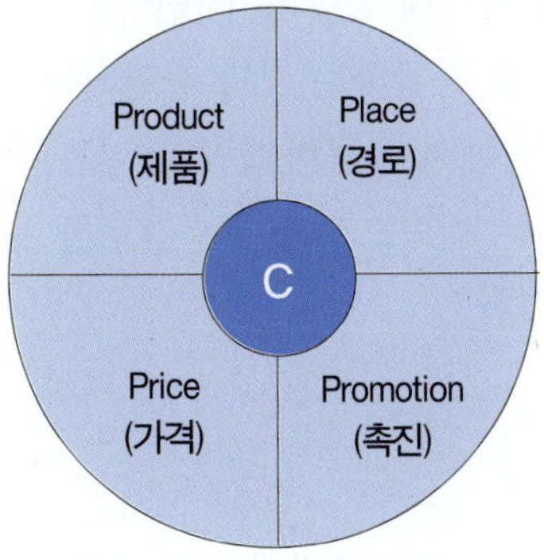

자료: E.J. McCarthy(1978), *Basic Marketing*, Richard D, Irwin Inc, p. 40.

표적시장으로서 고객이 모든 마케팅 활동의 역점이 되고 있다. 따라서 마케팅 믹스 전략은 ① 제품전략, ② 경로전략, ③ 촉진전략, ④ 가격전략 등으로 나타나고 있다.

1) 제품전략

제품영역(product area)은 표적시장을 위한 바람직한 제품을 개발하는 것과 관련되므로 제품관리자나 상표관리자(brand manager)의 관리대상이 된다. 다만, 제품영역은 4P 중 하나에 불과하다. 수많은 잠재고객이 그 제품을 어떻게 생각하느냐에 따라 다른 3가지 요소의 방향이 결정되기 때문에 가장 먼저 고려되어야 하는 전략이다.

2) 가격전략

마케팅 관리자는 제품에 대한 적절한 가격을 설정해야 하는데, 그 설정에는 표적시장에서의 경쟁상태와 더불어 선택적 가격(alternative price)에 대한 고객반응을 충분히 참작해야 하는 전략이다.

이상과 같은 4가지 범주로 분류되는 마케팅 믹스 전략은 서로 의존하는 관계가 있으며 각 요소별로 결정되어야 하는 전략적 결정영역을 최고경영자는 가장 효율적으로 선택해야 한다.

3) 경로전략

제품은 요구되는 장소와 시기에 공급되지 못하면 존재가치가 없다. 장소영역은 필요한 시기와 장소에 제품을 공급하는 것과 관련되는 것으로 판매관리자, 유통관리자 및 중간상들이 이 영역에서 활동하고 있다. 즉, 생산자로부터 최종소비자까지의 유통경로를 최적화하는 전략으로서 유통경로를 통하여 가장 합리적 이익을 주는 데 전략적 가치가 있다.

4) 촉진전략

촉진은 특정제품이 특정장소에서 특정가격에 판매된다는 것에 관한 의사전달과 관련되는 것으로, 광고 · 인적판매 · 홍보활동 · 판매촉진 등을 그 내용으로 하는 데, 마케팅 관리자는 이들이 최적의 상태로 혼합되어 효과가 나타날 수 있도록 'Promotion mix'에 힘써야 하는 전략이다.

2. 풀 전략과 푸시 전략

마케팅 전략은 풀 전략(pull strategy)과 푸시 전략(push strategy)으로 대별된다. 광고에 의해 소비자를 자사제품에 유인하는 것은 풀 전략이며, 인적 판매에 의해 자사제품을 소비자에까지 밀고 가는 것이 푸시 전략이다. 그러나 광고나 인적 판매만으로 제품이 팔리는 것은 아니다. 원래 마케팅이란 각종 요소를 유기적으로 통합 내지 혼합한 전체적 시장활동이기 때문에 'pull'과 'push'의 개념은 단독적 전략이라기보다는 전체적이고 혼합적인 마케팅 믹스(marketing mix) 구성까지 미치고 있다.

풀 전략의 목표는 주로 매스 미디어(mass media) 광고, 대소비자 촉진활동(promotion activity) 등을 통해 그들로 하여금 자사제품에 대한 강한 브랜드 선호를 구축하는 것에 있다.

이에 반해 푸시 전략의 목표는 주로 인적 판매를 축으로 하고 판매점원(dealer helps), 신용공여 등으로 자사제품을 도매상→소매상→소비자에게 침투시켜 나가는 것에 있다. 일반적으로 생산재가 소비재보다도, 또한 후자의 경우에는 전문품이 일반 식료품이나 잡화보다도 푸시 전략의 적합도가 크다. 그러나 개별기업의 전략결정에 있어서는 제품차별화의 정도, 제품의 라이프 사이클(life cycle) 상의 위치, 브랜드 로열티(brand royalty)와 스토어 로열티(store royalty)의 관계기업 규모, 시장범위, 경쟁상태 등의 모든 조건을 충분히 고려하여 결정해야 한다.

그런데 실제로 극단적 풀 전략이나 푸시 전략을 실시하는 경우는 별로 많지 않다. 원래 푸시 전략용의 제품이라도 기업규모가 확대되어 양산화가 되면 푸시 전략만으로는 거액의 고정비를 유지할 만한 시장확보가 곤란하다. 따라서 푸시 전략과 풀 전략의 통합, 즉 '푸시-풀 전략'(push-pull strategy)이 요구되는 것이다.

이러한 의미에서 현대 마케팅 전략에서는 시장에서의 창조적 적응을 지향하여 'pull'과 'push'의 양 개념을 어떻게 유효하게 통합하는지가 하나의 중심적 과제가 되고 있는 것이다.

3. 마케팅 전략의 목표

마케팅 전략의 목표는 고객을 창조하는 데 있으며, 고객을 창조하기 위한 마케팅 자원으로서는 제품의 품질, 가격, 서비스, 광고, 판매촉진 등이 있다. 이들 자원의 혼합을 결정하는 마케팅 믹스(marketing mix)의 결정은 현대 마케팅 전략의 중요한 목표가 된다. 이를 좀더 상세하게 설명하면 다음과 같다.

1) 표적시장의 설정

마케팅 전략의 목표는 표적시장(target market)을 설정하는 데 있다.[2] 표적시장은 마케팅 전략을 실시하는 대상이며 특정의 고객집단이다. 이 표적시장의 설정은 전단계 마케팅 활동으로, ① 경영목표→② 경영정책→③ 마케팅 목표→④ 마케팅 정책 등이 전제가 된다.

2) 신고객의 창조

마케팅 전략의 다음 목표는 무엇보다도 표적시장으로서 특정 고객집단을 창출하고 이를 유지·관리하는 일이다. 자사제품을 구입해 줄 고객이 없거나 이를 창출 못한다면 마케팅 전략을 펼 의의와 필요성은 없어진다.

3) 마케팅 믹스의 창출

마케팅 전략의 목표는 마케팅 믹스(marketing mix)를 창출하는 것이다. 마케팅 믹스라 함은 표적시장에 대하여 발동되는 마케팅 대책들의 혼합도의 최고화를 꾀하는 것을 뜻한다.

4) 매출이익의 증대와 유지

일반적으로 마케팅 목적은 장기적 기대이윤의 극대화에 있다. 이와 같은 장기이윤의 극대화를 실현하기 위한 마케팅 전략의 목표는 자동적으로 그 구체적인 내용이 매출이익의 증대와 그 유지에 있는 것이다.

---

2) 표적시장(target market)이란 마케팅 활동의 대상이 되는 특정고객집단을 말한다. 마케팅 활동은 모든 잠재적 소비자를 대상으로 하여 행하여지는 것이 아니라 미리 표적시장으로 설정된 소비자 집단을 대상으로 전개되는 것이다.

4. 브랜드 마케팅 전략

브랜드 마케팅(brand marketing)이란 해당 제품이나 서비스를 상징화해서 소비자에게 인식시키는 총체적 도구로서, 소비자 머릿속에 남아있는 그 제품이나 서비스에 대한 상징적 · 실제적 개념의 집합으로서 마케팅을 의미한다. 브랜드 마케팅 전략은 기본전략, 상황변화에 대한 전략, 브랜드의 채용전략, 브랜드 확장전략으로 구분할 수 있다. 이를 상세하게 설명하면 다음과 같다.

1) 브랜드의 기본전략

브랜드 관리를 수행하는 데 있어서 우선 최초로 기본방침을 결정하는 것이 필요하다. 브랜드의 기본전략은 대상으로 하는 시장이 기존시장인가 신규시장인가, 채용하는 브랜드가 기존 브랜드인가 신규 브랜드인가의 두 가지 차원으로 나눌 수 있다.

브랜드 강화는 대상시장도 브랜드도 변경하지 않는 전략이다. 브랜드 리포지셔닝은 기존의 브랜드를 토대로 새로운 시장을 겨냥한 전략이다. 브랜드 변경은 동일한 시장을 타겟(target)으로 하여 브랜드를 새로운 것으로 변경하는 전략이다. 브랜드 개발은 새로운 브랜드로 새로운 시장을 겨냥한 전략으로 고위험 고수익형 전략이다.

2) 상황변화에 대한 브랜드 전략

상황변화에 따른 브랜드 전략은 선행전략, 대항전략, 철수전략, 보완전략 등으로 구분한다(〈표 9-2〉 참조).

표 9-2. 브랜드 전략의 상황변화

전 략	상 황 변 화
브랜드 선행전략	· 제품차별 포인트가 있을 때(전문화, 개성화, 혁신제품) · 욕구충족의 제품 · 타사의 시장침입 방어시
브랜드 대항전략	· 타사의 시장침입시 - 자체 브랜드 강화/타사 브랜드 모방
브랜드 철수전략	· 죽은 브랜드에 대한 신속한 철수 -과잉손실, 기회손실 최소화
브랜드 보완전략	· 장기적 육성의 차원에서 브랜드의 일부 속성을 변화시키고 싶을 때 · 인지는 올라가지만 매출이 안 따르거나, 호감도(선호도)가 높지 않을 때 그 원인을 찾아서 속성별로 보완

3) 브랜드 채용전략

브랜드를 채용하는 방식으로는 다양한 대안들이 있다. 그 중 어느 유형을 채택할 것인가에 관한 의사결정이 브랜드의 채용전략이다.

① 취급하고 있는 제품라인의 표적시장이 동질적이며 제품라인 간의 이미지나 경쟁지위도 동질적인 경우 모든 제품라인에 동일한 브랜드를 사용하는 패밀리 브랜드(family brand) 전략을 채용하는 것이 좋다.
② 역으로 표적시장뿐만 아니라 제품이미지나 경쟁지위도 상이한 경우에는 제품라인별로 다른 브랜드를 사용하는 개별브랜드(individual brand) 전략을 채택하는 것이 좋다.
③ 표적시장은 동질적이나 제품라인간의 경쟁지위나 이미지가 이질적인 경우에는 동질적인 브랜드와 개별브랜드를 결합시킨 이중브랜드(double brand) 전략이 좋다.
④ 표적시장은 이질적이지만 제품라인이 동질적인 경우에는 통일적인 브랜드에 등급(grade)을 추가하는 브랜드 플러스 등급(brand plus grade) 전략이 좋다.
⑤ 두 가지 차원 모두 다 중간정도인 경우에는 제품라인군을 얼마간의 공통성에 응하여 몇 개로 나누어 각각 상이한 브랜드를 부여하는 분할 패밀리 브랜드(separate family brand) 전략이 좋다.

4) 브랜드 확장전략

브랜드 확장전략은 기존제품에서 성공한 브랜드를 다른 제품 카테고리에도 사용하는 것이다. 새로운 브랜드를 사용한 신제품을 시장에 도입하는 것보다 과거에 쌓아올린 브랜드력을 이용하여 신제품을 시장에 도입하는 것이 기업에게 더욱 용이하다.

5) 사회공헌을 통한 글로벌 마케팅 전략

사회적책임과 사회공헌을 통하여 기업가치의 향상은 해외 마케팅 전략의 큰 장점으로 나타나고 있다. 21세기 윤리경영과 더불어 사회공헌 활동을 통하여 지속가능경영으로 글로벌 마케팅 전략을 하고 있는 성공한 기업들이 많이 있다〈사례 1 참조〉.

사회공헌을 통하여 글로벌 마케팅 전략은 뇌물이나 외국정부와의 정경유착, 외국정부의 간섭 등을 배격하고, 해외 목표시장지역의 열악한 생활환경의 개선,

양로원 지원, 생활복지관 지원, 장학금 지원, 보건소 지원 등 기부활동으로 사회적 공헌을 실시하여 기업가치를 향상시키고 자사 상품의 판매를 증대시키는 마케팅 활동을 의미한다.

사례 1// 사회공헌을 통한 글로벌 마케팅 전략

시내전화, 초고속인터넷 등 국내 통신사업을 해 온 KT는 2007년 러시아 연해주 수찬 고려인 집성촌 등에서 정보기술(IT)과 한글 교육을 접목한 봉사활동을 시작했다. 남중수 KT사장은 2007년 7월 연해주를 방문해 직접 사회공헌 활동을 펼쳤다.

KT의 '러시아 사랑'은 연해주 블라디보스토크의 이동통신 사업과 맞물려 있다. KT는 자회사인 NTC를 통해 연해주 시장을 장악한 데 이어 러시아 극동 15개 지역으로의 진출을 추진 중이다.

기업의 사회공헌이 해외 마케팅과 맞물린 전략적인 방향으로 진화하고 있다.

삼성경제연구소의 '윈윈 전략으로서의 사회공헌활동 현황과 시사점' 보고서에 따르면 사회공헌은 그 자체로 경쟁력 우위를 창출하는 훌륭한 비즈니스라는 것이다.

최숙희 삼성경제연구소 수석연구원은 보고서에서 "기업의 사회공헌 활동이 자선적, 시혜적 차원의 기부활동에서 전략적 사회공헌으로 변화하고 있다"고 지적했다.

글로벌 은행 도약을 목표로 삼은 국민은행은 인도네시아, 캄보디아, 카자흐스탄, 베트남 등 진출 예상지역을 중심으로 해외 사회공헌을 강화하고 있다.

국민은행은 인도네시아, 파키스탄의 2005년 지진 피해 시 각각 10만 달러를 지원했으며, 인도네시아 자카르타 지역에서는 극빈아동의 학교 급식 프로그램을 펼친 바 있다.

인도에 제철소 건설을 추진하고 있는 포스코는 지난해 인도에서 27명의 구순구개열(언청이) 환자에게 무료 수술을 제공했다. 국제 해비탯과 함께 인도 뭄바이 집짓기 봉사도 했다.

베트남 시장에서 'S폰' 이동통신 사업을 벌이고 있는 SK텔레콤도 세민얼굴기형돕기회와 손잡고 구순구개열 등 현지의 안면 기형 어린이를 무료로 수술해 줬다. 무료 수술 환자만 1996년부터 2007년까지 2,500여 명에 이른다.

LG전자는 최근 주력시장으로 떠오른 유럽 지역에서 대사관 주최의 공연 및 문화행사를 후원하거나 협찬하는 방식으로 사회공헌 활동을 전개하고 있다. 오페라 춘향전 프랑스 파리 공연 후원, 재프랑스 한국인 축제 후원에 이어 LG 영국 런던 코리안 페스티벌, LG 체코 자선콘서트 등을 주관했다.

삼성전자는 동남아에선 청소년에게 디지털 문화혜택을 제공하는 '삼성디지털호프' 행사, 중국에서는 사막화 방지 운동인 '한중 우의림(友誼林)'활동을 펼치고 있다.

안흥진 삼성전자 홍보팀 상무는 "현지 지역사회와 함께 성장해 나간다는 전략이 삼성전자의 글로벌 경영의 핵심"이라고 말했다.

〈자료: 동아일보 김용석 기자, 2007. 9. 10〉

요점

글로벌시대 신제품 개발

새로운 경제시대에 제품은 더 빠른 속도로 운영되고 있고 시간의 추이에 따라 더 빨리 발전해야 한다. 사람들의 새로운 신조는 '적은 투자, 많은 회수, 더 빠르게'가 되었다. 기업이 경쟁에서 앞서 가려면 반드시 시대의 흐름을 배워야 하며 빨리 사고하고, 빨리 결정하며, 사회가 요구하는 제품을 개발하고, 소비시장의 욕구를 충족시켜야 한다. 그래야만 기업의 발전속도를 유지할 수 있고, 격렬한 경쟁의 폭풍 속에서도 뒤집히지 않을 수 있다.

사례 2// 생필품업계의 항공모함 <유니레버사>

유니레버사는 영국과 네덜란드에서 공동경영을 하는 세계 제2대 식품회사이다. 유니레버사의 창시자는 영국의 윌리엄 레버이며, 전신은 레버브라더스사였다. 1930년 네덜란드 마가린 유니를 합병하면서 정식으로 유니레버사가 출범했다. 그러나 회사는 줄곧 두 나라에 각각 본사를 두고 있다.

제2차 세계대전 이전, 유니레버사의 주요 사업처는 아프리카와 아시아였는데 전후에는 영국 본토와 서유럽으로 방향을 전환했다. 주로 식품과 합성세제, 화장품 등 소비제품을 취급했으며, 유비레버사가 만든 제품은 거의 전 세계 곳곳으로 퍼져 나갔다. 사업이 발전하면서 식용유지와 유제품 부서, 급속냉동식품 부서, 화학제품 부서, 펄프, 플라스틱 포장제품 부서 등 주요제품의 부서를 설치했다.

업무가 확대되면서 유니레버사는 많은 회사를 합병하여 거대 기업으로 성상했었다. 현재는 세계 70여 개의 국가에 500여 개의 자회사와 지점을 가지고 있으며, 수많은 식물원과 기업원료가공공장, 식품무역부를 관리하고 있는 명실상부한 세계 식품산업의 제왕이 되었다.

전쟁터와 같은 경영현장에서 나아갈 때와 후퇴할 때를 아는 것은 매우 중요한 능력이다. 스미스 장군은 "우리는 후퇴하지 않는다. 단지 또다른 방향으로 공격할 뿐이다"라고 했다. '후퇴'의 깊은 뜻을 예리하게 짚어낸 말이다.

유니레버사는 취급하는 상품이 다양해지자 회사는 고객을 만족시키고 고객에게 더 많은 선택의 기회를 주기 위해 브랜드를 다양화했다. 이런 방식은 새로운 것을 원하는 고객의 취향을 맞출 수도 있고 회사로서도 한 브랜드가 실패한다고 전 제품을 폐기해야 하는 위험을 피할 수도 있었다. 현재 유니레버사는 럭스, 선라이트, 서브, 칼리포아이스크림, 립톤 등 많은 브랜드를 세계 시장에 내놓고 있다.

다양한 상품과 다양한 브랜드는 유니레버사만의 독특한 특징이다. 이것은 유니레버사가 다년간의 경영경험을 통해 얻은 방법이기도 하다. 유니레버사의 CEO 데이비스 윌은 "기업은 고객의 요구에 맞추기 위해 끊임없이 자신을 변신시켜야 한다.

고객이 원하는 제품으로 개발되고 혁신되어야 기업이 성공한다. 그렇지 않을 경우 위기는 금방 찾아온다. 우리는 오랜 경영을 통해 이런 특별한 결과를 얻을 수 있었다"

참고

삼성 Galaxy S6 / S6 edge

한국의 삼성 Galaxy S6 / S6 edge를 살펴보라. 눈부시게, 모든 것을 새롭게 빛나게 하는 신제품 개발 브랜드 확장전략의 성공사례이다.

제 10 장
글로벌시대 스포츠 마케팅 전략

제10장 글로벌시대 스포츠 마케팅 전략

제1절 스포츠 마케팅의 개념

1. 스포츠 마케팅의 정의

1) 스포츠 마케팅이란?

스포츠 마케팅(sport marketing)이란 스포츠 소비자의 욕구충족과 장기적 복지 증진에 기여하고 스포츠 산업 각 부문에 해당하는 스포츠 생산자 혹은 조직의 목적을 달성하기 위하여 스포츠 제품이나 서비스의 교환과 관련된 모든 활동을 말한다.

스포츠 산업이 글로벌화되고 전문화 및 특성화되어 감에 따라 이에 대한 마케팅의 전문성도 점차 중대한 문제로 인식되어 가고 있다. 스포츠 마케팅 경영관리는 "스포츠 생산자가 스포츠 제품이나 서비스를 통하여 스포츠 소비자의 욕구를 만족시킬 수 있도록 상호교환을 촉진하는 아이디어, 재화 및 서비스의 만족, 가격설정, 판매촉진, 유통경로 등을 계획하고 실행하는 경영과정"이다.

스포츠 마케팅은 역동적인 환경에서 스포츠를 이용하는 마케팅과 더불어 창조, 촉진, 홍보활동, 사람들(고객 서비스 및 관리), 그리고 가격 등을 통하여 만족스러운 교환관계를 촉진시키는 개개의 활동과 조직활동을 구성해야 한다.

따라서 경영자는 스포츠 관련 소비자의 습관, 관행, 태도 등을 이해하고 이를 위해서는 꾸준히 그 동태를 파악할 수 있는 효과적인 마케팅 조직을 갖추고, 지속적으로 가능한 경쟁우위를 구축하기 위하여 마케팅 믹스 요소들을 경영계획에 접합시켜 장기적인 관점에서 마케팅 전략을 수립하고, 충분한 검토를 거친 후 계획이 수행될 수 있게 해야 한다. 고객들이 무엇(what)을, 언제(when), 어디서(where), 어떻게(how), 얼마나(how much) 원하는가를 판단하여 아들의 욕구를 충족시켜 주어야 한다.

다양성과 변화를 계속하는 스포츠에 대한 요구의 동향에 비추어볼 때, 21세기는 스포츠 서비스 산업의 발전에 있어서도 고객과 일체가 된 경영이 불가피하며 서비스 제공에 있어서도 소비자요구를 최대한으로 반영하는 것이 중요하게 되었다. 따라서 스포츠 서비스 프로그램의 구축에서는 다양한 소비자의 특성에 대응함과 동시에 문화적 정신적인 만족의 측면에서도 유의함이 요구된다. 또한 회원 수, 영업시간, 시설의 쾌적성, 간편성 혹은 서비스 제공내용과 댓가와의 관계가 불투명한 것 등에 대한 소비자의 불만에 대해서도 정확히 대응할 필요가 있다. 더욱이 최근들어 해양 스포츠, 항공 스포츠 등 안전성을 중시할 필요가 있는 위험을 동반한 스포츠가 많아지고 있고, 그외의 스포츠에 관해서도 안전을 배려한 서비스를 제공하는 것은 이제 스포츠 서비스의 기본이 되었다.

2) 스포츠 마케팅의 필요성

스포츠 마케팅의 필요성은 고객이 원하는 바를 정확히 진단하여 스포츠를 통하여 필요한 스포츠 제품 및 스포츠 맨의 활동으로 최대한의 효율을 증대시키는데 있다.

종래의 개념에서는 기업만이 마케팅의 주체가 되었으나, 글로벌 스포츠 마케팅의 개념에서는 기업뿐만 아니라 스포츠 개인과 비영리조직도 마케팅의 주체가 될 수 있다. 현대의 스포츠 산업에서는 선수 개인도 엄연한 마케팅의 주체로서 자리를 잡고 있으며 유명한 스포츠 골프선수 박세리, 세계 10대 여자운동선수 스케이트부문 김연아, 리듬체조선수 손연재, 은퇴와 동시에 미국 스포츠 산업에 큰 영향을 끼친 농구선수 마이클 조던 등의 경우를 통해서 충분히 알 수 있는 사실이다.

이제 스포츠 산업에서의 마케팅은 경기장에서 경기를 하는 것 뿐 아니라 경기를 하고 있는 선수들의 초상권을 비롯한 상품성이 있는 모든 것들을 그 대상으로 하며, TV방송권, 스폰서 모집, 파생상품 등을 총괄하는 개념으로 자리잡고 있다. 이러한 측면에서 볼 때에 팬과 구단(또는 스포츠 기업)에 만족을 주기 위해 스포츠 마케팅은 21세기 그 필요성을 배가하고 있다.

스포츠는 무형의 상품이다. 즉, 만질 수가 없다. 만질 수 없는 상품에 옷을 입히고 꾸밈으로써 나아가 소비자의 참여와 더 큰 소비를 끌어내기 위해서는 스포츠 마케팅이라는 전략이 필요한 것이다.

결론적으로, 스포츠 조직, 산업들은 생존과 성장을 위하여 스포츠 마케팅의 상품을 팔아야 한다. 스포츠 마케팅 활동은 그들의 상품을 파는데 직・간접적으로 돕는다. 그렇게 하여 그들은 혁신적인 상품을 개발하기 위하여 사용될 수 있는 재정적인 재원을 생성한다. 이것은 스포츠 조직으로 하여금 더 많은 이윤을 낳도록 하는 것이다. 이윤은 경제성장에 필수적이며, 스포츠 마케팅 활동은 작은 스포츠 클럽에서 종합 스포츠 센터에 이르기까지 필수적인 이윤을 낳도록 돕는다. 세계 각국은 국제적 올림픽을 통하여 스포츠 마케팅의 가치를 자국경제가치의 증가와 성장회복의 동력으로 이용하고 있다.

2. 스포츠 마케팅의 대상

스포츠임에도 불구하고, 우리는 행정조직들, 대행사들, 선수들, 인가단체들, 미디어 그리고 영향력을 가진 경쟁자들 같은 그런 대상들에게 관심을 보여왔다. 부정적인 결과를 초래하지 않기 위해서는 이들 힘과 그것들을 어떻게 다루는지를 이해하는 것이 가장 중요하다.

그러기 위해서는 마케팅이 이루어지는 대상을 선정하고, 이들을 통하여 더욱 효과적인 스포츠 마케팅을 창출해 내려면 어떠한 방법들을 사용해야 하는지를 연구해야 할 것이다.

시장과 소비자와의 구분은 아주 민감하고 미묘하게 나타난다. 따라서, 스포츠 마케팅은 거시적이며 미시적인 관점에서 구분하여야 한다. ① 거시적 관점은 제품이나 서비스가 제공될 집단(소비자)에 대한 전반적인 관점을 이해하는 것이며, ② 미시적 시각은 제품이나 서비스의 구매자나 사용자에 대해 실질적으로 세밀하게 조사하는 것이다.

이러한 스포츠가 경제적으로 성장을 하려면 관객, 팬이라는 든든한 지지기반이 있어야 한다. 관객, 즉 팬들은 입장권을 구입하고, TV를 시청하거나 라디오를 청취하며, 신문, 잡지 등을 통하여 스포츠에 관여된 용품이나 기념품 등을 수집하는 등 여러 형태로 스포츠에 참여하고 있기 때문이다. 그들은 매년 스포츠 행사 관람을 위해 약 60억 달러를 지출하며 스포츠 관련 TV를 시청하는데 178시간을 소비한다. 과거 사례로 2012년 올림픽은 200개국 30억명 이상이 시청하였으며 30초

광고가 무려 100만 달러에 팔렸다. 그뿐만 아니다. 지난 10년 전 2002년 월드컵의 광고효과는 무려 30조에 이르는 것으로 나타났다. 2010년 프로야구는 삼성증권, 현대증권, SK텔레콤, 롯데 등의 기업들이 수십억 정도의 스폰서를 하였다. 이는 그만큼 스포츠의 매력이 크게 작용한 것이라 볼 수 있다.

즉, 축구를 좋아한 팬들, 그리고 프로축구 소속구단을 사랑하는 팬들은 분명 소속축구단의 활약을 보면서 소속기업의 로고를 확실히 마음에 새겼을 것이며, 프로축구를 지원하는 기업 역시 이러한 매력이 있기에 지원을 하는 것이다.

이러한 활동을 통하여 광고회사, 스포츠 리그, 방송사들이 벌어들이는 이 엄청난 수입은 대부분이 재투자되어 더 많은 스포츠 이벤트를 만들어내고, 더 많은 선수를 유치하며, 팬들과 스폰서들이 그들의 투자에 만족할 수 있도록 시설을 고급화하는 데 사용된다.

이렇듯 스포츠에 대한 팬들의 관심이 계속되는 한, 기업들은 그들의 마케팅 전략을 더욱 뛰어나게 하기 위하여 최선을 다할 것이고, 팬들 역시 더욱 새로운 마케팅 기법에 긍정적으로 이끌리게 될 것이다.

따라서 스포츠 산업이 발달하면 자연스럽게 스포츠 소비자층이 더욱 넓게 형성된다. 여기서 말하는 스포츠 소비자란 스포츠라는 제품 혹은 서비스, 스포츠 관련 제품을 구매하고 획득하는 계층을 말하는 데, 스포츠를 직접 관람하는 사람, 스포츠에 직접 참여하여 즐기는 사람 그리고 직접 제품구입을 하는 사람 모두를 스포츠 소비자라 할 수 있다.

3. 스포츠 마케팅의 전략경영

스포츠 마케팅의 정의는 스포츠 활동이 만족스러운 교환관계를 촉진시키기 위하여 수행된다고 언급하였다. 스포츠 마케팅 담당자들이 스포츠 마케팅 활동을 적절하게 운영하려고 시도할 때 두 변인의 폭 넓은 지침을 취급하여야 한다. 즉, 두 변인은 지원형 마케팅 믹스에 호응하는 것들과 마케팅 환경을 구성하는 것들이다. 지원형 마케팅 믹스 결정변인들, 즉 제품의 분배, 가격, 촉진, 홍보활동 그리고 고객 서비스 관리는 조직이 통제하는 요인들이다. [그림 10-1]이 나타내는 것처럼 이러한 요소들은 구매자 주위에 형성된다. 마케팅 환경요소들은 정치의 힘, 법의 힘, 규정의 힘, 사회의 힘, 경제와 경쟁의 힘 그리고 기술의 힘이다. 이러한 마케팅 환경의 영향요소들은 조직에 의해 많은 통제를 받는 경향이 있다. 그리고 그것들은 지원형 마케팅 믹스 요소들에 대하여 구매자와 스포츠 마케팅 경영자들의 결정에 더 큰 영향을 미친다.

스포츠 마케팅 전략을 개발하고 운영하기 위하여 스포츠 조직 · 산업 또는 서비스 영역의 마케팅 경영은 몇 가지 일반 마케팅 경영임무를 강조해야 한다. 몇 가지 일반 마케팅 경영의 임무는 마케팅 기회분석, 표적시장 선택, 마케팅 믹스 개발, 그리고 마케팅 활동이다.

[그림 10-1] 스포츠 마케팅 믹스와 환경영향의 요소[1)]

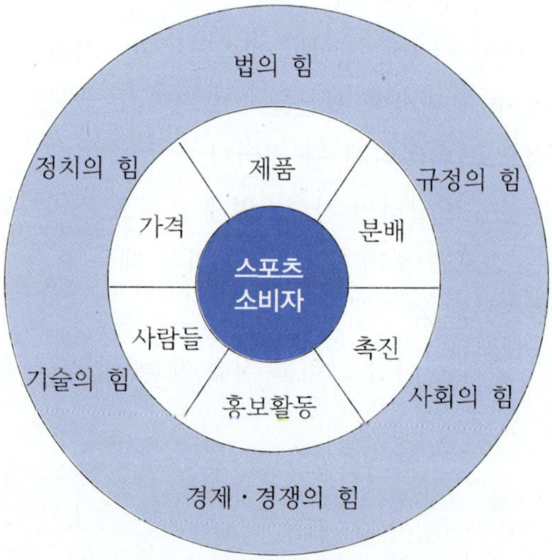

1) 시장기회분석

어떤 제품에 대한 소비욕망은 시간이 지남에 따라서 차츰 줄어든다. 거의 모든 스포츠 조직 · 사업 혹은 서비스 영역은 오늘날 인기 있는 제품이 지금부터 10년간 소비자에게 지속적으로 흥미 있을 것이라고 가정하지 않을 것이다. 스포츠 조직 · 산업 혹은 서비스 분야의 장기간 생존은 새로운 제품과 시장에 의존한다. 스

1) Ferrell. O. C., & Pride, W. M.(1989), *Marketing: Concepts and strategies*(6th ed.). Boston, MA: Houghton Mifflin Company. p. 291로부터 수정 · 보완됨.

포츠 조직 · 산업 또는 서비스 영역 그 자체가 성장하고 유지할 수 있는 다양한 대안을 고려할 수 있다. 현존하는 제품을 수정하고(예를 들면 음료수에서 이온 음료수로 변화), 신제품을 소개하며(예를 들면, 현대화된 배드맨턴 라켓) 그리고 소비자가 더 이상 원하지 않는 것들(예를 들면, 과거의 오래된 테니스 라켓)을 제거할 수 있다. 스포츠 조직 · 산업 또는 서비스 분야는 현존하는 시장에 있는 수많은 사람들과 제품을 거래할지도 모른다. 소비자들은 더 많은 제품을 사용하도록 다양한 노력을 시도할지도 모른다. 또한 스포츠 마케팅 담당자들은 시장의 지역적인 경계를 확장하기로 결정할지도 모른다. 성공적으로 이러한 대안을 추구하기 위하여 스포츠 산업의 능력은 조직의 내적 특징과 마케팅 환경 내에 있는 힘에 의존한다.

2) 내부의 조직요인

시장의 기회를 분석할 때 고려되어야 하는 조직 내의 일차적인 요인들은 조직의 목적, 재원, 경영기술, 조직의 강점과 약점 그리고 비용구조이다. 시간이 경과함에 따라 번영할 스포츠 조직은 전체의 목적을 갖는다. 어떤 시장기회는 이러한 목적과 지속적일지도 모르나 다른 것들은 그렇지 않을지도 모른다. 조직의 전체 목적과 불일치 하는 기회를 추구하는 것은 위험하다. 번번히 그러한 기회를 추구하는 것은 실패로 끝나거나 조직을 장기목적으로 개조하도록 강요한다.

명백하게 조직의 재원은 추구될 수 있는 시장기회의 유형에 제한을 둔다. 조직은 경제의 재앙을 초래하는 프로젝트를 전형적으로 개발하지 않는다. 경영 기술과 경험은 조직이 추구할 수 있는 기회의 유형을 제한한다. 특히 조직이 신제품과 친숙하지 않은 시장에 진입하는 가능성을 탐사할 때 면밀히 주도 조사되어야 한다. 경영 기술과 경험이 부족할 때 그들은 경영직원을 고용하여 약점을 보완한다.

스포츠 산업 · 조직 또는 서비스 영역은 어떤 강점과 약점이 있다. 스포츠 산업 · 조직 또는 서비스 분야에 관계하는 운용의 유형 때문에 특별화된 기술과 전문적인 정보를 갖고 있는 고용인들로 구성한다. 이러한 특징을 요구하는 마케팅 전략을 구사할 때 강점이 나타날 수 있다. 그러나 조직이 새롭고 관계되지 않은 제품영역을 경쟁하려고 시도한다면 이러한 특징은 약점일지도 모른다. 조직의 비용구조는 어떤 기회가 추구된다면 유익할지도 모르고 다른 시장기회가 추구된다면 불리할지도 모른다. 비용구조는 지역의 위치, 고용인의 기술혼합, 원자재에 접근, 그리고 장비와 시설의 유형과 같은 요인들에 의해 영향을 받을지도 모른다.

3) 마케팅 환경의 힘

마케팅 환경(marketing environment)을 구성하는 ① 정치의 힘, ② 법의 힘, ③ 규정의 힘, ④ 사회의 힘, ⑤ 경제·경쟁의 힘, ⑥ 기술의 힘은 구매자와 지원형 마케팅 믹스를 둘러싼다([그림 10-1] 참고). 스포츠 사업전략가들은 확실하게 마케팅 환경을 예견할 수 없다는 것을 안다. 심지어 그렇다 할지라도 시간이 지남에 따라 사업은 사업의 경쟁적인 조치를 계획할 때 외적인 조건을 고려하는데 더 체계적으로 된다. 마케팅 환경의 힘은 일반적인 세 가지 방법으로 교환을 촉진시키기 위하여 스포츠 마케팅 담당자의 능력에 따라 영향이 달라진다.

첫째, 마케팅 환경은 소비자들에게 영향을 끼친다.

그것은 삶의 양식, 삶의 기준, 그리고 제품에 대한 선호와 요구에 영향을 끼친다. 스포츠 마케팅 담당자들은 소비자들을 만족시키기 위하여 마케팅 믹스를 개발·조절하기 때문에 소비자들에 대한 환경의 힘의 효과는 역시 마케팅 믹스의 요소들에 직접적인 충격을 준다.

둘째, 마케팅 환경의 힘은 스포츠 마케팅 담당자들이 어떻게·어떠한 마케팅 활동을 수행할 수 있는가에 직접적으로 영향을 끼친다.

셋째, 환경의 힘은 조직의 마케팅 믹스와 구매자의 반작용에 영향을 미쳐 스포츠 마케팅 담당자의 결정과 행동에 영향을 미칠지도 모른다.

마케팅 환경의 힘은 때때로 "통제할 수 없는 것"으로 고려될지라도 스포츠 마케팅 담당자는 마케팅 환경의 힘들의 하나 또는 그 이상에 영향을 미칠지도 모른다. 그러나 마케팅 환경의 힘들은 재빠르고 극적으로 변화한다. 바로 이런 것이 스포츠 마케팅을 매우 흥미있고 도전적인 이유로 만드는 것이다. 이러한 힘들이 대단히 상호 관련되기 때문에 하나의 힘의 변화는 다른 힘들을 변화하게 한다. 환경변화가 스포츠 마케팅 담당자에게 불확실성을 주고 마케팅 노력에 불리한 영향을 미칠지라도 역시 기회를 창조할 수 있다. 따라서 환경의 힘에 적응하고 영향을 미칠 뿐만 아니고 환경의 힘이 제공하는 기회를 기회로 삼기 위하여 환경과 힘의 변화를 지각하여야 한다.

제2절 스포츠 마케팅 전략의 수립과정

1. 스포츠 마케팅 전략 수립과정

시장수요는 일정한 스포츠 인구의 존재를 전제로 하고 있다. 스포츠 마케팅의 입장에서 표현하면, 대상으로 하는 운동자에 맞춘 운동의 장과 기회의 조성방법을 연구한다고 하는 것이다. 이렇게 함으로써 결과적으로 운동자의 스포츠 능력이 고양되는 것이다. 스포츠 마케팅 전략은 크게 다음의 세 가지로 나누어 설명될 수 있다.

1) 시장선택전략

이는 어떤 운동자를 고객화하고 싶은가 하는 문제에 관계되는 것이다. 이러한 전략에 이용되는 기준으로서 가장 일반적인 것은, 앞서 말한 인구 통계학적 변수이다. 스포츠에 관련된 마케팅은 운동자의 반응이 일시적으로 얻어지기만 하면 그것으로 완료되는 것이 아니다. 즉, 반대급부의 출현확률을 증대시키는 사후관리(after service)도 포함해야 한다.

2) 스포츠사업의 만족전략

체육 스포츠 사업의 속성에 관해 유지, 강화, 개선 그리고 소멸 등의 방향부여를 주는 전략이다. 이는 결국 운동자 만족을 어떻게 개념화하고 만족수준의 변화를 어떻게 측정하는지에 귀결되는 것이다. 운동자 만족은 단순한 경영이념으로서 표방되는 것만이어서는 안 된다. 일반적 마케팅 연구에서 대다수의 의견일치가 있는 것은 "만족이라는 것이 행동을 일으키기 전의 기대와 그 후의 현실수준과의 평가계수로서 받아들일 수 있다"는 사고방식이다.

3) 스포츠 마케팅 믹스 전략

앞의 두 가지를 실행해 나가는 전략을 들 수 있다. 마케팅 믹스(marketing mix)

란 일반적으로 기업이 표적시장에 있어서 바람직한 반응을 얻기 위해 조정하는 통제가능한 마케팅 변수의 집합인데, 이를 제품(product), 가격(price), 유통(place), 촉진(promotion)의 4P's로 구성된다.

크게 이러한 전략수립과정을 거쳐서 구체적 마케팅 전략수립을 해야 한다. 예를 들어 '붉은 악마'(Be the Reds)의 힘과 세력을 통하여 스포츠 마케팅 전략의 구상을 해보라. 그러면 스포츠 마케팅의 전략을 다양하게 수립할 수 있을 것이다.

2. 스포츠 마케팅의 SWOT 시스템

스포츠 마케팅의 SWOT system이란, 스포츠 팀을 위한 대부분의 게임 혹은 전략기획과 같이, 첫 단계는 조직의 강점과 약점을 철저하게 조사하여, 상대팀의 강점과 약점을 함께 평가하는 것을 말한다.

SWOT를 글자별로 분류하여 이해하면 쉽게 알 수 있다.

S — strengths(강점)	W — weaknesses(약점)
O — opportunities(기회)	T — treats(위협)

따라서, 위의 4가지 등을 철저히 조사하여 대비하는 스포츠 팀은 그만큼 성공의 확률이 높다고 볼 수 있는 것이다.

다음의 한 프로스포츠 팀의 SWOT 시스템을 잘 활용한 예를 살펴보자.

시스템 구성요소들의 측정은 설정된 기준의 틀을 기초로 하는 것이 도움이 된다. SWOT 시스템에 포함할 수 있는 기준은 제품혜택, 가격, 질, 이용도, 이미지, 내구성, 유통, 직원들의 기술, 제조능력 등이다. 그 후, 평가 시스템이 개발되어야 한다.

SWOT 시스템 분석의 기회들을 통한 결과의 유용성은 각각의 강점이 조직의 이익과 현재와 예측된 상황분석요소들로 어떻게 활용될 것인가에 대한 관리능력에 따라 결정된다. 따라서, 상당히 주관적 견해가 함께 작용해야 한다는 사실을 명심해야 한다.

SWOT 분석을 통하여 나이키는 스포츠 마케팅의 강점(S)은 가격이고 약점(W)은 서비스라는 것을 발견하였고 기회(O)는 월드컵이며, 위험(T)은 아디다스나 리복으로 분석되었다. 이러한 SWOT 분석은 제품가격, 촉진, 유통 등을 구분하여 분석되어 질 수 있다.

표 10-1. SWOT 분석

Strengths	Weaknesses
· 호의적인 브랜드 이미지 · 오래된 경험과 노하우 · total 패밀리 브랜드	· 가격 대비 품질 저하 · 직수입체제로 인한 컬러, 사이즈 SPEC의 문제 · 한글 홈페이지의 부재로 인한 국내 소비자와의 정보교환의 어려움
· 새로운 시장 개척의 가능성 · 캐쥬얼 의류시장의 확대 · 건강이미지 제고	· 무절제한 모조 상품의 등장 · 경기침체로 인한 소비 둔화 · 경쟁사의 시장점유율 1위 탈환으로 인한 위축
Opportunities	Threats

3. 전략적 계획수립

현대인의 필수음료가 되어가고 있는 콜라의 경우를 예를 들어보자. 같은 콜라라도 똑같은 맛이 아니다. 즉, 옛날 콜라음료 그대로의 맛을 지닌 코카콜라 클래식에서부터, 단맛을 약간 뺀 코카콜라 라이트, 또한 다이어트를 원하는 사람들을 위한 다이어트 콕, 체리의 맛을 첨가한 체리 콕, 거기에 어린이에 대한 판매를 위하여 어린이가 좋아하는 각종 이벤트성 마케팅 사업을 함께 벌리고 있다. 어린이의 경우는 한번 맺어놓으면, 평생고객이 되기 때문에 약간의 손해를 감수하고서라도 판매에 앞장서는 경우까지 있다.

그것은 왜 일까? 대답은 간단하다 사람마다 원하는 입맛이 틀리기 때문이다. 스포츠의 경우도 마찬가지이다. 프로농구처럼, 젊은이들이 좋아하는 종목이 있는가하면, 나이 드신 분들이 많이 찾는 프로씨름도 있다. 또한 도박성 오락을 즐길 수 있는 경륜과 승마 등도 현대인들의 사랑을 받고 있다.

그렇다면 이러한 나이를 기준으로 다른 연령층을 포기해야 하는 것일까? 그렇지 않다. 즉, 자신이 운영하는 구단과 조금 차이가 나는 연령이라 하더라도, 그들이 구장 또는 체육관을 찾게 하는 방법을 찾아야 하며, 바로 이것이 마케팅 전략인 것이다.

똑같은 프로 축구라 하더라도, 단순히 경기만 하는 구장보다는 틈틈히 치어걸의 응원도 감상하고, 하프타임을 이용하여 영화 또는 쇼도 관람하고, 장난감 모형 헬리콥터 등 설정된 축구장의 이벤트는 고객과 팬들을 즐겁게 하는 촉매제 역할을 할 수 있다.

거기에 지역사회와 함께 하는 국가나 민족의 상징적 구단의 모습을 보여주는 전략을 실천해 나간다면, 많은 지역주민들과 그들의 가족, 또는 친구들이 구장에 가고 싶어할 것이다. 그러한 사례는 많다. 민족의 상징적 스포츠 광고의 경우 코카콜라는 미국의 코크(coke), 아디다스, 나이키, 이라크, 이란을 상징하는 자국민족의 콜라 등이 스포츠 마케팅과 결부되어 이미지를 부각시키고 성공을 이룩한 사례 등이 대단히 많다.

제3절 스포츠 마케팅의 핵심전략

1. 스포츠 신제품개발 전략

고객들은 새롭고 개선된 제품을 원하고 기대한다. 이러한 고객들의 요구를 충족시키기 위하여 경쟁자들은 최선을 다할 수밖에 없다. 여기에 신제품개발을 위한 프로그램이 필요한 것이다. 스포츠 신제품이란, 당 기업이 자신의 개발노력을 통해서 개발한 시초제품, 제품개선, 제품수정 및 신상표 등을 의미한다.

스포츠 신제품은 과연 성공할 확률이 얼마나 될까? 미국의 700개 소비재 기업 및 산업재 기업을 대상으로 실시한 최근의 조사에 의하면 신제품의 성공률은 65%에 불과한 것으로 나타났다. 다른 조사에 의하면, 총 2,500개의 신제품이 매년 시장에 선보이고 있는데, 이 중 90%가 3년 미만 정도의 수명이 될 것이라고 밝혔다.
왜 이렇게 많은 스포츠 신제품들이 실패를 하는가? 그 이유는 무엇인가?

첫째, 마케팅 조사에 관계없이 최고경영층(CEO)이 자신의 주장을 내세운 경우
둘째, 시장규모를 과다하게 추정한 경우
셋째, 당초 계획과 다르게 완성된 경우
넷째, PR의 실패가 나타난 경우
다섯째, 경쟁사의 강한 대응 등이다.

스포츠 신제품개발에 성공하는 것은 물론 어렵다. 특히, 앞으로 격렬한 시장경쟁이 한정된 시장을 더욱 더 작게 만들어 줌으로써, 향후 대량시장이 소규모의 세분시장을 목표로 하여야 하고, 적은 매출액으로 적은 이익을 획득하게 될 것이다.

스포츠 시장은 많은 기업들이 앞 다투어 신제품을 출시하는 바람에 새로운 제품이 얼마가지 못하고, 바로 시대에 뒤떨어진 구제품으로 전락하는 경우가 많다. 그러나 스포츠 업계는 세분시장을 목표로 신제품전략을 세워 성공하는 사례가 늘고 있다. 예를 들어, 나이키사에서 제작한 펌프를 이용한 공기주입식 농구화의 경우, 기존의 농구화에 공기를 주입하여 발을 편하게 한다는 획기적인 아이디어와 함께, 당시 세계최고의 농구선수인 조던을 광고모델로 시장을 공략하여 큰 성공을 거둔 바 있다. 이는 조던이 농구선수임과 동시에 별명이 air(공기)라는 데에 착안한 마케팅으로서 수많은 사람들이 이 신발을 찾았음은 물론이다.

또한, J리그라는 신제품을 프로시장에 내어놓은 일본의 경우, 6년 이상의 준비 끝에 기존의 야구와 일본식 씨름 등이 가지고 있지 못한 대외적 교류활성화의 중요성(야구의 경우, 중남미와 아시아 몇 개국에서 프로가 성행한다), 확실한 도시연고제를 기반으로 한 소외 도시민들의 흡수작업, 미국 일변도의 종속문화에서 벗어나고자 하는 일부 국민계층에 대한 부응 등으로 성공하는 밑거름을 마련하게 되었다.

일찍이 스포츠와의 접목에 눈을 뜬 코카콜라의 경우, 신제품 출시 이후 지금까지 80여년 동안 한번도 빠뜨리지 않고 공식 음료후원업체가 되었다. 그 결과, 아프리카 부시맨도 코카콜라는 안다. 그 뿐인가? 지난 2002년 월드컵은 한국의 제12의 선수 붉은 악마를 창조해, 전세계적으로 유명해졌다.

이렇듯, 새로운 제품을 개발하기 위해서는 그 만큼 남들이 알지 못하는 시장의 틈새를 잘 살필 줄 알아야 한다.

신제품을 개발하기 위해서는 다음과 같은 과정들을 거쳐야 한다.

(1) 아이디어 발상의 과정이다.

신제품개발은 새로운 아이디어 창출과 그와 관련된 연구에서 시작된다. 신제품 아이디어의 탐색은 시스템적이어야 한다. 즉, 최고경영자는 제품과 시장을 정확히 강조하여야 하고, 신제품의 목표가 단지 현금확보인지, 아니면 시장점유율인지 또는 상대기업(또는 구단)의 기선제압용인지 분명히 하여 실천해 가야 한다.

(2) 아이디어 심사과정이다.

발상된 아이디어 중, 가능한 빨리 좋지 못한 아이디어를 추려내어 좋은 아이디어를 찾아야 한다. 그러기 위해서는 다음 몇 가지 질문을 해 보는 것이 중요하다.

① 스포츠 소비자(또는 일반 소비자)와 사회에 유용한 것인가?
② 구단(또는 기업)에 보탬이 될 것인가?
③ 구단(또는 기업)의 전략에 보탬이 될 것인가?
④ 신제품(또는 신인선수 및 구단)을 성공시키는 데 필요한 기술 및 재원을 우리는 보유하고 있는가?
⑤ 이 제품(또는 선수 및 구단)의 경쟁력이 타제품(또는 선수)보다 우수한가?
⑥ 이 제품(또는 선수 및 구단)을 광고하고 촉진하기 좋은가?

(3) 제품개념의 설정과정이다.

매력적인 아이디어는 제품개념으로 발전되어 진정 소비자에 나갈 수 있는지 시험되어야 한다. 스포츠 마케팅의 제품들이 어떻게 이름 붙여져야 하는지, 카피라이터의 광고개념들을 정의할 수 있는 문제들을 찾아내야 한다.

(4) 마케팅 전략수립 과정이다.

표적시장은 어떻게 할 것인지, 첫 매출은 어떻게 잡을 것인지, 예정가격, 예산안, 판매목표액, 홍보과정, 스폰서의 유치 등 전략을 단계적으로 설정하여야 한다.

(5) 사업성 분석 과정이다.

매출액, 비용 및 이익추정치 등을 검토하여, 과연 기업목표를 충족시킬 수 있는가를 판단해야 한다. 사업성이 양호한 것으로 판명되면, 그 제품은 개발단계로 넘어갈 수 있다.

(6) 제품개발 및 상품화 과정이다.

어떤 제품을 개발할 것인가와 그 제품이 상품화가 되어 시장에 도입되면, 시기를 어떻게 할 것인가, 장소선택, 도입방법 등을 정하여 소비자와 시장에 뿌리를 내릴 수 있도록 점검하여야 한다.

2. 스포츠 시장개척 전략

조직의 목표와 자원 간의 적합성, 판매기회의 변화를 결정하는데 도움이 되도록 계획된 시스템을 전략적 시장관리라 한다.

대체적으로 4개의 선택적 스포츠 시장개척전략은 첫째, 시장침투(market penetration), 둘째, 시장확장(market expansion), 셋째, 제품개발(product development), 넷째, 다각화(diversification) 등이다.

① 기존의 프로그램에 보다 많은 참가자들을 끌어들이는 것이 시장침투이다.

대체적으로 시장침투는 두 가지 차원에서 추론할 수 있다.

첫째, 기존제품으로 새로운 시장을 개척하는 것으로 예를 들어, 다른 클럽이나 가정에서 비디오 테이프로 운동하는 에어로빅 수강생을 끌어들이는 경우 같은 것이다.

둘째, 기존 소비자의 구매율을 높이는 것으로 예를 들어, 기존 수강생의 참여도를 높이는 경우 같은 것이다. "스포츠 마케터들은 제품이용도에 따라 소비자를 분류하는 것이 무엇보다 중요하다는 것을 깨달아야 한다. 단순, 중간, 대량 소비자들의 다양한 욕구를 가능한 많이 만족시켜야 한다.

이와 같은 이론은 소비자를 비소비자에서 대량소비자로 이동시키는 개념을 뒷받침하는데, [그림 10-2]는 이러한 개념을 잘 설명해 주고 있다.

이러한 이론을 수행하기 위한 방법으로는 다음과 같은 것들이 있다.

첫째, 알려지지 않은 비소비자에서 소비자로 가라.

둘째, 알려진 비소비자를 소비자로 만들어라.

셋째, 매체소비자를 직접소비자로 만들어라.

넷째, 단순소비자에서 중간소비자로 이끌어라.

[그림 10-2] 관전/참여 빈도의 단계적 상승도

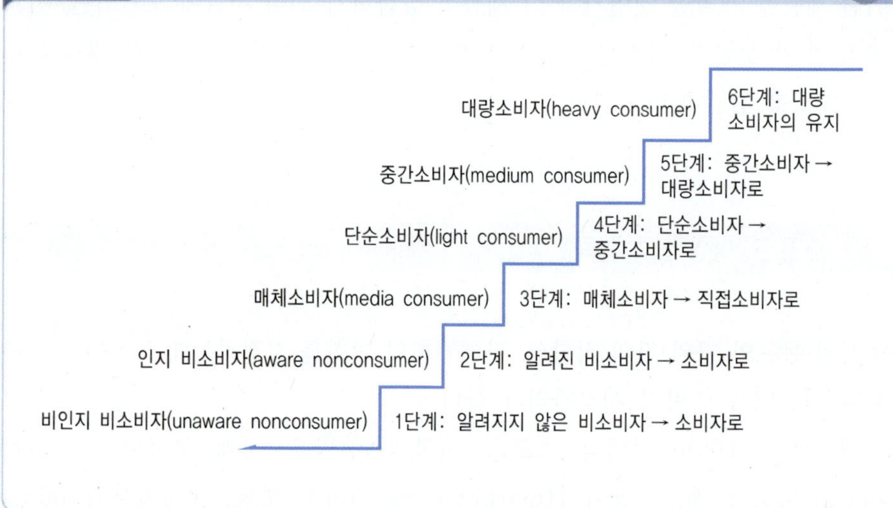

자료: Mullin, B.(1985), *Internal Marketing in Successful Sport Management*, Lewis and Appenzeler, Eds. Charlottesville; Miche Company, pp. 157~175.

다섯째, 중간소비자에서 대량소비자로 이끌어라.

여섯째, 대량소비자를 유지케 하라.

② 새로운 소비자들에게 많은 제품을 팔려는 시도를 시장확장이라 한다. 이는 기본적으로 새로운 시장을 개척하기 위해 제품과 서비스를 구매하는 기존의 소비자에게 더 많은 몫을 줌으로써 이루어진다.

③ 모든 신제품이나 서비스는 아이디어에서 비롯된다. 아이디어 창출, 평가, 개발과 판매를 위해 무엇이 적당한가의 선택과정은 복잡하다. 수집된 정보의 체계적 접근은 신제품개발에 효과적이다.

따라서, 스포츠 마케팅의 제품개발에 대하여 다음 몇 가지 토론을 해 볼 필요가 있다.

첫째, 기존소비자들이 필요로 하는 또 다른 제품은 없는가?

둘째, 유사한 제품을 위한 다른 용도는 무엇인가?

셋째, 현 회사의 기술로 다른 용도를 선택할 수 없는가?

넷째, 현 회사의 기술에 무엇이 채택될 수 있겠는가?

새로운 시장에 진출하는 것은 스포츠 마케터에게 분명 이점이 될 수 있다. 따라서, 마케터는 항상 소비자에게 관심을 불러일으킬 수 있는 것에는 어떠한 종류들이 존재하는지 신경을 써야 한다.

소비자의 관심은 항상 빨리 바뀌므로 약간의 태만이 있어서도 금방 경쟁업체에게 뒤질 수 있다는 사실을 명심해야 한다.

④ 새로운 고객에게 새로운 제품을 선보이는 것이 중요하다. 이러한 다양화는 제품다양화와 함께 스포츠 소비자들을 위한 스포츠 서비스의 다양화도 함께 추구되어야 한다. 예를 들어, 똑같은 축구경기장의 경우, 그냥 단순히 축구만 즐길 수 있는 구장보다는 축구박물관, 가족 레스토랑, 스포츠 기구 및 의류의 할인점 등이 함께 존재한다면, 좀 더 일찍 축구장을 방문해서도 가족단위의 스포츠 소비자들이 아무런 불편 없이 지낼 수 있으므로, 더 많은 고객들이 몰릴 것이다.

그 외에도 쉬는 경기장을 각종 이벤트성 행사를 치러내는 장으로 활용한다면, 시설의 이용에 관한 다양화도 함께 실현되는 것이다.

3. 스포츠 제품가격 전략

가격결정에 영향을 미치는 요인으로는 크게 내적 요인과 외적 요인으로 나뉜다. 내적 요인에는 마케팅 목표, 마케팅 믹스 전략, 원가, 가격결정을 하는 조직 등이 포함되며, 외적 요인에는 시장과 수요의 본질, 경쟁, 기타 환경요인 등이 포함된다.

따라서, 가격결정시에는 이러한 내적 요인과 외적 요인을 잘 고려해야 한다.

1) 내적 요인

① 무엇을 대상으로 하여 마케팅의 목표를 정하느냐는 대단히 중요하다. 저소득층을 대상으로 고가정책을 펼 수도 없을 것이며, 반면 고소득층을 대상으로 저가공세를 한다면 관심을 불러일으키기 힘들 것이기 때문이다.

스포츠의 경우도 청소년이 많이 오는 것과 가족단위의 여가객들이 찾는 것, 그리고 사회적 경제적 안정이 되어 있는 사람들이 오는 것은 분명 가격과 서비스의 질적 면에서 차이가 있어야 하며 그것이 차별화 전략과 연결되기도 한다.

이렇듯 기업의 목표가 명확할수록 가격은 쉽게 결정된다. 그 외에도 기업의 계속적 존속을 위한 목표, 단기적으로 이익을 극대화하기 위한 목표, 시장점유율을 순간적으로 높이기 위한 목표 등은 그때그때 필요성에 따라 시행될 수 있는 목표들이다.

② 가격은 해당 기업의 마케팅 목표를 달성하기 위해 사용하는 여러 마케팅 믹스 요소들 중의 하나에 불과하다. 즉, 가격 이외의 다른 마케팅 믹스 요소들이 가격결정에 영향을 미친다고 보아야 한다. 마케팅 관리자는 가격결정시 전체 마케팅 믹스를 고려해야 한다. 만약, 그 제품이 비가격요인을 기반으로 위치가 정해진다면, 품질, 촉진 및 유통경로 등에 대한 결정이 가격에 큰 영향을 주게 된다.

따라서, 어떠한 경우도 가격을 결정해야 할 경우, 모든 마케팅 믹스를 그 경우의 수에 포함시켜 동시에 고려해야 실패하지 않는다. 즉, 마케터는 가격결정시, 전체 마케팅 믹스 요소들을 반드시 고려해야 한다는 것이다. 예를 들어, 경기가 행하여지는 시즌 중의 다른 큰 이벤트는 없는 지, 주변의 상권, 소비자의 만족도, 교통, 편의시설, 관련된 용품의 판매 여부, 기념품 등 모든 상황적 요소들을 고려하여 소비자가 기꺼이 지불할 수 있는 환경을 설정해야 한다.

③ 값이 저렴하다고 반드시 좋은 것은 물론 아닐 것이다. 하지만, 대부분의 소비자가 싼 가격에 심적인 동요를 일으키는 것은 사실이다.

여기에서 중요한 것은, 어떻게 타 구단 또는 팀, 또는 기업보다 더 저렴한 가격에 소비자를 만족시킬 수 있느냐는 것이다. 즉, 원가를 낮추어 나가는 방법을 찾아야 하며, 관람 스포츠의 경우, 구단 및 구장의 유지에 무리 없이 적절히 최소한의 투자가 이루어지며, 최대한의 효과가 날 수 있는 방법을 모색해야 한다. 그래야 남는 경제적 여유를 훌륭한 선수확보에 투자할 수 있으며, 훌륭한 선수는 훌륭한 관중을 불러올 수 있게 되는 것이다. 이것이 스포츠 구단의 경쟁력이다.

물론, 어떤 기업이든 제품을 생산하고, 유통하고 또한 판매하는 데 소요되는 비용을 충당하고 또한 노력과 위험에 비추어 이익이 적절히 보장되는 가격을 부과하고자 할 것이다. 그러나 자신의 가격을 자유로이 정할 수 없는 입장에 서면 다른 방법으로 소비자를 더욱 만족시켜야 그 구단 또는 기업은 장수할 수 있다.

2) 외적 요인

① 앞서 설명한 원가가 가격의 하한선이라면, 시장과 수요는 상한선이 된다. 마케터가 가격을 결정하기 위해서 먼저 알아야 할 것이 그 제품에 대한 가격과 수요간의 관계를 파악하는 일이다. 기업이 그 가격을 결정할 때에는 시장의 유형별, 수요의 상태, 상태에 따른 가격탄력성 등에 따라 달라질 수 있다.

② 역시 경쟁사의 가격이 어느 정도인가 하는 것은 기업의 가격을 결정하는 데 중요한 변수이다. 물론, 입장료의 경우, 대체적으로 서로 구단끼리 의논하여 정하여 나가므로, 큰 변수는 없으나, 중요한 것은 서비스의 질적 문제일 것이다.

경쟁사 가격정책에 신경을 써야 할 부문은 스포츠를 즐길 수 있는 장소의 입장료 문제, 장소 내부의 가격(식, 음료)문제 등이 될 것이다.

③ 인플레이션, 호경기 또는 불경기 등도 소비자의 관심을 끄는 데 중요한 변수이다. 기업의 서비스 상태 또한 소비자의 관심을 끄는데 중요한 변수가 될 수 있다.

4. 스포츠 제품 고객만족 전략

1) 스포츠 제품이란 ?

스포츠 제품이란, 모든 스포츠에 사용되는 라켓, 신발, 글러브, 옷 등과 같은 물리적 제품뿐 아니라, 각종 강습, 프로 스포츠 경기와 같은 이벤트, 스포츠 처방과 같은 각종 아이디어, 그 외 개인적 기술까지를 포함한다.

이러한 스포츠 제품을 3차원으로 구별한다면, [그림 10-3]과 같이 설명될 수 있다.

[그림 10-3] 스포츠 제품의 3차원

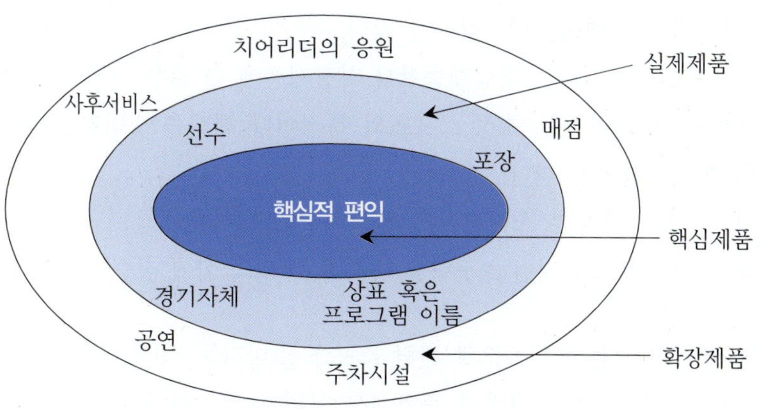

자료: 김용만 외 2인, 스포츠 마케팅, 서울: 학현사, 2000.

여기에서 핵심제품(core product)은 소비자가 제품을 구매할 때 궁극적으로 얻고자 하는 핵심적인 혜택이나 이점을, 실제제품(actual product)은 상표 혹은 프로그램 이름, 선수, 포장, 경기 자체 등 소비자가 실제로 느낄 수 있는 물리적 형태를 그리고 확장제품(augmented product)은 핵심제품과 실제제품에 추가적으로 소비자들에게 제공되는 혜택을 뜻한다.

따라서, 스포츠 마케터 또는 스포츠 조직은 이렇듯 소비자가 원하는 것이 무엇인지를 바탕에 두어 제품개발전략을 작성해야 한다.

2) 스포츠 고객 만족전략

스포츠 서비스나 이벤트는 무형의 서비스이다. 이는 물리적 제품과는 상이한 점이 많다. 이러한 스포츠의 특징을 간단히 살펴보면, 다음과 같다.

첫째, 스포츠 서비스는 항상 무형적이며 순식간에 주관적으로 경험하게 된다(intangibility).

둘째, 스포츠는 생산과 동시에 소멸된다(perishability).

셋째, 스포츠 서비스는 대부분 집단적으로 소비되며, 소비자만족은 사회적 촉진에 영향을 받는다(social facilitation).

넷째, 스포츠 서비스 소비의 전 과정은 예측이 불가능하며, 항상 일치하지 않는다(inconsistency).

다섯째, 스포츠 마케터는 전형적으로 핵심제품을 통제하지 못하며, 확장제품에 조차도 한정된 통제력을 갖는 경우가 많다.

여섯째, 스포츠 마케터는 핵심제품보다 확장제품에 더 많은 마케팅 노력을 기울여야 한다. 특히, 마케터는 특정 스포츠의 특징이나 혜택을 소비자들에게 효과적으로 전달할 수 있어야 한다.

일곱째, 스포츠 제품은 소비재이자 동시에 산업재이다.

여덟째, 스포츠는 보편적인 소구력을 가지며, 우리의 삶에 깊숙히 파고들어 있다.

위에서 열거한 것들을 바탕으로 관람 스포츠 소비자는 어떠한 것에서 만족감을 더욱 고취시킬 수 있는지 전략적 측면에서 살펴보아야 한다.

첫째, 그 팀이 가지고 있는 시설 또는 팀이 지역사회에 주는 영향력이다.

특히, 프로의 경우 그 팀이 확실히 지역사회와 함께 하고 있다는 인식을 심어줄 필요가 있다. 무엇보다 그 팀의 경기를 가장 많이 보아줄 사람들이 그 지역의 스포츠 소비자들이며, 나아가 지역사회의 애정 없이는 팀이 존재할 수 없기 때문이다. 따라서 팀의 입장에서 충분한 홍보활동과 더불어, 지역사회에 봉사할 수 있는 시설의 활용방안을 모색함이 필요하다.

둘째, 경기수준이다.

스포츠 소비자는 당연히 높은 수준의 경기를 원한다. 그러기 위해서는 각 해당 팀들은 훌륭한 선수를 데려오는 것도 중요하지만, 그에 못지 않게 인기 있고 실력 있는 선수를 키워내는 임무도 함께 가져야 한다. 부산 아이콘스의 경우, 과거 대우 시절, 안정환 선수를 착실한 계획 하에 스타 선수로 키워낸 것이 그 좋은 예라 할 수 있다.

셋째, 회원권 판매이다.

입장권을 통해서 광고를 하는 것은 이제 기본적인 수입수단이 되었다. 그러나 회원권을 발행함으로써, 소비자의 입장에서는 더욱 싼 가격에 게임을 관람할 수 있고, 구단의 입장에서는 일시에 많은 돈을 확보하며, 나아가 적어도 1년 혹은 3년까지는 확실한 스포츠 소비자를 확보한다는 이득을 챙길 수 있는 점은 더욱 확대할 필요가 있다. 또한 인터넷 사이트를 운영함으로써, 수시로 할인권을 제공하여 많은 팬들을 구장으로 이끌어 내고 나아가 구단의 광고와 프로그램의 공개, 팀 일정의 소개 등으로 더욱 소비자에게 다가갈 필요성이 있다.

5. 스포츠 커뮤니케이션 전략

커뮤니케이션(communication) 능력은 성공적인 관리를 위한 핵심적인 요소의 하나이다. 커뮤니케이션은 관리의 모든 요소들과 밀접한 관련을 가지고 있다. 커뮤니케이션 없이는 전략의 어떠한 요소도 그 기능을 발휘하기가 힘들다.

일반적으로 스포츠는 평등주의적 가치를 반영하고 있는 전체 사회제도의 일부분으로써 상이한 계층 간의 사회적 상호작용을 증진시킬 뿐만 아니라, 스포츠에 대한 관심이 계급과 성, 연령, 지위, 인종 등과 같은 사회적 한계를 초월함으로써 사회적 배경과는 무관하게 균등한 스포츠 참여의 기회를 제공하고 있다. 이러한 측면에서 보더라도 현대사회에서 스포츠를 운영・관리해 나가는 데 있어 커뮤니케이션의 중요성을 새삼 강조할 필요가 없을 것이다.

관리자는 먼저 업무의 순서를 설명하고 직원들에게 기대되는 업무행동을 지시하며 업무가 잘 수행될 수 있도록 충고한다. 이러한 것들이 관리에 있어서의 커뮤니케이션이다. 쉽게 말하면, 커뮤니케이션은 한 사람에게서 다른 사람으로의 정보와 이해의 전달과정인 것이다.

효과적인 커뮤니케이션이란, 이러한 정보와 의미들이 올바르게 전달되는 것이다. 다시 말해서, 커뮤니케이션은 타인에게 자신을 이해시키는 것이다. 여기에는 반드시 동의가 필요한 것은 아니며, 상호이해가 있다면 성공적인 커뮤니케이션이 이루어질 수 있다.

커뮤니케이션 능력은 정보와 지식을 얼마나 잘 이해시키느냐에 달려 있다. 직원들에게 완전히 이해되지 못한 지시사항이 완수되기를 바랄 수는 없는 것이다. 또한 관리자는 부하직원과 동료, 또 상급자로부터 정보와 지식을 잘 받아들일 수 있어야 한다. 이러한 커뮤니케이션 능력은 노력에 의해 향상될 수 있으며, 좋은 커뮤니케이션은 좋은 관리자가 될 수 있게 한다.

모든 스포츠 행정에 있어서의 행정관리자와 운영자 간의 커뮤니케이션은 대단히 중요한 역할을 하는데, 도쿄올림픽 이후, 사회체육 발전에 국가적 역량을 모아가고 있는 일본의 경우, 이러한 행정조직 속에서의 커뮤니케이션이 잘 이루어진 경우라 하겠다.

6. 국내외 스포츠 구단 네이밍 사례

인터넷 홈페이지(김왕기 프로스포츠 포럼)에 나타난 우리나라 프로스포츠 구단의 대부분이 지역연고(그룹, 회사이름) + 팀명으로 구성되어 있어 스포츠 마케팅이 지역을 연고로 한 전략을 알 수 있다.

① 종목특성에 맞는 네이밍
② 지역특성 활용한 네이밍
③ 구단 모기업의 특성을 활용한 네이밍 등으로 분류되며,

명칭의 종류는 동물(전설 속의 동물 포함)이 제일 많고 기타 지역, 구단의 유래에서 나온 단어, 종목 특성에 부합되는 사물의 단어 등이 있다.

표 10-2. 한국 프로스포츠(축구 · 농구 · 야구)팀과 소속사

종 목	팀 명칭의 소속사
축 구	수원 삼성 블루윙스, 부산 현대 아이콘스 부천 SK 코끼리, 안양 LG 치타스, 울산 현대 호랑이 전남 드래곤스, 전북 현대 다이너스, 성남 일화 천마 포항 스틸러스, 대전 시티즌
농 구	여수 골드뱅크 클리커스, 대구 동양 오리온스, 대전 현대 다이냇 울산 현대 모비스, 서울 삼성 썬더스, 원주 삼보 엑서스, 창원 LG 세이커스, 서울 SK 나이츠, 인천 신세기 빅스
야 구	(광주)기아 타이거스, (대구)삼성 라이온스, (서울)두산 베어스 (부산)롯데 자이언츠, (수원)현대 유니콘스, (대전)한화 이글스 (서울)LG 트윈스, (인천)SK 와이번스

자료: http://user.chollian.net/~wangki/sportsnaming.htm

표 10-3. 일본 · 미국 프로스포츠(야구 · 농구)팀과 소속사

종 목	팀 명칭의 소속사
일 본 프로야구	요코하마 베이스타스, (나고야)주니치 드래곤스, (도쿄)요미우리 자이언츠 (도쿄)야쿠르트 스왈로스, 히로시마 도요 카프, (오사카)한신 타이거스 (도토로자와)세이부 라이온스, (도쿄)니폰햄 타이터스 후쿠오까 다이에 호크스, (고베)오릭스 블루웨이브 (오사카)긴데스 버팔로우스, 지바 롯데 마린스
미 국 NBA농구	보스톤 셀틱스, 마이애미 히트, 뉴저지 넷츠, 뉴욕 닉스, 올란도 매직 필라델피아 세븐티식서스(76ers), 워싱턴 위저드, 아틀란타 호크스 샤롯 호넷츠, 시카고 불스, 클리블랜드 캐벌리어스, 디트로이트 피스톤스 인디애너 페이서스, 밀워키 벅스, 토론토 랩터스, 댈러스 매버릭스 덴버 너겟스, 휴스턴 로켓츠, 미네소타 팀버울브스, 샌 아토니오 스퍼스 유타 재즈, 밴쿠버 그리즐리스, 골든스테이트 워리어스, LA 클리퍼스 LA 레이커스, 휘닉스 썬스, 포틀랜드 트레일블레이저스 샌크래멘토 킹스, 시애틀 수퍼소닉스

자료: http://user.chollian.net/~wangki/sportsnaming.htm

일본의 경우, 우리나라와 비슷한 경향이며, 미국의 경우 철저한 지역연고, 기반을 추구하는 관계로 지역의 특성을 소구한 명칭이 많다.

이와 같은 우리나라 프로스포츠 팀의 소속사들은 그들의 스포츠 마케팅 전략에 기대한 만큼 광고효과를 나타내지 못한 것으로 되어있다. 왜냐하면 대부분의 소속팀들이 이념, Identity, Vision의 정립, 실천에 미흡하며, 지역연고 기반취약, 다지역 동시 홍보효과 기도로 역효과의 가능성을 시현하고 있기 때문이다.

예를 들면, 삼성: 수원(축구), 대구(야구), 서울(농구)
SK : 부천(축구), 서울(농구)
현대: 울산(축구), 대전(농구), 전북(축구)
LG : 안양(축구), 창원(농구), 서울(야구) 등으로

다지역 연고를 갖고 있기 때문에 스포츠 마케팅력 취약점이 나타나고 있다. 따라서 스포츠 마케팅이 가진 중요한 광고효과+자체이익창출 등이 성립되야 하나, 이익창출에는 실패하고 연맹주의 마케팅 부재 등의 문제점으로 제기되고 있다.

사례 1// 삼성 스포츠 마케팅

삼성 이건희 회장이 올림픽 파트너십을 브랜드 마케팅의 핵심수단으로 활용토록 제안한 것은 1993년 6월경이다.

그는 "올림픽과 관련 있는 사업에 적극 참여하고 2000년 올림픽 계획을 세워야 한다. 삼성의 위상과 올림픽의 이미지가 맞아떨어진다면 그룹 이미지를 바꿀 수 있는 절호의 기회다"라고 강조했다.

그의 스포츠 마케팅 전략은 2000년 시드니 올림픽에서 실현됐다. 그 기반은 1998년 나가노 동계올림픽에서 마련됐다. 1996년 IOC위원이 된 이건희 회장은 나가노 올림픽부터 무선기기 분야의 공식 스폰서로 경쟁사를 제치고 삼성전자를 끼워놓는 데 성공했다.

삼성전자는 올림픽을 토털 마케팅의 장으로 활용하고 있다.

2001년 2월 미국 솔트레이크시티에서 열린 동계올림픽 3개월 전부터 삼성전자의 전 해외법인은 치밀한 판매전략을 수립, 실행에 들어갔다.

미주총괄 판매법인(STA)은 2001년 11월부터 2개월 간 버라이존, 스프린트 등 통신 서비스 업체와 올림픽을 활용한 공동 프로모션을 벌였다. 전략적 제휴관계에 있는 AOL타임워너와 온라인 마케팅도 시도했다.

그 결과 전년 동기보다 매출이 20% 늘었다.

중국판매법인도 'Go, Get it'을 슬로건으로 2002개의 휴대전화를 경품으로 내건 대규모 판촉행사를 주요 30개 도시에서 벌였다.

중국의 올림픽 열기를 활용한 이 행사로 2001년 11, 12월 두 달간 매출은 전년 같은 기간보다 40%가 늘었다.

이탈리아에서는 올림픽 참가권을 내건 이벤트를 개최, 휴대전화시장 점유율을 6.1%에서 10%대로 끌어올렸다.

장일형 삼성전자 홍보팀장(전무)은 "올림픽 기간 동안 솔트레이크시티 현지에 마련된 전시관에는 20만여 명이 방문해 하루 평균 1만 명 이상이 삼성의 디지털 기술을 체험했다"고 말했다.

CNN, CBS, NBC 등 세계적 언론에도 소개됐다. 이를 계기로 미국에서의 브랜드 인지도를 89%까지 끌어올렸다.

그 밖에도 아시안 게임, LPGA 투어(골프), 네이션스컵(승마) 등 다양한 스포츠 행사를 통해 '삼성=세계적 첨단기업'이라는 공식을 쌓아나갔다.

2008년 스포츠 마케팅 하계올림픽 "북경"에서도 성공할 것이다.

사례 2// 스포츠 마케팅으로 뜨는 M시

제85회 동아일보기 전국정구대회가 경북 M시 시민정구장에는 활기가 넘쳤다. 초등학생부터 성인 선수에 이르기 까지 86개 팀, 900여 명이 출전한 가운데 하루 종일 뜨거운 함성이 코트에 울려 퍼졌다. 시내 곳곳에는 대회를 알리는 플래카드가 내걸려 축제 분위기를 고조시켰다.

1923년 단일 스포츠 대회로는 국내 최초로 시작돼 최고 역사를 지닌 이 대회가 M시에서 열린 것은 2007년도가 처음이다. 여러 도시가 경쟁했지만 M시는 3년 계약에 지원금까지 내걸어 대회 유치에 성공했다.

M시는 이처럼 스포츠 관련 사업에 적극적으로 팔을 걷어붙이고 있다. 2007년 초 전국대학씨름대회를 열었으며 치열한 경합 끝에 S신도시 건설로 이전해야 될 국군체육부대를 유치하는 데 성공했다. 2008년 9월에는 아시아정구대회도 개최한다.

M시는 1980년대 중반까지만 해도 인구 25만 명의 광산 도시로 이름을 날리며 호시절을 구가했다. 하지만 1989년 석탄산업합리화 정책에 따라 폐광이 늘면서 인구 유출이 심했고 현재 인구는 7만8000여명에 불과하다.

이처럼 M시의 위상이 축소되면서 관광과 함께 스포츠를 통한 활로 찾기에 안간힘을 쓰고 있다. 특히 정구는 M시가 침체기에 접어들던 1994년 시청팀을 처음 창단해 2007년에는 4명의 대표 선수를 배출할 만큼 인연이 깊다.

이번 대회 기간에 M시는 10억 원 가까운 경제 효과를 예상했다. 선수단의 숙식과 관광 등에 따른 수입에다 언론 홍보 등으로 시를 널리 알리는 데 따른 효과를 비용으로 계산한 것. 선수 학부모와 각 팀 관계자 등을 합하면 2000여명의 외지인이 몰려들어 여관은 빈 방 찾기가 힘들었고 유명 식당에는 예약이 밀려들었다. 신현국 M시장은 "스포츠는 지역 활성화에 큰 기여를 한다. 시민들의 호응도 크다"고 말했다.

M시 인근의 김천시도 남녀 국제테니스대회를 국내 최초로 동시에 치르고 있다. 경기 O시도 2007년 9월 세계선수권에 앞서 85억 원을 들여 8개 코트를 갖춘 실내 정구장을 신축했으며 경남 K시는 대학농구대회를 열었다.

M시로 대표되는 지방자치단체의 스포츠 마케팅은 지역을 살리는 데 효자 노릇을 하며 새로운 유행이 되고 있다. 2015년도 세계U대회 개최도시인 광주도 스포츠 마케팅으로 활력을 찾는 광역도시로 발돋움을 할 것이다.

〈자료: 김종석 동아일보 스포츠레저부〉

사례 3// 스포츠 마케팅 효과

기업들 美슈퍼볼광고에 300만달러씩 쓰는 이유는 스포츠 마케팅 효과 엄청나기 때문

미국의 슈퍼볼은 단순한 스포츠 경기를 뛰어넘는 미국의 사회적 이벤트다. 또 전 세계 2억명이 생중계로 시청하는 거대한 산업이다. TV 중계 하면 빠질 수 없는 것이 광고다.

2008년도 대회에는 우리나라 현대자동차도 광고에 참여한다. 현대자동차가 자사의 자동차를 외국의 명차와 비교하는 내용을 30초 분량 광고 2편으로 알릴 예정이다. 30초당 광고비가 300만달러까지 뛰었다.

한국 기업 최초로 이런 비싼 금액을 들여 광고를 내보내는 이유는 무엇일까?

광고효과가 크기 때문이다. 2억명의 시청자들이 집중해서 보고 있는 프로그램에 광고를 내보낸다면 강한 인상을 심어줄 수 있다.

삼성이 프리미어리그 축구팀인 '첼시'에 5년간 1000억원의 유니폼 스폰서 광고를 시작했을 때 많은 한국 사람들이 의아해했다. 하지만 첼시가 프리미어리그에서 두각을 나타내며 세계적인 팀으로 발돋움함으로써 광고 투자액의 수십 배 이상 효과를 삼성에 안겨주었다.

이처럼 스포츠는 광고, 스폰서, 연봉, 이적료 등 시장경제와 밀접한 관계가 있는 거대한 산업이다.

스포츠를 산업적인 측면에서 풀어봤다.

Q. 전 세계 프로 축구팀 중에서 상품가치가 가장 높은 팀은 어디인가?

A. 스페인의 '레알 마드리드'다. 2007년 9월 20일에 세계적인 광고대행사 BBDO가 발표한 내용을 살펴보면 레알 마드리드는 10억6300만유로(약 1조4000억원)의 가치가 있는 것으로 조사됐다. 2위는 스페인의 바르셀로나로 약 9억4800만유로, 3위는 잉글랜드의 맨체스터 유나이티드로 9억2200만유로, 4위는 잉글랜드의 첼시로 8억2800만유로로 나타났다.

Q. 우리나라 K리그의 상품가치는 얼마나 될까?

A. 프로축구연맹에 따르면 선수단 인건비, 운영비 등과 유무형의 자산을 고려하면 K리그 구단의 가치는 평균 400억원 선이 될 것이라고 한다. 그러나 수도 서울을 연고지로 하는 프리미엄을 가진 'FC 서울'과 팬들의 충성도가 높으며 언론의 접촉이 잦은 '수원 삼성' 등의 가치는 그 이상일 것이라고 추정할 수 있다.

Q. 프로구단의 수입에는 어떤 것들이 있나?

A. 중계권료, 스폰서 계약, 유니폼 판매, 경기 수당 등이다. 참고로 프리미어리그는 이번 2007-2008 시즌 TV 중계권료로만 전 세계에서 43억 5500만달러(약 4조1000억원)의 수입을 올렸다.

Q. 박지성 선수로 인한 맨체스터 유나이티드의 경제적 효과는 얼마나 될까?

A. 맨체스터 유나이티드는 2006년 박지성을 연봉 52억원에 영입했다. 이후 한국 방문 행사를 통해 약 200억원의 수익을 올렸고, 93만명에 달하는 '맨유 신용카드' 회원들의 카드 사용액 중 일부를 로열티로 받아 매년 수억 원을 챙기고 있다. 대략 해마다 200억원 이상의 경제효과가 발생한다고 할 수 있다.

Q. 슈퍼볼 유치 도시인 디트로이트에는 어떤 경제효과가 발생했을까?

A. 디트로이트 연구단체인 앤더슨 이코노믹 그룹 L. L. C 발표에 따르면 미국 슈퍼볼은 디트로이트시에 총 4억9,300만달러(약 4,390억원)의 경제효과를 가져다 준 것으로 예상된다. 슈퍼볼을 즐기기 위해 방문한 관광객수만도 12만여 명에 이른 것으로 추정된다. 6만5,000석 규모인 경기장 암표 값도 천정부지로 치솟았다. 원가 600달러짜리 티켓이 좌석 위치에 따라 최저 3,250달러에서 최고 6,770달러에 거래됐다고 한다. 경기 하루 전에는 1만달러(약 1,000만원) 선에서 거래된 것으로 알려지고 있다.

Q. 우리나라의 '2014년 인천 하계 아시아경기대회'유치에 따른 경제효과는 얼마나 될까?

A. 아시아경기대회를 개최할 경우 생산 유발효과가 약 13조원, 부가가치 유발효과가 약 5조6,000억원, 고용 유발효과가 27만여 명에 달할 것으로 조사됐다. 도시 기반시설 확충 등을 포함한 총체적 경제효과다. 특히 인천아시안게임조직위원회(IAGOC)의 수입은 약 2,000억원에 이를 것으로 예상된다. 중계권료 등 방송사 수입이 210억원, 광고 수입이 1,000억원, 티켓 수입이 250억원, 특허권사업 수입이 250억원, 복권사업이 150억원 등이다.

Q. 그렇다면 2002 한 · 일 월드컵 경제 효과는 얼마나 되었나?

A. 2001년 한국개발연구원의 '2002 한 · 일월드컵 경제파급효과'보고서에 따르면 한 · 일월드컵으로 총 3조5,000억원의 지출을 통해 5조3,000억원가량의 부가가치를 창출한 것으로 조사되었다. 이는 2000년 당시 경상 GDP 517조원의 1%에

해당하는 금액이다. 생산 유발효과도 11조원에 이르고 35만여 명의 고용창출 효과가 있었다.

월드컵을 성공적으로 치를 때 나타나는 부대효과도 크다. 재정경제부가 발간한 '2002년 경제백서'에 따르면 한·일월드컵은 우리나라에 부가가치 유발 4조원, 국가브랜드 홍보 7조7,000억원, 기업 이미지 제고 14조7,600억원 등 총 26조4,600억원의 경제효과를 냈다. 그러므로 많은 국가들이 월드컵을 유치하기 위해 전력투구하고 있는 것이다.

〈자료: 매일경제, 2008. 2. 20〉

제 11 장
글로벌시대 국제가격전략

제11장 글로벌시대 국제가격전략

제1절 국제가격전략의 의미와 유형

1. 국제가격전략의 의미

글로벌시대에 가장 중요한 전략 가운데 하나가 국제가격 전략인데, 이 국제가격 전략을 어떻게 수립하는 것이 좋은가에 대한 논의가 기업마다 관심사로 등장하고 있다.

글로벌시대 개별기업의 국제가격전략은 우선 원가지향적(cost oriented)인 방법에 의해 결정되면서 2차적으로 수요지향적(demand oriented)인 전략으로 수정되는 것이다. 이때 수요지향적인 전략에서 수정된다는 과정은 바로 국제가격의 실제적 결정과정을 뜻하며, 이것이 곧 국제가격전략(international pricing strategy)이다.

국제가격전략이란 수요지향적 가격결정에 이어지는 구체적이며 실행적인 여러 방안의 모색을 필두로, 그 가운데에서의 적정유형의 선택과 결합·투입에 관한 전략이 그 핵심을 이루게 된다. 즉, 원가요소의 가격결정과 소비자의 선택적 요소의 가격결정 등이 결합하여 이루어진다. 다만 국제가격전략은 국제적 경제환경과 국가의 거시경제 정책적 관점에서 달라지기도 한다.

그리고 국제가격전략은 국제적 수입원자재 가격의 영향에 따라 달라지며, 정부의 경제정책적 차원에서 달라질 수 있다.

2. 국제가격전략의 유형

글로벌시대 국제가격전략에는 여러 가지 유형이 있다. 가격전략추진의 주체나 객체, 혹은 국제시장 성격이나 해외고객 계층 등 어떠한 관점과 어떠한 입장을 택하는가에 따라 그 유형이 달라지고, 그렇게 달라진 유형에 따라 국제가격전략 자체가 또한 근본적으로 달라진다. 이것은 가격전략의 추진주체에 따라 제조업자의 가격전략과 판매업자의 가격전략으로 대별된다든지, 또는 그 객체에 따라 제품의 가격전략과 서비스의 가격전략으로 구분되는 등 다양하다.

따라서 여러 가지 관점이나 입장에 따라 달라지는 가격전략의 유형을 일일이 파악하기란 어려우며, 또 서로 중복되는 구분이어서 어떤 통일적인 바탕 위에서 그 모두를 체계화하기란 더욱 힘들다. 다만, 비교적 체계적이라 할 수 있는 구분은 가격전략의 객체인 제품을 중심으로 해서, 주로 제조업으로 구성되는 국제기업의 가격전략적 유형에 관한 구분이라 할 수 있다.

국제가격전략의 유형은 ① 국제가격탄력전략, ② 국제가격수준전략 등으로 구분한다. 국제가격탄력전략은 특정가격유지전략, 차별가격전략, 국제가격수준전략은 경쟁주의의 가격전략, 고가주의의 가격전략, 저가주의의 가격전략 등으로 구분하여 설명한다.

제 2 절 국제가격의 탄력전략

1. 특정가격 유지전략 : Specific Price Maintenance Strategy

글로벌시대 특정가격 유지전략(特定價格 維持戰略)이란 일단 결정된 국제가격을 어떠한 형식으로든 일정한 정가제도로 유지시키는 일련의 국제가격전략들에 주어진 공통적 용어이다. 양의 다과, 지역의 원근, 고객계층의 차이, 시기·조건의 차별, 기타 용도의 구별 등에 따라 변동하게 되는 차별가격전략과는 대조적인 국제가격전략이다. 즉, 제품에 일정한 가격을 정가화시켜 어떠한 고객에게든지 그 가격 이외에는 판매하지 않는 제도적 전략을 가리키며, 흔히 정가정책(fixed price policy)이라고도 한다.

이러한 정가제도에 따른 특정가격전략을 경제학적인 표현을 빌린다면 경기순환의 전과정을 통해서 가격변경을 하지 않고, 일정한 가격을 경직적으로 유지하고자 하는 전략이라 해서 일명 '경직가격전략'(硬直價格戰略: stiffness price strategy)이라고도 한다. 대체로 이러한 유형의 국제가격전략에는 ① 사전에 이익을 명확하게 예상할 수가 있어 구매계획이나 자금계획을 수립하기가 용이해지며, ② 가격에 대한 흥정을 하지 않으므로 가격서비스에 의한 시간적 손실방지를 통한 판매비용의 절감이 발생한다. ③ 자칫 판매가격을 변경하게 됨으로써 야기되는 저항을 방지할 수 있고, ④ 구매점이 가격이 아니므로 품질이나 서비스와 같은 다른 요인을 강조하게 되는 등 여러 가지 이점이 있게 된다.[1)]

그런데 이러한 글로벌시대 특정가격유지전략에는 ① 단일가격전략(one price strategy), ② 균일가격전략(uniform price strategy), ③ 관습가격전략(customary price strategy), ④ 심리적 가격전략(psychological price strategy), ⑤ 재판매가격유지전략(resales price maintenance strategy) 등 여러 가지가 있다. 이곳에서는 이러한 특정가격 유지전략이란 한 가지의 통일된 가격, 가격표시된 표준화 가격, 전통적 상거래의 관습가격, 재고의 재판매가격 등을 의미한다.

2. 차별가격전략 : Price Discrimination Strategy

글로벌시대 차별가격전략(差別價格戰略)은 이제까지의 특정가격유지전략과는 대조적인 것으로서, 동일한 품질의 제품을 구입하는 고객에게 여러 가지 관점에서 각기 상이한 차별가격을 적용시키는 국제가격전략이다.

이 경우 이러한 전략이 고객과의 상담에서 눈치를 보아가며 가격을 깎아주거나 깎아내리는 것과 같은 신축가격전략과 혼동되어서는 안 된다. 여기서 말하는 차별가격이란 어디까지나 동일한 품질의 제품을 구입하는 고객에게 일률적으로 적용시키는 국제가격전략의 경우를 의미한다.

다만, 특정가격유지전략 가운데의 재판매가격 유지제도의 경우처럼 비록 동일한 품질의 제품을 구입하는 고객에게 일률적으로 적용된다 하더라도, 차별가격전략 자

1) 한희영(1992), 국제마케팅론, 다산출판사, p. 400 참조.

체가 가끔 불공정한 거래방법일 수 있다고 해서 각국에서는 공정거래법이나 독과점 금지법의 테두리에서 엄격한 규제대상이 되고 있어, 정당한 이유없는 차별가격전략의 구사는 자칫 불공정 경쟁시되는 경우가 있음을 간과해서는 안 된다.

국제제품의 차별가격전략을 대별하면 두 가지가 있는데, 그 하나는 할인가격전략(discount price strategy)이나 조정가격전략(adjustment price strategy)과 같은 판매비의 차이와 판매경로의 유지에 따른 차별가격전략이 바로 그것이다. 다른 하나는 수요의 가격탄력성에 따른 차별가격전략으로서, 고객별 · 용도별 · 지리별 · 시기별 차별가격전략 등이 이에 해당된다. 즉, 판매비의 절감이나 판매경로의 유지를 위하기보다도, 수요의 가격탄력성에 따라서 각기 그에 상응한 차별적 가격을 설정해서 매출 내지 이익의 증대를 기하고자 하는 차별가격전략을 말한다.

제 3 절 국제가격수준의 전략

1. 경쟁가격전략 : Competition Price Strategy

글로벌시대 경쟁가격전략(競爭價格戰略)은 경쟁에 대응하기 위한 의식적인 가격을 설정하는 국제가격전략이다. 다만, 이 경우 국제시장가격에 적합하거나 국제시장에 대응하기 위한 가격이란 엄밀한 의미에서는 국제시장가격 이하나 국제시장가격 이상의 것이 되게 마련이며, 특히 국제시장가격의 대응전략이라면 신참입기업(新參入企業)이나 중소기업일 경우 시장개척의 뜻에서도 국제시장가격 이하의 가격전략이 구사되어야 원칙이다. 그러나 그러한 의미에서가 아닌 그 국제시장에서 이른바 가격선도제(price leadership)가 형성되어 있을 경우, 그러한 상황에 따라갈 수밖에 없는 경우도 있다.

그런데 가격선도제란 그 업계에 있어서 강력한 영향력을 지닌 기업에 의해 선도되어 결정된 가격으로, 말하자면 그 해당 업계의 표준적 가격이라 할 수 있으며, 이때 가격선도제에 따라 설정된 가격을 추종가격 내지 모방가격(initiative price)이라고 한다.

2. 고가주의 가격전략 : High Initial Price Strategy

1) 초기의 높은 가격전략

글로벌시대 국제시장수준보다 높게 책정되는 모든 유형의 가격을 고가주의가격이라 한다. 그 가운데에서도 일명 스키밍 프라이싱(skimming pricing, skim the cream pricing)이라고 하는데, 초기의 높은 가격전략(high initial price strategy)은 신제품의 가격전략에 잘 도입되는 대상이다.

스킴(skim)이란 원래 우유의 상층부를 퍼낸다는 뜻으로, 가격전략에서는 흔히 시장에서의 가장 유리한 고객을 먼저 흡수한다거나 수요의 최상부분을 먼저 거두어들인다(skim the cream of demand)로 번역되어, 결국 스키밍 프라이싱은 신제품의 시장도입 초기에 일부러 국제시장가격보다도 높은 가격으로 책정해서, 좋은 고객층을 되도록 초기에 획득해서 비교적 단기간 내에 승부를 결정하고자 하는 국제가격전략의 의미이다. 1970~80년대에 걸쳐 일본의 초우량기업들이 국제시장에서 성공한 가격전략이다.

2) 명성가격전략 : Prestige Price Strategy

글로벌시대 명성가격(prestige price)이란 일명 명품가격이라고도 하며, 소비자가 가격에 의해서 품질을 평가하는 경향이 강하고, 또 비교적 고급품질이 선호되는 제품에 일부러 국제시장가격 수준 이상의 고가격을 설정하는 경우에 구사된다. 품질이 가격에 의해서 판단되는 제품에는 항상 이러한 명성가격이 설정된다.

명성가격전략(prestige price strategy)은 가격이 높다는 것 자체가 고급품질이라거나, 같은 약이라도 비싼 약이 잘 듣는다고 믿는 고객층전략으로는 적격이어서, 흔히 고급식품을 비롯한 일체의 기호품, 고급화장품, 고급의류, 유행품 등의 명품가격전략에 적용되는 예가 많다. 물론 그 경우 국제기업의 신용이나 상표의 위력 등이 판매면에 크게 작용하며, 그 신용이나 위력만큼 국제가격을 올린다 해서 명성가격전략이라고 이름붙였다고 한다.[2)]

---

2) 한희영, 서울대학교 경영대학 명예교수는 그의 국제마케팅론에서 '名聲價格戰略'(명성가격전략)이란 용어를 사용하였으며, 고급식품, 화장품업계가 그대로 도입하여 큰 성과를 나타낸 바 있다.

3. 저가주의 가격전략 : Low Price Strategy

1) 초기 낮은 가격전략 : Early Low Price Strategy

국제가격 수준보다도 낮게 책정되는 모든 유형의 국제가격전략을 낮은 가격주의전략이라 하며, 그 가운데서도 일명 침투가격전략(penetration price strategy)이라고 하는데, 초기 낮은 가격전략(early low price strategy)은 초기 높은 가격전략의 경우처럼 신제품의 가격전략에 대응적으로 구사되는 대상이다.

즉, 장기적인 이익목표 아래서 저가격으로 다수고객을 획득함으로써 시장침투를 획책하고자 신체품의 도입 초기에 가격을 앞세우는 방식이다. 그러기 위해서는 이전에 선정된 일정한 시험판매지역에 있어서의 시험판매(test marketing)를 통한 가격효과의 측정이 그 전제가 되고 있으며, 설혹 그렇지 못할 경우에도 다음과 같은 가격전략적 조건이 마련되고 있을 때에 더욱 유효하다.

① 국제시장에 있어서의 가격탄력성이 매우 클 때와 ② 생산 및 판매에 있어서의 규모의 경제성이 현저할 때, ③ 기존의 경쟁기업이나 잠재적 경쟁기업의 경쟁적 압력을 저가격에 의해 감소시킬 수 있을 때 더욱 효과적이다.

2) 염가판매가격전략 : Low Price Strategy

염가판매 가격전략의 목적은 박리다매주의에 입각한 광범위한 고객층의 확보에 있다.

일명 염가나 특매에 의한 특별판매라고도 말하는 저가주의 가격전략으로, 침투가격전략이 주로 메이커에 의해서 구사되는 국제가격전략이라면 염가판매가격전략(low price strategy)은 주로 대규모 소매상에 의해 추구되는 가격전략이다. 또 전자가 초기에는 국제가격수준 이하의 저가격이며, 일단 시장침투작전이 완료되었다고 보면 국제가격수준선이나 그 이상으로 가격인상이 공식화되고 있는 것이 보통인 데 반해, 이 저가판매가격전략은 일단 설정된 가격이 장기간 유지되는 것이 그 특징이다.

3) 방위가격전략 : Defense Price Strategy

높은 가격전략의 특수한 경우의 한 유형으로서 명성가격전략과 상반되는 국제가격전략의 마지막 수단이 방위가격전략이다. 이 가격전략은 경쟁기업의 진입장벽화를 위해 의식적으로 저가격을 설정할 경우 구사되어진다. 그렇지 않으면 저가격 전략을 앞세우는 경쟁기업에 대해 경쟁적 보복(competitive retaliation)을 감행하기 위해 극단적인 저가격을 설정하게 될 경우에도 구사된다. 그러나 이러한 종류의 방위가격전략(defense price strategy)은 자칫 파멸적 난매전쟁(亂賣戰爭)으로까지 확대되기가 쉽기 때문에 국제가격전략으로서는 마지막 수단이라고 할 수 있다.[3)]

특히 지식정보화 시대를 맞는 우리나라의 경우 이러한 외국의 방위가격전략에 경쟁기업들은 주의를 요할 필요성이 있으며, 국제가격전략을 위한 특별 정보자료실을 만들어 수시로 점검할 필요가 있다.

사례 1// 구조조정 성공 및 가격전략

"변화거부 하던 코닥 "위기를 기회로"

1976년 세계 최초로 디지털 카메라를 만든 회사는 코닥이었다. 이를 상용화해 1995년 한국 시장에 처음 디지털 카메라를 소개한 것도 같은 회사였다. 그러나 코닥은 엄청난 수익을 얻고 있는 필름 사업에 안주했다.

경쟁사인 캐논과 니콘은 디지털 카메라 사업에 주력했다. 결국 코닥은 2007년 3분기(7~9월)까지 8분기 연속 적자를 보이면서 '디지털 시대에 뒤처진 기업'이라는 불명예를 안게 됐고 이를 극복하기 위해 힘겨운 구조조정을 하고 있다.

방한 중인 워런 위스뉴스키 코닥 아시아태평양 대표는 2007년 3월 28일 "힘겨운 구조조정도 끝났고 새로운 사업도 시작되고 있다"며 "앞으로 코닥은 올라갈 일만 남았다"고 말했다.

이 회사는 지난 2, 3년간 직원의 30%를 줄이고 수익성이 높은 의료사업 분야를 매각했다. 지난해 4분기(10~12월)에는 1600만 달러의 흑자를 내기도 했다.

그가 말하는 새로운 사업은 코닥이 소개한 새로운 개념의 잉크젯 복합기를 말한다. 지금까지 프린터 회사들은 프린터를 싸게 팔고 잉크를 비싸게 파는 전략을 구사해 왔지만 코닥은 적정한 가격에 프린터를 팔고 잉크는 반값에 공급하겠다는 전략을 발표했다.

한편 한국 코닥은 이날 LG상사와 디지털 카메라, 프린터 등의 판매와 영업 업무를 제휴하는 내용의 협약을 맺었다.

한국 코닥은 LG상사와의 파트너십을 통해 분산돼 있던 유통망을 단일화하는 동시에 전국 판매망을 확보하게 된다.

〈자료: 동아일보, 2007. 3. 29〉

3) 한희영, 전게서, 제2부 국제마케팅 각론, 참조.

사례 2// 델컴퓨터 가격 유치 전략

세계 PC 업계에서 수년간 1위를 지켜오다 지난해 하반기부터 휴렛팩커드(HP)에 자리를 내준 미국의 컴퓨터 회사 델(Dell)이 초저가 컴퓨터를 출시, 중국 · 인도 · 브라질 등 신흥시장을 집중 공략하고 있다. 북미시장에서 실적 악화에 고민하고 있는 델이 신흥시장에 주력, 이를 극복해 나가겠다는 전략을 세우고 있는 것이다.

델 창업주인 마이클 델 회장은 최근 중국 상하이에서 열린 신제품 발표회에서 "중국은 세계에서 가장 빨리 성장하는 PC시장"이라며 "중국에서 대당 2599~3999위안(약 31만~48만원) 선인 초저가 컴퓨터를 출시하겠다"고 발표했다. 이는 델이 온라인을 통해 중국에서 판매하고 있는 가장 싼 PC의 가격보다도 50% 이상 저렴한 것.

델은 특히 중국 PC시장의 성장 가능성에 주목하고 있다. 중국은 인구 100명당 7명이 PC를 보유하고 있다. 이는 인구 100명당 2명이 PC를 보유하고 있는 인도에 비해 세 배 이상 높은 비율이다.

중국에서 지난해 판매된 PC만 2500만대에 달한다.

델이 이번에 발표한 초저가 컴퓨터(모델명 EC280)는 비슷한 성능의 다른 회사 제품보다 가격이 40%가량 저렴하다. 인텔 중앙연산장치(CPU), 메모리 512메가바이트(MB), 하드디스크 40~80기가바이트(GB)를 갖춘 제품이다. 마이크로소프트(MS)의 윈도우XP 운영체제도 포함돼 있다.

델은 컴퓨터를 처음 사거나 인터넷을 주로 이용하는 초보자를 주 공략 대상으로 삼을 예정이다. 또한 단순히 중국 판매에만 그치지 않고 인도 브라질 등 다른 신흥시장에서도 PC 판매를 확대할 계획이다. 도이치증권의 바오 빈 분석가는 이 같은 델의 중국 공략에 대해 "중국에서는 소규모 도시를 중심으로 컴퓨터를 사려는 사람들이 급증하고 있다"며 "중국 PC시장의 빠른 성장이 델의 실적에 도움을 줄 것"이라고 말했다.

델이 저가 공세로 중국을 비롯한 신흥시장을 공략하는 것은 2006년부터 이어진 북미시장의 실적 악화가 주 이유다. 그동안 델은 중간 유통망을 거치지 않고 전화 인터넷 등으로 고객의 주문을 받는 직거래 방식으로 PC 가격을 대폭 낮춰 수년간 PC 업계 1위를 지켜왔다. 하지만 지난해 델은 배터리 불량에 따른 노트북 PC 410만대 리콜과 잇따른 실적 부진으로 인해 업계 1위 자리를 HP에 내주는 등 경영난이 가시화됐다.

가격 경쟁이 극심한 중국에서도 델의 성과는 그다지 좋지 못했다. 지난해 중국에서 판매된 PC의 20%가량은 300~400달러 선의 저렴한 제품들. 델은 중국시장 점유율에서 10%에 그쳤다. 레노버와 파운더테크놀로지에 뒤진 3위의 성적이다. 또한 레노버는 마이크로소프트(MS)와 손잡고 150달러 상당의 초저가 제품으로 저소득층을 공략하고 있으며, 대만의 콴타컴퓨터와 반도체 업체 AMD 등은 개발도상국 학생들에게 100달러짜리 노트북을 지급하는 프로그램을 펼치고 있다.

델은 2006년부터 삐걱거리기 시작한 회사의 경영난을 타개하기 위해 2007년 1월에는 당시 최고경영자(CEO)이던 케빈 롤린스를 경질하고 창업주인 마이클 델 회장을 CEO로 복귀시키기도 했다. 2004년 7월 케빈 롤린스 CEO에게 자리를 내주고 물러났던 델 회장이 결국 추락하는 회사를 살리기 위해 다시 돌아온 것.

델 회장은 경영 일선으로 복귀한 뒤 회사에 만연한 관료주의를 없애고 비용을 줄일 것을 강조하는 등 구조조정의 칼을 빼들었다. 그는 20여명인 고위 간부를 12명 선으로 축소했고 이어 자신이 앞으로 수년 동안 회사 성장을 진두지휘하겠다고 나섰다.

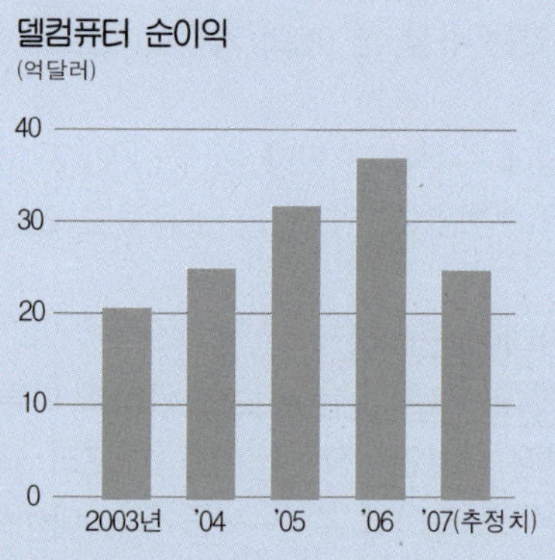

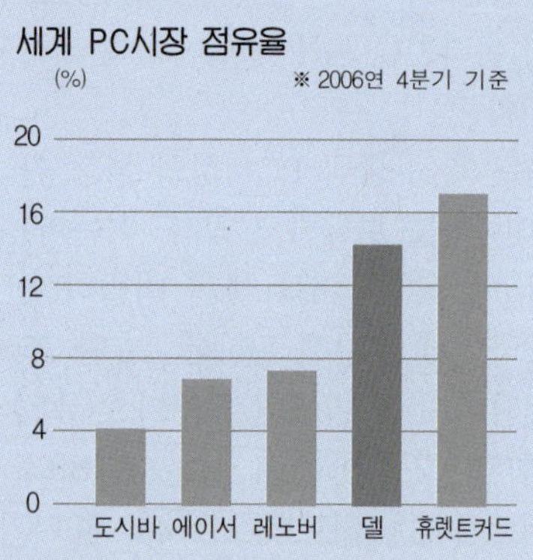

델 회장은 2007년 3월 중국 초저가 신제품 발표회에서 PC판매를 맡고 있는 서비스 사업부를 발전시키기 위해 인수·합병(M&A)을 고려하고 있다는 계획도 밝혔다.

델의 서비스 사업부는 판매 외에도 컴퓨터 네트워크 설치, 고객 지원 등을 담당하며 연 매출 60억달러를 올리고 있다.

〈자료: 한국경제, 2007. 3. 24〉

제 12 장

글로벌시대 다각화 전략

제12장 글로벌시대 다각화 전략

제1절 다각화 전략의 본질

1. 다각화 전략의 의미

글로벌시대 경영다각화(diversification of business)라 함은 한 기업 내지 경영체가 자체의 성장과 관련해서 종래 운영해 오던 업종 이외의 다른 성장산업에 진출하여 이를 동시에 운영하는 것을 말한다. 협의로는 다른 업종이나 혹은 다른 산업에 진출하는 것만을 뜻한다. 광의로는 자체의 생산과정에서 발생되는 부산물을 가공판매하는 것과 같은 수직적 다각화는 물론 동종산업의 다른 제품을 생산·판매하는 것과 같은 수평적 다각화와 아무런 연관이 없는 업종에 진출하는 측면적 다각화도 포함된다. 이러한 다각화는 정책적 수단으로 기업합병의 형식으로 추진되는 것이 일반적이다. 따라서 경영다각화 전략은 ① 제품다양화, ② 지역다변화, ③ 거래기능다각화, ④ 계열화, ⑤ 무역집중도 등으로 설명할 수 있다.

2. 다각화 전략의 목적

기업의 다각화 전략을 꾀하는 중요목적 내지 핵심적 동기를 살펴보면 다음과 같은 것을 대표적으로 들 수 있다.

첫째, 생산성의 향상에 있다.

주요 생산품을 생산함에 따라 생기는 부산물을 가공 판매함으로써 부가가치를 높여 기업생산성을 향상시키기 위해서다.

둘째, 규모의 경제실현에 있다.

종래 운영해 오던 업종 이외의 다른 업종 내지 산업에 진출하여 경영규모를 확대시킴으로써 생산, 마케팅, 연구개발 면에서 소위 '규모의 경제'의 이점을 실현시키기 위해서다.

표 12-1. 경영다각화 전략의 다양한 개념

학 자	학설의 내용
스테이너(Steiner, G. A.)[1]	다각화란 새로운 제품계열, 공업, 서비스 또는 시장에 진출하는 것을 의미하며, 1개 회사가 2개 또는 그 이상에 걸쳐 영업하는 것을 지칭한다.
펜로즈(Penrose, E. T.)[2]	기업이 기술, 설비, 노동력, 임금, 판매 등의 여러 가지 경영자원을 결합시켜 여러 종류의 제품을 생산하고 여러 시장에 참가하는 것을 지칭한다.
챈들러(Chandler, A. D.)[3]	① 시장확장, ② 지역확장 · 해외진출, ③ 이종의 고객층에 대하여 신제품을 개발하며 신시장을 개척하는 것이다.
앤소프(Ansoff, H. I.)[4]	① 기업의 제품시장구조의 변화이다. ② 제품-시장의 구조에 있어서 다른 종류의 변화를 의미하는 시장침투로서 시장개발, 제품개발과는 성격을 달리하고 있다.
고트(Gort, M.)[5]	개개의 기업이 용역을 제공하는 시장의 이질성의 증가를 말한다. 따라서 제품에 본질적인 차이가 있고 수직적인 결합의 형태를 취하고 있지 않고 있는 경우에는 생산의 다양성에 있다.

주: 저자가 작성하였음.

자료: 1) Steiner George A.(1969), *Top Management Planning*, The Macmillan Company, pp. 629~630.

2) Penrose E. T.(1959), *The Theory of the Growth of the Firm*, Basil Blackwall & Mott, pp. 107~116.

3) Chandler Alfred D.(1962), Jr., *Strategy and Structure*, The M.I.T. Press Cambridge Massachusetts, p. 42.

4) Ansoff H. I.(1968), ① A Model for Diversification, 1958, Managerial Economics, ed. by G. P. E. Clarkson, Penguin Mordern Economics, p. 76.
② Strategies for Diversification, *Harvard Business Review*, Sept.~Oct., 1957, p. 113.

5) Gort M.(1962), Diversification and Intergration, in American Industry, Princeton University Press, p. 8.

셋째 유통경로의 장악에 있다.

생산업체가 당해 상품의 유통부문까지 진출하여 유통경로를 담당하거나 유통부문을 계열화하기 위해서다.

넷째, 기업경영의 안정성과 합리화에 있다.

단일업종의 운영에 따르는 위험부담의 분산을 통해 기업의 안정성 및 경영의 합리화를 도모하기 위해서다.

다섯째, 시장지배의 강화(기업이익의 증대)에 있다.

기업을 다각화함으로써 기업의 성장을 촉진하고 나아가서는 경쟁적 지위의 강화 내지 시장지배력을 강화하여 기업이익을 증대시키기 위해서다.

3. 성장벡터와 다각화 전략

기업성장의 일반적 양상은 성장벡터에 의해 파악된다. 성장벡터(growth vector)란 현재의 제품시장분야와 관련해서 기업이 어떠한 방향으로 어느 정도로 나아가고 있는가를 나타내는 것이다. 그것은 다음의 〈표 12-2〉와 같이 표시된다. 여기서 사명(mission)은 시장이 구하고 있는 것(needs)을 나타낸다. 제품과 시장의 양자를 각각 현재와 신규로 대별하고, 매트릭스로 전략경영을 충당하면 시장침투 · 제품개발 · 시장개척 및 다각화로 자리잡게 된다. 그것은 제품의 생산기술과 마케팅의 어느 쪽이나, 혹은 쌍방에 공통관련성을 갖는 점에서 일괄할 수가 있고, 이것을 확대화라 한다. 이에 대해, 다각화는 이러한 공통관련성이 별로 없거나 불명료하게 나타나는 약한 전략경영을 말한다. 즉, 다각화란 생산과 시장의 양면에서 기존의 것과 다른 분야에 진출하는 것을 의미한다.

표 12-2. 성장벡터와 다각화

사명 \ 제품	현	신
현	확대화 (시장침투) →	(제품개발)
신	↓ (시장개척)	↘ 다각화

이상과 같이 생산지향형과 시장지향형의 전략경영이 확대화 전략에 포함되어 있다는 것과, 또한 이질의 것으로서 다각화 전략이 자리잡고 있다는 것에 유의할 필요가 있다. 성장벡터를 적용하여 전략경영을 구상할 경우 시너지(synergy)의 개념이 중요하다.

4. 시너지 효과와 다각화 전략

시너지(synergy)란 원래 근육이나 신경 등이 결합되어 그것이 하나하나로서 합계된 이상의 힘을 발휘하는 활동 또는 작용을 말한다. 이것은 곧 두 가지 이상 요소의 상승효과를 말하며 이것을 시너지 효과(synergy effect)라 한다.

앤소프(Ansoff, H. I.)에 의하면 기업의 전략적 문제에 있어서의 시너지란 기업이 신제품-시장분야에 진출할 경우 그 신제품-시장분야와 기업의 구제품-시장분야와의 사이에 결합효과의 척도를 시너지 효과라고 하였다. 이것은 기업의 다각화 전략으로서 신제품시장에 진출하는 경우에 신제품시장과 구제품시장이 잘 적응하는 경우, 즉 $2+2 \leqq 5$와 같이 부분의 합계보다도 큰 성과를 가져오는 효과를 말한다. 앤소프는 시너지의 개념 내지 원리를 보다 명확하게 하기 위하여 간단한 수식으로 설명하고 있다.

지금 제품의 연간매출액을 S_1, 이를 위한 조업비(원재료비 · 노무비 · 관리비 · 감가상각비 등)를 O_1, 이를 위한 투자(개발 · 설비 · 기계 등의 비용)를 I_1로 한다면, 그 자본이익률(ROI) R_1은 다음과 같이 표시된다.

$$R_1 = \frac{S_1 - O_1}{I_1}$$

이러한 시너지 효과에는 다음과 같은 것이 있다.

1) 판매 시너지

각종 제품에 대해 공통의 판매경로 · 판매관리 · 조직 · 창고 · 광고 · 판매촉진 · 명성 등을 이용함으로써 시너지가 발생하는 것이다.

2) 조업 시너지

시설・인원의 유효이용, 간접비분산, 일괄대량구매, 공통의 학습곡선에 의한 공수절약에 의해 시너지 효과가 생긴다.

3) 투자 시너지

공장의 공동사용, 유사제품에 대한 연구개발의 공동이용, 기계・공구의 공동이용, 복리시설이나 산업폐기물 폐기장소의 공동이용 등으로 투자효율은 단일경영의 경우보다 더 유리하다.

4) 경영관리 시너지

경영관리 시너지는 수학적 공식으로서 직접적으로 나타내기는 곤란하지만, 경험(학습)의 활용, 정보의 활용, 생산적 자원의 결합능력에 의해 나타난다.

제 2 절 다각화 전략의 형태

1. 내부적 다각화와 외부적 다각화

기업이 자사의 기술이나 시설을 활용하여 내부적으로 이루어지는 경우를 내부적 다각화(internal diversification), 외부의 다른 업종을 계열화하거나 합병함으로써 이루어지는 경우를 외부적 다각화(external diversification)라 한다.

보통 '다각화'라 할 때에는 외부적 다각화를 지칭하는데, '기업의 다각화 결합'인 컨글로머리트(Conglomerate)가 대표적이다.

2. 4종(수평형・수직형・집중형・집성형)의 다각화

기업다각화의 성장방향을 '다각화 벡터'라 한다. 제품과 시장을 축으로 하여 다각화 벡터를 분류하면 〈표 12-3〉과 같다.

표 12-3. 기업다각화의 성장벡터 사례

사명 · 고객 \ 제품		신 제 품	
		기술관련있음	기술관련없음
신시장	동일유형	수 평 형 (오토바이, 잔디깎는 기계, 시내 1인승형 경자동차)	다 각 화 (가정전기기구)
	자 기 가 고 객	수 직 형 (가스터빈, 엔진, 바퀴, 트랜스미션)	다 각 화 (도료, 글라스, 타이어 등)
	유사유형	집 중 형 (농업용 트렉터, 농업용 기계) ①	다 각 화 (소기업용 전자계산기) ②
	신 유 형	③ 집성형 (디젤기관차) (미사일기지용 시설)	다 각 화 (컨글로머리트형) (석유화학제품, 약품)

① 마케팅, 기술 모두 관련 있음. ② 마케팅 관련 있음. ③ 기술 관련있음.

이 표에서 보는 것과 같이, 제품에 대해 기술관련 유무가, 시장에 대해서는 고객의 유형이 구분의 기준이 된다. 그리하여 다각화는,

① 수평형 다각화 전략(horizontal diversification strategy)
② 수직형 다각화 전략(vertical diversification strategy)
③ 집중형 다각화 전략(concentric diversification strategy)
④ 집성형 다각화 전략(conglomerate diversification strategy)

등의 네 가지로 분류할 수 있으며, 다각화 기업은 위의 어느 것 하나 또는 하나 이상의 벡터를 택하고 있다.

1) 수평형 다각화 전략

기존제품에 대한 고객층과 동일한 수평적인 고객층에 대해서 새로운 기능을 가진 제품을 판매하는 경우를 말한다. 과거와 같은 고객에게 동일한 판매경로를 이

용한 의미로서 마케팅 면에서의 시너지(synergy) 효과를 기대할 수 있다.

2) 수직형 다각화 전략

어느 특정부문이나 특정사업만을 전업화하기 위하여 수직적으로 분업을 실시하는 경우를 말한다. 즉, 소위 분업을 통하여 다각화하는 경우를 말한다.

3) 집중형 다각화 전략

신제품과 구제품의 마케팅이나 기술적 측면을 연관시켜 집중적으로 다각화시키는 방법인데 마케팅 내지 기술적 측면의 시너지 효과를 크게 기대하는 다각화 형태이다. 예를 들어 농업용 기계일 경우, 농업용 트렉터, 농업용 기구 등을 집중적으로 경영한다.

4) 집성형 다각화 전략

집성형 다각화란 현재의 제품이나 기술과 전혀 관련성이 없는 분야와의 다각화를 의미한다. 예를 들면 비행기, 자동차 회사와 제조회사가 서로 다각화하는 경우이다. 복합기업형태, 다른 업종을 다각화하는 전략이다. 컨글로머리트형(conglomerate type)으로 제3의 기업집중형태이다. 작은 인형이나 소세지부터 커다란 미사일, 항공기, 조선 등의 사업을 복합화하는 거대기업군을 만드는 다각화 전략방법이다.

3. 신제품형 다각화와 신사업형 다각화

신제품형 다각화는 새로운 종류의 제품을 제조판매함으로써 이루어지는 다각화로 ① 기술중심형 다각화, ② 유통중심형 다각화 등이 있다.

①은 현재의 원재료나 가공기술을 토대로 신제품을 개발하는 경우이고,

②는 용도상으로나 소비계층 내지 판매경로상으로 보아 현재 생산·판매하고 있는 제품과 같은 신제품을 우선적으로 개발하는 경우이다.

4. 다각화의 문제점

기업을 다각화함으로써 나타나는 문제점도 있다.

첫째, 기업규모 내지 경영조직의 대형화로 인해 경영관리상의 복잡화와 관료화가 되기 쉽다.

둘째, 파벌조장에 의한 인화를 저해할 우려가 있다.

셋째, 약체부문의 합병으로 경영 전체가 취약해질 염려가 있다.

넷째, 어느 분야에도 제대로 힘을 기울이지 못하게 될 가능성이 있다.

다섯째, 생산시설의 합리적 운영이 저해될 가능성이 내포되어 비효율적인 경영관리가 되기 쉽다.

다각화에 의하여 기업규모의 확대와 기업의 경쟁력을 강화하더라도 경영능력을 향상시키는 조건이 갖추어지지 않으면 그 경제적 효과를 얻을 수 없다.

기업다각화가 이루어진 후에 야기되는 문제는 ① 조직변경으로 인한 손실, ② 회계제도의 혼란, ③ 정보망의 난맥, ④ 종업원상호간의 대립과 반목, ⑤ 노동조합의 도전, ⑥ 기업의 개성 상실 등을 지적할 수 있다.

제3절 글로벌시대 컨글로머리트 Conglomerate of Globalization

1. 컨글로머리트의 정의

컨글로머리트(Conglomerate)의 어원은 라틴어의 'com'(합친다)과 'glomus'(덩어리)가 결합된 합성어로서 눈사람처럼 집괴되어 자꾸만 확대되는 것을 뜻한다. 사전(The American Heritage Dictionary of the English Language)에 의하면 "이질물의 집합" 또는 "폭넓고 다양화한 분야에서 경영활동을 행하고 있는 여러 이종의 회사로서 이루어지는 사업법인"으로 설명되고 있다. 따라서 아직 정역은 없으나 이를 '집괴기업'이라고도 변역되기도 하며, '다각적 합병' 또는 '혼합적 기업합병', '다시장회사' 혹은 '복합시장회사'라고도 하며, 혹자는 '복수산업회사'(multi-industry firm)라고도 한다.

이 복잡하고 미묘한 괴물적 합병기업은 1950년대의 후반부터 주로 미국에서 급격히 성행하게 된 새로운 기업형태인 복합 합병(conglomerate merger)의 일종인데, 그것은 미국의 독점금지법인 '클레이톤법'(Clayton Act)이 개정되어(제7조) 기업간의 수평적·수직적 합병이 금지됨으로써 이 법을 우회하면서 기업의 다각화를 실현시키기 위한 한 방편으로 생성·발달한 것으로, 서로 관련이 없는 이종기업 간의 결합, 혹은 수평적 합병과 수직적 합병이 혼합된 일종의 혼합형 합병기업인데, 주로 주식교환, 주식공개매수를 통하여 합병하기 때문에 '제3의 기업합병'이라고 불리어지기도 한다.

이와 같이 컨글로머리트를 정의하기는 어려우나 대체로 다음과 같이 요약 정의된다. 즉, "기업이 현재 보유하고 있는 제품시장분야와는 어떤 공통관련성을 갖지 않으면서, 고성장분야에 대해 성장기회를 탐구해가는 외부적 다각화의 방식을 말한다."[1] 그리고 그 생성이유도 매우 복잡하며, 또한 그 특징을 규명하기도 애매한 점이 많다.

2. 컨글로머리트의 특징

이 새로운 복합기업의 특징을 한 마디로 요약할 수는 없으나 컨글로머리트의 여러 국면에서 그 특징을 차출해보면 다음과 같다.

1) 합병동기

컨글로머리트의 합병동기는 ① 대기업이 거의 국제기업 내지 세계기업으로 성장하여 거대기업에 알맞는 새로운 경영조직을 필요로 하였고, ② 기술혁신으로 시장이나 산업구조가 변모함에 따라 이에 대처하여 경영을 다각화할 필요가 절실하였으며, ③ 특히 독점금지법(예 : Clayton Act)에 의해 이종기업간의 수평적·수직적 합병을 금지하였기 때문에 이를 피하여 동종기업간의 합병으로 그 방법을 달리하지 않을 수 없었으며, ④ 나아가서는 기업이윤을 증대시키고 자금유동성을 보다 향상시키기 위해서, ⑤ 경기변동에 따른 위험을 분산시키기 위해서이다.

1) 占部都美(1983) 편저, 경영학사전, 중앙경제사, p. 221.

2) 합병방법

컨글로머리트의 합병방법은 매우 복잡하나 유형적 특징으로는 ① 동일업종끼리 과점집중화하는 수평적 합병, ② 이종업종끼리 이루어지는 수직적 합병, ③ 기업합병을 통해서만 아니라 하나의 기업이 성장과정에서 형성되는 다각화 합병, ④ 단일은행이나 지주회사가 모회사가 되어 합병하되 합병 후에는 독립성을 상실하는 트러스트형(trust type) 합병 등이 있다. 특히 ① 흡수합병, ② 신설합병, ③ 역합병, ④ 삼각합병 등이 있다(제5장 기업인수합병 참조).

3) 경영조직

컨글로머리트들은 중앙집권적 경영조직에서 주요 전략적인 의사결정을 하고, 일시적이고 각사 특유의 의사결정은 사업부제를 도입하여 철저한 지방분권적 경영조직에 일임하는 소위 '이원적 경영조직'을 채택한다. 따라서 본사는 자금융통과 시장지배 등에만 주력하게 되며, 특히 자사가 소유하거나 지배하고 있는 보험회사나 투자신탁회사, 혹은 증권회사를 통하여 자금조달을 하게 된다.

4) 활동대상

미국에 있어서 컨글로머리트의 대부분의 회사는 전자공업을 그 근간으로 해서 출발하였으며, 특히 시스템 공학(system engineering)을 주도하여 일정한 제품을 일괄생산하는 것이 아니라 새로운 기술혁신으로 특수전자시스템의 개발과 우주산업 또는 정부 및 군수산업 등에 참여하고 있는 것이 특색이다. 특히, 군수산업에서 부여받은 프로젝트의 연구개발계획에는 막대한 예산을 가진 정부나 군당국으로부터 크게 도움을 받고 있다.

5) 시장지배

시장지배에 있어서는 통합적 마케팅(total marketing)에 입각하여 마케팅의 요소나 활동을 개개의 하위 시스템으로 보고, 마케팅 제요소 및 제활동을 유기적으로 체계화시킨 통합적 마케팅 시스템(total marketing system)을 도입한다.

3. 컨글로머리트의 유형

컨글로머리트는 그 복잡하고 미묘한 성격상으로 보아 그의 유형을 분류하기는 어려우나 대체로 다음과 같이 세 가지로 구분할 수 있다.

1) 제품확장형 컨글로머리트

이는 기술적인 공통성을 가지고 있는 기업 간의 합병에 의한 것이다. 예를 들면 천연섬유와 합성섬유, 항공기와 미사일 산업 간의 합병이 이에 속한다.

2) 시장확장형 컨글로머리트

이는 판매시장을 공통으로 하는 기업 간의 합병에 의한 것이다. 예를 들면 의약품과 화장품, 통조림과 식료품 체인스토어 같이 실질적인 동일시장을 대상으로 하는 기업끼리 합병하는 것이다.

3) 순수 컨글로머리트

이는 서로 공통성이 전혀 없으며 합병의 기술적 필연성도 가지고 있지 않은 둘 이상의 기업이 합병하여 복합기업을 형성하는 것인데, 컨글로머리트형 기업에서 가장 전형적이고 순수한 형태이다. 즉, 자본, 제품, 생산공정, 판매방법, 시장 등이 전혀 다른 기업끼리, 예를 들면 은행업과 레져산업, 철강업과 제지업, 항공업과 제약업 등이 서로 합병하는 것이다.

4. 컨글로머리트의 형성

글로벌시대 컨글로머리트는 대기업이 이윤증대, 위험분산, 시장지배를 목적으로 동종 또는 이종의 기존기업을 주식의 매수합병방법으로 기업지배권의 획득에 의한 외적 성장과, 자체규모의 축적에 의한 내적 확대를 꾀하려는 복합기업으로서, 소위 '법인제국'을 형성하여 수십개의 기업을 동시에 경영하는 혼합형 합병기업 내지 다각적 결합(conglomerate combination)기업이라는데 그 특색이 있다.

그리고 경영자의 기업가적 정신이 왕성하고, 기업외부의 여건이나 환경이 기업의 장기적 성장성이나 수익성 증대에 적절하다는 전략경영이 취해지고 있다. 기업이 현재 유지하는 전문화 제품분야의 경제환경이 구조적으로 사양화가 예견되거나, 그 기업의 관리조직이나 경영자의 관리능력이 이종의 산업부문의 사업규모에 대해 확대적용성을 가지는 경우에는 제3의 기업합병의 형태인 컨글로머리트를 통하여 성장이 가능하다. 따라서 앞으로 이와 같은 컨글로머리트의 형성은 경영의 다각화의 전략적 측면에서 새로이 조명받을 수 있으며, 더욱 활발해질 것으로 기대도 한다.

5. 컨글로머리트의 문제점

이와 같이 다각적인 면에서 여러 특징을 가지고 있는 컨글로머리트도 여러 가지 경영상의 문제점이 있는데, 그 중 중요한 것을 간추려보면 다음과 같다.

1) 기업이윤 달성의 어려움

컨글로머리트는 기업이 전문화되고 있는 현재의 시장이나 생산기술과 별로 관련성을 갖고 있지 않는 신분야에 다각화하므로 기업 '규모의 이익'은 얻을 수는 있어도 대규모 생산이나 마케팅의 이익은 달성될 수 없다.

2) 기업위험의 증대성

새로운 제품분야는 이질적인 지식이나 경험을 필요로 하기 때문에 수평적 다각화나 수직적 다각화에 비해 위험성이 크고, 이질적 업종의 합병으로 기업위험이 증가할 수 있다.

3) 경쟁상의 불리성 및 퇴출위기

만일 업체가 불황기를 맞아 경쟁이 격화되면 경쟁상의 곤란성에 봉착할 위험이 있다. 특히 경쟁기업과 전략상의 중복, 전략적 비밀이 누출될 경우, 그리고 차별적 전략이 이루어지지 않는 경우에는 경쟁상의 불리성이 가중되어 기업이 퇴출당하기도 한다.

4) 문어발식(선단식)경영의 위험(제3의 기업합병문제)

컨글로머리트는 복합기업 또는 제3의 기업합병, 집괴기업으로서 재벌의 문어발식(선단식)경영을 합리화하는 것으로 기업을 대형화하여 황제경영을 할 수 있다. 즉, 1인지배 최고경영자 밑에 많은 자기업, 계열기업을 거느리고 새로운 재벌을 형성할 수 있다.

사례 1// 스위스 최대식품회사 네슬레의 전략

장기적인 안목을 가진 네슬레 : 미래의 시장을 보라

1. 규모

스위스 최대 식품회사인 네슬레(Nestle)는 유니레버 다음으로 큰 세계 3위의 식품회사이다. 세계 각국에 420여 식품공장을 보유하고 있고, 780여 판매 분점이 있으며, 최북단 북극권에서 최남단 뉴질랜드까지 경영권을 뻗치고 있다. 생물화학부, 식품공예부, 전자현미경 등 21개 연구센터가 있으며, 본사 브베는 행정과 과학연구를 중점에 두며 생산은 하지 않는다. 네슬레는 3만여 종의 제품을 생산하는데 각종 식품과 음료를 위주로 화장품, 약품까지 생산하고 있다. 판매시장은 전 세계를 대상으로 하고 있으며 영업인원이 제네바 인구보다 많다. 네슬레는 '세계적인 식품 거인' 혹은 '아기 영양 전문가' 등 다양한 명성을 얻고 있다.

2. 네슬러의 고객 전략

네슬레의 프랑스 지점인 핀더스(Findus)는 냉동식품과 아이스크림을 생산 · 판매하고 있다. 이 회사의 소비자 서비스 부서에는 불만을 토로하는 고객에게는 항상 회답을 주고 있었다. 그런데 프랑스인들은 이런 방식의 서비스를 받아 본 적이 거의 없어서 네슬레의 방식에 상당히 놀라면서도 깊이 신뢰하게 되었다. 회신은 우선 고객에게 죄송하다는 내용과 함께 고객의 의견에 감사를 표시한 후 객관적인 원인을 설명하거나 고객에게 두 배의 보상(다시 사용해 볼 수 있는 보상)을 해 주었다. 한 마르세유의 고객은 핀더스의 판매 감사원에게 "당신네 회사는 대단하다! 어쩌다 내가 약간의 불편을 겪은 내용을 보냈더니 회신이 왔더라!"며 감동해 마지 않았다.

회사는 아무 이유 없이 소란을 일으키는 편지를 받을 때도 신중하게 대처했다. 네슬레의 초콜릿 부서의 소비자센터에서는 매년 크리스마스 때면 한 의사로부터 불만을 토로하는 편지를 받았다. 편지의 주인은 200프랑을 주고 네슬레의 초콜릿을 샀는데 품질이 너무 저급하다고 보내왔다.

회사는 매번 그에게 미안하다는 편지와 함께 배상을 해주었다. 그런 상황이 3년 동안 계속되다 4년째 되던 해 네슬레는 12월 초 미리 그 의사에게 그가 예전에 구매했던 초콜릿을 보내며 편지를 동봉했다. '올해는 손님이 편지 쓰는 수고를 덜어 드리기 위해 저희가 초콜릿 한통을 미리 보냅니다. 기쁘게 받아 주시길 바랍니다.' 그 후로는 더 이상 그 의사에게 편지가 오지 않았다.

3. 네슬러 보이콧 운동

1866년에 설립된 고령의 네슬레사는 지금까지의 발전을 이룩하기까지 고된 여정을 걸어왔다. 음료왕국의 선구자인 커피가 인류에게 발견된 후에 힘든 고난의 세월을 겪은 것처럼 커피와 식품 경영으로 세계적인 위치에 오른 네슬레도 참담한 세월을 겪었다.

1977년 네슬레 보이콧 운동(1960년 이후 네슬레가 제3세계로 판매를 확대했는데 이들 지역에서 잘못된 분유 조제와 오염물 사용으로 사상자가 발생했다. 그런데 이런 상황에서도 네슬레는 제품의 올바른 사용법을 소비자들에게 교육하지 않은 채 판매를 계속했다. 이후 1970년대에 들어서 문제점들을 적절하게 대처하지 않은 네슬레에 대해 보이콧 운동이 시작되었다 - 옮긴이)이 미국에서 시작되어 10개국으로 퍼져 나갔다. 네슬레가 제3세계 국가에 모유 대신 아기에게 먹이라고 아기 분유를 대대적으로 홍보하고, 판매했다. 그런데 네슬레는 제3세계 국가의 위생상태가 좋지 못하다는 사실을 간과했다. 깨끗하지 못한 물에다 탄 우유가 아이들의 건강에 안 좋은 영향을 끼치는 것은 당연했다. 이런 사실을 WHO의 마케팅 규약에도 위배되는 것으로 전세계적인 분노를 일으켰다. 위생당국과 교회, 여러 민간단체에서 네슬레를 상대로 소송을 걸었으며, 네슬레 보이콧 운동을 일으켰다. 결국 1984년에 가서야 네슬레는 보이콧 연맹과 협의하여 WHO의 관련 규약을 준수하겠다고 약속했다. 그렇게 해서 오랜 거부 운동이 마침내 종지부를 찍게 되었다.

이와 더불어 네슬레 자체의 병폐 역시 보이콧 운동만큼 네슬레에 심각한 타격을 주었다. 1975~1980년 네슬레의 평균 이윤 성장은 2.2% 밖에 되지 않았고, 동종업체인 유니레버는 11.8%, 프랑스의 BSF는 31.1%를 차지했다. 그 외에도 네슬레의 순이율 역시 5%에서 3.7%로 떨어졌다.

유럽 및 개발도상국가의 시장에서 네슬레는 약세를 면치 못했다. 국제식품업계에서는 한때 이런 말이 나오기도 했다. "지금까지 네슬레의 관리 상태는 이미 개발이 많이 이루어진 국가의 변화에 제대로 적응하지 못하고 있다. 더욱이 네슬레의 마케팅 전략은 경쟁력이 부족해서 창의력이라고는 찾아볼 수 없으며, 잘못을 즉시 고치려고 하지도 않는다"

엎친 데 덮친 격으로 1989년 아칸소의 네슬레사가 파산하면서 손실액이 9,500만 달러에 달하여 네슬레에 심각한 타격을 주었다.

4. 네슬러 CEO 헬무트 마우허 신전략

1982년 61세였던 네슬레의 CEO 헬무트 마우허는 일련의 성공적인 혁신을 진행하였고, 전 세계 식품업의 새로운 수요에 맞춘 전략을 내놓았다.

1) 신제품, 신시장 개척전략

신제품을 늘려 새로운 시장을 개척했다. 맞추기 힘든 다양한 입맛을 고려해 네슬레는 다양한 입맛에 맞는 여러 종류의 커피 제품을 내놓았다. 네슬레는 1938년에 급속냉각 커피를 발명했는데 이것이 최초의 인스턴트 커피였다. 인스턴트 커피의 이윤은 회사의 총 이윤의 4분의 1을 넘었으며, 이미 50여 년이 넘는 커피 냉각의 경험과 선진과학 기술을 보유하고 있다. 근래에는 특별한 입맛을 위한 커피를 더욱 다양화했다. 쓴 커피 맛을 싫어하는 사람들을 위해서는 커피는 넣지 않았지만 커피의 향을 내는 제품도 개발했다. 각 지역에 생산 판매 공장을 설립하고 그 지역에 맞게 판매전략을 세워 나갔다. 네슬레는 세계 각지에 4개의 실험실을 보유하고 있으며, 매년 5천만 달러를 투자해 커피색과 맛을 연구하고 있다.

1960년 세계인들은 평균 6잔의 음료를 마셔야 겨우 1잔의 커피를 마셨지만, 지금은 그 비율이 2 대 1이 되었고 영국 커피시장의 절반은 네슬레가 장악하고 있다. 일본에서는 네슬레를 비싼 선물로 인식시켜 고급용기에 넣어 파티나 선물용으로 내놓았다.

2) 냉동식품 개발전략

냉동식품을 개발했다. 마우허는 혼자 사는 직장인과 맞벌이 부부가 늘어나는 추세에 따라 냉동식품의 전망이 좋을 것으로 보았다. 프랑스에서 네슬레는 유명 요리사를 초빙하여 핀더스 계열 식품의 감독 요리사로 임명했다. 그는 "10년 전에는 불가능하게 보였던 생선류가 냉동음식으로 탄생했으며 더욱 다양하고 화려한 모습으로 등장했다. 게다가 더 중요한 것은 이 요리가 맛도 아주 좋다는 것이다"라고 했다. 영국에서 네슬레는 약간 비싸지만 고급 냉동식품을 통해 저급한 냉동식품을 대체해 갔다. 미국 냉동식품을 30% 점유한 후에 진출한 영국에서는 매년 손해를 입었지만 결국에는 1988년에 영국 냉동식품 시장의 33%를 차지하며, 세계적인 냉동식품 기업으로서의 입지를 굳혔다.

3) 해외 동종업체와 합병전략

해외 동종업체와 합병을 추진했다. 네슬레의 역사 자체가 원래 합병의 역사였다. 1905년에는 앵글로스위스와 합병하면서 세계적인 기업으로서의 첫 발을 내딛었다. 1929년에는 페터(우유 초콜릿 명명) - 카이예(스위스 초콜릿의 창시자) - 콜러의 삼대 초콜릿 회사를 합병하면서 초콜릿이 네슬레의 주요 생산품 중의 하나가 되었다. 1947년에는 매기 식품업체와 합병하면서 네슬레는 우유와 초콜릿, 인스턴트 커피, 인스턴트 수프 등을 취급하는 종합 식품회사가 되었다.

합병과 인수는 네슬레 성공 전략 중 하나였다. 마우허가 부임했을 네슬레는 스위스 은행에 16억 달러의 현금을 보유하고 있었지만 줄곧 어떻게 사용했는지는 밝혀지지 않고 있다. 마우허는 이 자금을 이용하여 해외 기업을 대거 인수했다. 1985년에는 2만 2천 명의 직원을 거느린 미국의 카네이션(Carnationa)을 30억 달러에 인수했는데 이제 카네이션은 미국에 있는 최대의 네슬레 분점으로 1988년에 65억 달러의 판매수익을 올렸다.

그 밖에도 마우허는 1988년 60억 달러에 영국의 스필러스 펫푸드(Spillers Petfoods)와 이탈리아의 산 펠레그리노(Sam Pellegrino)를 인수했다. 이로써 네슬레는 세계 식품업계에 대한 통제력이 한층 강화되었다.

4) 신보고체계전략

문서업무를 철폐하고 새로운 보고체계를 마련했다. 일대일 교류 방식을 중요시한 마우허는 “관리정보는 숫자난 보고에 국한되어서는 안 되며 반드시 직접 관찰하고 관련 인사와 직접 대화를 나눠봐야 실정을 이해할 수 있다. 그래서 관찰하는 것이 보고서보다 훨씬 낫다”고 했다.

5) 새로운 시장진출전략

애완동물 사료시장에 진출했다. 애완동물을 기르는 사람들이 늘어나면서 애완동물 사료는 전망 좋은 시장으로 떠올랐다. 현재 네슬레는 세계 애완동물 사료시장의 75%를 장악하고 있다. 그리고 개발도상국가의 시장을 개척했다. 네슬레는 개발도상국가에게 더 많은 식품 및 취업의 기회를 제공하는 동시에 새로운 시장을 획득했다. 네슬레는 개발도상국가의 농업원조를 위해 8천만 스위스프랑을 투자했다.

이런 급진적인 관리정책은 세계 식품 업계의 ‘거인’, 네슬레를 잠에서 깨웠고 마우허 본인 역시 스위스 기업계에서 거인을 깨운 사나이로 명성이 자자하다.

〈자료: 저자가 수집된 자료를 정리함〉

제 13 장

글로벌시대 지속가능화 전략

제13장 글로벌시대 지속가능화 전략

제1절 국내외의 경제환경 변화

1. 난기류 속의 경제환경 변화

지식정보화, 세계화 시대의 경제환경은 불안정하여 복합성이 증대되고 불연속적이며 난기류의 양상을 띠고 있다. 오늘날의 난기류 경향은 불연속성의 시대(the age of discontinuity)로서 전략경영론의 분야에서는 난기류의 경제환경이라는 말로 많이 사용되고 있다.

오늘날 난기류의 경제환경에 있어서 관심의 초점이 되는 것은 다음과 같은 경향 때문이다.

첫째, 변화와 혁신의 환경이 나타나고, 미지의 테크놀로지(technology), 미지의 경쟁자, 새로운 욕구의 소비자 출현 등이다.

둘째, 산업공해 환경문제의 관심 증대인데, 이것은 공해 없는 산업에 무한경쟁력이 생성된다는 경향이다.

셋째, 인적자원, 인력의 변화 등의 혁신인데, 새로운 조직의 변화, 새로운 기술의 개발에 따라 인적자원전략의 혁신이 요구되는 경향이다.

넷째, 정보기술(IT)환경의 고도화 등이다. 미지의 기술발명은 지난 100년의 긴 시간을 20년으로 단축시켰으며, 20년의 시간을 3년으로 단축하였고 3년을 3시간으로 단축시키며 인터넷 등 정보통신기술 개발이 시간차를 단축시키고 인간의 욕구를 충족시키는 환경을 가져왔다.

이렇게 정보기술환경이 고도화되는 가운데 그에 대응하는 전략경영도 새로운 기법으로 달라져 생산성과 매출·이익 등을 가져오고 있다.

2. 상황대응의 전략

국제화 전략을 수립하기 전에 국제경제환경의 변화와 현대기업의 거대성, 신기술개발의 특이성, 무한한 에너지와 방대한 자원의 욕구, 정보기술(IT)의 발전 등 불측사태에 대비하는 상황대응의 전략(contingency strategy)을 필요로 한다.

원래 'contingency'란 우연성, 우발사건과 같은 상태를 의미하는 것으로서, 전혀 예측하지 못할 우발적 돌발사태에 대한 비상계획을 불측사태 대응전략이라 한다. 불측사태 대응전략은 전혀 예측하지 못하기 때문에 기업경영의 가상적인 장단기 예측치를 마련하여 수립하는 방안을 말한다.

하나의 사례를 들면 제1, 2차 석유파동(oil shock) 때 일본의 대기업들은 예측을 못하였으며, 7년간의 긴 UR협상기간에 일본의 대부분의 산업은 대응책을 마련하지 못하여 협상 후에 나타나는 후유증을 최소하는 데 많은 비용을 들여야 했다. 그리하여 일본의 경상계열 어느 교수는 매년 UR에 대응하는 리포트를 대학생들에게 제출토록 하여 그 대비책을 마련하는 전략적 공부를 시켰다는 일화가 있다. 대학생들은 졸업과 동시에 그 중요성을 인식하여 상황대응전략을 수립하는 방안의 중요성을 알게 되었다고 한다. 그 뒤 산업계에 진출한 대학생들은 경제환경변화에 대응하는 전략을 수립하는 데 능숙하였으며, 일본기업은 반드시 신입사원들에게 입사와 동시에 상황대응의 전략을 수립하도록 하였다고 한다. 따라서 이를 유비무한전략이라 명명하기도 하였다.

그러나 영국은 불측사태의 IMF를 예측하지 못하여 대처 수상이 IMF의 위기극복을 위해서 10년간 노력을 하였으며, 한국 역시 IMF사태를 예견조차 하지 못하여, 이를 극복하는데 10년이나 걸렸다.

3. 위기의 경제환경 변화에 대응하는 전략

1) 1997년도 IMF와 2008년도 금융위기의 대응하는 전략

IMF의 경제혼란은 외환위기 혼란뿐만 아니라 기업의 해외시장의 제품수출이나 해외 직접투자활동에 민감한 영향을 미치게 되었다. 또한 2008년도 난기류 속의 미국발 금융위기는 국제화 기업들을 다국적기업의 행동범위에서 전형적으로 볼 수 있는 바와 같이 문자 그대로 세계적인(grobal) 성격을 띠고 있어야 했다. 그러나 위기의 경제혼란은 이와 같은 세계적 네트워크를 절단하는 역할을 하게 되었다. 따라서 삼성, LG, SK 등 대기업 전문경영자들은 전략경영체계 속에 1997년도 IMF와 2008년도 모기지에 의한 금융위기에 대응하는 전략경영을 수립하였는데, IMF는 2002년에 금융위기는 2011년 이후에 전략적 효과가 나타나기도 하였다.

2) 국제화 기업의 거대성에 대응하는 전략

국제화 기업의 특징인 기업의 거대성은 상황대응의 계획(contingency plan)을 필요로 한다. 국제화 기업은 점차 그 규모가 확대되고 그 조직은 보다 세계화・복잡화를 거듭해가고 있다. 이와 같은 현상은 점점 기업의 의사결정 메커니즘이 복잡해지며, 기업전체적 통일이 곤란하다는 것을 의미한다. 따라서 국제화 시대의 세계기업은 거대한 탱크와 같아서 일단 시동하면 그 방향전환이 어렵고 또한 예기치 못한 대사건이 일어나 이를 통한 혼란은 국제적・세계적일 수도 있다. 이와 같은 국제화 기업의 거대성은 경제환경변화의 대응전략에 대한 필요성을 낳게 하였다.

3) 정보화 시대 정보기술의 특이성에 대응하는 전략

글로벌시대는 정보화 시대로서 정보기술의 혁신・고객가치의 목표 하에 품질의 표준화・고급화・단순화 등과 비용절감을 전략경영목적으로 하여 발전해 나갈 것이다. 그것은 생산경제체제인 기업의 고도시스템을 목표로 정보기술혁신의 길을 걸어갈 것이다.

그러나 이와 같은 정보화 시대 정보기술은 정보통신 매개기능의 원인으로 인터넷 상으로 여러 가지 어려움을 일으킬 수 있다. 그 확률은 무시할 수 없으며, 일단 일어나면 경제적 손실은 막대하다. 뿐만 아니라 한 기업에 일어난 손해는 연쇄반응적으로 타기업에 영향을 끼치게 되고, 나아가서는 경제적 효과도 영향을 미치게 된다. 이와 같이 정보화 시대 정보기술의 특이성에 대응하는 전략경영의 필요성이 요청된다.

4) 3 쇼크(석유파동, 식량파동, 기술파동)에 대응하는 전략

저자는 지난날 국제화·세계화 시대를 맞이하여 3가지 쇼크(3 shock)를 대비해야 한다는 이론을 제기해왔다. 그 내용은 다음과 같다.

제1 쇼크(shock)는 또다시 나타날지 모르는 제3차·제4차 석유파동(oil shock)에 대비해야 한다는 주장이다. 모든 에너지 및 자원쇼크는 에너지의 무기화 또는 자원의 무기화이다. 이에 대응하는 국가전략, 기업의 대응전략이 요청된다.

제2 쇼크(shock)는 식량파동(food shock), 식량무기화 문제이다. 즉, FTA에 이르면서 나타나는 식량문제, 자국의 농촌에 나타나는 어려운 상황들, 우리는 아프리카 소말리아인의 굶주림과 이디오피아, 방글라데시, 부탄, 인도, 북한 전역 등 후진국들이 식량문제로 어려움을 겪고 있는 현실과, 세계적 기아지대가 존재하고 있는 것을 알고 있다. 이에 대응하는 식량자원개발 전략이 요청된다.

글로벌시대는 세계적 농업국가들이 농업을 증대시키기 위한 새로운 전략으로 발전하고 있다. 식료품제조업은 식량을 대체하는 상품들을 개발하고 있다. 이것은 국가전략적 차원과 기업차원전략에서 대비해야 하는 경제환경변화의 대응전략이다.

제3 쇼크(shock)는 기술파동(technical shock)이다. 첨단기술(high tech)을 무기화하는 문제이다. 첨단기술이 있는 나라는 기술을 가지고 자국의 경제력을 강화시키게 될 것이다. 기술개발전략은 예측불허의 상황을 몰고 올 것이다. 첨단기술을 가진 나라나 첨단기술을 가진 기업은 국제화·세계화 시대에 강국으로 부상할 것이며 초우량기업으로 성장할 것이다. 특히 정보기술(IT)의 무기화는 국제경쟁력의 원천이 된다.

이상과 같이 정보기술의 발전과 첨단기술을 중핵으로 하는 생산자원의 집합체는 다대한 에너지와 천연자원을 원재료로 요구한다. 이와 같은 요구는 자원의 고갈이라는 자연계의 제약을 언젠가 받게 된다는 것이다. 뿐만 아니라 자원공급이라는 인위적·정치적 압력에 대항해 나가야 된다는 문제를 안고 있다. 20세기 두 차례의 오일 쇼크는 오늘날의 자원문제를 웅변으로 말해주고 있다. 21세기 이후에는 이와 같은 에너지와 자원의 요구는 상황대응의 전략계획(contingency strategy plan)을 요구하게 되었다.

그러나 아직 이상과 같은 경제환경변화의 대응전략 책정에 관한 공식적 모델은 없다. 불측사태가 발생한 뒤에 그 대책을 생각한다면 손실은 대단히 크다. 따라서 오늘날 적어도 대기업에서는 막연하게나마 일어날 가능성이 있는 문제마다 복수의 전략경영 대응계획을 세워, 난기류의 경제환경이 발생할 때 신속하게 대응하여 손해의 극소화를 꾀하는 일은 중요한 전략경영으로 삼아야 한다.

제2절 글로벌시대 지속가능화 전략

1. 지속가능화 전략의 필요성

기업의 목적은 수익성을 극대화하면서 성장하는 데 있다. 그런데 난기류 경제환경시대 기업은 성장보다 지속가능안정을 바라는 기업이 많은데 그 이유는 도산보다 살아남기 위해서이다. 지속가능화 전략이란 살아남기 위한 기업의 새로운 전략으로 ① 경제성(수익성) 전략, ② 사회성 전략, ③ 환경성 전략 등으로 모든 재무구조가 성장하면서 적자도 아닌 현상유지의 상태이거나 저성장 등을 의미하며 전략목표 역시 이상과 같은 경영에 초점을 맞추어 계획을 수립하는 것을 말한다.

지속가능화 전략은 기업이 다음과 같은 상황에서 채택하는 전략경영이다.

① 기업이 과거에 달성한 것과 같은 경영실적 수준을 계속 유지하는 목표를 추구하고자 하는 경우 채택한다.

② 기업이 당초의 사업을 그대로 유지하면서 성장을 계속하고자 하는 경우 채택한다.

③ 기업의 주요한 전략적 경영이 각 기능의 수준을 향상시키는 데 중점이 두어지면서 시장확대 억제, 매출액 소폭증가, 이익률유지, 고용수준유지 등을 나타내는 전략적 경영을 채택하는 경우이다.

④ 경제 · 사회 · 환경 등의 변화가 격화하여 채택하는 경우이다.

지속가능화 전략은 '과거와 같은 수준으로 안전하게'라는 방식으로 수행된다. 제품이나 서비스, 유통경로, 제조설비 등에서 주요한 방침변경은 별로 없다. 유효한 지속가능화 전략에서 기업은 그가 가진 자원을 그 기업이 원래 가지고 있는 또는 앞으로 급속하게 강점을 가질 수 있다고 보여지는 곳에 집중한다.

지속가능화 전략에서는 수익성을 지키면서 사회적책임과 사회공헌성을 증대시키고 환경을 청정화하는 등 경쟁을 회피하기 위하여 법적 특허 같은 방어적인 활동을 할 수도 있다. 또한, 그 지속가능화 전략을 계속 유지하기 위하여 신제품개발, 신고객창출 등과 같은 경영활동을 한다.

2. 지속가능화 전략의 형태

1) 현상유지의 전략

현상유지전략은 기업의 경영자가 경영자원 상태가 성장을 하기에는 불리하게 작용한다고 판단될 때 선택되는 지속가능성 전략이다. 지속가능성 전략은 성장을 추구하기에 필요한 경영자원을 더 이상 공급받기 곤란하거나 인구나 기타 환경변화가 성장전략을 채택할 수 없도록 한다고 느낄 때 취해지는 것이다. 이때 기업의 모든 경영지표는 표준치를 설정해야 한다. 적자의 청신호가 나타났을 때는 즉시 성장전략(growth strategy)을 수립하는 경영지표로 전환시키도록 해야 한다.

2) 고성장전략

고성장전략을 쓰는 기업은 성장목표를 인플레이션을 감안한 과거의 성장수준에 맞추는 것은 절대 안된다. 이들의 목표는 산업평균보다 높거나 약간 높은 수준이 보통이다. 기업이 이러한 고성장전략을 수립하는 이유는 다음과 같은 4가지로 설명될 수 있다.

① 기업이 잘 운영되어 왔거나, 잘 운영되고 있는 경우이다. 경영자는 기업이 계속 흑자를 나타내고 매출액이 유지되며, 수익성이 지속되는 경우 고객의 계속적 확보를 위하여 고성장전략을 수립한다.

② 고성장전략은 위험성이 강하다. 그러나 신제품이나 또는 신생산방식 등은 변화 정도가 높기 때문에 성공하기 쉽다. 따라서 위험을 부담하는 행동은 실제로 주위 여건이 아주 불리할 때에만 한다. 기업이 크거나 과거의 업적이 좋을 경우 위험에 대한 저항은 오히려 크지 않다.

③ 경영자는 생각하기 보다는 행동을 한다. 고성장전략은 어떤 전략을 선택하기 위하여 경영자가 고심할 필요 없이 전개할 수 있다. 기업은 고성장전략을

의식적으로 행하며, 지속가능을 위한 경제적 환경의 강제에 대하여 반응하고 특별한 상황이 있을 때 환경변화에 대응하는 전략을 수립한다.

④ 고성장전략을 추구하면 좀 더 업무가 용이하고 편안하다. 총체적 업무가 고수익목표를 위하여 전략과 전술을 수행하면 어떤 돌발적인 위험도 생기지 않는다. 이 전략을 추구하는 기업은 오직 하나의 제품이나 서비스 계열에 집중하며, 고속도로 성장할 수 있다. 그리고 시장침투를 하고 철저한 실험을 거쳐 신제품이나 새로운 서비스를 서서히 추가하며, 지리적으로 새로운 시장을 개척하고 국제화 수준의 유사한 방법으로 성장하고자 할 때 이 고성장 전략을 채택한다.

3) 지속가능화의 전략경영

21세기 지속가능경영(Sustainability Management)은 경제성, 사회성, 환경성 전략을 수립하여 경영성과를 실현하여 존경받는 기업을 만드는 데 있다.

지속가능화 전략경영의 첫째는 경제성 전략으로 경제적 성과를 증가시키는 것이며, 기업의 성장전략, 이익창출전략, 주주가치 향상전략, 이해관계자협력전략 등 경영성과 창출전략을 의미한다.

지속가능화 전략경영의 둘째는 사회성 전략으로 사회적 공헌전략, 사회적책임전략으로 사회적 성과를 실현하는 데 있다. 21세기에는 사회성 전략경영이 중요한 전략으로 대두되어, 기부, 봉사 등 사회공헌, 지역사회개발 및 공헌, CSR전략 등으로 평가 받고 있다.

지속가능화 전략경영의 셋째는 환경성 전략으로 환경적 성과를 실현하는 것으로 지구환경 및 자연환경보호, 환경정책 대응전략, 산업공해방지전략, 환경시스템 전략 등 공·사기업 할 것 없이 21세기의 중요한 전략경영으로 나타나고 있다.

이상과 같이 지속가능화 전략경영은 이해관계자 신뢰구축 전략이 중요하다. 이익으로 성과를 배분하는 주주, 임직원의 복지, 고객, 지역사회, 기부, 봉사, 사회공헌 등 지속가능경영성과를 이해관계자들과 커뮤니케이션 함으로써 신뢰감을 주고 기업이 성장한다.

그리고 지속가능화 전략은 기업명성 획득, 수익성 향상 등을 우선해야 한다. 기업가치 향상, 우수인력확보, 충성도 향상, 운영비감소, 규제 및 통제 감소 등과 재무성과 창출효과에 영향이 있는 전략경영 수립이 필요하다.

4) 안정전략경영

지속가능화 전략경영은 안정전략경영으로 활용되기도 한다.

안정전략경영은 목표수준을 성장전략수준에서 안정성장수준으로 축소해서 그 기업의 관심을 능률향상과 같은 활동에 집중시키는 전략을 의미하는 것이다. 이 전략은 경영자가 성장의 결과로 비능률이 생겼다고 인식할 때 사용되므로 그 기업은 잠시 쉴 필요가 있다. 그리고 급속히 성장하였기 때문에 안정을 취할 필요가 있거나 비능률적이거나 통제 불가능상태이며, 특히 불경기 때 통제가 곤란하다. 급속 성장한 경우 그 기업의 시장점유율 비중이 과대하여 정부의 독점금지규정으로 안정성장이라는 휴식을 가질 수도 있다.

특히 제품성장으로 여러 기업들이 단합할 경우, 모두가 불공정거래 행위를 당할 수 있기 때문에, 한번 점검하는 시기의 적절한 경영점검을 가질 수 있다. 이런 검토시기의 전략경영을 안정적으로 수립하는 것이 필요하다.

용어가 보여 주는 대로 이 전략은 급속한 성장을 계속하여 경영관리가 방만형 및 무질서형으로 번질 때, 새로운 사회정책인 경영체질개선을 위해서 잠시 안정하는 전략이다. 그리고 정치적 변혁기에 기업의 내외부 환경변화에 대응하고자 할 때 관망상태에서 안정적 전략경영을 단기성으로 채택한다.

3. 감량전략경영

1) 감량전략경영의 의의

감량전략경영은 기업성장이 양·질적으로 방만하게 팽창하였거나, 단시간 내에 조직·인력 등에서 급성장하여 시장수급조절기능에 마비가 왔을 때, 경기가 인플레에서 디플레상태로 급강하할 때 생산전략에서부터 최종 판매전략까지 경영기능을 조정하는 경영정책이다. 감량전략경영을 특징짓는 말은 "더 발전하기 위해서 잠시 속도를 멈추고 쉬어라"라고 하는 경영정책목표인 것이다.

이 전략은 논의된 전략 중에서 가장 덜 사용되는 전략으로 다음과 같은 기업이 채택한다.

① 경영자는 가능하면 과거실적수준으로 업적을 증가시키려고 하나 달성된 목표수준이 과거실적보다 낮을 경우 채택한다.
② 동일제품이나 서비스만으로 사업을 하려고 하나 그 제품이나 서비스계열에서, 매출액이 감소할 경우 채택한다.
③ 이 전략의 의사결정은 기능활동 수준의 향상과 현금유입이 적은 부문의 삭감에 중점을 둔다.

이 전략에는 다음 네 가지 형태가 있다.

① 우회전략 : 기업의 능률을 증진시키는 데 초점을 맞추면서 서서히 감량경영을 실시한다.
② 철수전략 : 전략사업단위나 그 주요한 일부분을 매각하거나 정리하는 전략경영이다.
③ 청산전략 : 매각하거나 폐쇄하는 목적으로 경영정책을 실시한다.
④ 종속전략 : 주요한 경영기능활동의 절감, 제품이나 서비스의 75% 이상이 단일고객에게 판매되는 경우 채택하는 전략경영이다.

2) 감량전략경영의 형태

(1) 우회전략

현재의 환경상황에서 활동의 능률을 높이는데 초점을 둔 우회전략은 감량전략의 첫 번째 전략이다. 우회전략을 채택하도록 하는 환경상황은 보통 기업이 참여한 산업에서 또는 전체적인 경기가 후퇴국면이거나 침체국면에 있기 때문에 전략방향을 바꾸는 것이다. 따라서 우회전략의 주요한 방법은 다음과 같은 것이 있다.

① 비용절감

점차적인 자연감소나 해고 등의 방법으로 인원절감, 주요한 유지수선비절감, 중역의 항공기 이용 등 출장 축소, 사무용품비 절약, 설비임대 등이 이 방법에 속한다.

② 수익증대

현금과 유동자산의 효율적 투자, 재고관리 강화, 매출채권 회수강화, 효율적인 광고나 판매촉진에 의하여 비용지출없이 매출액이나 이익증대를 꾀하는 것 등이 이 방법의 예이다.

③ 자산처분

승객이 감소할 때 보잉 747기를 매각하는 항공사가 있었다. 이와 같이 기업은 더 이상 필요치 않은 자산 또한 성장전략을 채택할 때만 필요로 하는 토지, 건물, 기타 설비자산을 매각하는 경영기법이다.

예를 들면 크라이슬러는 동유럽에 공장을 건설하였다. 그러나 후에 공장이 완성되기 전에 다른 기업에 이것을 매각하였다. 왜냐하면 공장을 건설하는 동안 감량경영의 필요성이 나타났기 때문이다.

기업들은 이러한 우회전략에서는 경험, 관리초점, 리더십 등 다른 전략과 상이한 종류라는 것을 알고 있기 때문이다. 때때로 기업은 우회전략이 채택될 때 또는 우회전략이 필요한 부문에 성공할 수 있는 우회전문인 경영자를 두어 전략을 수행하는 경우도 있다.

(2) 철수전략

철수전략은 전략단위나 전략사업단위의 주요한 일부분을 매각하거나 정리하는 것이다. 철수전략은 우회전략의 대체안으로 통상 우회전략이 해결하리라고 기대하였던 문제점을 해결하지 못할 경우 취해진다.

왜 철수전략이 발생되는가? 여러 가지 이유가 있을 수 있다. 그들 중의 일부는 다음과 같다.

① 시장점유율과 매출성장이 적합하지 못할 경우
② 타 사업보다 저수익이어서 더 좋은 사업에 참여하기 위한 경우
③ 기술상의 변화가 더 많은 경영자원 투입을 요구하나 기업은 할 의사나 투자능력이 없을 경우
④ 기업결합금지법의 요구에 의해 성장가능이 없는 경우
⑤ 합병 후 일부의 전략사업단위가 부적합한 경우

철수전략은 경영자가 결정하기 매우 어려운 의사결정이다. 마이클 포터(Porter, M)는 이러한 결정을 못하도록 하는 주요한 세 가지 이유를 다음과 같이 지적하고 있다.[1)]

1) 제12장 제1절～제4절의 안정전략경영과 감량전략경영부문은 서울대 곽수일(1983) 편저, 경영정책론, 법문사, pp. 193～224에서 발췌하였음.

첫째, 구조적인 요인이다.

내구성이 있는 어떤 특정자산은 어떤 기업, 산업 위치에서는 유용하다. 좀더 내구성이 있고 특정한 산업일수록 철수하기는 어려워진다.

둘째, 기업전략 요인이다.

기업 내의 전략사업단위들이 상호연관적이고 보충적일수록 철수는 어려워진다. 자금 · 원료 · 생산 · 판매 · 시장 등에서 연관적으로 문제가 발생할 수 있다.

셋째, 경영자 요인이다.

경영자는 경영상의 요인을 해결하기 위하여 보상제도와 정보체계에 변경을 가해야 한다. 그러나 기업이 감량경영을 하여 성장할 수 있다면 이러한 철수전략의 요인들은 큰 문제가 아님을 경영자들은 인식하고 있다.

따라서 철수전략은 경영자가 결정하기는 매우 힘든 경영정책결정이다. 그러한 구체적 내용이 아래와 같다.

① 철수전략은 목표대로 진행되고 있지 못하다고 인식하기에는 여전히 부적합한 정보체계가 마음에 걸린다.
② 철수전략은 경영자의 긍지를 다치게 하고 실패의 신호로 여겨진다는 인식의 골이 깊다.
③ 철수전략은 기업과의 동일성을 절단하고 특정한 경력을 다치게 하는 경우가 많다.
④ 철수전략은 사회적책임에 관한 목표와 상반된다고 믿는 경영자의 인식이 크다.

이와 같은 것을 종합해보면 경영자에 대한 사회적책임결여 및 능력 그리고 보상제도가 문제가 되기 때문이다.

(3) 청산전략

청산전략은 기업을 매각해서 폐쇄하는 최후의 전략경영을 의미한다.

대부분의 경영자는 청산전략을 가장 매력이 없는 전략으로 생각하며 이것은 다음 경우에만 선택된다.

① 선택할 수 있는 방안이 없고 대체전략이 없어 도산할 경우에 도저히 개선의 여지가 없다고 판단되는 최후의 것이다.
② 주주가 기업을 계속하기보다는 청산해서 그 잔액을 갖는 것이 더 유리할 경우에 실시한다. 따라서 모든 기업에서 청산은 거의 하기 힘든 의사결정이다.

이것은 실패를 의미하며, 극한적인 상황이 아니면 하지 않는 전략경영이다.

(4) 종속회사전략

종속회사전략은 어떤 기업이 그들 제품이나 서비스의 75% 이상을 단일 고객에게 판매할 경우와 그 고객은 독립기업으로 통상 행해지는 여러 경영기능을 수행하는 경우 유능한 경영자와 소유자는 다음 이유로 종속회사 전략을 선택한다.

① 판매기능이나 다른 기능을 강화하고 싶지 않거나 능력이 없을 때 채택한다.

② 이 전략이 재정적 강점을 달성하는 데 최선의 방법이라고 인식할 때 실시한다. 이 전략은 안정을 위한 전략이라고 합리화되었지만, ① 경영자의 권위나 독립욕구에는 위험성이 있고, ② 그만한 대가를 치러야 한다. 이것은 어떤 기업이 보장되는 사업을 위하여 그가 수행하는 기능일부를 축소시키는 경우에는 감량전략이라고 할 수도 있다.

실제로 어떤 기업이 종속회사가 되면 주회사는 그 기업에 대한 많은 결정을 한다. 아마도 그 결정에는 제품설계, 생산관리, 품질관리가 포함될 것이다. 주회사는 세력있는 위치에서 가격협상을 할 것이고, 종속회사는 그들의 주고객의 영향에 전적으로 의존해야 한다.

그리고 이것은 위험성이 있을 수도 있다. 그러나 이 전략은 만약 그 기업이 대규모 기업과 경쟁을 하고 있어서 광고나 판매비에 많은 비용을 투입할 수 없을 때 보장하는 한 방법이다.

대부분의 종속회사는 유명도가 낮은 회사지만 규모는 클 수도 있다. 이 전략은 주요고객과 좋은 관계를 계속 유지할 수 있도록 하는 경영관리가 필요하다.

제 3 절 현지화 전략의 선택

1. 현지화 전략의 선택

현지화 전략은 경쟁격화의 극복전략을 의미한다. 현지화 전략은 경쟁의 도전, 경쟁의 심화, 경쟁의 격화를 극복하는 세계화의 전략이다.

극심한 국제경제의 경쟁시대에 기업이 생존하기 위해서는 기업의 사업활동은 국내에서 그치지 않고 국경을 초월하여 확대된다. 세계각국에서 인종에 관계없이 조그만한 부분품에서 거대한 완제품까지 초일류를 생산하면서 조립한다. 하나의 제품생산에 각국의 우수한 부분품이 조립되어 완성된다. 이제 'Made in Korea' 또는 'Made in Japan' 등은 현지화 시대에 의미를 상실할지 모른다. 따라서 현지화 전략의 선택은 기업의 목표 시스템을 달성한다는 관점에서 행해지는데, 매출액확대, 원재료·부품의 안정확보, 탄력성의 개선, 안가(安價)한 노동력의 확보, 자본참가에 의한 배분문제, 기술공여에 의한 수수료의 획득 등을 위하여 행해지며 현지화 기업의 특성에 걸맞게 전략경영이 수립되어야 한다.

2. 현지생산전략의 선택

수출전략의 전개에는 무역마찰·환(換)변동 등의 문제가 있기 때문에 또 하나의 국제화 전략이 선택되지 않을 수 없다. 그것은 국외에 생산거점을 마련하는 전략이다. 이것은 사업의 시장을 국외에 구하는 데 그치지 않고, 사업, 제품과 시장 그 자체를 국외에 이전하는 것이다.

외국투자기업에 대응하는 전략은 필요하지만 우리 기업이 세계 곳곳에 생산요소(노동, 원료, 자본, 시장 등)의 경쟁력을 찾아서 현지생산전략을 선택하는 것은 국제화 전략의 기본정책이다.

국제화 전략의 승패는 생산요소의 경쟁력이 선택을 좌우하기 때문에 장단기 예측에 의한 장기전략경영을 현지의 정치적·경제적·사회적·문화적 요소 등을 고려하여 수립하여 두는 것이 바람직하다.

불측사태에 대응하는 국제화 전략의 선택은 현지 경제환경변화에 대응하는 생산 및 시장전략이 기본이 된다. 한 예로 대우그룹은 현지생산전략은 성공하였으나 세계화 전략을 실패한 것은 불측사태에 대응하는 국내의 정치환경을 예측하지 못하였고 그에 대응하는 전략이 결여되었기 때문이다.

사례 1// 현지화 전략, 현지생산전략

"에어컨이 너무 약해서 사막지역을 운행하기 어렵습니다."(이집트 딜러)
"시베리아에는 에어컨이 필요 없어요."(러시아 딜러)
"천장이 낮아서 터번을 쓰고 타기 힘들거든요."(사우디아라비아 딜러)

한국산 자동차는 190여 개국에 수출된다. 진출한 나라가 많은 만큼 생각할 일도 많아졌다.

한국 자동차 업체와 자동차 부품업체의 글로벌 경영이 속도를 더하면서 현지화 전략이 주요 과제로 떠오르고 있다.

❑ 현대차 '쌍트로'(印) 현지화 전략 성공모델

현대자동차는 인도시장을 대표적인 현지화 성공 사례로 꼽고 있다. 20%에 가까운 시장점유율을 보이고 있기 때문이다.

인도시장 성공의 일등공신인 '쌍트로'는 모델명에서부터 인도인들이 좋아하는 발음만을 골라 만들었다.

쌍트로의 기본 모델은 한국에서 단종된 경차 '아토스'인데 전체적인 디자인이 인도의 저가 교통수단인 '오토릭샤'와 비슷해 품격이 떨어진다는 지적에 디자인을 다듬었다.

인도에 비포장도로가 많은 점을 감안해 차체의 바닥 높이를 올렸다. 집중호우로 침수가 잦아 차체 바닥에 있던 전자제어장치 위치도 엔진룸 위쪽으로 바꿨다.

GM대우자동차도 국가별 편의장치에 각별히 신경을 쓰고 있다. 미국에 수출하는 차에는 대형 컵 꽂이를 넣는다. 페스트푸드 업체에서 '빅 사이즈'컵을 사용하는 경우가 많기 때문이다.

사우디아라비아 등 중동지역은 기온이 높아 에어컨 용량을 늘렸고, 엔진과열로 인한 화재나 타이어 파열 우려 때문에 소화기와 타이어 공기압 측정기를 넣어 수출한다.

캐나다 등 기온이 낮은 지역에는 아침에 시동이 잘 걸리도록 전기로 엔진을 데우는 히터를 부착했다. 안개가 잦은 영국은 후방 안개등을, 콜롬비아 등 고산지역에는 부족한 산소량에 맞는 엔진제어 컴퓨터를, 고속주행이 많은 유럽에는 스프링이 대폭 강화된 서스펜션(현가장치)을 각각 적용했다.

❑ 유능한 글로벌 인재 양성이 열쇠

수많은 국가에서 자동차를 생산하고 판매하며 부품 조달과 연구개발을 진행하려면 종합적인 능력을 갖추고 글로벌리더로 성장 가능한 인재의 육성이 더욱 중요해진다. 현대차는 북미와 유럽, 중국, 러시아 등 21개국에 300여 명의 해외 주재원을 파견한다. 이들은 현지 문화에 대한 이해와 국가별 특성에 맞춘 마케팅 전략을 수립해야 하기 때문에 별도의 교육을 받고 지역의 전문가로 양성된다. 해외 유명 대학의 인재들을 채용하기 위해 2002년부터 명문대학에서 취업설명회를 열고 있다.

현대모비스의 기술연구원들도 미국과 독일 일본 등 자동차 선진국으로 가 세계 최고 수준의 기술을 습득하고 있다.

쌍용자동차는 글로벌 기업으로 거듭나기 위해 150명의 연구인력을 추가로 채용하고, 모기업인 상하이자동차의 영국과 중국 연구소와 유기적인 교류를 통해 글로벌 품질수준을 확보할 계획이다.

〈자료: 동아일보, 2007. 3. 30〉

3. 연계전략의 선택

연계전략이란 국내외의 기업전략 중에서 가장 다양성을 갖는 전략이다. 연계전략에 대하여 게르드(Gerth, E.)가 총괄적인 이론적 기술이 결여되고 있다[2]고 한 것은 이 극단적인 다양성 때문일 것이다.[3] 그래서 연계의 정의도 당연히 매우 형식적인 것이 되지 않을 수 없다. 비들링마이어(Bidlingmair, J.)에 의하면 연계란 둘 내지 그 이상의 기업이 임의의 계약상 협정에 의거하여 일정한 임무를 공동으로 수행하여 개별적으로 하는 경우보다 높은 목표달성을 기대할 때에 생기는 것이다.[4] 또한, 크노블리히(Knoblich, H.)도 거의 같은 정의로서 연계가 일정한 기업가적인 부분분야에 있어 둘 이상의 법적 · 경제적으로 독립된 기업이 임의의 계약상 협정에 의거하여 협력하는 것이라고 하였다.

그리고 기업이 연계하는 분야도 여러 가지가 있으며, 연구개발 · 조달 · 생산 · 마케팅 · 정보 · 노동 등 기업활동 대부분의 분야에 미칠 정도이다. 물론 국내기업 간뿐만 아니라 국경을 초월한 국제 간의 연계전략의 전개가 중요하다. 그리고 더 나아가서는 수평적인 연계와 수직적인 연계도 있을 수 있다. 같은 업종의 기업이 가격을 협정하는 경우는 전자에 해당되며, 매입자와 판매자의 관계에 있어 배타적인 공급이나 구매계약을 맺는 것은 후자의 예가 된다.

따라서 국제화 시대의 불측사태 대응전략은 난기류의 다양한 정치 · 경제환경에

---

2) E. Gerth(1971), *Zwischenbetriebliche Kooperation*, Stuttgart, Vorwort, 二神恭一, 戰略經營과 經營政策, 日本中央經濟社, 1984, pp. 161～164.

3) J. Bidlingmair(1968), *Begriff und Formen der Kooperation im Handel, Adsatzpolitik und Distribution*(hrsg.von Bidlingmair), Weisbaden, S. 35ff.

4) H. Knoblich(1969), *Zwischenbetriebliche Kooperation, Wesen, Formen und Zide, Zeitschrift für Betriebswirtschaft*, 39. Jg, S. 497f.

어떤 전략경영을 선택하여 기업을 성장으로 이끌 것인가가 21세기 기업경영의 좌표가 될 것이다.

제 4 절 글로벌시대 지속가능 오성전략경영

하나의 성공적 전략경영이 글로벌시대 경제환경에 대응하면서 채택되고, 적절히 수행된다면 매우 큰 효과가 나타날 것이다. 기업이 안정 · 감량전략 등 여러 가지 전략을 사용해 보았으나 실패하고 또 다른 어떤 전략경영을 선택해 보려고 노력하는 기업에게 권하고 싶은 그리고 성공할 수 있는 새로운 국제화 전략이 바로 지속가능 오성전략경영(五省戰略經營)이다. 이 지속가능 오성전략경영은 위기와 경쟁 · 도전이 격화되고 심각하면 할수록 이 전략은 더욱 요청된다. 위기가 크지 않을 때 비용과 활동수준이 오히려 저감된다.

보통 정도의 경쟁과 위기에서는 어떤 사업부나 사업단위에서 감량하는 전략을 사용할 수도 있다. 심각한 위기에서는 종속회사전략 또는 청산전략까지도 필요할 수 있다. 그러나 이러한 전략경영을 변형하여 성공한 사례가 있다. 이것이 유명한 자기자본비율구성이 높은 기업들이 실시한 지속가능 오성전략경영이다.

일본에서는 1970년대 후반기에 일본기업체질이 비만형이라 판단하여 비만체질의 개선과 혁신경영을 적극적으로 전개하였다. 비만체질의 적자기업경영을 개선하고 혁신하여 국제화 시대에 초우량기업으로 성장하도록 하였다. 미국 및 유럽의 세계적 경쟁기업을 물리치고 세계적 전략경영을 발견하여 실시한 것이 기업의 오성전략경영이다. 일본기업들은 21세기 초에도 이 지속가능 전략을 실시하여 세계화하고 있다.

우리는 이곳에서 글로벌시대 지속가능 오성전략경영(The 5Types of Business Strategy in the Globalization)을 살펴보도록 한다. 이것은 21세기 세계화 전략의 선택에서 필수적 전략경영이다.

---

* 省자는 우리말로 「생」, 「성」 모두 쓰이고 있다. 「省略」은 「생략」으로 읽는다. 「省」은 「성」자로 쓰고 읽는다.

1. 성인력전략(省人力戰略 : The Human Resources Strategy/Manpower Strategy)

글로벌시대 고용의 조정과 생산성 제고에 목표를 두고 능률증진을 위한 전천후 인력개발과 능력개발에 중점을 두어 실시한다. 성인력전략의 중점이 되는 전천후 인력개발은 소수정예주의, 일인오역주의(一人五役主義)로서 우수한 자질을 갖는 종업원을 전문화하는 인재인력전략이다. 이러한 혁신적이고 도전적 · 창의적인 우수인력을 모집관리부터 시작하여 선발관리, 채용관리, 배치관리, 인력평가관리, 승진관리 등까지 국제화 수준으로 표준화하여 인재양성을 세계적 수준으로 하는 인력관리전략이다.

능력개발을 최대화하기 위하여 교육훈련 및 능력개발전략을 선포하여 전 종업원이 일인오역의 주인공으로 전천후인재를 만드는 인재육성전략으로서 교육훈련의 방법을 국제수준화하고, 능력의 최대화 조건을 발견하여 보상하고 경력개발관리를 통한 적재적소배치의 원칙을 제정하고, 경력성공순환모델을 만들어 경력개발의 실천적 기법을 활용하도록 한다.

일본의 전천후 인력사례 중에도 유명한 것은 열대의 아프리카지역에서 쓴 커피를 싫어하는 현지고객을 중심으로 커피를 가장 많이 판매하는 판매왕뽑기, 일본의 혹카이도 얼름천지의 땅에서 현지소비자들에게 얼름덩어리를 판매하여 가장 많이 판매하는 판매왕 뽑기 등이다. "마케팅의 인력은 기업생존의 기본이다"라는 일본적 경영의 대표적 전략이다.

이와 같은 성인력전략은 인력자원의 보상관리의 합리화, 기업복지관리차원에서 그리고 인간관계관리에서 기업이 대신하는 역할과 기능이 갖추어져야 한다.

2. 성비용 및 품질전략(省費用 및 品質戰略: The Cost and Quality Strategy)

글로벌시대 경쟁력 향상을 위해서 제품원가를 절감하고 품질개선 전략에 목표를 두고 있다. 원가절감은 기업의 수익성을 높일 뿐만 아니라 기업의 경쟁력도 높이며 유동성도 개선하기 위해 취해지는 경영정책이다.

즉, 원가절감을 위해 손익분기점(Break Even Point ; BEP) 분석을 실시하여 한계이익률을 높이는 기법을 개발, 기업의 수익성이나 경쟁력 향상에 큰 효과가 있도록 한다.

특히 원가절감은 기업내부에서 이익기회를 얻으려는 내부지향적 전략경영이라는 데 그 특색이 있다.

이와 같은 성비용전략의 방법 내지 접근은 다음과 같은 것이 있다.

첫째, 일률적 경비절감주의의 표방이다. 경영이 위기에 빠진 경우 그 위기타개를 위하여 최고경영자의 직권으로 10%의 원가절감은 200%의 이익이라는 목표를 수립한다. 일률적 원가요소별 또는 부문별 원가절감의 대상을 취하여 전체원가구성별로 10%씩 절감시킨다. 물론 기업의 경기가 회복되거나 경쟁력이 살아날 때 점차 원상으로 회복시키면서 원가절감에 의한 이익을 최대화한다.

둘째, 원가요소별 또는 부문별 원가절감을 시행하는 것보다 시스템 어프로치 방법을 사용한다. 생산 시스템, 판매 시스템, 물류 시스템, 관리 시스템 등과 같은 대상을 하나의 시스템으로 취급하여 시스템의 최적화를 도모하며 시스템의 비용최소화를 실현해 가는 방법이다.

다음으로 전사적 품질관리를 통한 품질개선은 구매자의 욕구에 맞는 품질의 제품을 경제적으로 만들기 위한 모든 수단의 체계와 만들어진 제품의 품질을 고급화하기 위한 전사적 품질관리에 목표를 두고 있는 전략이다.

이러한 목표 아래서 제품의 품질을 구성하고 있는 요건, 즉 수량, 중량, 체적 등을 측정한 단위가 치밀하게 되어 있는 상태이며 고객에게 만족감을 줄 수 있도록 가장 경제적인 수준에서 생산할 수 있고, 또한 서비스할 수 있도록 경영 내의 각종 집단이 영위하는 품질개발 · 품질의 유지 및 품질의 개선에 관한 활동을 통합하기 위한 유한한 시스템 기법을 적용하는 것이다.

종래의 품질관리는 생산현장에서 품질검사만을 관리하는 것만을 의미하는 것이라고 곡해되었으나 이 오성전략에서는 제품의 설계, 생산의 기술, 제품의 활동은 물론이고 완제품의 검사, 나아가서는 유통기구와 마케팅 활동 등 전사적 각 분야에서 품질향상의식을 고취시켜 종합적인 품질보증체계를 마련해 가는 것을 목적으로 하고 있다.

이상과 같은 성품질전략은 품질관리의 종합경영방식이라고 할 수가 있다.

3. 성자원 및 에너지 전략(省資源 및 에너지戰略 : The Energy Resources Strategy)

성자원전략은 자원을 절약하고 적정한 시기에 저렴한 가격으로 확보하는 것을 의미하며 성에너지 전략은 에너지 절약과 에너지 절약산업을 중시하는 전략이다.

비용은 어떤 자원의 소비로부터 발생하므로 자원을 소비하는 데에서 손실을 발견하고 이를 배제함으로써 원가절감을 달성해가는 방법이다. 기업의 자원으로는 ① 인적자원, ② 물적자원(설비 · 원재료 · 용역), ③ 자금원, ④ 공간자원, ⑤ 기술자원, ⑥ 관리자원 등이 있는데, 이들 각 자원의 낭비를 없애는 방법으로 원가절감을 꾀하면서 자원을 절약하고 필요한 자원을 적기에 납품받도록 하는 경영합리화 기법을 동원하는 전략을 말한다.

성에너지 전략은 석유파동의 위기관리전략으로 잘 알려졌지만 석유가의 변동으로 에너지 절약산업을 집중적으로 개발하고 대체 에너지 산업을 전략화하고 특화하는 데 목표를 두고 있다.

4. 성부채전략(省負債戰略 : The Liabilities (Debt) Strategy)

성부채전략은 고도성장시대의 부채경영을 지양하고 자기자본경영의 강화에 목표를 두고 있다. 자기자본이나 내부보류에 의존하지 않고 부채(타인자본)중심의 경영을 하는 기업은 결국 코스트 경쟁에서 자기자본중심 경영의 기업에 패하기 쉽다는 데서 연유하여 자기자본중심의 재무구조를 튼튼히 하는 데 있다.

부채비율이 높아지면 재무상의 레버리지 원리에 의한 자기자본이익률은 확대되나 불황기에는 사용총자본에 대한 이자지급전 이익률이 이자율을 하회하는 경우, 이익률은 급격히 감소하여 적자가 발생하는 소위 자본위험이 증대한다. 이를 자본위험증대의 원칙이라 한다.

부채비율이 높은 자본구조의 경우 기업이 불황이나 경영위험에 처한 경우 그에 대한 저항력이 약한 결과가 되어 재무상의 탄력성을 상실하게 되고 재무상의 위기가 가중되는 경향이 있다. 따라서 기업의 자본구조는 자기자본비율에 대해 50%, 부채비율에 대해 100%를 기준으로 하여 시행하는 데 전략화하고 있다.

고도성장기에 있어서의 시설투자의 가속화, 인플레이션에의 대응, 저자금 코스트의 이용, 재무상의 레버리지 원리 이용에 의해 자기자본이익률 유지 등의 목적으로 기업의 자기자본비율은 일반적으로 낮아지는 경향이 있다. 따라서 성부채전략은 자본구성악화의 원인을 제거하는 데 있다.

예를 들면 설비투자증대의 효율적 대응, 증자, 사채의 곤란성 방지, 차입수단의 우위성 제거 등을 지적하고 있다.

그러나 더 나아가서 ① 증자의 장려, ② 자기금융의 추진, ③ 불요불급투자의 회피, ④ 자산적 평가의 실시 등을 기본전략으로 한다.

5. 성환경전략(省環境戰略 : The Enviornment Strategy)

환경파괴(environment dispution) 또는 각종 공해(public pollution) 방지전략을 의미한다.

환경오염 방지는 산업공해, 생산공해, 소비공해, 식품공해 등의 방지전략을 수립하는 것이며 인간이 입게 되는 공장공해를 일급대상으로 한다.

표 13-1. 글로벌시대 지속가능 오성전략경영

오성전략	내 용
성인력전략	① 전천후 인력개발 전략 ② 소수정예주의 ③ 1인5역주의
성비용 및 품질전략	① 경비절감주의 ② 원가절감전략 ③ 품질관리의 종합경영방식
성자원 및 에너지전략	① 인적·불적자원전략 ② 에너지절감주의 ③ 대체에너지전략
성부채전략	① 부채감소주의 ② 자기자본충실화 전략
성환경전략	① 산업공해·생산공해 방지전략 ② 환경오염방지 ③ 지구촌 환경 살리기운동 등

주: 필자 정리

경제적 피해, 인체적 피해, 자연환경적 피해 등을 오염자 비용부담의 원칙(Polluter's Pay's : 3P라 함)에 의해 오염발생자가 부담해야 하는 원칙인데 그 방법에는 ① 생산성 향상에 의해 회수하거나, ② 이익의 삭감에 의해 주주가 부담하거나, ③ 제품가격에 전가하여 소비자가 부담하는 방법이 있으나 생산성 향상방법에 의하여 회수하는 방법이 가장 바람직한 기법이다.

환경오염 방지전략은 ① 환경오염 사업체의 환경오염 방지시설의 개수명령, 교외로의 이전명령, 폐업조치 등이 있으며, ② 정부의 환경오염방지사업, ③ 기업의 환경오염 방제사업, ④ 공업단지 선정의 적정화 등으로 기업내외부의 사회적 비용을 효율적으로 사용하여 이윤극대화 원리와 환경오염방지를 동시에 얻을 수 있는 전략을 말한다, ⑤ 그리고 지구촌 환경 살리기 운동 등이다.

이상과 같은 오성전략경영은 정보화 · 개방화 시대에 경쟁전략으로도 필요하며 기업성장전략으로 사용되는 21세기 전략경영이라고 평가된다.

제 14 장

글로벌시대 포트폴리오 전략

제14장 글로벌시대 포트폴리오 전략

제1절 포트폴리오의 생성과 범주

1. 포트폴리오의 생성과 배경

포트폴리오(portfolio management)는 PPM(product portfolio management)이라고 정의되고 있으며, 제품의 경쟁분석과 경영전략에 관한 보스톤 컨설팅 그룹(Boston Consulting Group: BCG)의 이론적 생성배경에서 찾을 수 있다. 이 포트폴리오 전략은 미국 보스톤 컨설턴트회사(Boston Consulting Group, A. D. Little, Mackinsey)와 G.E. (General Electric), 하버드경영대학원(HBS: Harvard Business School) 등이 협력하여 개발한 전략경영계획 원리이다.[1]

GE가 이 포트폴리오 전략을 이용하여 불황기에도 높은 이익을 유지하였다는 데서 일약 유명해진 것이다.[2] 그러면 여기에서 보스톤 컨설턴트 그룹 맥키지에 의해 사용된 몇 가지 개념을 살펴보면서 PPM전략의 내용을 설명하고자 한다.

포트폴리오는 4가지 범주로 규정한다. 자금흐름의 특징 및 자금흐름의 방향 위치에 입각하여 [그림 14-1]과 같이 4가지 범주로 이름을 붙여 구분된다.

첫째, Cash cows(자금젖소 : $), 둘째, Dogs(개 : ×), 셋째, Problem children(문제아) 또는 Question marks(물품표 : ?), 넷째, Star(별 : ★) 등으로 규정한다.

---

1) Buzzell(1975), "Market Share, A Key to Profitability," *Harvard Business Review* Jan.~Feb.
2) G. A. Steiner(1989), *Strategic Managerial Planning*(1977), 日譯書(河野豊弘): 戰略經營計劃, 東洋經濟, pp. 141~142.

[그림 14-1] 포트폴리오의 4가지 범주

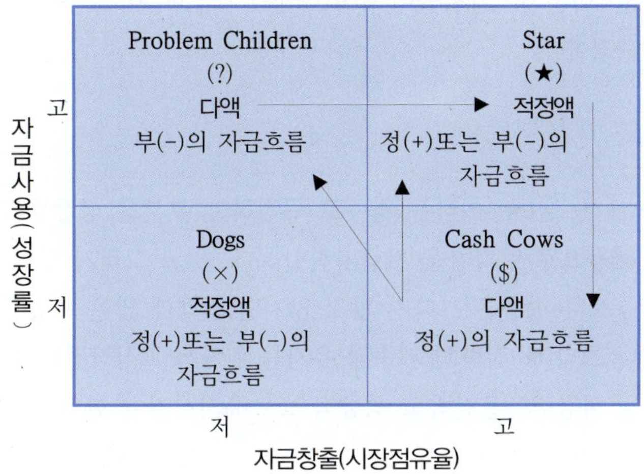

1) 자금젖소(cash cows)

포트폴리오에서 '자금젖소($)'라는 범주로 규정하는 부분은 특히 다액의 자금을 창출해 내며 유리하게 재투자할 수 있는 이상형으로서 전형적으로 시장점유율은 높으나 자금사용이 낮고 성장률이 낮은 상태를 의미한다. 그러나 풍부한 자금의 성공적 생성을 통해서 재투자를 가능하게 할 수 있다는 점에서 전략적 가치가 높다.

2) 개(dog)

포트폴리오에서 '개(×)'라는 범주로 규정하는 부분은 자금창출이 낮고 시장점유율이 낮으며 완만한 성장을 하는 제품으로써 투입이 그다지 많지 않을 뿐만 아니라 자금도 별로 요구되지 않는 제품이다. 추가자본은 물론 얼마 안 되는 수입도 점유율 유지를 위해 재투자되어야 한다. 이것은 때로는 cash trap(자금 덫)이라 불리기도 한다. 이런 제품이 포트폴리오 전략에서 나타날 경우 폐기분야로 검토되어야 한다.

3) 문제아(problem children) 또는 물음표(question marks)

포트폴리오에서 '문제아 또는 물음표(?)'라는 범주로 규정하는 부분은 제품성장은 급격하지만 시장점유율이 낮은 제품으로써, 시장점유율을 유지하는 데 많은 자금이 필요하며, 시장점유율을 높이는 데는 더 많은 자금이 요구되는 제품을 말한다. 포트폴리오 전략에서 문제아는 시장점유율이 낮고 다액의 자금흐름이 요구된다. 재검토되어야 하는 분야의 규정이다.

4) 별(star)

포트폴리오에서 '별(★)'이라는 범주로 규정하는 부분은 성장률도 높고 시장점유율도 높은 제품으로써 자금을 자급자족할 수도 있고 그러지 못할 수도 있는 제품이다. 자금수요나 창출은 그다지 많지 않지만 장래에 많은 수입을 가져오게 될 것이다. 그러나 스타(★)전략의 계속적 유지를 위해서 고성장전략과 자금창출전략을 지속시키는 시장점유율전략도 성공적으로 유지시켜야 한다.

2. 포트폴리오 흐름과 제품의 동태

제품수명주기상의 변화로 포트폴리오 흐름상의 움직임이 부분적으로 결정된다. 그런 수명주기상의 움직임은 대부분 기업의 통제 밖에 있으며 전략적 조치를 취할 때에 움직이게 된다.

예를 들어, 시장점유율을 유지하기 위한 투자만 행해지면, 결국 모든 제품은 시장성장률이 둔화되기 전에 확보했던 시장점유율에 따라서 수직으로 떨어져 '자금젖소'나 '개'제품이 될 것이다. '문제아'는 제품을 '별'의 자리로 옮길 수 있는 시장성장단계에 있을 때 충분한 투자가 행해지지 않으면 '개'가 된다. '별'은 성장이 완만해지고 투자가 감소되면 '자금젖소'가 될 것이므로 미래가 보장된다.

이러한 개념에서 '자금젖소'에 의해 창출된 자금은, 기업이 강력한 경쟁기반으로 삼고 있는 '문제아'제품의 시장점유율을 증가시키는 데 사용하는 것이 전략적 쟁점이 될 것이다. 만약 성공한다면 이러한 전략은 장래에 결국 '자금젖소'가 될 새로운 '별'을 만들게 될 것이다. 빈약한 경쟁력을 갖고 있는 '문제아'제품은 부담스러우므로 자금투입을 하지 않겠다는 원칙 하에서만 포트폴리오에 남아 있을 수 있고 이러한 전략은 결국 '문제아'가 '개'가 되도록 이끌 것이다. '개'는 그 제품들이(좀더 유용하게 쓰일 수 있는 자본을 동결시키지 않고) 정(+)의 자금흐름에 기여하는 한 유지되어야 한다. 어떤 점에서 모든 '개'는 제품 포트폴리오에서 제거되어야 할

대상이 된다.3)

[그림 14-2]는 이러한 기본적 결과들을 나타내주고 있다.

[그림 14-2] 포트폴리오 흐름과 제품의 동태

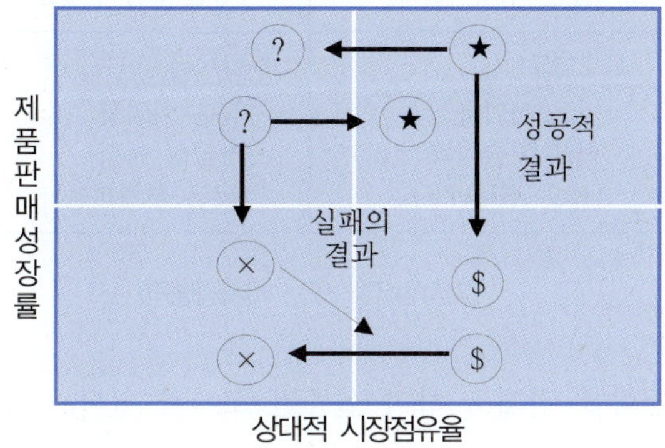

제2절 포트폴리오의 전략

1. 포트폴리오의 재무적 특성

PPM에서는 기업의 업적, 즉 수익성과 재무유동성에 영향을 크게 미치는 것으로서 제품성장률과 시장점유율을 압도적으로 중시한다. 여기서 제품을 다음의 〈표 14-1〉에서와 같이 네 가지로 분류하고, 각각 별명을 붙인다. 그리고 재무적 특성도 함께 표시되어 있는데, 자사 점유율과 업계 성장률에 의해 재무적 특성이 결정된다고 전제한다.4)

(★)제품은 인기제품, ($)제품은 수확제품, (?)제품은 문제제품, (×)제품은 쇠퇴제품이라고 규정한다.

---

3) 郭秀一(1983), 經營政策論, 法文社, pp. 169~171.

4) 車永煥(1984), 經營政策과 經營計劃, 을유문화사, pp. 136~137.

표 14-1. PPM의 4개 영역에 속하는 제품의 재무적 특성

〈업계성장률 또는 업계매력도〉	저 〈자사점유율 또는 자사경쟁력〉	고 〈자사점유율 또는 자사경쟁력〉
고	문제제품(?) · 낮은 이익률 · 자본부족 (높은 부채비율)	인기제품(★) · 평균적 이익률 · 다소 자본부족 (평균적 부채비율)
저	쇠퇴제품(×) · 낮은 이익률 · 적은 자금여력 (높은 부채비율)	수확제품($) · 높은 이익률 · 자금의 여력 (낮은 부채비율)

이와 같은 PPM전략을 전제로 하여 실증된 조사가 있다. Harvard Business Review에 발표된 조사결과를 요약하면 다음 〈표 14-2〉와 같다.

표 14-2. 점유율의 업적과 전략의 실태

점유율	낮 다	높 다
업적과 전략	ROI(총자본이익률) 낮다 저품질 낮은 연구개발비 낮은 마케팅 비용 지출률 낮은 자산회전율	ROI 높다 고품질 높은 연구개발비 비율 높은 마케팅 비용 지출률 높은 자산회전율

주: 미국에서 57개사, 620제품에 대한 3년간의 데이터에 의한 결론(Schoeffler 등, Buzzell 등에 의함).

이 조사는 미국에서 57개사, 620개 제품에 대한 3년간의 데이터에 의한 것이다. 시장점유율이 높은 기업은 수익성(이자, 세금공제 전의 총자본이익률로 측정)이 높다. 높은 점유율이 높은 이익률을 나타내는 원인으로서 다음 세 가지가 지적되고 있다.

① 평균비용은 규모의 이익에 의해 내려간다. 규모의 이익은 대량구매, 대량생산, 대량판매 등으로 얻어진다. 규모는 연간생산에 의해 측정한다.

② 높은 점유율의 기업은 고도의 시장지배력을 갖게 된다. 예로서 관리가격에 의해 고가격을 실시할 수 있게 한다.

③ 높은 점유율의 기업은 유능한 경영자를 얻기가 용이하다.

다음 점유율이 높은 기업은 고품질, 높은 연구개발비비율(매출액에 대한 비율), 높은 판매촉진비율(매출액에 대한)을 갖고 있을 경우 이익률이 높다. 반대로 점유율이 낮은 기업은 저품질, 낮은 연구개발비, 낮은 판매촉진비인 경우 이익률이 높다. 그러나 낮은 점유율로서 저품질, 고판매촉진비율인 경우 이익률은 낮다. 또한, 낮은 점유율로서 높은 연구개발비율의 경우 기업이익률은 낮다. 이 하버드 비즈니스 리뷰에 발표된 조사는 주로 점유율과 업적, 점유율과 시장침투를 위한 전략의 결합적 연구로서 유명하다.

2. 4가지 유형의 포트폴리오 전략

기업으로서는 ① 문제제품, ② 인기제품, ③ 수확제품, ④ 쇠퇴제품 등 4가지 전략을 가지고 있어야 한다. 이 가운데 이익률과 자금안정성의 균형을 취할 수가 있는 문제제품, 인기제품, 수확제품의 세 가지를 보유하고 있으며, 또한 현재 이익과 장래 이익에 균형을 취할 수 있게 한다. 수확제품이 자금을 공급하여 문제제품이나 인기제품을 육성하며 인기제품이 현재 매출이나 이익을 제공하고 문제제품이 미래의 이익을 제공한다.

따라서 이상적인 제품의 이동, 이상적인 자금의 이동도 [그림 14-3]과 같다.

[그림 14-3] 이상적인 제품의 이동과 자금의 이동

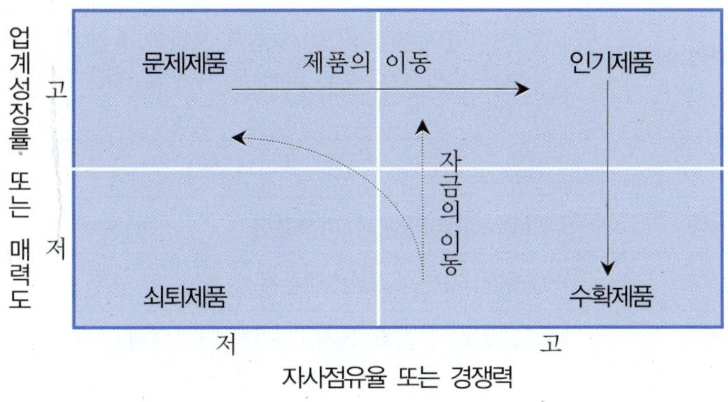

따라서 잘못된 제품의 이동은 인기제품→문제제품, 문제제품→쇠퇴제품으로 변화되는데, 그것은 획일적인 전략을 택하거나 단기적 이익만을 중시하는 데서 생기게 된다. 따라서 상이한 영역의 제품별로 전략을 수립해야 한다. PPM에서는 각 사업부를 획일적으로 넓히거나 어떠한 제품에 대해 같은 투자이익률을 적용하면 인기제품도 쇠퇴제품이나 문제제품이 된다고 경고한다. 이 때문에 전략의 정황적 접근(contingency approach)을 강조한다.

1) 제1유형 : 문제제품의 전략적 모형

문제제품은 높은 성장과 낮은 점유율의 특징을 가지고 있으며 〈표 14-3〉과 같은 전략적 모형을 가지고 있다.

표 14-3. 문제제품의 전략적 모형

전략적 모형		변수의 특징
1	재무적 특성	① 낮은 이익률, ② 자금 부족, ③ 높은 부채
2	목 표	① 중점적 투자 또는 철수의 고려 ② 시장점유율 확대, 장기적인 가능성⇒현재의 이익 희생 ③ 선택적 투자목표
3	전략의 중점	① 자원의 중점투자전략 ② 고품질 · 저가격정책, 저가격에 의한 총수요의 증대와 원가절감전략 ③ 양산화의 전략.
4	CEO 및 관리자의 자격 (계획기간)	① 기획력의 전문가, ② 모험적 도전과 용기 ③ 카리스마적 리더십 요구, ④ 우수한 판단력 요구 (장기)
5	조직구조	Task Force 등 유동적 조직의 형성
6	커뮤니케이션	Informal 비공식적 의사결정
7	임 금	변동적, 유연성 있는 임금제
8	보고와 통제	직접보고, 문서화 통제, 철저한 보고체계

자료: 저자가 작성한 것임.

2) 제2유형 : 인기제품의 전략적 모형

인기제품은 고성장과 고점유율의 특징을 가지고 있으며 다음과 같은 전략적 모형을 가지고 있다.

표 14-4. 인기제품의 전략적 모형

전략적 모형		변수의 특징
1	재무적 특성	① 높은 이익률, ② 다소의 자금부족, ③ 중위의 부채
2	목 표	① 투자확대, 시장점유율 확대 ② 이익보다도 시장점유율 중시 50% 이상 또는 2위 기업의 1.5배의 목표 ③ 방어의 투자전략목표
3	전략의 중시	① 업계평균 이상의 성장률 전략(설비투자전략) ② 고점유율이면 고품질, 고가격, 고판매촉진, 고연구비의 전략에 중점, 그러나 2위 이하이면 저가격, 저품질 전략도 준비 ③ 제품차별화 전략 실시 ④ 지속가능전략수립(경제성, 사회성, 환경성)
4	CEO 및 관리자의 자격 (계획기간)	① 마케팅과 생산기술에 유능한 경영자 ② 성공관리능력의 전문경영자 ③ 민주적 리더십과 윤리적 리더십 요구 (중기)
5	조직구조	사업부제, 팀제 실시
6	커뮤니케이션	Formal할 것, 공식적 의사결정
7	임 금	변동+고정, 성과급제, 연봉제 도입
8	보고와 통제	질적 · 양적인 보고, 조기경보장치 필요

자료: 전동.

3) 제3유형 : 수확제품의 전략적 모형

수확제품은 저성장과 고점유율의 특징을 가지고 있으며 다음과 같은 전략적 모형을 가지고 있다.

표 14-5. 수확제품의 전략적 모형

전략적 모형		특 징
1	재무적 특성	① 높은 이익률, ② 자금의 여력, ③ 낮은 부채 비율
2	목 표	① 점유율 감소의 수용 ② 최소한의 투자전략 ③ 단기적 이익의 중시
3	전략의 중점	① 설비투자의 최소화, 다른 성장제품에 자금공급전략 ② 광고, 시장조사, 연구개발비의 축소전략 ③ 시장세분화 전략
4	CEO 및 관리자의 자격 (계획기간)	① 마케팅 지향형의 경영자 ② 자금사용의 전문가요구(CEO) ③ 거래적 리더십 요구 (중기)
5	조직구조	사업부제, 팀제, Line and Staff 조직
6	커뮤니케이션	공식적, 통일적, 공통의 의견
7	임 금	주로 고정적, 성과급제
8	보고와 통제	정량적 서류에 의한 보고, 정보통제

자료: 전동.

4) 제4유형 : 쇠퇴제품의 전략적 모형

쇠퇴제품은 저성장과 저점유율의 특징을 가지고 있으며 서서히 철수하는 것이 중요하다. 그러나 PPM의 전략적 모형을 갖고 시행하는 것이 바람직하다.

표 14-6. 쇠퇴제품의 전략적 모형

	전략적 모형	특 징
1	재무적 특성	① 낮은 이익률, ② 낮은 자금여력, ③ 높은 부채비율
2	목 표	① 철수계획, ② 사양제품 여부 검토, ③ 제휴 및 M&A 검토
3	전략의 중점	① 철수전략 ② 합병전략, 아웃소싱 전략, 제휴전략 ③ 제품계열의 단순화 전략
4	CEO 및 관리자의 자격 (계획기간)	① 경험이 풍부하고 인내력이 강한 경영자 ② 변혁적 리더십 요구 ③ 판단력과 담력이 우수한 자 ④ 인수합병 및 제휴능력기법의 소유자 (단기)
5	조직구조	타사업부와 합병, 라인조직 형성
6	커뮤니케이션	대화적이며 상부로부터 명령일관, 명령의 통일성
7	임 금	고정적, 연공서열제
8	보고와 통제	정량적, 재무적 보고

자료: 전동

제 3 절 포트폴리오 전략의 성공적 관리

1. 제품별 전략의 선택과 업적의 개선

획일적인 전략이 아닌 상황적인 전략, 즉 제품별로 다른 전략을 선택함으로써 업적을 개선할 수 있다. 종래는 흔히 어떤 제품이건 다같이 경쟁을 강화하고 점유율을 증대하려는 경향이 많았다. 그러나 이와 같은 획일적인 전략은 어떤 제품에 대해서는 효과가 있지만, 이와 다른 제품의 경우에는 효과가 적고 다르게 나타난다. PPM의 구상에 의하면 점유율에 대하여는 다음과 같이 각기 다른 방법을 사용한다.

① 문제제품은 점유율을 증대시키든가 개발이나 판매를 중지한다.
② 인기제품은 점유율을 유지한다.

③ 수확제품은 점유율이 다소 저하되더라도 가능한 한 현재의 이익을 지속하고 자본을 유보한다.

④ 쇠퇴제품은 중지한다. 그러나 만일 점유율을 증대할 수 있으면, 폐기하는 것보다 유리하다면 증대시킨다.

종래는 어떤 제품에 대하여도 이익을 얻고자 하였고, 또한 어떠한 사업부에 대하여도 독립채산을 실행하도록 요구하였다. 그러나 PPM의 사고에 의하면, 자원의 한계생산력을 균등하게 하고 자원의 가장 경제적인 배분을 위하여 오히려 제품별로 다른 자원배분을 행할 필요가 있다.

2. 제품상호 간의 재무적 지원

제품상호 간의 재무적인 지원관계를 들 수 있다. 즉, 이 전략방식에 의하면, 중심적인 제품에 이익을 올리고 또한 여유자금을 만들어 앞으로 성장할 수 있는 전략을 수립하여 자금을 공급하며 지원한다. 따라서 기업은 안정과 성장의 균형을 취할 수 있게 된다.

그러나 PPM에 의한 제품의 상호관련은 재무적인 것이며, 기술이나 마케팅 면에서의 관련성을 추구하는 것은 아니다. 이 점은 PPM의 한계이며 결점이기도 하다.

3. 경쟁지향적 가격경쟁전략의 중시

제품 포트폴리오 전략은 성공적 관리를 위해서 경쟁지향적인 전략이 되어야 하며, 특히 가격경쟁전략을 중시해야 한다는 점이다.

만약 업계의 유명한 제품은 곧 자사의 유명한 제품이 되어야 하며, 매력적이 아닌 업계의 제품은 또한 자사에 있어서도 매력이 없는 제품으로 평가된다면 기업경영자는 점유율과 수익성의 관계를 생각하는 일이 없이 제품의 인지도에 따라 전략을 수립하는 것이다. 그러나 PPM에서는 누적생산량이 평균비용을 낮추며 그로 인하여 이익을 발생한다는 관계를 중시하고, 일단 점유율에서 우위에 서게 되면 더욱 더 경쟁상의 우위에 서게 된다고 전제한다. 따라서 경쟁기업의 정보를 적극 수집하고 그것에 대응하여 전략을 책정할 것을 강조한다.

또한, 경쟁을 위해서는 제품차별화, 판매경로의 강화 등 비가격경쟁 이외에 가격경쟁까지도 지향한다. 그것은 누적생산량에 의해 평균비용이 직선적으로 내려간다고 하면, 가격경쟁은 과다경쟁화됨이 없이 점유율이 낮은 기업은 탈락이 빨라진다.

4. 전략사업단위의 별도 설치의 필요성

사업부제란 것도 결국은 제품의 기술적인 상이에 의한 분업이었지 반드시 같은 용도나 같은 경쟁적 환경에 의한 구분은 아니다. 따라서 사업부제와는 또다른 전략사업단위(Strategic Business Unit : SBU)를 별도로 설치하여 그 단위별로 다른 전략계획을 세우고, 또한 자원의 배분을 행한다. 이와 같은 사업단위는 공통의 시장을 기준으로 조정되고 또 구성된다. 따라서 그것에는 몇개의 사업부를 모아서 구성하는 경우도 있을 것이며, 단일사업부와 같은 경우도 있고 또한 사업부 가운데의 한 부문일 경우도 있다. GE(General Electric)경우는 약 40개의 사업부를 가지고 있는 한편 약 40개의 전략사업단위(SBU)를 가지고 있으나 양자가 중복되어 있는 것은 그 중 약 절반가량이 된다. 우리나라 LG의 경우도 사업문화단위(Culture Unit : CU)에 의한 경영으로 수십개의 소집단 사업부제로 실시하여 성공하고 있다.

따라서 전략사업단위의 책임자는 사업부장과는 따로 그룹의 장이나 부서의 팀장이 임명되는 경우도 있다. 그리고 기획부문에도 전략사업단위를 담당하는 담당자가 있다.

전략사업단위 가운데는 다시 각 제품마다 PPM상의 위치가 정해지며, 그에 대응하는 표준전략이 채택된다.

[그림 14-4] 제품 포트폴리오 표준전략

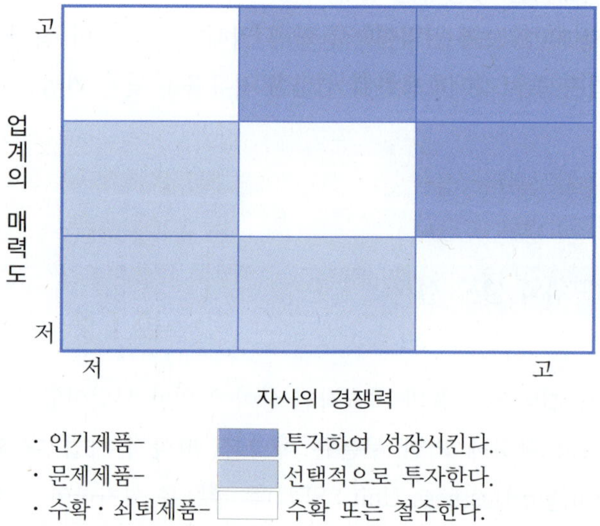

사례 1// 스위스 시계의 영광을 재현한 하이에크전략

1. 스위스시계의 몰락

스위스 시계의 정확함은 오랜 세월이 지나도 변함없었다. 400여 년의 역사 동안 스위스 시계는 그렇게 세월과 함께 빛났다. 1876년 미국의 기계기술을 도입한 후로 스위스의 시계산업은 더 큰 날개를 달게 되었다. 1960년대 스위스에서는 연간 1억 개 정도의 다양한 시계가 생산되었으며, 40여 억 스위스 프랑을 벌어들였다. 스위스 시계는 전 세계 150여 개 국가와 지역으로 팔려 나갔고, 세계시장의 50~80%를 점유했다. 1970년대 초반과 중반까지도 40% 이상을 유지했다.

그런데 1970년대 후기부터 1980년대 초기, 일본과 미국 등 여러 나라의 시계산업이 급속도로 성장하면서 스위스의 '시계왕국'이라는 이름은 빛바랜 영광이 되어버렸다. 1982년 스위스 시계의 세계 점유율이 9%로 곤두박질쳤다. 연간 생산량도 5,300만 개로 떨어졌고, 수출량도 1980년대 중후반부터 8,000만 개였던 것이 3,100만 개로 떨어졌다. 판매액도 일본과 홍콩보다 뒤진 3위를 기록했다. 스위스 시계가 시장에서 경쟁력을 상실하자 업계는 말로 설명할 수 없는 고통을 받았다. 최대 시계회사였던 ASUAG, SSIH의 1982년과 1983년 누계 손실이 5억 4천만 스위스 프랑에 달했다. 전국 3분의 1의 시계공장이 도산하고 수많은 시계회사들이 작업중단을 선언했다. 절반 이상의 시계공들이 실업의 문턱으로 내몰렸다.

2. 2000년대 시계왕국의 부흥

쇠퇴하는 분위기를 전환시키기 위해 스위스의 7개 은행들이 손을 잡고 스위스 국내 최대 시계회사였던 ASUAG와 SSIH의 지분 98%를 사들 인 후 두 회사를 합병시켰다. 1983년 5월 그렇게 해서 만들어진 스위스 시계제조 컨소시엄은 나콜라스 하이에크에게 도움을 요청했다. 니콜라스 하이에크가 어떤 사람이기에 그런 중대한 일을 맡을 수 있었을까?

그는 스위스 시계가 전자기술을 발전시키지 않으면 '시계왕국'의 명성을 잃어버릴 것이라고 호소했다. 전국의 시계산업이 위기에 처해 있을 때도 그의 기업은 기술혁신을 통해 승승장구했다.

그래서 스위스는 '시계왕국'을 다시 부흥시켜 줄 역사적인 사명을 그에게 맡겼다. 모두의 관심이 그에게로 향했다. 하이에크는 옛것을 버리고 새로운 것에 도전했다. 전자시계라면 생각해 볼 가치도 없다고 치부하던 폐쇄적인 생각을 버리고 라이벌의 장점을 배우고자 했다. 그렇게 아날로그시계와 전자시계라는 새로운 기술의 흐름을 쫓아갔다.

3. 찬란했던 과거 경험 버리고, 새로운 혁신경영전략

어제의 찬란했던 과거에 얽매여 있다가는 더 이상 출구가 없다. 새로운 혁신제품을 만들자.

빠른 속도로 일은 진행되었고 드디어 새로운 형식의 아날로그시계가 출시됐다. 그 중 가장 경쟁력을 갖춘 제품은 새로이 스위스 시계의 부흥을 가져온 스와치 시계였다. 다양한 모양과 색을 갖춘 이 시계는 딸기향, 바나나향 등 다양한 향기까지 가지고 있었다. 최신 제조기술을 이용해 부품을 보통 시계의 반으로 줄이고 항진성능을 강화하였으며 방수기능도 높여 30미터 물 속의 수압에서도 끄떡없었다. 생산과정에서는 기계설비와 같이 최신설비를 도입, 성능의 안전성을 높였고 생상원가를 상당히 낮추어 개당 30달러에 내놓았다. 이렇게 스와치가 세상에 선보이자 판매량은 급상승했다.

시기를 잘 읽은 하이에크가 다시 나섰다. 그는 유럽과 남미, 아프리카, 동남아 등지로 '스와치'가 팔리는 것에 만족하지 않았다. 그는 아날로그시계와 전자시계의 선두주자인 미국과 일본으로 진출하기를 원했다. 세심한 기획과 홍보전략을 통해 '스와치'는 먼저 미국에 400만 개를 수출했는데 순식간에 판매를 완료됐다. 이어서 일본으로 진출했는데 그곳에서는 일본 스위스 시계공장을 설립하였다. 1986년 일본에서는 개당 7,000엔의 가격으로 성황리에 판매됐다. 스위스 사람들은 스위스 시계가 다시 세계를 제패한 모습을 보게 된 것이다.

하이에크의 '옛것을 버리고 새로움을 추구하는 경영전략'은 스위스 시계산업에 새로운 전성기를 가져왔다. 1980년대 중기, 스위스 시계의 세계시장 점유율은 40%대로 회복되었다. 그리고 일본과 홍콩 등지의 시계시장을 성공적으로 넘어서면서 쇠락의 길을 걷던 '시계왕국'의 명성을 회복했으며, 다시금 세계 시계시장을 제패했다.

계속해서 발전하는 사회에서 과학기술도 계속 발전한다. 어느 제품이든 시대의 기운을 불어넣어야지만 현대 소비자의 소비수요를 따라갈 수 있다.

제 15 장

글로벌시대 인터넷 비즈니스전략

제15장 글로벌시대 인터넷 비즈니스전략

제1절 인터넷 비즈니스의 개념

1. 인터넷 비즈니스의 정의

미국의 연방 네트워크 위원회(FNC : Federal Network Council)는 인터넷을 "IP(Internet Protocol)에 기반을 둔 유일한 주소체계로 전세계적으로 연결되어 있는 범세계적인 정보 시스템이고, TCP/IP(Transmission Control Protocol -Internet Protocol)를 사용하여 상호 간에 커뮤니케이션을 할 수 있도록 지원하는 통신 시스템이며, 누구나 접근하여 사용할 수 있는 통신과 관련하여 인프라 구조에 기초를 둔 고차원의 서비스"로 정의하였다. 또, 크롤과 호프만(Krol & Hoffman)은 "인터넷을 TCP/IP Protocol에 기반을 둔 네트워크이고, 네트워크를 구축하고 사용하는 사람들의 공동체이며, 네트워크를 통해 획득하게 되는 정보자원의 집합"으로 정의하였다.

따라서 인터넷 비즈니스란 "인터넷을 기반 환경으로 수행되는 모든 비즈니스 영역의 제활동들"이라고 할 수 있다. 그러나 지금까지 정보통신부문에서는 인터넷 비즈니스라는 용어보다는 전자상거래라는 용어가 더 일반적이고 보편적으로 사용되어 왔다. 하지만 전통적으로 상거래라는 용어가 비즈니스 파트너들과 수행되는 거래만을 의미하기 때문에 전자상거래도 정보기술을 활용한 상거래로 해석하려는 사람들이 있었다. 이와 같은 경우 전자상거래는 상거래만을 의미하는 매우 좁은 의미로 해석되기 때문에 광의의 의미로 인터넷 비즈니스라는 용어를 사용하게 되었다.

한편, "i-biznet.com"에서는 이러한 식의 정의는 인터넷 비즈니스를 전개하려는 개인이나 기업에게 별 의미가 없는 정의를 제공할 뿐이며, 보다 체계적이고 깊이 있는 분석을 위한 도움을 주지 못한다고 보고 인터넷을 전략적으로 경영활동에 활용하는 비즈니스, 즉 "인터넷을 전략적 도구로 활용하여 다양한 경영활동을 수행함으로써 인터넷으로부터의 수익창출이나 원가절감을 달성하고자 하는 비즈니스"라고 정의하고 있다.

2. 인터넷 비즈니스의 특성

초기의 인터넷 서비스는 전자 메일, 파일 전송서비스, 유즈넷과 같은 정보공유 커뮤니티가 고작이었다. 그러나 인터넷 브라우저의 발달로 웹(Web)이라는 멀티미디어 환경이 사용자에 제공되었다.

웹으로 정의되는 '쌍방향(interactive) 멀티/하이퍼미디어 네트워크 환경'은 기존의 일반 비즈니스가 가지고 있는 비즈니스 환경과는 큰 차이를 보이고 있다. 물론 이것은 기술적인 차원에서 비롯된 것이나 이것은 기업의 생존방식과 비즈니스 방식의 일대 변화를 가져오고 있다. 이러한 차이점을 일반 비즈니스와 비교하여 분석하면 다음과 같은 특성을 발견할 수 있다.

첫째, 기존의 일반 비즈니스는 자본, 인력, 토지 등 물리적 형태의 투입요소의 규모가 매우 중요하지만 인터넷 비즈니스는 지식과 아이디어가 핵심적인 경쟁요소이다.

둘째, 일반적인 비즈니스에서는 한정적인 재화만을 취급하고 있으나 인터넷 비즈니스에서는 취급품목에 있어 제한이 없다.

셋째, 일반 비즈니스에서는 지리적으로 한정된 고객만을 상대할 수 있지만 인터넷 비즈니스는 지리적인 한계없이 전세계 인터넷 사용자들을 대상으로 할 수 있다.

넷째, 일반 비즈니스에서 거래를 위해서는 물리적인 공간이 필요했으나 인터넷 비즈니스에서는 거래가 일어나는 물리적 매장이 아닌 가상공간에서 이루어진다.

다섯째, 일반 비즈니스에서는 거래가 가능한 시간이 제한되지만 인터넷 비즈니스에서의 거래는 시간상의 제한이 없는 특성을 가지고 있다.

표 15-1. 일반 비즈니스와 인터넷 비즈니스의 특성비교

일반 비즈니스	인터넷 비즈니스
1. 자본, 인력, 토지 등 물리적 형태의 투입요소 규모 중요	1. 지식과 아이디어가 핵심적인 경쟁 요소
2. 한정적 재화만을 취급	2. 취급품목에 있어 제한이 없음
3. 지리적으로 한정된 고객만 상대	3. 전세계 인터넷 사용자들 대상
4. 거래를 위해서는 물리적인 공간이 필요	4. 거래가 일어나는 물리적 매장이 아닌 가상공간에서 이루어짐
5. 거래시간 제한	5. 거래시간 제한 없음

자료: 필자 정리

3. 인터넷 비즈니스의 필요성

첫째, 보다 광범위하고 풍부한 잠재고객의 확보에 있다.

웹을 통해 비즈니스를 하려는 상인들은 인터넷 상에서 쇼핑경험이 있는 일정수준 이상의 잠재고객들을 지속적으로 무한하게 확보할 수 있다. 또한 시간과 공간에 대한 한계가 없어지고 웹사이트를 구성하고 있는 소프트웨어와 하드웨어 확장성에 따라 비즈니스 범위를 무한하게 확장시킬 수 있다.

둘째, 매출증대에 있다.

웹은 거대한 정보판매와 유통채널을 확보한다. 상인들은 매우 저렴한 비용으로 세계를 대상으로 무한한 판매지역망을 확보할 수 있으며 전세계를 대상으로 비즈니스 기회를 창출한다.

셋째, 비용절감에 있다.

인터넷 비즈니스는 상인들로 하여금 특정유형의 점포를 가지고 재고관리를 해야 하는 기존의 비즈니스보다 현저하게 비용을 절감시킨다. 최근 인터넷 상에서 비즈니스를 하는 일부 점포에서는 재고관리가 없는 대신 여러 제조업체로부터 주문관리 시스템으로 바로 연결시켜 고객의 주문에 바로 대응할 수 있도록 한다.

넷째, 신속한 제품 서비스의 제공에 있다.

인터넷 비즈니스는 기존의 전통적인 상거래행위보다 신속하게 고객의 욕구에 맞춘 제품과 서비스를 공급한다. 제품의 품목과 가격을 신속하게 시장상황에 맞게

웹 서버에서 업데이트할 수 있으며, 이를 통해 공신력 있는 구매를 가능케 한다.

다섯째, 보다 나은 고객과의 관계형성에 있다.

온라인을 통한 상거래는 상인들에게 고객과의 인터랙티브하고 개별적인 관계를 형성한다.

여섯째, 보다 빠른 고객욕구 만족에 있다.

24시간 엑세스를 가능하게 함으로써 고객들은 언제나 시간에 구애받지 않고 실시간으로 단순 클릭만으로 문제를 해결할 수 있다. 예를 들어 금융권의 신뢰성 있는 보안 시스템을 통하여 고객들은 언제나 계좌조회 및 이체, 지불 일정 등 인터넷 뱅킹 서비스를 제공받을 수 있다.

일곱째, 다양한 쇼핑 경험 및 정보제공에 있다.

웹은 텍스트, 이미지, 음향, 그리고 비디오 등을 HTML페이지 하이퍼링크를 통하여 전달한다. 개별적 그래픽 인터페이스, 멀티미디어 동영상, 다이나믹한 데이터 업데이트와 처리 등은 고객들에게 경쟁력 있는 쇼핑 경험을 제공한다.

여덟째, 유통구조의 효율성에 있다.

인터넷 비즈니스는 공급자와 수용자 사이에 있는 기존 유통구조상 중간매체를 없앰으로써 수요자의 요구를 정확하게 이해할 수 있으며 이로 인한 시간과 비용의 절감효과를 제공한다.

4. 인터넷 비즈니스의 유형

인터넷 비즈니스의 유형은 제공되는 서비스의 특성에 따라 포털, 판매, 중개, 컨텐츠 4가지 유형으로 나눌 수 있다.

표 15-2. 인터넷 비즈니스의 유형

포 털	판 매	중 개	컨텐츠
검색 등 전문분야 포괄	쇼핑몰 등 상품판매	증권, 경매 등 거래중개	방송 · 통신 문화 · 오락 등

5. 인터넷 비즈니스 모델

인터넷 비즈니스는 기존 비즈니스와는 달리 "가상사회에의 진입→생존→성장"이라는 새로운 수익창출원리를 요구한다. 가상사회는 단순한 시장이 아니라 공급자와 회원, 회원 상호 간의 지속적인 상호작용이 있어야만 유지·발전될 수 있는 사회공동체로서 가상사회는 기존의 어떤 시장보다도 '수확체증의 법칙'이 빠르게 적용되는 시장이다.

인터넷 비즈니스 전략의 핵심은 이러한 가상사회의 특성을 최대한 활용하여 회원 수가 급증하기 시작하는 변곡점을 최대한 앞당기는데 있다고 할 수 있다.

[그림 15-1] 인터넷 비즈니스 모델

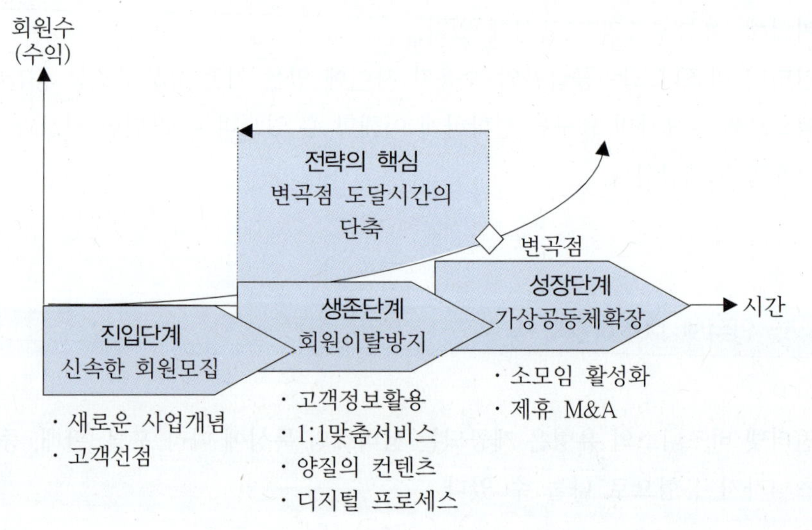

자료 : 장영수(1999), Issue Paper 「국내외 인터넷 비즈니스 선도기업의 전략 및 시사점」, 삼성경제연구원.

제 2 절 인터넷 비즈니스의 전략요소

인터넷 비즈니스의 전략요소는 인적요소, 모델 요소, 지적자산요소, 마케팅 요소, 기술요소 등으로 구분한다. 이와 같은 인터넷 비즈니스 전략요소를 설명하면 다음과 같다.

1. 인터넷 비즈니스의 인적요소

1) 최고경영자의 지도력과 판단력

인터넷 비즈니스에서 인적요소는 기업성공의 가장 중요한 핵심요소 중의 하나이다. 특히 전문경영자의 지도력과 판단력, 업무수행능력은 인터넷 비즈니스의 성공에 매우 중요한 역할을 하게 된다. 인터넷 비즈니스의 최고경영자는 무엇보다도 고객중심의 사고와 기술요소에 대한 이해가 요구된다. 인터넷 비즈니스는 기본적으로 기술에 대한 이해가 없이는 수행하기 어렵기 때문이다.

2) 교양과 인성의 요구

디지털시대에 맞는 인터넷 비즈니스의 인적요소는 교양과 인성(人性)이 요구된다. 노동자의 개념도 과거와는 다르고 기업에 참여하는 엔지니어들도 스톡옵션 등을 통하여 적극적으로 기업에 참여하고 있으므로 보다 민주적인 절차와 관행을 정착시킬 수 있는 자질이 필요하다.

3) 기업가정신의 필요

새로운 환경변화에 적극적으로 도전할 수 있는 디지털 시대의 경영자는 기업가정신을 가져야 하고, 환경변화에 따르는 끊임없는 자기개발과 학습이 요구된다. 또한 기업환경의 급격한 변화에 따라 전문경영자도 과거와는 달리 기능적 분화가 불가피하여 기술전문 담당, 정보관련 담당, 재정・금융 담당 등의 전문분야에서 최고경영자를 보좌하여야 한다. 글로벌시대에 적합한 최고경영자는 일반 지식정보들을 공유하며, 나름대로의 직관적인 판단력을 가지고 있어야 한다.

인터넷 비즈니스 시대의 바람직한 최고경영자의 다섯 가지 특성은 ① 타당성 있는 컨텐츠의 창출(creating context), ② 여러 사업단위에 대한 우선순위의 부여(setting priorities), ③ 지속적 · 적극적인 홍보, ④ 바쁜 가운데 깊이 있는 연구시간의 확보, ⑤ 정보관련 관리자들과의 협업 등으로 나타나고 있다. 따라서 유능한 최고경영자들의 실천적 행위 양태를 살펴보면 신기술에 대한 숙고(熟考) 및 이해, 미래에 대한 비전의 구축, 내 · 외부의 정보기술의 지원, 정보관리체계의 완벽한 구축노력, 끝없는 도전정신 등이다. 어떤 의미에서는 최고의 인터넷 비즈니스 경영자가 되려면 정보기술 사용자가 되거나 아니면 정보기술관련 전문가를 관리자로 두어야 한다.

2. 인터넷 비즈니스 모델 요소

인터넷 비즈니스에서 비즈니스 모델의 선택은 기업성공에 직결되어 있으며 각 회사가 가진 인적자원과 기술적인 요소에 따른다. 인터넷 비즈니스 모델은 무엇보다도 신속하게 기회를 선점할 수 있어야 하며, 지속적인 수익창출력을 가져야 한다. 그러나 어떤 특정한 인터넷 비즈니스의 모델이 반드시 성공한다는 보장은 없으며 각 회사가 가진 자원의 성격에 따라 인터넷 비즈니스의 모델의 선정이 달라지기 때문에 일률적으로 논의하기는 어렵다. 그러나 인터넷 비즈니스의 계층적인 요소들을 살펴보면, 기술적 차이나 역량에 따라서 인터넷 비즈니스의 모델 계층이동이 쉽지 않기 때문에 관련다각화가 시너지 효과의 창출에 매우 유리하다. 인터넷 비즈니스의 모델의 분류방식은 여러 가지가 있지만 그 가운데서 4가지 모형을 중심으로 간단히 살펴보면 〈표 15-3〉과 같다.

글로벌시대 인터넷 비즈니스가 기업확장을 할 경우의 인터넷 비즈니스의 모델의 선택은 관련다각화 방향이 적절할 것으로 보인다. 관련다각화는 상거래계층 간이 아니라 내부에서 비즈니스 영역을 확장하는 것이다. 즉, 인터넷 상거래 계층에 속하는 인터넷 쇼핑몰 업체가 인터넷 인프라스트럭처 부문으로 영역을 확장하는 것은 매우 위험하다는 것이다.

표 15-3. 인터넷 비즈니스의 계층적 모형

계 층	내 용
인터넷 상거래 계층	B2B, B2C, e-엔터테인먼트, e-유통 등
인터넷 중개업 계층	온라인 여행대행, hub site, 온라인 중개, 광고, 포털 등
인터넷 애플리케이션 계층	상거래 애플케이션개발, 웹개발 S/W, 멀티미디어 애플케이션, 검색엔진 S/W 등
인터넷 인프라스트럭처 계층	네크워킹, 하드웨어, 소프트웨어, PC server 제조회사, 인터넷 백본제조회사, ISP, 광섬유제조 등

자료: 필자 정리.

3. 인터넷 비즈니스의 "지적자산요소"

기술이 인터넷 비즈니스 기업전략의 외형을 구축하는 요소라면, 지적자산요소는 인터넷 비즈니스의 기업전략의 구체적인 내용을 구성하는 요소이다. 지적자산요소는 ① 차별화된 컨텐츠를 제공할 수 있는 능력, ② 특허등록으로 진입장벽의 신속한 구축, ③ 특허의 가치가 떨어질 경우에는 신속한 전략적 제휴와 지적자산보호 및 활용능력 등을 말한다. 차별화된 컨텐츠의 중요성은 새삼 논의할 필요도 없이 중요하다. 인터넷 비즈니스 모델의 핵심은 3C(contents, community, commerce)라고 하는데 차별화된 컨텐츠를 바탕으로 동호회 등의 커뮤니티를 형성하여 이를 기반으로 인터넷 비즈니스로 확장하는 방식을 택하고 있어 매우 효과적이다.

4. 인터넷 비즈니스의 "마케팅적 요소"

글로벌시대 인터넷 기업전략에서는 마케팅적 요소는 매우 중요하다. 마케팅적 요소 중 속도(speed)는 더욱 중요하다. 즉, 인터넷 기업이 기업의 가치를 단기간에 높이는 가장 좋은 방법은 '스피드에 의한 시장기회 선점(先占)'인데, 이것이 인터넷 비즈니스 마케팅의 가장 중요한 성공의 비결로 인식되고 있다. 아마존이나 야후 등의 예를 보면, 인터넷 기업에서 '선발자의 이익'은 기존의 산업과 비교할 수 없을 정도로 크다. ① 전통산업에서는 최소 1~2년을 앞서야 선발자의 이익을 향유하는데, ② 인터넷 기업들은 1~2개월 정도를 앞서도 선발자가 될 수 있는 경우가 많다. 따라서 인터넷 시대에서는 수익창출이 가능하거나 또는 기존 수익을 방어할 수 있는 비즈니스 모델을 지속적으로 개발하는 능력이 기업경쟁력의 핵심이라고 할 수 있다.

5. 인터넷 비즈니스의 "기술요소"

글로벌시대 인터넷 비즈니스의 전략적 요소 중 기술요소의 중요성은 매우 크다. 인터넷 비즈니스는 IT기술의 종속적인 요소이기 때문에 기술의 변화는 인터넷 비즈니스의 외양과 내용을 지속적으로 변화시켜 나갈 것으로 전망된다.

삼성경제연구소는 『성공하는 인터넷사업모델의 다섯 가지 비결보고서』(2000. 3. 2)에서 ① 차별화된 컨텐츠 제공, ② 지속적인 수익창출력, ③ 고객중심의 사고, ④ 스피드로 기회선점, ⑤ 특허등록으로 방어벽의 구축 등의 요건을 제시하고 있다. 이 보고서의 내용이 의미하는 것은 인터넷 시대에서는 수익창출이 가능하거나 또는 기존수익을 방어할 수 있는 비즈니스 모델이 필요하다는 것을 강조하고 있다.

제3절 인터넷 비즈니스의 전략적 실행과 경쟁력분석

1. 인터넷 비즈니스의 전략적 실행

인터넷 비즈니스의 전략적 실행은 ① 기존의 리얼 기업(비인터넷 비즈니스기업 또는 오프라인 기업)의 인터넷 비즈니스 진입의 경우와, ② 순수 인터넷 비즈니스의 전략경영 실행의 범주로 나누어 볼 수 있다. 전자는 기업가치의 향상을 위해 인터넷 비즈니스로 진입하면서 독립부서를 신설하거나 기존의 관련부서들을 전환하는 방법을 사용할 수 있다. IBM은 독립적인 인터넷 비즈니스에 독립적인 부서를 만들고, 인터넷을 통한 판매량 증대, 소비자에 대한 보다 신속한 서비스 제공 및 효율성

개선, 시장입지의 강화 등의 목표를 중심으로 기업활동에 초점을 맞추어서 성공하였다. 리얼 기업들이 인터넷 비즈니스로 진입하는 데 반드시 불리하지는 않은데, 그것은 ① 리얼 기업들이 경험효과도 크고, ② 기존 강점들을 적용할 수도 있으며, ③ 기존의 BPR(business process reengineering)과 연계할 수도 있고, ④ 투자수익률(ROI)을 활용할 수도 있기 때문이다.

인터넷 비즈니스 전략의 실행은 [그림 15-2]와 같이 산업과 경쟁력분석, 비즈니스 전략의 구성, 비즈니스 전략 실행, 평가 등으로 진행된다.

[그림 15-2] 인터넷 비즈니스 전략의 실행

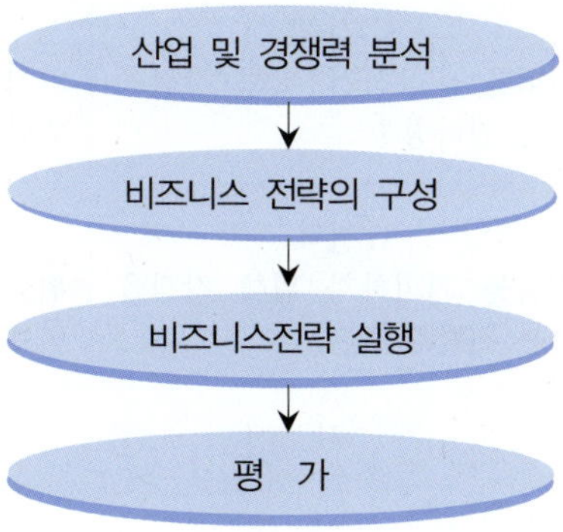

2. 인터넷 비즈니스의 경쟁력분석

인터넷 비즈니스의 경쟁력분석은 현재 진입하고자 하는 인터넷 비즈니스의 장기적인 변화와 성장가능성을 예측할 수 있게 하기 때문에 매우 중요하다. 경쟁력 분석에서 가장 일반적인 방법은 SWOT 분석기법이다.

SWOT는 강점(strength), 약점(weakness), 기회(opportunity), 위협요소(threats)를 나타내며 기업전략의 수립에 반드시 검토하여야 할 내용이다.

첫째, O : 기회에서는 기업이 획득할 수 있는 현재 및 미래기회를 검토하고,
둘째, T : 위험에서는 기업이 당면한 현재 및 미래 위협요소(또는 위험요소)들을

분석하며,

셋째, S : 강점에서는 기업이 보유한 현재 및 미래의 강점들을 구체적으로 열거하며,

넷째, W : 약점에서는 기업이 처한 현재 및 미래의 약점들을 인식한다. 전략구성이란 위의 네 가지 요소들을 효과적으로 통제하기 위한 장기간에 걸친 전략적 계획을 발전시키는 단계이다.

표 15-4. SWOT 분석

내부요인 / 외부요인	Strength(S : 강점)	Weakness(W : 약점)
Opportunity (O : 기회)	SO전략 기회를 이용하기 위해 강점을 쓰는 전략창출	WO전략 약점극복으로 기회를 이용하기 위한 전략창출
Threats (T : 위험, 위협)	ST전략 위험을 회피하기 위해 강점을 쓰는 전략창출	WT전략 위험을 회피하고 약점을 최소화하는 전략창출

3. 인터넷 비즈니스 전략의 구성

글로벌시대 기업전략 기획은 반드시 정해지거나 인정된 방식이 있는 것은 아니지만 경쟁전략과 협력전략으로 구분된다. 첫째, 경쟁전략은 공격적(攻擊的) 경쟁전략과 방어적(防禦的) 경쟁전략으로 나뉘는데, 공격적 경쟁전략방식으로는 ① 전방공격(frontal assault), ② 측면공격(flanking maneuval), ③ 구조적 방어벽구축, ④ 공격적인 파괴 등의 방법이 있다. 둘째, 협력전략은 주로 전략적 제휴를 말한다. 기업들이 전략적 제휴를 하는 이유는 ① 기술 및 제조역량의 획득, ② 특정시장에의 접근, ③ 재정적 위험의 회피, ④ 정치적 위험의 감소, ⑤ 경쟁우위의 확보, ⑥ 비사용자원의 활용 등의 이유를 들 수 있다. 전략적 제휴에는 ① 조인트 벤처(joint venture), ② 가치사슬 파트너십(value chain partnership), ③ 기타 소규모 제휴전략 등이 있다.

4. 인터넷 비즈니스 전략의 실행

글로벌시대 인터넷 비즈니스 전략의 실행은 기존의 리얼 기업들이 인터넷 기업으로 전환하거나 또는 새로운 인터넷 비즈니스를 시작하는 경우와 인터넷 비즈니스를 시작할 경우로 나누어 설명할 수 있다. 이에 대한 구체적인 방안들이 합의된 바도 없고, 향후 기술요인에 따라 매우 다양해지고 달라질 것으로 전망하고 있다. 성공적인 인터넷 비즈니스를 위한 절차를 다음과 같이 제시하여 본다.

① 필요한 교육과 훈련의 실시, ② 현재의 유통과 공급사슬 모델의 검토, ③ 인터넷으로부터 고객과 파트너들의 기대에 대한 이해, ④ 자사의 제품과 서비스의 속성 재평가, ⑤ 인적자원부서에 대한 새로운 역할부여, ⑥ 현재 시스템을 외부로의 확장, ⑦ 새로운 경쟁자들과 시장점유율 경쟁, ⑧ 인터넷 중심의 마케팅 전략수립과 전개, ⑨ 가상시장의 발전과 창조의 참여, ⑩ 인터넷 마케팅 스타일의 주입 등 이상과 같이 인터넷 비즈니스 전략을 실행하기 위한 절차는 우리 기업들이 공통적으로 숙지하고 알아두어야 할 과제이다.

제 4 절 인터넷 비즈니스 성공전략

글로벌시대 인터넷 비즈니스에서 성공하기 위해서는 새로운 인터넷 비즈니스의 전략적 발상(戰略的 發想)이 필요하다. 새로운 인터넷 비즈니스 모델을 만들어 내기 위해서는 그만큼 창조적인 사고와 감각이 필요하며, 무엇보다도 인터넷 비즈니스를 B to C(Business to Customer)방식의 전자상거래에 제한하지 않아야 한다. B to B, B to G(Business to Government)방식의 다양한 거래관계가 존재할 수 있으며, 전자상거래가 아닌 형태의 다른 인터넷 비즈니스 영역에서 새로운 비즈니스 모델을 찾는 것이 바람직하다.

"새롭지 않으면 시작하지 말아라", "창조라고 생각하면 가치로 평가하라" 등 새로운 비즈니스 모델이 아니면 성공하지 못하기 때문에 투자할 필요가 없다는 의미를 담고 있다.

인터넷 비즈니스에서 가장 중요한 점은 항상 새로운 모델을 찾는 것이 바람직하다. 새롭지 않으면 시작하지 말아야 한다. 이하에서 인터넷 비즈니스 성공전략을 소개하면 다음과 같다.

1. 빛의 속도

현대경제연구원은 "속도에 좌우되는 e-CEO(Electronic Chief Excutive Office)의 운명"이란 보고서에서 인터넷 비즈니스에 부응하는 새로운 CEO모델로 등장한 e-CEO(Electronic Chief Excutive Office)의 자질과 조건을 소개했다. 그 내용 중 '속도'(speed)와 관련된 항목들이 특이하게 나타났다.

예를 들어서 인터넷 비즈니스의 최고경영자들은 ① 빛의 속도로, ② 모든 통신장비를, ③ 실시간 의사결정력을, ④ 이해관계자 설득력을, ⑤ 정보기술 활용능력 등을 필수적으로 가지고 있어야 한다고 제시하고 있다. 그리고 ⑥ 새로운 인터넷 비즈니스 인재를 끊임없이 발굴해야 한다고 지적하고 있다.

2. 벤치마킹

글로벌시대의 국내 메이저 사이트들은 대부분 해외 사이트를 벤치마킹한 사이트들이 대부분일 것이다. 그러나 적어도 벤치마킹한 기업들은 국내에서 분명히 성공하고 있다. 인터넷에서 실시간 조사를 통해 해외에서 성공하고 있는 아이템들을 찾아내고 철저하게 벤치마킹하여 빠르게 국내에 도입하는 자가 성공한다.

벤치마킹은 이미 성공하고 있는 사이트의 성공요인을 발견하고 개선점을 찾아내는 것이다. 벤치마킹을 할 때에는 사이트의 디자인(레이아웃, 네비게이션, 인터페이스), 메뉴, 컨텐츠, 기능, 수익구조, 협력관계, 사용자 유인전략 및 기타 고객관리전략 등 최대한 모든 것을 철저히 벤치마킹하는 것이 바람직하다.

3. 수익모델제시

인터넷 비즈니스의 상업적인 사이트의 경우는 명확하게 어떤 방법으로 돈을 벌 수 있는가에 대한 확실한 수익모델을 제시해야 한다.

① 수익모델을 설정할 때는 리스크를 최소화하기 위해 수익지점 자체를 다각화시킬 필요가 있다. ② 수익구조 모델의 설정에서는 시간적 요소를 적용시켜야 한다. ③ 사이트 구축 초기에서부터 상당기간은 수익모델에서 인터넷 광고를 제외시키는 것이 바람직하다.

성공한 인터넷 회사는 인터넷 사이트를 확보한 브랜드와 지명도를 이용하여 오프라인 공간에서 비즈니스를 가지고 있다. 사실상의 수익은 오프라인 상에서 벌어지는 다른 비즈니스에서 벌어들이고 있다. 사실상의 수익은 모델을 구상할 때, 온라인에서의 수익구조 모델에 제한할 필요는 없다. On-off의 다각적인 수익모델을 구상하는 것이 인터넷 비즈니스의 초기부담을 무난히 극복하고 성공에 이르는 방법이다.

4. 컨텐츠의 생산

글로벌시대 안정적이고 지속적인 컨텐츠 생산과 그에 대한 비용을 최소화하기 위해서는 좋은 컨텐츠를 공급할 적당한 협력자나 자원인력을 확보해야 한다. 성공하는 사이트들의 공통점은 무엇보다도 풍부하고 다양한 양질의 컨텐츠를 빠르게 업데이트하면서 제공하고 있다는 점이다. 또한 그것을 위해 막대한 비용을 들이고 있거나 적절한 협력을 진행하고 있다는 것을 간과해서는 안 된다.

컨텐츠란 사이트 관리자의 입장에서는 사용자들에게 전달하고자 하는 내용이고, 사용자들을 웹사이트로 끌어들이는 중요한 유인제이다. 사용자 입장에서 컨텐츠는 사용자들이 웹사이트에서 가지고 싶은 최적의 정보대상이다. 따라서 웹사이트의 목적이 무엇이고, 표적대상이 누구냐에 따라 컨텐츠는 다르게 기획되어야 한다. 사용자들의 연령적 특성, 성별 특성, 직업별 특성, 취미나 기호, 심리적 경향 등 사용자에 대한 과학적 정보에 기반해서 컨텐츠는 기획되어야 한다.

5. 프로 인재

인터넷 비즈니스를 성공적으로 이끄는 비결은 프로들을 직원으로 두는 것이며, ① 정확한 지식과 확실한 정보를 가진 두뇌의 인재, ② 직접 필요한 분야에 대해 상당한 경험과 노하우를 갖고 있는 인재, ③ 적절한 시기에 신속하게 일을 처리해 줄 파트너를 채용하는 것이다. 21세기 글로벌시대의 인터넷 인력수급은 상당한 불균형을 보일 것으로 예측된다.

인터넷 정보검색사, 웹마케팅과 기획분야개발, 디자인 등 프로인재 확보가 성공의 중요한 열쇠가 된다.

6. 회원확보

글로벌시대 충성도 높은 회원을 어떻게 확보할 것인가에 대한 전략이 있어야 한다. 충성도 높은 회원의 확보를 위하여 일반적으로 제시되는 전략은 다음과 같다.

회원상호 간의 관계를 강화시키고 의사소통으로 대응해야 한다.

① **커뮤니케이션 전략**—회원상호 간의 대화, 의사소통을 자유자재로 하도록 유인한다.
② **고객참여 전략**—고객이 사이트 구축과 운영에 참여하게 한다.
③ **전문가 확보전략**—다른 곳에서 제공할 수 없는 전문가를 영입해야 한다.
④ **개성전략**—맞춤형 서비스를 통해 고객이 원하는 것을 보여준다.
⑤ **사용자 유혹전략**—웹사이트 구축팀들이 사용자들을 만족시키는 준수사항을 지켜야 한다.

사례 1// 바람직한 인터넷 세상

정보통신기술의 급격한 발전에 따라 범세계적으로 진행되고 있는 디지털 혁명은 과거 산업혁명 때와는 비교할 수 없을 정도의 빠른 속도로 인류의 삶과 생활에 커다란 변화를 가져오고 있으며, 많은 사람들이 정보를 공유하고 활용하면서 다양한 혜택과 순기능을 누리고 있다.

하지만 인터넷은 개방화되고 분산화된 네트워크와 비대면성(非對面性), 익명성(匿名性), 무국경성(無國境性), 동시전달성(同時傳達性) 등 인터넷이 가지는 특성상 악의적 사용에 대해서도 지극히 취약한 구조를 갖고 있다.

"인터넷은 성경을 전송할 수도 있고 포르노그라피를 전송할 수도 있다"는 말은 정보기술의 가치중립성을 표현하는 것으로 흔히 인용되고 있다. 인터넷이 우리 사회에서 이미 핵심적인 위치를 차지하고 있으며 산업혁명 이래로 우리의 경험에서 알 수 있는 것처럼 기술은 주변환경인 사회의 여러 가지 현상들과 상호 복합적으로 영향을 미치면서 발전을 해가며, 정보기술은 다른 어떤 기술보다도 많은 확장성과 유연성을 가지고 있기 때문에 기술의 적용목적에 따라 역기능 쪽으로의 변용의 여지도 매우 크다고 할 수 있고, 인터넷의 대중화는 현실적으로 사회적 부작용을 초래하였다.

인터넷이 대중화되기 이전에는 잘 드러나지 않았던 사회적 병리현상 -음란물, 원조교제, 자살방조, 명예훼손, 저작권침해 등 여러 가지 유형의 반사회적 불법행위들- 들이 인터넷을 매개로 폭발적으로 확산되고 있어 최근 몇 년동안 신문기사를 보면 인터넷이 마치 각종 반사회적 행위의 온상이라는 인상마저 들게 한다.

❑ 역기능의 원인

• 인터넷의 익명성, 비대면성

익명성이란 집단의 거대화, 매스미디어의 발달, 분업의 세분화, 사회적 이동환경 속에서 도시사회의 성원으로서 개인은 집단의 부속품으로 거대한 집단의 권력에 의하여 부득이 획일적 행동양식을 취하게 된다. 또한 면식 있는 집단의 구속에서 벗어나게 되면 불특정 다수인들의 일원이 되어 개인의 행동은 감추어지게 되고 자기의 행동에 대한 개인적인 책임도 피할 수 있게 된다. 여기에서 익명성이 진행되고 대중화를 특징짓는 조건의 하나가 된다. 여기에 온라인으로 대변되는 비대면성이 접목된 인터넷은 사이버 상에서 자신이 행한 불법적 행동을 은폐하기에 최적의 수단이 된다.

tip

"당신은 잘 훈련된 개(犬)와 채팅하고 있는지도 모른다"는 말은 인터넷의 비대면성을 잘 나타내는 대표적인 말이다.

自我의 二重性 : 사이버에서 일반적인 행동특성은 자신의 행동을 숨기려는 것이 아니라 다르게 드러내려 하는 것으로 지극히 이중적이다.

아바타(Abata) : 분신, 사이버공간에서 사용자를 대신하는 캐릭터, 원래의 뜻은 내려오다라는 의미의 산스크리트어 'aba'와 아래, 땅이란 뜻의 'terr'의 합성어, 고대 인도에서 '땅에 내려온 신의 화신'을 지칭한 말

• 인터넷의 개방성, 공개성, 비감독성

인터넷의 목적은 다양한 정보자원의 자유로운 분산과 공유이다. 따라서 인터넷의 모든 정보는 그것이 상업적인 목적을 가지지 않았다면 무료로 사용할 수 있다. 누구나 접근이 가능하고, 누구에게나 공개되어 있으며, 수평적 권한분산형이다. 인터넷에서 사용자의 행동을 감시 감독하는 곳은 없고 원활한 네트워크 환경을 유지하기 위해 도움을 주고 표준을 정하는 몇몇 단체가 있을 뿐이다.

tip

○ NIC

Internet Network Information Center, 인터넷망관리센터, 지역별 또는 국가별 인터넷 공동체에서 가장 중심적인 기능을 수행하는 기관의 하나. 우리나라의 인터넷망관리 센터(national NIC)는 한국인터넷진흥원(NIDA. OR. KR)이다. 인터넷에서 통신하기 위해 연결된 모든 컴퓨터는 고유의 인터넷 주소(IP address)를 가져야 하는데 NIC이 IP 주소를 할당하고 도메인 네임을 등록하여 망간의 협의·조정 업무와 사용자들을 위한 홍보·안내 업무도 담당한다.

○ NIDA

National Internet Development Agency of Korea, 한국인터넷진흥원, 종전 한국인터넷정보센터(KrNIC)가 2004년 1월 「인터넷주소자원에관한법률」에 따라 한국인터넷진흥원으로 변경되었다.

• 공간적, 시간적 압축성과 표현의 자유

인터넷이라는 새로운 통신매체의 등장은 산업사회를 지식정보사회로 급속히 변모시키면서 인간에게 새로운 삶과 패러다임(paradigm)의 대변혁을 요구하고 있다. 산업혁명이 힘(力)의 혁명이었다면 인터넷은 시간과 공간의 혁명이라고 할 수 있다. 특히 사이버공간(Cyberspace)이라는 새로운 개념은 현실세계(Real world)가 가지는 지리적, 물리적 한계를 극복하였을 뿐만 아니라, 완벽한 대중적 표현의 수단으로써 개인들에게 표현의 자유를 보장하여 매스미디어의 편집권이라는 여과 수단에서 벗어나 전혀 검증되지 않은 정보들이 무제한적으로 공개되고 전파되고 있다.

tip **사이버스페이스**

1984년 윌리엄 깁슨의 공상과학소설인 뉴로맨서(Neuromancer)에서 처음 사용됨. 이 소설은 SF소설의 최고영예인 휴고와 네블러상을 받으면서 사이버펑크라는 새로운 문학장르를 탄생시킴.

□ 무국경성, 무정부성, 범세계성으로 인한 가치규범의 부재

인터넷에서는 국경도 국가도 없고 수평적 네트워크로 연결된 컴퓨터들만 존재

할 뿐이며 이 네트워크를 통제하는 가치규범적 규율은 없고 상호 정보소통을 위한 몇 가지 기술표준(http, TCP/IP 등)만 존재할 뿐이다. 이른바 가치규범이란 각 국가마다 자기 나라의 전통적 가치관과 환경에 따라 각기 실정에 맞도록 정하여지며 사회관습이나 실정법의 형태로 나타나게 되므로, 국경이 없는 인터넷에서 보편적으로 적용할 가치규범은 각 나라의 가치규범을 공통적으로 반영한 것이어야 할 것이나 세계인의 윤리의식을 포괄하는 규범은 현실적으로 합의에 도달은 매우 어려운 일이라고 생각된다(실제 환경과 문화가 유사하고 경제가 통합된 EU 국가들 마저도 통일된 규범을 만들지 못하고 있다). 다만, 아동 포르노, 마약, 테러 등은 대부분의 국가에서 이를 자국법 상 불법으로 규정하고 있으므로 해당 국가에 처벌을 의뢰할 수 있을 뿐이며, A국가에서는 불법이나 B국가에서는 합법적인 콘텐츠를 B국가에 서버를 설치하고 운영하는 경우 A국가에서 이를 막을 수 있는 방법은 현실적으로 없다.

❑ 기존 체제의 가치규범(법제도)과 신기술이 형성하는 현실과의 괴리

기술발전과 환경변화에 따라 사회가 새로운 가치체계를 형성해 나가며 변화된 사회를 규율하는 제도와 법을 제정하는 것에는 사회적 요구의 수용, 담론, 합의 등에 많은 시간이 소요된다. 하지만 산업사회에서 정보화 사회로의 전환은 그 속도가 너무도 급격하여 현행 법체제와 사회제도들은 새로운 변화의 적응에 실패하고 있다. 이것은 연령별 계층별 지역별 집단 간의 정보화 격차에도 그 원인이 있으며 정보화가 진전된 계층과 그렇지 못한 계층간의 윤리관과 가치관의 괴리가 너무도 커서 새로운 가치규범에 대한 합의 도출이 곤란한 실정이다. 이에 따라 신기술이 형성해 가는 사회환경과 기존의 가치규범 간에 괴리(Gap)가 발생하여 사회적 갈등을 유발하게 된다.

〈자료: 인터넷 윤리, pp. 363~366 참조〉

제 5 절 전자상거래와 소비자

1. 전자상거래의 개념

전자상거래(electronic commerce)는 일반적으로 "전자적 방식을 이용하여 가상공간(cyber space) 상에서 이루어지는 거래행위"라고 정의된다.

① 전자상거래는 전자문서 교환, 이미지 처리, 바코드, 전자우편, PC통신, 전자자금 이체, 전자화폐, 통신망 등을 이용하는 가상공간기업 속에서 이루어지는 일반적인 거래활동을 의미한다. ② 나아가 "기업, 정부기관과 같은 독립된 조직 간 또는 조직과 개인 간에 다양한 전자적 매체를 이용하여 상품이나 서비스를 교환하는 방식"이라고 정의되기도 한다.

③ 컴퓨터 네트워크를 통한 상품·용역·정보의 판매와 구매, 상품과 서비스의 교환·분배·조사·광고 및 대금의 지급에 있어 전자적 의사소통(electronic communication)을 이용하는 활동뿐만 아니라 정보의 조사 및 분석 등 기업과 소비자의 의사결정을 지원함으로써 비용의 감소 및 효율성을 제고하는 활동까지 포함한다.

④ 경제협력개발기구(OECD)에서는 "문자, 소리, 이미지를 포함하여 디지털화된 정보의 전송, 처리에 기초하여 이루어지는 모든 형태의 상업적 거래"라고 전자상거래를 정의하기도 한다.

⑤ 국제무역기구(WTO)는 "원거리 통신네트워크를 통한 제품의 생산, 광고, 판매 및 유통"으로 정의하고 있다.

⑥ 일본의 통산성은 전자상거래를 "각 경제단체(행정, 개인 포함) 간의 모든 경제활동(설계·개발, 광고, 상거래, 결제 등)을 여러 컴퓨터 네트워크를 이용하여 실행하는 시스템으로서, 광범위한 정보시스템 또는 그것을 통해 실현되는 사회"라고 정의하고 있다.

표 15-5. 전자상거래의 구성·기반요소

구 분	관련기술
기술기반(technical infrastructure)	통신기술, 보안기술
기능기반(fundtional infrastructure)	표준(데이터 포맷, 보안표준)
조직기반(organizational infrastructure)	법·제도, 교환약정(Interchange Agreement)
협의의 사회기반(social infrastructure)	거래관행/규칙(상거래의 윤리, 신뢰 등)

자료: 한국전산원.

이와 같이 전자상거래의 개념은 아직 통일된 정의가 정립되어 있지 않다. 그러나 1990년대 중반 이후 인터넷의 등장으로 인터넷을 이용한 전자상거래가 폭발적으로 성장하였기 때문에 사실상 인터넷을 이용한 전자상거래, 즉 인터넷 비즈니스가 현재 사용되는 전자상거래 개념이나 일반인들이 이해하는 전자상거래와 거의 유사하다.

2. 전자상거래의 범주

이와 같이 전자상거래가 포함하는 개념의 범위가 명확하지 않은데다 전자상거래 내부에서 생성되는 개념들 또한 범주적인 구분이 어려운 경우도 나타나고 있다. 현재 우리말로는 모두 '전자상거래'로 번역되고 있는 'e-commerce'와 'e-business'의 관계가 대표적인 경우로 그 개념적 구분이 통일되어 있지 않다.[1] 'e-commerce'는 디지털 매체(digital media)를 통한 판매와 구매행위이고, 'e-business'는 'e-commerce'에다 거래를 전후로 하는 모든 과정들, 즉 전후기관거래(front-and-back office application) 수단을 모두 포함하는 개념으로 파악하고 있다.

그런데 문제는 '전자상거래'는 'e-commerce'와 'e-business'를 모두 포괄하고 있기 때문에 이 같은 범주 구분이 별다른 의미가 없다 하겠다.

3. 전자상거래의 3가지 차원

일반적으로 말하는 전자상거래란 인터넷을 포함한 컴퓨터 네트워크를 통해 상품을 사고파는 것이다. 순수한 의미에서 전자상거래란 세 가지 차원, 즉 상품(products), 판매과정(process) 및 상품인도자(delivery agent) 모두가 디지털로 이루어지는 경우를 순수한 의미의 전자상거래(pure EC)라고 하기도 한다. 따라서 이 가운데 일부 과정만 디지털로 이루어지는 것은 '부분적 전자상거래(partial EC)'가 된다.

---

1) 'e-commerce'와 'e-business'의 개념이 별차이 없이 사용되기도 하나, 주로 'e-commerce'는 상품의 판매와 관련된 기능마케팅, billing payment 등을 포괄하는 것으로 사용하는 경우도 있고, 'e-business'는 조직 내의 모든 기능, 즉 커뮤니케이션(communication), 촉진활동(promotion), 조정기능(coordination) 등을 포괄하여 사용하는 경우도 있다.

4. 전자상거래와 소비자

정보와 시간의 중요성이 커지고 있는 현대인에게 전자상거래의 등장은 소비자에게 여러 가지 시간적, 경제적 효과를 부여한다. 이러한 효과는 전자상의 거래라는 특성으로 긍정적인 측면과 부정적인 측면을 동시에 소비자에게 부여한다.

1) One Stop Shopping 기능

물리적인 시장에 나가지 않아도 앉아서 쇼핑, 구매, 대금결제까지 할 수 있는 'One Stop Shopping'이 가능해져 편리함을 제공한다. 이러한 효과로 인해 소비자는 정보탐색의 시간 및 비용을 절감하는 경제적인 이익을 얻는다. 그러나 소비자는 가상공간을 통해서 제품을 보기 때문에 구매 후 현실과 가상공간상의 제품차이에 대한 불만족이 발생할 수 있다. 특히 멀티미디어 기술이 부족한 경우 모니터상의 제품에 대한 정확한 평가가 어려우며 실제 구입한 제품과 구매시의 제품이 일치하지 않는 경우도 발생한다. 이런 경우 반품 및 환불의 문제가 발생하며, 특히 그 제품을 해외시장에서 구입한 경우에는 더욱 그러하다. 이러한 전자상거래의 문제점을 개선하지 않고서는 발전할 수 없다.

2) 저렴한 가격의 제품구입

전자상거래 시장은 진입장벽이 낮아 기업들의 가격경쟁이 심해지고 이에 따라 소비자는 저렴한 가격에 제품을 구입할 수 있다. 저렴한 가격으로 소비자에게 제품을 제공할 수 있는 또 다른 이유는 전자상거래가 중간상인이 배제되어 있고, 쇼핑몰 운영비가 저렴하여 결과적으로 소비자에게 저렴한 가격으로 제품을 제공할 수 있다는 것이다.

3) 시간제약의 무(無)

기업활동에 있어 시간의 제약이 없어 소비자를 24시간동안 전 세계의 제품을 한자리에서 동시에 비교 쇼핑할 수 있다. 글로벌화의 경제활동이 시간과 공간을 초월하여 실시간으로 이루어지며 구매 및 수급행위가 제한이 없다.

4) 소비자욕구 충족

소비자와 기업 간의 쌍방향 통신을 통해 소비자는 자신의 욕구를 정확히 전달할 수 있으며, 불만이 있는 경우 즉각적인 피드백을 받을 수 있어 자신의 욕구에 맞는 제품을 구입할 수 있다.

표 15-6. 전자상거래의 효과

기 업		소 비 자	
긍정적 효과	부정적 효과	긍정적 효과	부정적 효과
상품판매와 관련된 고정비 · 간접비(점포, 종업원 등) 감소	중간유통업체 쇠퇴	저렴한 가격으로 상품 구입	개인정보의 노출, 악용
전세계 대상으로 24시간 사업 가능	상표충성도가 강한 대형업체가 국내시장 잠식	신속하고 편리한 구매	불량품, 반품의 어려움(특히 해외 거래시)
각종 신사업 등장으로 사업영역의 확대		상품선택의 폭 확대	거래사기 빈발
마케팅, 커뮤니케이션, 판매자와 고객간의 쌍방 대화 가능		상당량의 동적인 정보에 대한 접근 용이	

자료 : 산업자원부, 삼성경제연구소, 전경련.

5) 전자결제로 소비자 안전성

가상 쇼핑몰에서 상품검색기능을 활용하여 용이하게 제품을 선택할 수 있으며 결제 또한 현금보유에 대한 위험이 전혀 없는 전자결제로 인해 소비자의 안전성이 높아진다.

6) 불친절 및 강매에서 해방

기존의 상거래방식이 가지고 있던 문제점 중의 하나인 종업원 불친절 또는 강매에서 해방되어 풍부한 제품정보를 가지고 쇼핑을 할 수 있다.

7) 사전조사로 계획구매

전자 쇼핑에서는 정보탐색 시간 및 비용이 저렴하여 충분한 사전조사를 가지고 구매할 수 있어 충동구매가 감소하고 계획구매가 이루어진다.

5. 전자상거래의 전략경영

1) 소비자 신뢰구축 전략

전자상거래에 있어 소비자의 신뢰(trust)문제, 즉, 소비자가 상품과 상품공급자에 대한 정보위험(information risk) 문제가 중요하다. 이러한 소비자의 신뢰는 전자상거래에서 거래될 수 있는 상품을 정보위험과 유통비용을 주축으로 분류하여 제품에 대한 소비자들의 인식도를 측정할 수가 있다.

소비자 신뢰구축에 추가하여 전자상거래를 통한 국제간거래는 기존 무역거래에서 이루어지는 기업과 기업의(Business to Business) 상거래보다는 기업과 개인소비자 사이(Business to Customer)에서 이루어지는 상거래가 대부분이므로 소비자와 공급자에게는 기존 상거래와 다른 정보위험이 발생할 수 있다. 소비자의 경우 공급자와 상품에 대한 정보위험문제, 즉 상품을 실질적으로 받아볼 수 있는가에 대한 여부와 상품이 선정된 사항과 일치하는지에 대한 정보위험이 존재한다. 이러한 정보위험의 정도와 상품분류방법, 그리고 유통비용의 관계를 중요시 해야 한다.

2) 주요한 전략경영

(1) 온라인 광고 최대화

PC통신, Mailing Lists, 이용자 접속이 높은 사이트에서는 온라인 광고를 최대한 활용할 필요가 있다. 그러나 소비자가 능동적으로 탐색을 하므로 공급자 입장에서는 비용의 절감효과가 있으나 소비자의 주의를 끌기가 어렵다. 왜냐하면 소비자는 자신이 필요한 정보만 탐색하기 때문이다.

(2) 잠재고객의 데이터 베이스화

고객과의 관계를 긴밀하게 유지해야 한다. 즉, 잠재고객을 최대한 데이터 베이스화해야 하는 것을 의미한다. 자사의 고객DB에 특정 소비자의 데이터가 입력이 되어 있다면 그 소비자와 계속적이면서 1:1의 방식을 지속적으로 유지해야 한다. 특히 자사의 제품을 구매한 소비자의 경우 지속적인 제품을 구매하거나, 구매량을 늘리거나, 신제품 출하시 우선 구매가망고객으로 유인이 가능하며, 그 소비자를 통한 구전효과(word of mouth effect)를 가질 수 있다.

(3) 디지털 자산의 재활용

만약 디지털화된 제품을 판매하려고 하면 디지털 제품의 속성을 이해해야 할 것이다. 디지털 자산은 물리적인 자산과 달리, 사용은 되지만 소비는 되지 않는다. 달리 말해, 디지털 자산은 계속 사용이 가능하다는 것이다. 그래서 매우 큰 규모로, 많은 빈도의 거래를 통해 디지털 자산을 재활용하여 사업의 가치를 높일 수 있다.

3) 소비자 행동변화의 전략

소비자의 소비추세는 계속 변화하는 과정 중에 있다. 따라서 어느 한 시점의 소비자욕구를 파악하는 것보다는, 장기적으로 변화하는 추세에 대응하는 방법을 찾아내는 것이 더 큰 의미를 지닌다.

기업의 경제행위 상 소비자의 니즈(needs) 변화에 대응하는 방법은 여러 가지가 있으나 ① 소비자의 니즈 선도, ② 소비자의 니즈 예측 및 대응, ③ 니즈 해결에 따른 피드백 등으로 구분할 수 있다.

첫째, 소비자의 욕구를 선도하는 것으로, 욕구가 없거나 욕구가 자사의 영향력 밖에 있는 소비자들을 자극하거나 전환시키는 것이다.

둘째, 소비자의 욕구를 미리 예측하여 그 욕구에 대응하는 것이다. 보편적으로 기업들이 사용하는 전략으로 욕구의 정확한 예측이 제시된다면 대응 또한 소비자의 니즈에 부합하여 수행이 될 것이다.

셋째, 소비자의 욕구가 실현된 후 그에 따른 계속적인 피드백 및 관리기능이다. 소비자의 욕구가 최적으로 충족되었는가, 욕구실현 후 불만족하지 않는가 등에 대한 문제를 추후에 기업들은 자사의 제품을 통해 욕구를 충족하도록 노력하는 것이다.

제 16 장
글로벌시대 IT 전략

제16장 글로벌시대 IT 전략

제1절 IT : Information Technology의 개념

1. IT의 정의

세계적으로 가장 권위를 인정받고 있는 미국IT협회(ITAA : Information Technology Association of American)의 정의에 따르면 IT(Information Technology : 정보기술), 즉 정보기술은 컴퓨터를 바탕으로 한 정보체계, 특히 응용 소프트웨어와 컴퓨터 하드웨어에 연구, 설계, 개발, 적용, 지원, 관리하는 것이라고 규정되어 있다.[1)]

ITAA의 개념은 IT를 컴퓨터(하드웨어 및 소프트웨어) 자체, 혹은 컴퓨터 기술에 초점을 맞추고 있는 것으로 소위 컴퓨터 과학(CS : Computer Science)에 비중을 두고 있는 요소라고 정의하고 있다.[2)] 로체스터 기술연구(Rochester Institute of Technology)의 정보기술부(Department of Information Technology)는 IT란 기본적으로 CS의 파생물의 일종이지만 CS와의 차이점은 CS가 컴퓨터 자체를 목표로 보는 데 대해서 IT는 어떠한 작업을 하는 데 있어서 컴퓨터를 하나의 도구로 사용하는 것이라고 정의하고 있다.[3)]

가트너 그룹(Gartner group)은 IT란 소프트웨어, 하드웨어, 통신기술 등 관련서

---

1) ITAA(2001)., The IT Report 2000. Information Technology Association of American, May p. 5.
2) Oi-seuk, Lim(2001)., A Study on History of Information Technology Industry in Canada, Vancouver, July 10. p. 2.
3) http://www.rit.edu/~eph2284/it.html

비스를 포함한 모든 정보처리 기술의 스펙트럼에 대한 일반적인 용어이지만, 비즈니스를 위하여 데이터를 생산하지 못하는 무용의 기술들은 통상적으로 IT에 포함되지 않는다라고 정의하고 있다.4) Encyclopedia Society에 의하면 IT란 정보기술로서 하드웨어, 소프트웨어, 네트워크 및 통신, 인터넷 e-비즈니스 등을 포함하는 지식정보화 산업의 도구들이라고 정의하고 있다. 이와 같은 개념들을 종합한 IT 시장백서에 의하면 IT란 ① 하드웨어와 IT인프라 구축으로서 PC, 프린터, 서버, 워크스테이션, 스트라지, PDA, ② 소프트웨어와 솔루션으로서 소프트웨어 ERP, CRM, 검색엔진, PC게임, 바이러스, 해킹 등이며, ③ IT서비스, ④ 인터넷과 e-비즈니스로서 전자상거래, 디지털 컨텐츠, 온라인 게임 등으로 정의하고 있다.5) 아울러 IT의 관련용어 가운데 ICT(Information and Communication Technology)는 IT와 같은 의미로 사용되거나 혹은 차별적으로 사용되고 있다. 정확하게 구분하면 통신기술(Communication Technology)과 정보기술(Information Technology)은 달리 취급해야 하지만 오늘날 정보기술은 통신기술을 기반으로 하기 때문에 불가분의 관계에 있다고 보아야 하므로 혼용해도 무리는 없을 것이다.6)

따라서 IT산업이란 컴퓨터를 도구로 활용하여 하드웨어와 IT인프라, 소프트웨어와 솔루션, 네트워크와 통신 IT에 관련된 서비스, 인터넷과 e-비즈니스 등을 포함한 산업으로 정의한다. IT란 컴퓨터나 통신기술 등과 같은 정보기술을 개발하고 생산하는 기술뿐만 아니라 이러한 정보기술들을 이용하여 정보를 생산하고 분배하여 활용하는 기술까지 포괄적으로 파악하는 정보기술산업의 총체적 개념이다.

IT란 극소전자기술(Micro Electronics)과 통신기술(Communication Technology)을 포함한 것으로 IT산업분류기준에 있어서도 경제협력개발기구(OECD)에서는 반도체 산업(Semiconductor), 컴퓨터 산업(Computer hardware and software industry), 정보 서비스 산업(Information service industry)까지만 묶어서 IT산업으로 분류하고 있어 순수한 통신산업(Communication industry)은 제외하고 있다. 그러나 미국 상무성에서는 IT산업의 분류를 〈표 16-1〉에서 보는 바와 같이 통신산업까지 포함시키고 있는데, 단 통신산업을 통신장비산업과 통신 서비스 산업으로 구분하고 있으며, 반도체 또한 컴퓨터 하드웨어 산업에 포함시키면서 컴퓨터 서비스 산업을 통합하여 크게 4가지 그룹으로 분류하고 있다.7)

---

4) http://www.3.gartner.com/Init.help~glossary
5) 동아일보, IT시장백서, IT개념편. 참조.
6) 임외석(2001), 카나다 정보기술산업에 관한 사적고찰, 경영사학, 제16집 제2권(카나다 벤쿠버 학술발표학자회자료. 7. p. 3.

표 16-1. IT산업범위(구성)

Hardware Industries	Software/Services Industries
Computer and equipment Wholesale trade of computer and equipment Retail trade of computers and equiment Calculating and office machines. nec Magnetic and optical recording media Electron tubes Printed circuit boards Semiconductors Passive electronic components Industrial instruments for measurement Instruments for measuring electricity Laboratory analytical instruments	Computer Programming Services Prepackaged software Wholesale trade of software Retail trade of software Computer integrated systems design Computer processing, data preparation Information retrieval services Computer services management Computer rental and leasing Computer maintenance and repair Computer related services, nec.
Communication Equipment Industries	**Communications Services Industries**
Household audio and video equipment Telephone and telegraph equipment Radio and TV and communications equipment	Telephone and telegraph communications Radio broadcasting Television broadcastion Cable and other pay TV services

자료 : (1) http://www.ecommerce.gov/append.pdf. pp. A1-19
(2) Oi-seuk Lim(2001). A Study on History of Information Technology Industry in Canada, Vancouver, July, 10, p. 3

2. IT에 대한 생산성 메카니즘

디지털화, 네트워크화로 상징되는 정보화의 진전은 IT분야의 급격한 혁신을 통해 개인, 기업, 국가에 큰 영향을 미치고 있다. 국가, 정부에 대해서는 의사결정 메커니즘을 개방화, 투명화하는 한편 징세권, 지적재산권 보호 및 개인정보 보호 등에서 새로운 법률체계를 필요로 한다. 사회, 생활면에서는 전자상거래의 보급 등에서 사이버 시장과 사회가 형성되고, 기업, 경제면에서는 기존의 기업조직이나 기

7) http://www.oecd.ord.//dest/sti/it/prod-out 2000-e.htm, http://ecommerce.gov/view html.htm 등 참조.

업경영의 패러다임이 근본적으로 변화할 가능성이 있고 정보를 매개로 한 산업의 융합 등 변화가 예상되며, 기존사업의 정보화가 진전되고 있다.

기술이 발전하면 새로운 산업이 번성하게 되고, 이것이 일국 경제력의 기반이 된다는 것을 논증하려는 것이 아담 스미스(Adam Smith)의 국부론(1776)이었다. 아담 스미스에 따르면 국가의 부(Wealth)는 생산력에 의하여 결정되고, 생산력은 분업에 의해 높아지며, 분업은 시장의 확대에 의해 더욱 진화되고, 시장의 확대에는 인프라가 필요하다. 스미스는 이러한 예로 운하를 들고 있는 바, 이러한 스미스의 구도를 인터넷에 적용하면 현재의 신산업혁명의 일면을 이해할 수 있다. 즉, IT의 발전은 국경과 기업 계열화를 초월하여 시장규모를 확대하고 분업(산업구조와 기업조직)을 변혁시키며, 생산성을 높여 국민의 부를 증대시키고 있다.[8]

[그림 16-1] 정보화에 의한 생산성 상승의 메카니즘

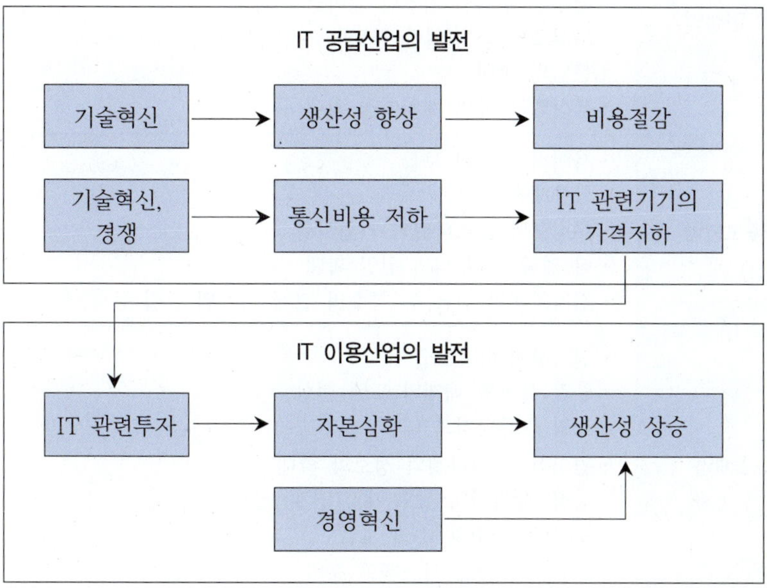

자료: 土地田征一(2000), 「どうなる日本の IT 革命」, 日本經濟新聞社

8) 남장근(2000), 최근 일본의 IT전략과 한·일협력 확대 방향, 산업연구원, 12, pp. 4~5

IT혁명은 사회적 분업(산업구조)과 기업 내 분업(기업조직)의 양쪽에 큰 충격을 주고 있으며, 거꾸로 IT혁명의 성패는 산업구조나 기업조직의 혁신에 좌우되고 있다.

IT공급산업의 발전은 다시 IT이용산업의 발전을 초래하게 된다. [그림 16-1]에서 보는 바와 같이 정보화에 의한 생산성 상승의 메커니즘은 비용절감, 기술혁신, 통신비용저하, 경영혁신 등으로 이어지게 된다.

IT혁명에 의한 정보비용의 절감이 최근의 경영혁신의 근거에 있으며, 경영혁신이 다시 IT혁명을 심화시켜 결국에는 신산업혁명을 초래하게 된다. IT가 기업활동에 미친 주요한 영향에 대해서는 〈표 16-2〉로 종합하였다.

표 16-2. IT가 기업활동에 미친 주요한 영향

분 야	주요영향
제조·건설업	· 전자상거래의 보급 · 계열구조의 해체 · 경쟁상 우위인 기업만 살아남는 체제 · 외부조달 중시(일반 공모형 시장)로 이행 · 분업의 확대 · 생산업무 등의 해외이전 확대 등
금융·보험업	· 사이버 금융의 보급 · 금융재편 가속 · 무점포영업 스타일의 기업보급 · 타 업종으로부터의 진입 확대 · 전자화폐와 현금 등 복수의 결제 시스템 존립 등
도·소매업	· 전자상거래의 보급 · 중간 유통의 배제와 도태 현상 · 쇼핑 커뮤니티의 대두 · 편의점, 수퍼마켓의 정보화 확대 · 상점, 상점가의 상호 제휴(연계) 증대 · 공급망 관리(SCM)의 보급 · 효율적인 물류 시스템의 정비

자료: 山本以誠(2000),「情報通信技術(IT)がもたろす'光'と'影'への對應方向」, 地域經營 ニユースレター, 10, pp. 5~7.

3. IT혁명으로 변화되는 경제

1) IT혁명

IT혁명이란 컴퓨터의 고성능화와 가격하락, 통신의 대용량화와 고속화로 대표된다. NEC의 캐치프레이즈에 C&C라는 것이 있다. 바로 'Computer and Communication'이라는 의미로, IT혁명의 본질을 정확하게 표현한 말이다.

위에서도 지적하였지만 IT혁명의 첫 번째 요소는 컴퓨터의 고성능화와 가격하락이다. 20년 전에 하드디스크를 PC에 처음 장착하여 사용할 때만 해도 가격이 1메가바이트에 일본 돈으로 1만엔 달했다. 10메가바이트짜리 하드디스크는 10만엔, 최근 주류로 자리 잡은 10기가바이트 하드디스크는 1억엔에 달하는 셈이다. 이러하던 것이 PC의 성능 향상으로 대용량 데이터를 고속으로 처리하는 것이 가능해졌을 뿐 아니라, 가격하락으로 인해 일반인에게 폭발적으로 PC를 보급할 수 있게 된 셈이다.

두 번째 요소는 통신의 대용량화와 고속화이다. 일반전화 수화기에 음향 커플러를 끼워 사용하던 초기, PC에서 데이터를 전송하는 속도는 300bps(bit per second, 초당 데이터 전송량)였다. 그러나 현재는 종합디지털 통신망(ISDN : Integrated Services Digital Network)을 사용하면 64kbps라는 속도를 낼 수 있다. 처음에 비해 거의 200배에 달하는 속도다. 컴퓨터와 통신이란 두 기술, 곧 IT의 혁명적인 진보에 힘입어 경제구조가 달라지고 있다.[9]

9) 마쯔바라 사토루(박규호역)(2000), 손바닥위의 IT혁명, 한겨레신문사, p. 21.

[그림 16-2] IT혁명의 구조

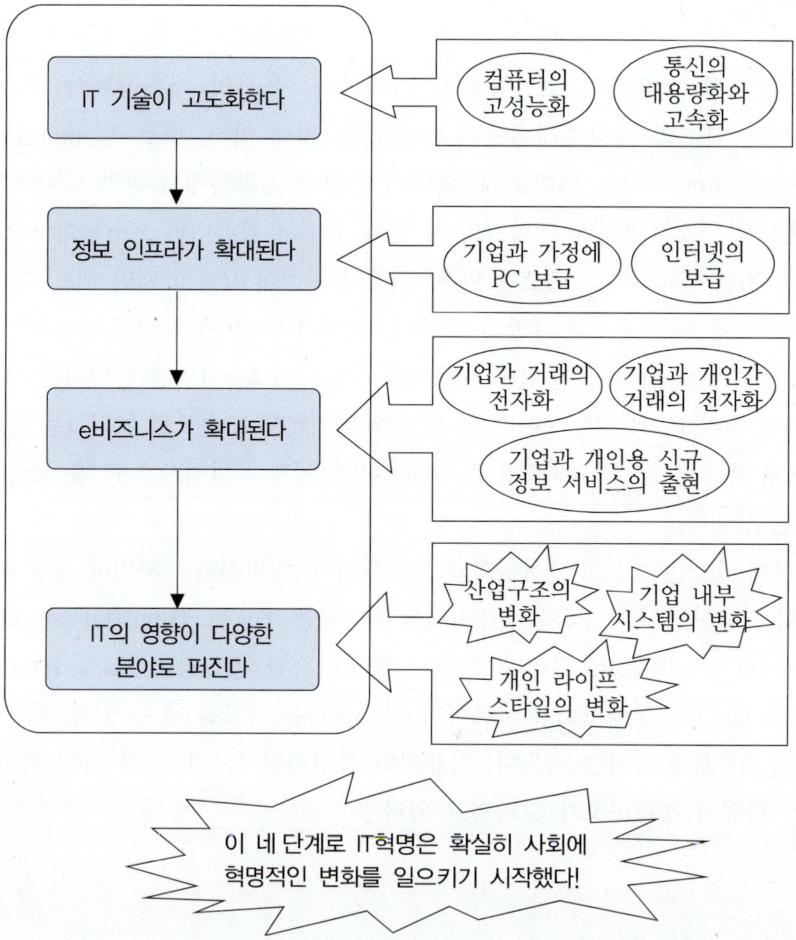

2) IT에 혁명성을 부여한 e-비즈니스

IT혁명의 결과, 컴퓨터 가격이 크게 내려 정부, 산업계, 가정에까지 컴퓨터를 대량 보급할 수 있게 되었고, 나아가 인터넷을 통해 세계 전산업과 연결하게 되었다.

인터넷을 활용한 비즈니스의 대표적인 것이 전자상거래이다. 기업 간 전자상거래 B2B(Businness to Businness), 기업과 소비자 간의 전자상거래를 B2C(Businness to Consumer)라고 한다. 온라인 쇼핑은 B2C의 대표적인 사례이다. 그뿐만 아니라 인터넷에서 은행거래와 증권거래까지 하게 되었다. 이와 같이 IT혁명은 기업경영과 산업구조를 송두리째 바꾼 파워로서, 한 나라의 경제에 지축을 흔들리는 변화를 예상하고 있는 것이다.

3) IT혁명으로 변화되는 경제

(1) 네트사회의 중심이 되는 물류 시스템

모든 거래가 네트 상에서 이루어지는 데 예를 들면, 보험계약・은행거래, 음악・비디오 전송, 신문・서적의 콘텐츠 전송, 전자결제 등. 그러나 재화(財貨)의 수송만은 네트화할 수 없다. 이제 네트 거래가 더욱 활성화될 것이며, 물류 시스템의 중요성은 더욱 커진다. 결국 IT혁명은 물류의 지위를 상승시킨다. 기업의 판매, 관리, 조달, 정보까지 물류와 연동시키는 단계이다.

(2) 수송효율의 비약적 향상 = ITS

인터넷의 등장은 생산자와 소비자 간의 '직판'을 가능하게 했다. 이에 따라 소비자에게 상품을 배달하기 위한 수단에도 혁명이 일어나고 있다. IT혁명에 따른 물류 혁명, 특히 수송효율을 높이기 위한 노력이 나타나고 있는 것이다. ITS (Intelligent Transport System)는 지능형 도로교통 시스템으로서 도로교통의 안전성 확보 등을 목적으로 최첨단 IT를 이용해서 구축하고 있는 새로운 도로교통 시스템을 가리킨다. 논스톱 자동 요금징수 시스템(ETS : Electronic Toll Collection system), 도로교통 정보통신 시스템(VICS : Vehicle Information and Communication system), 주행지원 도로 시스템(AHS : Advanced Cruise Assist Highway System) 등을 이용하여 교통망 전체의 효율화를 도모한다.

(3) 경제 시스템 혁명

인터넷 상거래가 일반화되면서 물가뿐 아니라 경제 시스템 자체에서 혁명적인 변화가 일어나고 있다. 네트 거래가 초래하면서 크게 3가지가 변화한다.

첫째, 중개업・대리점이 쇠퇴하여 기업과 고객을 연결해온 업계가 모두 기로에 서게 된다.

둘째, 점포전략의 무의미화가 초래된다. 상품은 점포 쇼핑이 없어지지 않을 것으로 보이지만, 금융거래는 모두 네트 거래로 대체될 가능성이 높다.

(4) 텔레워크 업무 스타일의 변화

IT혁명은 재택근무의 질이 변하기 시작하여 이미 북미에서는 총 인구중에서 20%가 회사에서 떨어져 업무를 보는(텔레워크) 사례로 증가하고 있다. 창업자에게는 절호의 환경이며, SOHO(Small Office Home Office)가 증가한다. 그리고 소호를 지원하는 비즈니스의 확대가 늘어난다. 정보의 입수에서 연락, 계약, 수주, 발주까지 모두 자택에서 처리할 수 있게 된다.

(5) 산업의 변화

IT혁명이 기업조직의 대변혁을 초래한다. 기업 내 네트화를 통한 효율화와 기업 간 거래의 네트화를 통한 효율화가 이루어진다. 피라미드형의 조직이 점점 없어질 것이다. 그리고 이에 따라 중간관리층도 없어지게 될 것이다. 정보의 왕래가 자연스러워지고 경영효율도 제고된다. 거래업자의 입찰을 네트화하여 거래가격을 억제한다. 그리고 마케팅에도 혁명적인 변화가 온다. 모든 정보를 마케팅에 활용하여 원 투 원 마케팅으로, 즉 고객정보 데이터베이스로 고객 한사람에 적합한 판매전략과 광고전략, 광고선전전략 수립에 활용된다. 그리고 지식시스템의 구축과 고용시장의 국경도 파괴한다. 업무경험과 노하우에 관한 사원의 지적 재산을 데이터 베이스화하고 공유하여, 지식경영을 전략경영과 상품개발에 활용한다. IT가 고용에 미치는 세 가지 영향은 첫째, 채용활동을 홈페이지나 메일을 통해 네트화할 것이며, 둘째, 점점 IT의 숙련도에 따라 대우에서 차이가 중요해지며, 셋째, 외국 전문가에도 업무를 위탁하는 고용이 국경을 뛰어 넘기 시작한다.

(6) 금융 · 보험의 변화

은행업무는 인터넷 뱅킹이나 고객 데이터베이스의 구축과 운영으로 투자가 중심이 되며, 수익기회의 확대가 된다. 보험의 경우는 이제 판매원을 중심으로 방문판매에 의존하던 시대는 끝났다. 네트판매(직접판매)의 경우 보험사 홈페이지의 사이트에서 거리낌없이 각 사의 보험상품을 비교 · 검토할 수 있으며, 온라인으로 견적, 의뢰, 신청할 수 있다. 증권회사는 인터넷 거래에 진입하여 중소 · 신흥 증권회사도 지점망 · 영업사원 없이도 거래가 가능하며, 운영비를 절감한 만큼 수수료를 내릴 수 있다. 이것을 무기로 고객을 증가시킬 수 있다. 앞으로 IC카드형 전자회폐, 신용카드의 결제시대, 인터넷 뱅킹으로 금융기관이 바뀐다.

제2절 인터넷 문화와 IT전략경영

1. 기업에서 인터넷 문화

1) 사무실의 혁신

다음 사례로서 설명한다.

사례 1// 20세기말의 사무실 모습 – (1) 전화, (2) 팩스

회사원 홍길동씨는 아침에 출근하자마자, 밤새 들어온 팩스가 있는 지 확인을 한다. 미국 지사에서 새로운 주문에 대한 검토를 요청한 내용과 유럽 지사에서 제품선적이 언제쯤 이루어질 지를 질의하는 내용이 도착해 있었다.

미국 지사와 통화하기에는 약간 이른 시간이므로, 커피 한 잔을 하며 오늘의 일과를 정리해 본다. 오전 10시 이후에는 관련 부서와 거래 업체와의 쏟아지는 전화로 인해 자칫 중요한 일과를 빼먹지 않도록 조용한 시간에 미리 하루 계획을 작성하고 있는 것이다.

홍길동씨는 만일 전화가 없었더라면 어떤 일이 벌어질까 생각을 해 보았다. 컴퓨터를 사용하는 업무가 있기는 하지만, 그 보다는 전화 업무가 훨씬 더 많았다. 정전이 되어도 업무에 큰 지장이 있지만, 전화가 고장이 났을 경우에는 업무가 마비될 것이라는 생각이 들었다.

퇴근 전에 오랜만에 친구들과 저녁 모임을 위해 식당을 예약하고, 하루 일과를 마무리한 후 즐거운 마음으로 퇴근을 한다.

〈정보통신윤리위원회, 인터넷윤리〉

– 21세기초 사무실 모습 –

(1) 사무자동화, (2) 전자문서결재 시스템, (3) 전자우편, (4) 휴대폰 문자 메시지

회사원 대장금씨는 아침에 출근하자마자, 밤새 들어온 전자 우편을 확인하기 위하여 컴퓨터를 켠다.

미국 지사에서 새로운 주문에 대한 검토를 요청한 내용과 유럽 지사에서 제품선적이 언제쯤 이루어질지를 질의하는 내용이 도착해 있었다. 즉시 확인 후, 5분이내에 답장을 보내 주었다.

시간이 많이 걸리거나 기안작성이 필요한 내용들을 따로 정리해 두고, 기타 업무외의 전자우편이나 스팸 메일을 정리하느라 30여 분이 더 걸렸다.

이제야 커피 한 잔을 하며 오늘의 일과를 정리해 본다.

관련 부서나 거래업체와의 업무에는 전화보다 전자우편, 파일전송이 정확성을 위해 주로 사용되고, 전화는 이를 확인하거나 반드시 대화가 필요한 경우에 사용된다.

대장금씨는 만일 업무용 전화기 고장이 나면 어떤 일이 벌어질까 생각을 해 보았다. 업무에 약간의 지장이 있겠지만, 휴대 전화가 많이 보급되어 있으므로 반드시 필요한 연락은 가능하다.

그 보다 더 큰 일은 컴퓨터 네트워크에 지장이 생기는 것이다. 자신의 컴퓨터로 문서작업이나 표계산이 필요한 업무는 할 수 있겠지만, 컴퓨터 네트워크가 마비된 후에는 공허함과 함께 업무에 손을 놓고 기다린 경험이 있기 때문이다. 최악의 경우는 정전이 되는 경우로, 일과 중 내내 정전이라면 아예 퇴근하는 수 밖에 없다.

오랜만에 친구들과 저녁 모임을 위해 미리 인터넷으로 식당을 예약하고, 친구들에게 최종적으로 전자우편과 휴대폰의 문자 메시지를 통해 장소와 시간을 알린다. 하루 일과를 마무리한 후 즐거운 마음으로 퇴근을 한다.

〈자료: 정보통신윤리위원회, 인터넷윤리〉

2) 전자정부

전자정부란?

다양한 행정 서비스를 온라인화함으로써 언제 어디서나 고객의 접근과 이용이 가능한 서비스형 정부를 말한다. 아울러 행정 서비스 체계를 일원화하고 공개함으로써 정부의 생산성과 투명성도 획기적으로 높일 수 있다. 첨단 정보통신기술을 활용한 정부업무와 대민서비스의 전자적 처리가 전자정부의 핵심이다.

(1) 국민지향적 대민 서비스

정부의 대 국민 서비스 차원에서는 인터넷 기반의 전자정부 단일창구 구축을 통한 국민지향적 대민 서비스 실현을 목표로 제시하고 있다. 주소변경 등 국민생활과 밀접한 민원 서비스의 온라인 처리를 실현하고 주민 · 부동산 · 자동차 · 기업 등 국가 주요 민원정보 데이터베이스의 공동활용 체제 구축을 통해 주민등록 등 · 초본 · 사업자 등록증 등 구비서류를 최소화하고, 기관방문횟수를 최소화하여 행정능률과 국민편의 제고를 도모한다.

(2) 정부 · 기업 간 업무처리의 효율성 극대화와 투명성 극대화

정부와 기업 간 거래에 전자상거래 방식을 적용 · 확산시켜 정부와 기업 간 업무처리의 효율성과 투명성을 극대화한다. 이를 위해 구매결정에서 입찰 · 대금지불까지 정부조달 전 과정의 전자적 처리를 모든 공공기관에 확산시키고, 조달관련 온라인 서비스를 통합적으로 제공하기 위해 정부통합전자조달 시스템 구축을 추진한다.

(3) 정부 행정업무 처리의 생산성과 투명성 극대화

정부 내 기관, 정부기관 간 그리고 정부와 정부(지방정부) 간 업무처리에 있어서는 인사 · 재정 · 교육 · 행정 등 국가 핵심업무의 정보화 기반을 완성하고, 전자결재 및 문서유통으로 종이 없는 행정을 구현하여 행정업무 처리의 생산성과 투명성을 극대화한다.

(4) 안전하고 신뢰성 있는 정보 유통 인프라 구축

정보의 유통과 관리 인프라 차원에서는 안전하고 신뢰성 있는 정보유통 인프라 구축을 목표로 개인의 정보보호, 전자적 신원확인 등을 위한 전자서명 이용 확산을 통해 온라인 행정 서비스 이용 기반을 구축하고, 정부 내 통합 전산환경을 단계적으로 구축한다.

3) 업무와 사생활보호

(1) 스팸메일에 의한 업무방해

폭발적인 메일 사용의 증가 속에 스팸(Spam) 혹은 정크(Junk) 메일이 큰 문제점으로 등장하고 있다. 스팸 메일은 이용자가 원하지 않는 메일로 주로 광고 목적으로 많이 사용된다. 수많은 스팸 메일로 인하여 하루 일과 중 상당시간을 불필요한 메일 확인과 삭제에 낭비하고 있음을 매일 실감하고 있다. 스팸 메일을 받는 동안 소모되는 통신망 자원에 대한 비용은 이용자가 모두 부담해야 하는 것이 현실이므로 스팸 메일은 자신의 광고비를 이용자에게 떠넘기는 부도덕한 행위이다.

(2) 업무와 사생활보호

① 관리자 입장

회사는 공적인 업무를 위한 장소이고, 사무실에 설치된 장비들은 업무를 위하여 투자된 것이므로 반드시 업무를 위해서만 사용되어야 한다. 업무의 효율을 높이고 직원들의 사기를 진작하기 위하여 일시적으로 업무 외 사용을 허락하더라도 지나친 것은 금지한다. 필요하다면 컴퓨터 사용을 감시하거나 억제해서라도 근무강도를 높인다.

② 직원 입장

아무리 업무를 위한 장소에 있더라도, 근무시간 내내 업무만을 할 수는 없으며, 심리적 안정과 휴식을 통해 생산성을 높이기 위해 어느 정도의 자유를 허락해야 한다. 사무실에서 직원들의 근무상태를 감시하거나 제한하는 것은 인권침해 혹은 사생활 침해이다.

③ 양측의 입장

- 모 회사의 경영자는 근무 중 사원들의 전자우편을 감시하여, 업무에 지장을 주는 내용에 대하여 제재를 가하기로 했다가, 노조의 반대로 무산되었다.
- 업무용 컴퓨터에서 파일공유(P2P : Peer to Peer) 접속을 방지하기 위하여 방화벽을 운용한다.
- 근무시간 중, 컴퓨터 게임을 하는 직원을 문책한다.
- 기업이 소속원의 근무상태를 감시한다.

4) 기업 내부감시 시스템

미국 기업 중 감시비율이 21세기 초에는 78%에 이르렀다. 감시형태는 비디오, 오디오, 컴퓨터 활용, 전화, 생체 인식형 모니터링 등이 있다. 이 결과로 직원관련 정보수집, 재산조사, 신체 · 심리적 테스트, 근무평가, 비용통제 등의 관행이 생겼으며, 기술지상주의 추구, 도덕성 해이, 직원의 사기 저하, 직원과 경영진의 분열 등의 결과가 나타났다.

사례 2// 기업의 내부 감시

모 회사는 최근 보안 강화를 이유로 직원들의 메신저 대화를 감시하기 위한 소프트웨어를 설치했으며, 서버에 저장된 대화내용을 수시로 감시한다는 방침을 세웠다. 직원들로서는 업무와 관련이 없는 사생활을 감시당할 수 있어 꺼림직하지만, 입사 때 회사규정을 준수하겠다고 서약한 만큼 회사방침을 따를 수밖에 없다는 태도이다.

국내 대기업 B사는 지난해 인터넷 사용과 관련해 직원들에게 동의서를 요구해 물의를 빚은 바 있다. 이 회사는 직원에게 "인터넷이나 이메일을 업무 이외 용도로 사용하지 않아야 하며 회사는 자산(資産)인 시스템을 수시로 열람할 수 있다. 또

규정을 위반한 경우에는 처벌된다"는 내용의 동의서 작성을 강요해 직원들이 반발했다는 것이다.

최근 기업에서 기밀유출을 막기 위한 감시 시스템을 설치하는 사례가 늘면서 직원의 사생활 보호와 충돌하는 경우가 발생하고 있어 내부감시의 한계를 둘러싼 논란이 가중되고 있다.

5) 기업에서의 직업윤리

미국의 한 소년이(1986년) 공군의 위성통제컴퓨터를 망가뜨려 $1,200,000의 피해를 입혀 유죄를 받은 사건이 있었는데, 본인은 핵전쟁을 막기 위하여 취한 행동이며, 수많은 사람들을 살리기 위한 일이라고 주장하였다. 하지만 이것은 명백한 범죄행위이다. 컴퓨터 자체는 범죄의 도구가 될 수 없지만 '칼의 양날'과 같아서 누가 사용하느냐에 따라 인간생활에 아주 유용할 수도 있지만 무서운 무기로 돌변할 수도 있다. 타이프로 공격명령을 작성할 수 있다고 해서 타이프를 무기라고 할 수 없는 것과 마찬가지이다.

기업체에서는 전략경영수립을 위해서 올바른 컴퓨터 사용에 대하여 끊임없이 교육하고 인식시켜야 한다.

- 경영자가 컴퓨터 범죄에 대한 인식을 가진다.
- 관리자는 부하 직원에게 컴퓨터 범죄에 대한 조치나 주의를 인식시킨다.
- 윤리헌장을 제정하고, 직원들이 내용을 분명히 알도록 해야 한다.
- 직원들이 범죄사실을 알았을 때 보고할 경로가 있어야 한다.
- 보안 시스템을 운영한다.

2. 조직구성원의 IT에 대한 전략적 사고

글로벌시대 IT는 상품개발에서 고객만족 분야까지 거의 모든 분야에 걸쳐 보급되어 있으며, 기업의 생존에 큰 영향력을 행사하고 있다. IT만큼 빠른 속도로 변화하는 것은 없다. IT의 변화에 맞추어 지속적으로 기업을 재정비하지 않는다면 기업은 도태하고 말 것이다. 따라서 IT의 중요성을 이해하고 IT에 기반하여 전략을 계획하는 것은 매우 중대한 일이다. 이러한 IT는 생산시간 단축, 제품개발, 고객서비스 향상, 조직원 간의 정보공유 등 기업의 중심적으로 수행해야 할 활동에 필수적인 것이다. 21세기 글로벌시대 IT가 제대로 기능을 발휘하지 못하면 급변하는 환경 속에서 생존조차 어려워 질 것이다. 고객과 밀접하게 연관되어 있는 조직구성원들만이 그들의 업무에 IT를 활용하는 가장 효율적인 방법을 알고 있다.

따라서 기업에 있어서 최고경영자의 역할 중 가장 중요한 것은 조직구성원들이 IT에 대한 전략적 사고와 이를 효과적으로 활용할 수 있는 글로벌 경영기법들이 이루어져야 한다.

3. 최고경영자와 관리자의 IT

1) CEO와 IT

글로벌시대 IT는 신제품개발에서 판매 및 서비스 직원에 이르기까지 그리고 시장정보제공에서부터 의사결정 분석도구의 지원에 이르기까지 회사의 경영 전반에 걸쳐 중요한 전략적 역할을 담당하고 있다. 글로벌 기업에서 다양한 시스템을 통해 정보를 얻고, 경영자와 직원들이 폭넓게 사용할 수 있도록 이러한 정보를 가공할 수 있는 능력은 매우 중요하다. 많은 전문가들은 기업이 전략적인 우위를 획득하기 위해 IT를 사용하는 기회가 증가함에 따라 최고경영자들이 IT를 효과적으로 활용하기 위해서는 이 분야에 관한 지식을 재검토해야 한다고 믿고 있다. IT 위험은 사업위험과 맞물려 증가하고 있으며, 이 두 가지를 구분하는 일은 최고경영자의 책임이다. 최고경영자는 더 이상 이와 같은 결정사항을 정보 시스템 관리자에게만 위임할 수는 없다. 요즘 많은 기업에서 IT는 거의 모든 업무분야와 통합되고 있다. 글로벌시대 IT는 고객 서비스 분야에서부터, 소비자의 다양한 욕구를 충족시키기 위하여 매장의 형태를 재구성하거나 시장마다 독특한 판매전략을 구사하는 것에 이르기까지 거의 모든 분야에서 중요한 전략적 역할을 수행하고 있다.

궁극적으로 우리는 현재의 사업, 조직의 복잡성을 증대시키는 것이 아니라 IT기술 투자가 이루어지기를 기대한다. IT기술이 제공하는 능력이 우리의 의사결정방법 또는 상품운송, 재고비축, 공급자와의 연락 등과 같은 수행과 절차를 처리하는 방법을 어떻게 단순화할 것인가에 관해 IT기술의 전략적 방안이 이루어지도록 노력한다.

2) 일선관리자와 IT

글로벌시대 대부분의 기업에서는 메인컴퓨터 시스템 위주로 구성된 인프라를 관리하기 위해 IT 부서를 조직하였다. IT 관리자와 스탭진은 데이터 센터를 운영하면서 데이터를 중앙처리하는 방법을 학습했다. 21세기의 변화속도를 따라가려면 ① 인터넷을 통한 온라인 정보, ② 의사소통의 중시, ③ 분산된 컴퓨터 네트워크가 필요하다. 일선관리자들도 다양한 업무에 접근하기 위해 이러한 정보가 필요하다. 새로운 체계 하에서 회사는 오랜 기간동안 서로 격리되어 있던, ④ 시스템을 통합해야 하고, ⑤ 구매와 생산정보를 물류, 판매 및 고객 서비스와 연계시켜야 한다. 그리고 ⑥ 통합된 업무 시스템을 직접 고객과 공급자에게 연결시킬 수 있어야 한다. IT 업체가 수년간 개발하고 유지시켜 온 기존의 시스템을 21세기의 새로운 분산기술과 통합하는 일은 불가능하지는 않더라도 매우 힘들다. IT 전문가들은 일반적으로 지금의 회사들이 낡은 기술을 새 기술로 전환하는 작업을 수행하는데 필요한 기술과 경영 노하우가 부족하다고 인식하고 있다.

최근에는 많은 회사를 비롯하여 어디에서든지, IT에 대한 새로운 접근방법에 필요한 변화를 실질적으로 이끌어 가는 사람은 바로 일반관리자(general manager)인 듯 싶다. 요즈음 대부분의 일선관리자들은 벌써 전(全) 라인 사업을 운영하고 있다. 기업들은 1990년대부터 영업부문에 관해 기본적 책임을 일선관리자들에게 맡겼으며 21세기 새 천년에는 인적자원관리의 책임을 맡겼다. 일선관리자들은 지금 IT를 책임질 준비가 되어 있다. 최고경영자들은 이러한 조직의 성장이 다음 단계로 계속해서 이어질 수 있도록 지원해야 한다. 일선관리자들이 IT전략을 수립하는 실질적인 주인공이 되어야 한다.

제 3 절 전략경영의 IT활용

1. 전략개념의 IT활용

21세기 글로벌시대에는 전략개념을 IT에 활용하고 IT전략을 조직체 전체의 전략경영의 한 부분으로서, 외부환경과의 관계에 첨단 IT와 그 IT활용범위를 결정하고 이를 중심으로 정보 시스템 상의 핵심능력을 개발한다. 그리고 정보 시스템 내부적으로는 IT전략의 추구는 물론 조직체의 내부경영조직과도 일관성 있는 통합된 하부구조(infrastructure)의 설계와 운영관리를 포함한다.

① IT전략은 조직체 전체 전략경영의 하위전략으로서, IT전략의 IT범위를 결정한다. ② IT범위는 전략경영에서 조직체의 제품—시장 등 기본적인 사업범위에 관한 결정에 해당하게 한다. ③ IT전략의 시스템 능력(systemic competence)은 정보 시스템의 신뢰성과 연결성 그리고 신축성 등 정보지원의 결정적인 요소로서, 조직체의 경쟁적 우위에 결정적인 역할을 하는 전략경영의 핵심능력부분에 해당하게 한다. ④ IT전략의 외부 네트워킹은 외부 관련업체 및 집단과의 정보 네트워크로서, IT의 시스템 능력 뿐만 아니라 조직체가 경쟁력과 핵심능력을 성장시키고 있다. ⑤ IT하부구조에서도 구조는 하드웨어와 소프트웨어 그리고 커뮤니케이션과 정보자료의 구성 등 정보 시스템의 건축(architecture)과 정보처리 및 지원과 관련된 방침, 제도, 절차, 규정, 표준 등으로서 전략경영의 조직구조에 해당한다. ⑥ IT과정은 정보 시스템 개발과 운영상의 모든 업무과정으로서, 경영조직 하부구조의 과정에 해당한다. 따라서 IT하부구조의 효율적인 운영을 위한 기술과 지식, 능력, 교육훈련, 태도와 행동 등 경영조직 하부구조의 효율적인 운영을 위한 기술과 구성원행동에 각각 해당한다.

이와 같이 전략경영과 IT전략의 활용은 전략경영과 경영조직 하부구조의 연결관계에서 이룩된다.

2. 전략경영과 IT전략의 접근방법

1) 전략경영주도형의 접근방법

글로벌시대 전략경영주도형(Stretegic management)은 조직체의 전략경영을 중심으로 이를 성공적으로 수행(implementation)할 수 있는 IT전략과 설계를 강조하는 접근방법이다. 따라서 전략경영과 IT전략구조와의 통합을 특별히 강조한다. 이 접근방법은 전통적인 전략경영의 상·하위 계층적 연결·통합개념을 적용하고 있고, 따라서 최고경영층은 전략형성 역할을 하고, IT전략은 재무적 성과나 업무효율성 등 경제적 성과에 의존한다. 근래에 이 접근방법은 전략경영과 IT전략의 연계성을 향상시키는 과정에서 리엔지니어링 등 경영혁신기법을 사용하여 경영조직과 IT시스템조직에 많은 변화를 시도하고 있다.

2) IT주도형의 접근방법

글로벌시대에 IT주도형(Technology Potential)은 전략경영에 일관성 있는 IT전략을 중심으로 이를 달성하기 위하여 이에 필요한 IT전략조직을 설계 · 운영하는 접근방법이다. 따라서 이 방법은 ① 전략경영과 IT전략의 통합, ② IT전략과 IT하부구조와의 통합을 강조한다. 그리고 이 방법은 전략경영과 경영조직구조의 통합을 우선시하는 전략경영주도형과는 달리, IT를 통한 핵심능력개발과 경쟁력 강화를 위한 IT전략구조설계에 전략경영의 초점을 맞춘다. 따라서 이 접근방법에서 최고경영층은 전략경영이 IT전략에 어떤 영향을 미치는지를 분석하고, 전략목적달성을 위한 IT활용과 조직설계에 대한 비전을 제시하여야 한다.

3) 서비스 지향형의 접근방법

글로벌시대 서비스 지향형(Service Level)은 최고수준의 IT 시스템 서비스를 목적으로 경영조직 전 경영과정을 지원하는데 주력한다. 전략경영의 정보지원을 최고수준으로 높이는 것 이외에는 다른 두 접근방법에 비하여 IT전략의 특별한 특징이 없기 때문에, 이 접근방법은 급변하는 조직환경에 비추어 IT를 충분히 잘 활용하고 있는지에 대한 의문이 자주 제기된다. 이 접근방법에서 최고경영층의 중요한 역할은 IT와 정보 시스템에 대한 자원배분의 우선순위를 결정하는 것이고, 정보 시스템 관리자의 각종 운영방침 · 제도 · 절차 속에서 효과적인 정보지원 서비스를 제공하는 것이다. 그리고 고객만족이 이 접근방법에서의 중요한 성과평가 기준이다.

21세기 글로벌시대 전략경영과 IT의 전략적 활용을 연구하는 데 있어서 우리는 전략경영과 IT전략의 연계모형과 IT전략적 연계의 접근방법에 관심을 기울일 필요가 있다. 전략경영과 IT전략 간의 밀접한 연결 및 통합관계가 존재해야 IT가 성공적인 전략경영에 많은 영향을 준다.

[그림 16-3] 전략경영과 IT전략의 연계 접근방법

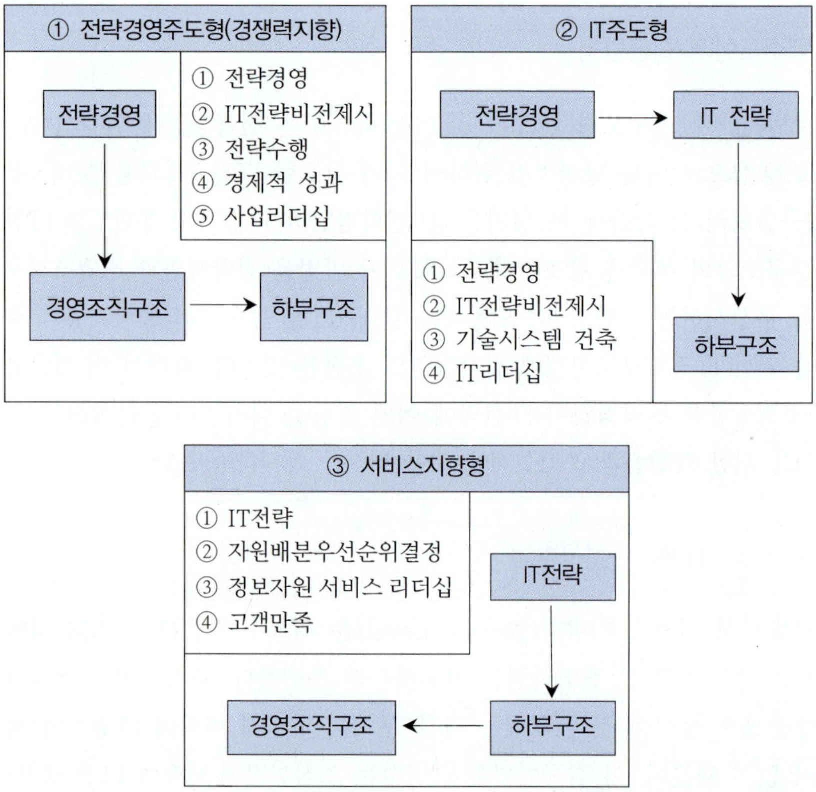

3. 정보 시스템의 경영혁신

21세기 글로벌시대 환경변화에 맞추어 이에 적합한 제품과 고객 등 사업범위를 결정하고 성공적인 사업을 위한 생산 및 경영조직을 설계하는 것은 조직체의 전략경영, 특히 경쟁전략(competitive strategy)의 매우 중요한 측면이다.

특히 경쟁전략은 경영혁신 없이 어려우며 경영혁신은 IT시스템의 구축없이 힘들다는 사실들이 입증되고 있다. 21세기 글로벌 경영시대에는 IT중심의 정보 시스템을 중앙집중적 정보처리와 정보 흐름의 통제를 통하여 집권적 조직을 형성할 수 있는 반면에, 사용자 중심의 분산정보체계를 통하여 분권적 자율경영조직을 형성해야 성공할 수 있다. 다시 말해서 정보 시스템은 정보지원체계와 형태에 따라 집권적 또는 분권적 조직구조로 변화를 촉진 또는 강화시켜 주어야 한다.

IT중심의 정보 시스템은 특히 21세기 글로벌 조직의 경영혁신에서 전략적 변화 요인의 역할을 한다.

① IT는 작업팀 간의 연결과 시스템 통합을 통하여 조직 리스트럭처링(restructuring)을 가능케 하고, 조직 네트워크를 통하여 조직체의 경쟁력을 향상시킬 것이다.

② IT중심의 정보 시스템은 업무과정 리엔니지어링(business process reengineering)에서 구조적 업무 또는 계산업무를 자동화시키고, 신속하고 정확한 정보제공으로 정보지원의 질을 향상시키며 외부 협력집단과의 네트워킹을 확대시키는 등의 개혁을 통하여 전체적인 과정주기를 단축시킨다. 리엔지니어링은 21세기 글로벌 조직에서 고객만족, 수주관리와 주문처리, 신제품개발, 구매관리 등에 획기적인 변화와 성과향상을 가져올 것이다.

이상과 같이 IT시스템은 경영혁신기법들과 접목하여 IT전략을 수행할 때 성공적인 확률이 높다.

사례 3// 글로벌 IT 전략경영: 장수기업의 조건

글로벌 IT 전략경영을 수립하여 장수하는 기업의 5가지 조건은 다음과 같다.

① 유연성
② 실행능력
③ 목표의 공유
④ 지속적인 변화
⑤ 상호협력과 보완

이익을 내고 화려한 성공을 거둔다고 건강한 기업이 되는 것은 아니다. 역사를 돌이켜보면 화려했던 성공의 순간이 기나긴 쇠락의 시작을 의미했던 기업이 많았다.

매킨지 쿼털리는 '건강한 IT 기업의 5가지 조건'(Anatomy of a healthy corporation · 애론 드 스멧 등 · 2007년 5월호)에서 기업의 장기적인 성공은 단기적 성공의 연속이 아니라 지속적인 성장을 위한 관심과 노력으로 이뤄진다고 강조했다.

경영자들이 건강한 기업을 만드는 데 주저하게 하는 심리적 장애로는 △자기 위안의 함정 △단기적 성과와 충돌한다는 잘못된 인식 △자기 인식의 함정 등이 꼽힌다.

매킨지는 건강한 특성을 지닌 기업을 발견하기 위해 IT의 정보기술을 이용하여 수많은 자료를 검토하고 경영진과 심층 인터뷰를 진행했다. 그 결과 건강한 기업은 △유연성 △실행력 △목표 공유 △지속적인 변화 △상호협력과 보완이라는 5가지 특성을 지녔음을 밝혀냈다.

유연성을 지닌 월마트는 허리케인 카트리나가 미국 남부를 휩쓸었을 때 지역 내 125개 점포의 영업을 재개하는 데 며칠밖에 걸리지 않았다. 위기상황을 대비한 유통망을 갖췄기 때문이다.

반면 자동차제조업체 랜드로버는 1990년대에 차축을 생산하던 유일한 공급업체가 부도를 내자 1만 1000명의 직원을 줄이고도 거의 파산 직전까지 가야했다.

1980년대 게임산업을 주도하던 아타리는 마케팅과 비용관리에 주력하고 경쟁력 있는 새 게임 개발을 소홀히 하다가 몰락했다.

건강한 기업의 5가지 특성은 성과를 위한 비결이라기보다는 훌륭한 기업의 특성을 말한다. 그렇다면 건강한 기업을 어떻게 만들어야 할까.

우선 기업은 인터넷 및 IT를 활용하여 자원은 영업을 위한 것과 장기적인 건강 증진을 위한 것으로 나눠 관리해야 한다.

또 현재의 행동이 미래에 수확하기 위한 포트폴리오 구성이라는 관점에서 '자원 배분의 균형'을 유지해야 한다. 기업 건강을 점검할 수 있는 지표를 만들고 건강에 대한 기여를 보상 기준에 포함시키는 게 좋다.

장기적인 발전을 저버린 '순간의 성공'은 결국 주주와 시장에 의해 심판받게 된다. 몰락의 아픔을 겪지 않으려면 건강한 기업의 특성을 알고 사업전략을 짜야 한다.

사례 4// 오래 사랑받는 일등기업의 비결

-새 사업 없더라도 핵심분야 경쟁력 키워야-

매출이 크게 늘고 주가도 연일 오르면서 고객과 투자자에게 호평을 받는다면 분명 '좋은 기업'일 것이다. 하지만 '좋은 기업'이 장기적으로 성공의 길을 가는 것은 아니다. '짐 콜린스'는 여기에 착안해 저서 「좋은 기업을 넘어 위대한 기업」으로(Good to Great)에서 괜찮은 회사가 위대한 기업으로 거듭날 수 있는 방법을 제시해 세계적인 명성을 얻었다. 다만 짐 콜린스는 미국 기업만을 분석했다는 한계를 지녔다.

하버드 비즈니스 리뷰(HBR)는 '장기적 성공을 위한 4가지 원칙'(The Four Principles of Enduring Success, 크리스천 슈타들러, 2007년 7·8월호)에서

100년 이상의 역사를 지닌 유럽 기업 가운데 9개를 위대한 기업(금메달리스트)으로 꼽고 이들을 분석했다.

오스트리아 인스브루크대 교수인 '크리스천 슈타들러'는 보고서에서 금메달 기업들이 △현존하는 핵심 역량을 최대한 활용하고 △사업 분야를 효율적으로 다각화하며 △같은 실수는 절대 반복하지 않고 △변화는 차근차근히 치밀하게 추진하는 특징을 지녔다고 설명했다. 그가 꼽은 금메달 기업은 지멘스, 노키아, 알리안츠, 리걸앤드제너럴 뮌헨리, 로열더치셸, 글락소스미스클라인, HSBC, 라파즈 등이다.

❑ 현재의 핵심 역량을 최대한 활용하라

금메달 기업의 특징은 새로운 분야를 개발해 얻을 수 있는 혜택을 포기하더라도 현재 사업 분야에서 발전 가능성을 높이는 데 꾸준히 투자하고 있다는 것. 일반적인 경영 논리와는 어긋난 듯하지만 노키아와 에릭슨의 사례에서 타당성이 입증된다.

노키아는 1990년대 중반 수익성이 떨어지자 문제해결팀을 만들어 기존의 핵심 역량 분야인 유선통신을 재개발하고 보완했다. 가격과 납품 · 유통 기간도 조정했다. 통신사업에 불경기가 왔을 때도 원칙을 지켜 결국 휴대폰시장에서 세계적 명성을 얻게 됐다.

에릭슨은 90년대에 뛰어난 기술력을 내세워 통신 분야의 선두주자로 각광받았다. 에릭슨의 야심은 연구개발에 대한 과도한 투자와 비용 증가로 이어졌다. 통신산업이 불경기를 맞게 되자 에릭슨은 다른 업체보다 더 큰 타격을 입었다. 에릭슨의 휴대폰 부문은 2000년 결국 소니에 합병됐다.

❑ 제품 · 지역 · 고객을 다각화하라

알리안츠는 1890년 독일에서 설립된 화재보험 전문업체. 알리안츠는 10여 년 만에 국내 1위로 올라서자 사업다각화에 나섰다. 우선 가족형태, 나이, 질병부터 취미에 이르기까지 다양한 기준으로 고객을 세분화한 뒤 맞춤상품을 개발했다. 서비스 영역도 생명, 산업재해, 기업 · 개인보험과 자산관리까지 넓혔다.

프랑스의 시멘트 전문업체인 라파즈는 지역의 폭을 확대했다. 19세기에 프랑스에서 큰 성공을 거둔 라파즈는 수에즈운하 건설에 시멘트를 납품하면서 글로벌시장 개척에 나섰다. 제2차 세계대전 이후에는 남유럽, 동유럽, 중동 등으로 진출했고, 국내에서도 한라시멘트를 인수했다.

❑ 같은 실수를 반복하지 말라

로열더치셸은 제2차 세계대전 이전에 1인 경영 체제였다. 당시 최고경영자 헨리 디터딩은 결단력 있는 리더십을 갖추고 회사를 크게 발전시켰다. 그러나 히틀러의 사상에 매료돼 독일에 거금을 지원했고, 이는 고객의 신뢰를 잃고 성장이 정체되는 결과를 초래했다. 로열더치셸은 그 후 최고경영자가 절대적인 권한을 갖지 못하도록 지배구조를 개편했다. 상암이사회를 만들어 중요한 경영 판단을 맡기고, 최고경영자는 이사회를 총괄하는 정도로 제한했다.

유럽의 산업분야별 금메달 · 은메달 기업

부분	금메달기업	은메달기업
전기 · 엔지니어링	지멘스	아에게(AEG)
이동통신	노키아	에릭슨
보험	알리안츠	에이&엠
보험 · 금융	리걸&제너럴	푸르덴셜
재보험	뮌헨리	컬론리
석유	로열더치셸	BP
의약품제조	클라소스미스클라인	웰컴
은행 · 종합금융	HSBC	스탠다드차타드
시멘트제조	라파즈	시멘츠 프랑세즈

❑ 변화는 차근차근, 치밀하게 추진하라

지멘스는 제2차 세계대전 후 전기통신과 전기발전의 양대 사업을 구조조정할 필요성을 느꼈다. 지멘스는 1957년부터 준비작업으로 라디오 TV 전기기구 사업을 통합해 자회사를 만들고 가전업체 보슈와 합작을 결정했다. 그러면서도 합병 후 10년이 지나서야 에너지기술 설비장치 등 6개 사업 부문으로 재편성했다.

반면 아에게(AEG)는 1962년 내부혁신이 시급하다며 외부전문가를 동원해 구조조정을 시작했다. 하지만 갑작스러운 구조조정으로 직원들은 서로 경계하는 분위기였고 간부들은 책임을 떠넘기기 시작했다. 유능한 인재들은 두려움이 가득한 경직된 조직에 실망해 떠나기 시작했다. 결국 1960년대 후반에 이르자 수익이 급격히 떨어지기 시작했고 한때 라이벌이던 지멘스를 다시는 따라잡지 못했다.

〈자료: 매일경제〉

부　록

부 록

부록 I. 뉴패러다임의 전략경영

1. 지속가능형 전략경영

21세기를 지내고 있는 시점에 기업의 지배구조 건전성, 환경경영 등 기업의 비재무적 성과가 기업의 브랜드 가치와 이미지에 미치는 영향이 크게 증가하고 있다. 이에 따라 기업관계자는 기업의 재무적 성과 외에 고객, 협력업체, 지역사회와의 관계 등 추가적 고려할 전략적 요소가 증대되고 있다.

지속가능구성요소는 일반적으로 3차원 보고(Triple Bottom Line: TBL)내용의 전략적 요소 (1) 경제적 전략, (2) 환경적 전략, (3) 사회적 전략(윤리적)성과를 총체적으로 나타내야 한다.

Triple Bottom Line 전략의 요소는 경제, 환경, 사회 성과전략으로 기업의 지속가능경영으로서 추구해야 하는 경영성과적 경영, 환경경영, 사회적책임 및 윤리경영의 평가적 요소로 나타나야 한다.

부록 II. 사례분석의 가이드(Case Study Guide)

1. 사례분석의 목적

첫째, 사례를 통해 경영교육은 참가자의 분석능력과 판단능력을 제고한다.

사례를 분석하기 위해서 선택된 회사, 기관의 사례 대상(전략, 기법 등) 많은 정보와 자료를 소화하고, 분석하여 문제를 해결할 수 있는 대책(방안)을 마련하는 것이다.

둘째, 사례를 통하여 경영문제에 대한 문제파악능력과 문제해결를 위한 우선순위의 경영이해력을 높일 수 있다.

셋째, 사례교육을 통해 짧은 시간에 경영교육의 지식과 사고 등 다양한 경험을 터득할 수 있다.

넷째, 사례교육을 통해서 자신의 주장을 논리적으로 전달하고, 대상자를 설득하고, 소통하는 토론의 능력을 제고할 수 있다.

다섯째, 그룹별 분임통의를 통해서 (1) 문제의식, (2) 의사결정방법, (3) 문제의 평가와 결론 도출 등을 찾아낼 수 있다.

여섯째, 사례 발표를 통해서, 나타난 사례주제의 경영지식을 완전히 습득하며, 그룹별 소통과 문제점의 대안을 찾는 방법을 안다.

2. 사례분석의 시스템 : 그룹별 분임조 발표

그룹별 분임조의 사례분석의 시스템은 크게 4단계로 한다.

(1) 문제의 포착, (2)상황분석, (3) 문제점 도출, (4) 대책 또는 방안 등 해결책의 결정 순서로 한다.

1) 제1단계 : 문제의 포착, 문제제기

문제의 근원 포착, 무엇이 문제인가 근원규명과 아울러 문제의 설정

2) 제2단계 : 상황분석, 현황과 실태분석

정보의 실태, 현황분석, 장단점 비교검토, 이론과 제도, 현실과 차이분석 등을 살핀다.

3) 제3단계 : 문제점 도출

이해득실 검토 후 문제점 도출, 경영분석을 통한 문제점 도출.

4) 제4단계 : 대책 혹은 방안

해결대책, 장단기 방안, 제도, 상황판단 후 대책 제시. 최소한의 비용, 최대효과 등 제시

3. 사례 1 : 21세기 삼성전자(예)

3-1. 세계 반도체 산업

1) 반도체산업의 발전추이와 현황

2) 반도체의 종류와 생산공정 등

3-2. 삼성전자의 반도체사업

1) 삼성전자의 반도체시장의 위치(점유비율)
2) 반도체사업의 성장과정
3) 반도체사업의 현황

3-3. 인수합병(M&A)과 전략적 제휴

1) M&A를 통한 대형화
2) 전략적 제휴
3) 메모리 산업의 다이나믹스

3-4. 21세기 차세대 고속 DRAM 개발경쟁

3-5. 21세기 비메모리사업의 장단기 로드 맵

1) 기술도입과 해외지분투자
2) 천재기술인력 확보와 인재양성
3) 비메모리사업의 장단기 방향

3-6. 결 론

삼성전자를 이길 수 없는 5가지 이유가 있다.
첫째, 경영자들의 삼성기업가정신
둘째, 정부 아닌 삼성이라는 민간기업주도
셋째, 명확한 목표와 이념, 그리고 로드 맵
넷째, 창조된 디자인과 스피디한 혁신
다섯째, 경쟁력 사업의 포트폴리오 등

4. 사례 2 : CJ 중국시장 진출 전략(예)

4-1. CJ의 창업과 성장과정

4-2. CJ의 글로벌 경영 현황

4-3. CJ의 중국진출 및 현황

1) 식품 B2C사업
2) 사료사업

3) 홈쇼핑 사업
4) 식품 서비스 사업
5) 엔터테인먼트 와 미디어 시업
6) 물류 사업
7) 바이오 사업

4-4. CJ China의 조직구조

1) CJ China 조직도
2) CJ China의 시업부
3) 각 사업부 진출동기 및 진입방식

4-5. 중국진출의 핵심 성공요인

4-6. 21세기 CJ 중국시장 확대의 전략경영 과제와 전망

4-7. 결 론

5. 참고문헌

(1) 윌림엄 엘릿(정승화, 박선주역)(2010), "하버드 경영사례 핸드북-사례분석의 기초방법론-", 박영사, 12.

(2) 조동성(2010), 21세기를 위한 "전략경영", 서울경제경영, 6.

(3) 장세진(2011), 경영전략 사례집, 박영사, 3.

(4) 주인기 외 6인(2008), 글로벌시대 기업경쟁조건-한국기업 사례 중심으로-, 연세대학교 출판부, 1.

(5) 장치진(최옥영 역)(2010), 성공한 세계 500대기업의 경영전략, 시그마북스, 10.

(6) 김성수(2008), 21세기형 글로벌경영전략-이론과 사례-, 삼영사, 5.

(7) 김성수(2007), 성공한 창업자의 기업가정신-세계를 움직인 경영자들-, 삼영사, 2.(대한민국 학술원 우수학술도서).

(8) 조지 입(1994), 국제화시대 "세계경영전략", 김영사.

(9) 坪井 順一 & 間嶋 崇(2008), 經營戰略 理論史, 學文社.

(10) Ansoff. H.I.(1965) "Corporate Strategy". New York. McGraw-Hill.

(11) Arthur A. Thompson, Jr. and A.J. Strickland(1992), "Strategy Formulation and Implementation"(5th ed) Irwin : Homewood. H.

(12) Baum. J.C,, & Dutton, J.E.(Eds)(1996), "Advances in Strategic Management : The embeddedness of Strategy." Greenwich. CT : JaI Press.

(13) Chandler, A.D.(1962) "Strategy and Structure : Chapters in the History of the Industrial Enterprise". Combridge, M.I.T. Press.
(14) Harrigan, K.R.,(1985) "Vertical Intergration and Corporate Strategy" Academy of Management Journal. Vol,28.
(15) Kaplan, R.S. and D.P. Norton(2001), "Strategy Focused Organization." Harvard Business School Press.
(16) ________(2004), "Strategy Maps : Converting intangible Assets Into Tangible Outcomers", Harvard Business School Press.
(17) Michael A.Hitt, R.Duane Ireland, Robert E. Hoskisson(2005), "Strategic Management" - *Competitiveness and Globlaization,* Thompson / South Western.
(18) Michaeal Y, Yoshimo & Srinivasa Rangan(1995), "Strategy Alliance" Harvard Business School Press.
(19) Porter, M.E.(1987) "From Competitive Advantage to Corporate Strategy" Harvard Business Review, May-June.
(20) __________(1996), "What Is Strategy ?" Harvard Business Review Nov-Dec.
(21) Rumelt, R.P.(1974) "Strategy, Structure, and Economic Performance". Harvard University Press.

찾아보기

ㅇ

ㅌ

ㅍ

ㅎ

김성수 교수

저자 약력

성균관대학교 경상대학 졸업
동 대학원 수료
미국 보스톤 벨리츠 수료
미국 하버드대학교 수학
경희대학교 경제학박사
고려대학교 노동문제연구소 전임강사 및 연구원·간사
상공부전문위원(KPC파견)
경희대학교 국제경영학과 부교수, 교수
경기도 노동위원회 공익위원
한국노사관계학회 부회장
한국생산성학회 회장
경희대 경영대학원 노사인력관리학과 주임교수
경희대학교 기업경영연구소장
21세기 국가발전연구센터 소장
한국경영사학회 회장
한국인사관리학회 회장
한국윤리경영학회 회장
전경련 기업윤리자문위원
경희대학교 교수협의회 회장
전국사립대학 교수협의회 상임회장
한국기업경영학회 회장
국가청렴위원회 기업투명성 자문위원
국민권익위원회 부패방지부 기업투명성 자문위원
(현) 윤리경영전문연구기관 한국기업경영종합연구원 원장
(현) 경희대학교 경영대학 명예교수

[주요저서]

경영학, 교문사, 1977.
Reading in Management and Economics, 대학교재, 1977.
생산성인사관리론, KSRI, 1979.
사뮤엘슨 경제학연습(공역), 학문사, 1983.
일제하 한국경제사론, 경진사, 1985.
최고경영자의 경영정책과 전략, 명륜당, 1985.
한국경제론, 학문사, 1988.
한국경제의 이해, 학문사, 1992.
신인사관리론, 법경사, 1997.
지식정보화시대의 경영정책과 전략, 삼영사, 2000.
기업경영윤리론, 삼영사, 2002.
21세기 경영학원론, 삼영사, 2007.
산업평화적 신노사관계론, 탑북스, 2010.
혁신적 인적자원관리, 탑북스, 2010.
21세기 글로벌리더십개발, 탑북스, 2010.
글로벌전략경영, 탑북스, 2012.
성공한 창조경영자 기업가정신, 탑북스, 2014.
윤리경영론의 콘서트, 탑북스, 2015(신판) 등 다수

21세기 뉴패러다임 글로벌 전략경영

2012년 8월 15일 1판 1쇄 발행
2015년 8월 10일 2판 1쇄 인쇄
2015년 8월 20일 2판 1쇄 발행

저 자 김 성 수
발행인 김 광 식
조 판 아 람 기 획

121-876
발행처 서울특별시 마포구 대흥로2길 5, 202호
도서출판 **탑 북 스**
등 록 2009.12.21 제 2013-000101 호
전 화 02)365-2223 팩스 02)365-2224

ⓒ 2015. 김성수

정가 28,000 원

ISBN 979-11-85647-67-8-93320

불법복사는 지적재산을 훔치는 범죄행위입니다.
이 책의 무단전재 또는 복제행위는 著作權法 제136조에 의거,
5년 이하의 징역 또는 5,000만원 이하의 벌금에 처하게 됩니다.